AF126042

Richard Andree

Ethnographische Parallelen und Vergleiche

Richard Andree

Ethnographische Parallelen und Vergleiche

ISBN/EAN: 9783742894809

Hergestellt in Europa, USA, Kanada, Australien, Japan

Cover: Foto ©Thomas Meinert / pixelio.de

Manufactured and distributed by brebook publishing software
(www.brebook.com)

Richard Andree

Ethnographische Parallelen und Vergleiche

ETHNOGRAPHISCHE
PARALLELEN UND VERGLEICHE

VON

RICHARD ANDREE.

NEUE FOLGE.

MIT 8 ABBILDUNGEN IM TEXT UND 9 TAFELN.

LEIPZIG,
VERLAG VON VEIT & COMP.
1889.

Vorwort.

Vor zehn Jahren erschien die erste Sammlung meiner Ethnographischen Parallelen und Vergleiche. Das Buch ist von der Kritik günstig aufgenommen und zu meiner Freude vielfach als gesichertes ethnographisches Material — freilich öfter ohne Quellenangabe — benutzt worden. Dieses und die Aufforderung verschiedener Freunde, darunter Altmeister A. Bastian, auf dem betretenen Wege weiter zu arbeiten. veranlassen mich, abermals eine Sammlung zu veröffentlichen, die sich jener ersten ergänzend an die Seite stellt. Ein einzelner kann freilich die behandelten Stoffe niemals erschöpfen; ich gebe nur, soviel ich vermag, immerhin aber in der Hoffnung, ein paar Steine zu dem großen Bau der Wissenschaft vom Menschen geliefert zu haben.

Die vorliegenden Monographien umfassen Stoffe aus dem Gebiete des Animismus, des Aberglaubens, der Sitten, Gebräuche, Fertigkeiten und der Anthropologie. Die Grundsätze, nach denen die Bearbeitung stattfand, sind dieselben wie bei der ersten Sammlung.

Leipzig, im Herbst 1888.

Dr. Richard Andree.

Inhalt.

Seite

Vorwort III

Besessene und Geisteskranke . . . . 1—7

Krankheitsursachen 1. — Dämonen 1. — Die Seele wandert aus 1. — Überlebsel in deutschen Sagen 2. — Idioten für heilig gehalten 3. — Radikalkuren bei Vernichtung des Dämons auf Sumatra, im Malayischen Archipel, in Birma und Neu-Guinea 3. — Dämonen als Ursache in Afrika 4. — Blödsinnige heilig in Rußland 4. — Ebenso in den Ländern des Islam 5. — Beispiele aus dem alten und neuen Testament 6. — Prähistorische Trepanation und ihre Deutung 7.

Sympathiezauber . . . . 8—17

Der Aberglauben bringt nicht zusammengehörige Dinge in sympathetische Wechselbeziehung 8. — Deutsche und japanische Beispiele 9. — Mit Nadeln durchbohrte Herzen 9. — Einnageln des Substituts in Indien, Afrika, Süd- und Nordamerika 9. — Wachsbilder geschmolzen im alten und neuen Griechenland 10. — Wendisches 11. — Kot, Kehricht, Nagelschnitzel und Speichel zum Sympathiezauber verwendet 11. — Böhmen, Italien, Schottland 12. — Wotjaken 12. — Litauer 12. — Juden 12. — Asiatische Beispiele 12. — Beispiele aus Afrika 13. — Aus Amerika 14. — Besonders entwickelt in Australien 14. — Melanesien 15.

Bildnis raubt die Seele . . . . 18—20

Furcht vor dem Zeichnen 18. — Schottischer Aberglaube 18. — Nordamerikanische Indianer 19. — Südamerikaner 19. — Aymara 19. — Afrikaner 20. — Zigeuner 20. — Giljaken 20. — Chinesen 20.

Baum und Mensch . . . . 21—23

Baumpflanzen bei der Geburt von Kindern 21. — Cypressenpflanzungen als Aussteuer im alten Rom 21. — In Bologna 21. — In Athen 22. — In Nicaragua 22. — In Bayern 22. — Der Altersbaum im Malayischen Archipel 22. — Der Lebensbaum 23. — In Westafrika 23. — In der Südsee 23. — Nagualismus 23.

Die Totenmünze . . . . 24—29

Fährgeld für Charon 24. — Neugriechischer Brauch 24. — Katakombenfunde 25. Albanesen 25. — Rumänen 25. — Russische Bauern 26. — Französischer Aberglaube 26. — Fränkische Grabfunde 26. — Fortdauer des Brauchs in England und Deutschland 26. — Parallelen aus Vorder- und Hinterindien 27. — Buddhistisches 28. — Japan 28. — Wotjaken 28. — Bagirmi 28. — Peru? 28.

Seite

Der Donnerkeil . . . . 30—41
Die prähistorischen Steingeräte im Volksglauben 30. — Entstanden durch Blitz 30. — Wachsen aus der Erde empor 30. — Sind Amulette 31. — Happelii Schilderung 31. — Namen in Deutschland 32. — Als Medizin benutzt 32. — Schützen vor Blitzschlag 32. — Mährischer Aberglaube 33. — Belemniten und Echiniten 33. — Wenden und Südslaven 34. — Polen 34. — Letten 34. — Esten 34. — Iren 35. — Griechen und Römer 35. — Italiener 36. — Spanier 36. — Franzosen 36. — Birmanen 37. — Kambodjaner 37. — Inder 37. — Malayischer Archipel 38. — Philippinen 38. — China 39. — Japan 39. — Guinea 39. — Senegambien 40. — Zentralafrika 40. — Brasilien 40. — Mittelamerika 41. — Portorico 41.

Jagdaberglauben . . . . 42—48
Verderben der Waffe 42. — Glück und Unglück bei der Jagd 42. — Freischütz 43. — Der Angang bei der Jagd 44. — Omina 45. — Bannen des Wildes 45. — Jagdglück und Mittel es zu verschaffen 46.

Gemütsäußerungen und Geberden . . . . 49—55
Erstaunen und Überraschung 49. — Abscheu und Verachtung 50. — Bejahen und Verneinen 51. — Das Winken 54.

Das Zeichnen bei den Naturvölkern . . . . 56—73
Talent zum Zeichnen sehr verbreitet 56. — Angeblicher Mangel des Verständnisses für Zeichnungen 57. — Niederer Kulturzustand vereinbar mit beginnendem Kunstsinn 58. — Zeichenversuche der Kinder 59. — Stilisierung bei Naturvölkern 59. — Ornamente 59. — Der Mann ist kunstübend, selten das Weib 60. — Prähistorische Zeichnungen 61. — Zeichnungen der Australier 61. — Südseeinsulaner 64. — Afrikaner 65. — Polarvölker 68. — Indianer 71.

Eigentumszeichen . . . . 74—85
Hausmarken 74. — Lose mit Marken in Mecklenburg, Preßburg, bei den Kabylen 75. — Eigentumszeichen am Vieh 75. — Svastika 75. — Europa 75. — Island 77. — Madagaskar 78. — Somali 78. — Tscherkessen 78. — Kalmücken 78. — Kirgisen 78. — Weiber und Sklaven gezeichnet 78. — Paraguay 78. — Samoainseln 78. — Algerien 79. — Hainan 79. — Lappländer 79. — Wesm der Araber 79. — Vererben der Marke 81. — Ostjaken und Wotjaken 82. — Tscheremissen und Tschuwaschen 82. — Tierzeichen der Tlinkiten 82. — Australier 82. — Samojeden 83. — Zeichnen der Jagdpfeile 83. — Eskimo 83. — Konjagen 83. — Aruinsulaner 84. — Woitos 84. — Isländer 84. — Aleuten 84. — Afrikanische Eigentumszeichen 84. — Tibbu 84. — Zentralafrika 85. — Südsee 85. — Aino 85.

Spiele . . . . 86—106
Die Kinderklapper 86. — Prähistorisches 86. — Nachahmende Spiele 87. — Turnus der Spiele 88. — Puppen 89. — Unglückspuppe der Indianer 92. — Fingo-doll 92. — Knabenspiele: Marmel 92. — Kreisel 93. — Knallbüchse 93. — Blindekuh 94. — Das Drachensteigen 94. — Fadenfiguren 96. — Sinneschärfende Spiele 97. — Stöckchenerraten der Indianer 98. — Morra 98. — Körperentwickelnde Spiele 99. — Stelzenlaufen 99. — Ballspiele 100. — Brettspiele 101. — Mangala oder Uri der Afrikaner 102. — Patolli 103. — Hasardspiele 104. — Würfel 104.

Seite

Masken . . . . 107—165
Masken überall 107. — Maskenwanderungen 107. — Die Masken im Kultus 109. — Entwicklung der Masken 110. — Scheinteufel in Afrika 110. — Täuschung des Blattern-Dämons 111. — Chinesische Maskenzüge 111. — Dämonendienst auf Ceylon 112. — Katadias oder Teufelspriester 113. — Masken im Kultus des Lamaismus 114. — Religiöse Dramen in Tibet mit Masken 115. — Masken der Chibchapriester 116. — Tierdienst in Amerika 116. — Masken der Azteken und Inkaperuaner 117. — Kriegsmasken 118. — Entwicklung 118. — In Afrika 118. — Im alten Yukatan 118. — Kriegshüte und Alligatormaske der Dajaks 119. — Kriegsmaske der Neukaledonier 119. — Membo, Kriegsvisier der Japaner 120. — Leichenmasken 120. — Entwicklung 120. — Tänze und Leichenmasken auf den Aleuten 121. — Täuschung der Dämonen 121. — Grabmasken der Kenaier 122. — Totentanzmasken am Kamerun 123. — Peruanische Leichenmasken 123. — Verhüllung der Schutzgötter mit Masken in Mexiko 126. — Mexikanische Totenmasken 127. — Ägyptische Leichenmasken 130. — Sepulkralmasken der klassischen Völker 131. — Tschudische Leichenmasken 133. — Mimische Darstellung Verstorbener bei den Bataks 134. — Justizmasken 134. — Sühnung verletzter Moral 134. — Haberfeldtreiben 134. — Sindungogeheimbund in Afrika 135. — Der Idem-Efik in Kalabar 135. — Mumbo-Jumbo in Senegambien 135. — Der Duk-Duk auf Neu-Pommern und seine Deutungen 136. — Schauspielmasken und Tanzmasken 141. — Schauspielmasken der Griechen, Römer, Birmanen, Siamesen, Javaner und Japanesen 141. — Japanische Maskenzüge 144. — Dajaktanzmasken 144. — Dangol Dangol der Batak 145. — Masken von Neu-Hannover und Neu-Mecklenburg 145. — Friedensmasken 146. — Masken von den Neu-Hebriden und Neu-Kaledonien 147. — Von den Karolinen 148. — Schildpattmasken von Neu-Guinea 149. — Fehlen der Masken in Polynesien 149. — Schädelmasken von Neu-Pommern und den Neuen Hebriden 150. — Schädelmaske aus der Minahassa 152. — Tiertänze im alten Negerreiche Melli 152. — Bei den Ganguella 152. — Tiertänze der Ostjaken und Kamtschadalen 153. — Eskimomasken 154. — Schamanenmasken 155. — Masken der Tlinkiten 155, Haidas 156 und Makah 157. — Masken auf Vancouver 157. — Indianische Maskentänze 159. — Falschgesichter der Irokesen 161. — Maskentänze der Puebloindianer 161. — Cachinatanz 161. — Tiertänze der Azteken und Nicaraguaner 162, am Amazonas 163, und in Guiana 164.

Beschneidung . . . . 166—212
Juden 166. — Einsetzung 166. — Steininstrumente 167. — Ausführung der Operation 168. — Künstliche Vorhäute 169. — Stellung der deutschen Juden zur Beschneidung 169. — Bei Mohammedanern 170. — Bei Persern 171. — Bei Türken 171. — Im Malayischen Archipel 171. — In Arabien 173. — Beschneidung und Mannbarkeitserklärung in Afrika 174. — Bei Mandingo 175. — In Sierra Leone 175. — In Dahome 176. — In Kamerun 176. — Am Kongo und seinen Zuflüssen 177. — Abschaffung bei den Zulu 178. — Bei Amakosa und Betschuanen 178. — KOLBE's Bericht über die Kastration der Hottentotten 180. — Beschneidung bei Ostafrikanern 181. — Bezeichnungen derselben in afrikanischen Sprachen 183. — Auf Madagaskar 184. — Alt-Ägypter 187. — Abessinier 189. — Zentralafrikaner 190. — Beschneidung bei den Heiden des

Seite

indischen Archipels 191. — Philippinen 193. — Australier 194. — Melanesier 196. — Polynesier 199. — Nordamerikanische Indianer 200. — Annahme durch die Tschiglit-Eskimo 201. — Alte Mexikaner 201. — Chontales 202. — Nicaragua 202. — Opferidee 203. — Südamerikanische Indianer 203. — Allgemeiner Überblick 204.

Völkergeruch . . . . 213—222
Völkergeruch ein Rassenmerkmal 213. — Verschiedene Gerüche 213. — Afrikaner 213. — Asiaten 217. — Amerikaner 219. — Australier 220. — Juden 222.

Nasengruß . . . . 223—227
Begrüßungsarten 223. — Nasengruß beruht auf dem Anriechen 224. — Lappländer 224. — Eskimo 224. — Tschittagong 225. — Birmanen 225. — Malayen 225. — Papuas 226. — Fidschi-Insulaner 226. — Polynesier 227.

Der Fuß als Greiforgan . . . . 228—237
Unterschied zwischen Daumen und großer Zehe 228. — Letztere den übrigen Zehen nicht gegenüberstellbar 228. — Fußkünstler 229. — Füße der Naturvölker 230. — Abstand der großen Zehe von den übrigen 230. — Benutzung des Fußes als Greiforgan bei den Naturvölkern 230.

Albinos . . . . 238—260
Verschiedene Arten des Albinismus 238. — Augen der Albinos 238. — Albinismus eine Hemmungsbildung 239. — Die meisten Albinos pathologische Produkte 239. — Erblicher Albinismus 240. — Albinos nicht rassebildend 240. — Volksanschauungen über Albinos 240. — Ungleiche Verbreitung des Albinismus 242. — Scheint in Australien zu fehlen 242. — Albinos in der Südsee 242. — Im indischen Archipel und auf den Philippinen 245. — Hinterindien 245. — Vorderindien 246. — Mittelamerika 246. — Südamerika 248. — Mexiko 248. — Afrika 249. — Am häufigsten in Guinea 249. — Senegambien 249. — Loango 250. — Gabon 251. — Zentralafrika 252. — Nordafrika 253. — Neger der Vereinigten Staaten 253. — Albinismus nicht Folge consanguiner Ehen 254. — Wahrscheinlich nicht erblich beim Menschen 254. — Geographische Übersicht der Verbreitung 255. — Partieller Albinismus 256. — Depigmentation der Neger 258. — Scheckige Menschen 259.

Rote Haare . . . . 261—273
Haarfarbe allein kein Charaktermerkmal der Rasse 261. — Lebensraum ohne Einfluß auf die Haarfarbe 261. — Färben der Haare 262. — Rothaarige Neger 263. — Die blonden Kabylen 263. — Rothaarige Indianer 264. — Das Haar der Mandanen 264. — Rothaarige Südseeinsulaner 265. — Rothaarige Semiten 266. — Maximum der Rothaarigen bei den Finnen 267. — Rothaarige Indogermanen 268. — Zeugnisse aus dem Altertum 269. — Statistische Erhebung der Rothaarigen in Mitteleuropa 270. — Die Rothaarigen im Volksglauben 271.

Besessene und Geisteskranke.[1]

In dem weiten Gebiete des Animismus berühren sich die Anschauungen, welche primitive Völker von den Besessenen und Geisteskranken haben, zunächst mit jenen, welche über Krankheiten im Allgemeinen herrschen. Krankheiten können hiernach entstehen, daß die immateriell gedachte Seele den Körper verläßt und zeitweilig in der Fremde umherstreift; anderseits aber tritt die Anschauung auf, daß Krankheiten, die sich durch heftige Schmerzen, Verzerren des Gesichts, Krämpfe u. dgl. äußern, durch das Eindringen eines fremden Körpers in den Kranken verursacht werde. Ein Geist, ein Dämon ist in den Kranken gefahren und muß, um jenen zu heilen, ausgetrieben werden.

Ganz ähnliche Anschauungen herrschen nun da, wo zeitweiliger Irrsinn und Delirien oder eine fortdauernde Geistesstörung sich zeigen und die Auslegungen, welche Naturvölker für solche Erscheinungen sich zurecht machten, spiegeln sich selbst wieder in den frühesten Stadien der Christenheit wie bei den klassischen Völkern. Die ungewöhnliche Körperkraft, die zuweilen ein Wahnsinniger entwickelt, kann nur von einem Dämon herrühren, der in ihn gefahren ist; die merkwürdigen Reden, die ein Irrsinniger führt, sind nur einem Geist zuzuschreiben, der in den Körper des Delirierenden sich eingeschlichen hat und die vollständige Abwesenheit des Verstandes erklärt sich dadurch, daß die Seele des Geisteskranken auf die Wanderschaft gegangen ist, ähnlich wie Naturvölker dieses beim Träumen annehmen.

Das sind ungefähr die Vorstellungen, die über die Ursachen der Geisteskrankheiten und Besessenheit unter den primitiven Völkern

[1] Mitteilungen der Anthropologischen Gesellschaft in Wien. XIV. 1884.

herrschen. Während nun aber über die Entstehung von Körperkrankheiten bei denselben und deren Heilung eine reiche Litteratur vorhanden ist, finden wir die Geisteskrankheiten vernachlässigt, so daß selbst E. B. Tylor, der am eingehendsten den Animismus behandelte, dieses Thema kaum gestreift hat. Aus diesem Grunde halte ich es für geboten, hier eine Anzahl typischer Beispiele für dieses Kapitel von der Geisterlehre primitiver Völker beizubringen und daran solche Anschauungen von Kulturvölkern zu schließen, welche auf der gleichen Basis erwachsen sind und die ihre Überlebsel unter uns noch erkennen lassen, sei es auch nur in dem Sprichworte: „Kinder und Narren reden die Wahrheit.“[1]

Daß derartige Anschauungen früher allgemein auch bei uns in Deutschland verbreitet waren und geglaubt wurden, erkennen wir aus mancherlei Märchen und Sagen, von denen ich hier nur zwei aus Pommern mitteilen will. Eine Bauersfrau in Rügen, die schon erwachsene Kinder hatte, kam von neuem in gesegnete Umstände. Da ergriff sie Scham und Zorn und wütend rief sie aus: „Hol der Teufel die Frucht meines Leibes zur Hölle“. Da kam plötzlich eine abscheuliche, große, schwarze Brummfliege durch den Schornstein summend herab und fuhr der erschrockenen Frau in den Mund. Von der Zeit an war das Weib vom Teufel besessen und von schrecklichen Gewissensbissen geplagt, denn das Kind, das sie zur Welt brachte, war eine elende Mißgeburt. Als sie aber zum Abendmahle ging, wurde des Teufels Macht in ihr schwächer und schwächer, bis er sein Opfer endlich ganz verlassen musste. Die zweite Geschichte handelt vom Besessenen in Polzin, aus dem der böse Geist nicht weichen wollte. Da ging er zum Pastor, der betete mit ihm und siehe da, da sprang ihm etwas aus dem Munde, das sah aus wie ein Frosch. Der Pastor gebot ihm jeden Morgen zu beten, da werde der Böse ihm stets fern bleiben. Einmal aber, als der Mann früh zur Mühle ging, vergaß er das Beten. Da kam unterwegs ein großer schwarzer Kerl auf ihn zu und sprach: „Nu bin ik wedder dar!“ und fuhr ihm in den Mund hinein. Nichts vermochte ihn jetzt wieder zu vertreiben.[2]

Hier ist also die Grundanschauung, daß der Besessene von einem bösen Geist bewohnt ist und diese erscheint häufig genug

[1] Und so bei den Franzosen: Un fou enseigne bien un sage, oder süditalienisch: Su maccu imparat su sabiu.

[2] Jahn, Volkssagen aus Pommern und Rügen. No. 547. 548.

auch bei den Naturvölkern; eine andere Ansicht von der Ursache der Geisteskrankheit, die gleichfalls weit verbreitet ist, ist die, daß die Seele des Geisteskranken aus demselben fortgewandert und dadurch die Krankheit veranlaßt ist.

Bei den Makusi-Indianern in Guiana werden die Blödsinnigen mit besonderer ehrfurchtsvoller Scheu behandelt, da es allgemein Ueberzeugung ist, daß diese Armen in inniger Verbindung mit dem guten Geiste stehen, weshalb auch ihre Worte und Handlungen für Aussprüche der Gottheit gehalten werden.[1] Die Buschneger am Maroni in Guiana, die möglicherweise solche Vorstellungen den Indianern entlehnten, halten Krüppel und Idioten für heilig und nennen sie gado pikin, Gotteskinder;[2] und auch die brasilianischen Indianer behandeln Blödsinnige rücksichtsvoll, man schreibt ihnen einen besonderen Zusammenhang mit verborgenen Kräften und prophetische Gaben zu.[3]

Ein seines Verstandes beraubter Sumatraner, oder ein solcher, der an Konvulsionen leidet, ist nach dem dortigen Volksglauben vom bösen Geiste besessen. Man versucht letzteren auszutreiben, indem man den Unglücklichen in eine Hütte setzt und diese ihm über dem Kopfe ansteckt, doch so, daß jener entweichen kann. Die Furcht und Angst, welche jener dabei aussteht, sollen ihn heilen.[4]

Böse Geister verursachen auf Buru (Malayischer Archipel) Wahnsinn. Man verehrt dort die Kranken nicht, sondern bindet sie, wenn gefährlich. Ebenso auf den Kei-Inseln und Wetar.[5]

In Birma ward ein Mädchen von dem bösen Geist (Jyat) gepackt und ihr Leib schwoll davon auf. Der Arzt (Zea) sprach Gathas vor den neun Öffnungen ihres Körpers und stopfte sie dann alle mit Talismanen sicher zu, so daß der Eindringling nicht entkommen konnte. Er wälzte dann die Besessene auf der Erde umher und sprang gelegentlich auf ihrem Bauche herum, dort so lange umhertrampelnd bis sie besinnungslos und der Dämon totgestampft war.[6]

Ein Karon auf Neu-Guinea, der im Verdachte stand, vom bösen Geiste besessen zu sein, ward von seinem Stamme getötet und gefressen, um so dem Unheil, das er etwa anrichten könnte, vorzu-

[1] Rich. Schomburgk, Reisen in British Guiana. Leipzig, 1848. II. 54.
[2] Kappler, Holländisch Guiana. Stuttgart, 1881. 367.
[3] v. Martius, Zur Ethnographie Amerikas. 633.
[4] Marsden, Sumatra, deutsch. Leipzig, 1785. 203.
[5] Riedel, Sluik- en Kroesharige rassen. 26. 239. 452.
[6] Bastian, Reisen in Birma. 383.

beugen.[1] Weniger drastisch suchen sich die centralafrikanischen Bongo vor den Äußerungen des bösen Geistes in den Bindako oder Verrückten zu schützen. Dieselben werden an Händen und Füßen gefesselt und zur Beruhigung und Abkühlung in den Fluß geworfen, wo geübte Schwimmer sie untertauchen. Hilft dieses Mittel nicht, so werden die Rasenden eingesperrt und von den Verwandten gefüttert.[2]

Unter den Ostafrikanern sind Epilepsie, Wahnsinn und Idiotismus nicht selten, wie BURTON berichtet. Man sagt von diesen Unglücklichen Ana wazimo, er ist vom Dämon besessen.[3] Häufig ist dämonische Besessenheit auch bei den Guineanegern und die Äußerungen derselben sind nach dem Zeugnisse des Reverend LEIGHTON WILSON[4] nicht unähnlich den im Neuen Testament beschriebenen. Verzückte Gesten, Konvulsionen, Schaum vor dem Munde, Äußerungen übernatürlicher Kraft, wahnsinniges Rasen, Selbstverletzungen am Körper, Zähneknirschen und ähnliche Manifestationen gelten als Zeugnisse, daß Einer vom bösen Geiste besessen ist. Abambo und Inlaga (beides Pluralformen) sind die Bezeichnungen für diese Dämonen, welche in die Kranken einfahren und die unter den verschiedensten Zeremonien ausgetrieben werden müssen.

Beim russischen Volke stehen seit alters her und jetzt noch die Blödsinnigen im Geruche der Heiligkeit, ja diese Ehrfurcht vor ihnen ist so groß, daß derlei Geisteskranke wiederholt mit Erfolg in die politischen Verhältnisse des Landes eingreifen konnten. Als Iwan der Schreckliche die Stadt Pskow zerstören wollte, trat ihm ein Wahnsinniger. Namens Nirnla, der als heilig und Prophet geachtet wurde, entgegen, und rief ihm zu: Iwaschke, Iwaschke, wie lange willst Du unschuldig Christenblut vergießen? Ziehe von hinnen, oder Dich wird großes Unglück überfallen! „Auff welches Ermanen, Schrecken oder Dreuen der großmechtige Tyrann, so die gantze Welt fressen wollte, sich auffgemacht, als wenn jne Feindt getrieben“.[5] Der Zar Boris Godunow (um 1600) holte sich Rat bei einer unter der Erde lebenden, für heilig gehaltenen Helena Urodliva (Елена Уродливас, Helena,

---

[1] Tijdschr. Aardrijksk. Genootsch. Deel III. 106.

[2] SCHWEINFURTH, im Herzen von Afrika. I. 399.

[3] BURTON, The lake regions of Central Africa. Lond., 1860. II. 320.

[4] Western Africa. London, 1856. 217. 388.

[5] Zar Iwan d. Graus. Sendschreiben an G. Kettler, Herzog zu Kurland von JOH. TAUBE und ELERT KRUSE 1572. In „Beiträge zur Kenntniss Rußlands“ von EWERS und v. ENGELHART. Dorpat. 1818. 223.

die Blödsinnige), deren Prophezeiungen stets eingetroffen sein sollen und die von den Popen angesungen und beweihräuchert wurde. „Dan sij houden se voor heijlich“ sagt unsere gleichzeitige Quelle.[1] Ehrfurchtsvoll schaut noch jetzt der gemeine Russe auf die Blödsinnigen, die er „Gesegnete“ (Blažennie) nennt und in deren geistiger Verfassung man „ein gleichsam ungestörtes Vorwalten des Göttlichen verehrt“. Jede Gemeinde, der ein solcher Unglücklicher angehört, freut sich über den Besitz eines solchen, denn jede seiner zufälligen Reden wird von Ratlosen als Ausspruch eines Inspirierten geehrt. Sie sind die Propheten des Dorfes. Vor allem ist man aber in den Klöstern bemüht, dergleichen „Gesegneten“ eine bleibende Zuflucht zu gewähren und somit auch den Lohn ihrer Verdienste dem Orden zuzuwenden.[2]

Zur besten Entwicklung sind solche Vorstellungen in den Ländern des Islam gediehen, wo Wahnsinnige in den Städten frei umherlaufen und als Heilige verehrt werden. Man glaubt, daß sie die Gabe besitzen, Gott und überirdische Dinge zu schauen, wobei natürlich ihr Blick für irdische Dinge getrübt wird. In Damascus sah H. Petermann,[3] daß Vornehm und Gering, Alt und Jung, solchen völlig nackt umherlaufenden Wahnsinnigen die Hände küßte und die Vorstellung, ein solcher vom Geiste Gottes Besessener könne von nur fünf Rosinen täglich leben, war allgemein. Derartige Verehrung begünstigt auch dort das Gewerbe der Wahnsinn Simulierenden; äußert man Zweifel an der Echtheit der Besessenheit, so folgt die Antwort: „Der Mensch wisse nicht, wem Gott seine Geheimnisse mitteile“, d. h. sich offenbare.[4] Arabisch heißen die Geisteskranken madjnûn, die durch einen djinn (Dämon) Besessenen, oder madjdhûb, die (in höhere Sphären) Gerückten.[5]

Desgleichen betrachtet der moderne Ägypter Idioten und Geisteskranke als Wesen, deren Seele im Himmel ist, während ihr Körper noch unter den Sterblichen weilt; sie sind daher besondere Lieblinge des Himmels.[6]

---

[1] Isaac Massa, Een cort verhael van begin en oorspronck deser tegenwordige oorloogen en troeblen in Moscouia totten Jare 1610. In Obolensky et van der Linde, Histoire des guerres de la Moscovie, 1601—1610. Bruxelles, 1866. 87.

[2] A. Erman, Reise um die Erde. Berlin 1833. I. 402.

[3] Reise im Orient. Leipzig, 1860. 60. 61.

[4] v. Kremer, Topographie von Damascus. II. 4.

[5] Wilken, Het Shamanisme bij de volken van den indischen Archipel. 'S Gravenhage, 1887. 3.

[6] Lane, Moderne Egyptians. London, 1856. I. 312.

Der Boden des Orients war aber auch besonders vorbereitet und seit alters der Schauplatz der Verzückten und Besessenen, die unter den semitischen Völkern von jeher eine große und bedeutsame Rolle spielten. Die Bevorzugung der Wahnsinnigen, wie sie bei den Naturvölkern nach den oben gegebenen Beispielen vorhanden ist, zeigt sich auch deutlich bei den alten Juden. David wußte, was er that, als er sich vor Achis, dem Könige von Gath, toll stellte, „kollerte unter ihren Händen und stieß sich an die Thüre am Thore und sein Geifer floß ihm in den Bart",[1] die simulierte Besessenheit verlieh ihm Schutz, denn Irrsinnige galten als unantastbar.

Reich ist das Neue Testament an hierher gehörigen Beispielen. Die ganze jüdische, wie heidnische Welt war damals dämonisch krank, lebte und webte in Dämonen. „Die unsauberen Geister fuhren aus vielen Besessenen mit großem Geschrei."[2] Von Christus wissen wir, daß er wiederholt solche Dämonen austrieb, am interessantesten ist die Austreibung derselben aus den in Totengrüften hausenden, grimmigen, die Straße unsicher machenden Besessenen von Gergesa (Gadara), deren unsaubere Geister in Säue fuhren.[3]

Die Heilungsweise Jesu war jedoch eine andere, als die der jüdischen Exorzisten,[4] die sich salomonischer Zauberformeln[5] und eines Krautes aus der Gegend von Machärus als Spezifikums bedienten,[6] Josephus sah einmal einen Exorzisten dem Kranken das Kraut an die Nase drücken und den bösen Geist durch die Nasenöffnung herausziehen,[7] eine Stelle, die um deswillen von Interesse ist, weil sie uns zeigt, daß schon zu jener Zeit die Taschenspielerkunststückchen, wie sie Schamanen, Medizinmänner, Regenmacher, brasilianische Piaiis und die Heilkünstler der Südsee betreiben, bekannt waren.

Die klassischen Völker unterscheiden sich in ihren hier einschlägigen Ansichten nicht von den semitischen. Konvulsivische Krankheiten wurden Geistern, Göttern, Dämonen, mystischen Einflüssen zugeschrieben, Anschauungen, gegen welche Hippokrates vergeblich ankämpfte. Zumal die Epileptischen wurden als Besessene betrachtet.

Mit Hilfe der Analogie dürfen wir nun auch derartige Vorstel-

[1] 1 Sam. 21, 13. [2] Apostelgeschichte 8, 7.
[3] Lukas 4, 33. Markus 1, 23. Matthäus 8, 28.
[4] Apostelgeschichte 19, 3. Matthäus 12, 27.
[5] Josephus, Altertümer. 8, 2, 5. [6] Jüdischer Krieg. 7, 6, 3.
[7] Altertümer 8, 2, 5.

lungen bis in prähistorische Zeiten zurückverfolgen. Wie BROCA gezeigt hat, lassen dieselben sich mit Fug und Recht zur Erklärung der neuerdings vielfach besprochenen Trepanation in neolithischer Zeit verwerten. Das übernatürliche Agens, der Dämon, welcher in der besessenen, epileptischen oder geisteskranken Person eingeschlossen war, mußte entfernt werden, um die fremdartigen Erscheinungen zu beseitigen. Daher Befreiung des im Kopfe des Besessenen gefangenen und agierenden Dämons. Man öffnete ihm eine Thür, durch die er sich entfernen konnte und der Kranke war geheilt. Daher die prähistorische Trepanation.[1]

---

[1] BROCA, Sur la Trepanation du Crane et les amulettes craniennes à l'époque néolithique. Revue d'Anthropologie 1877. 1. — H. TILLMANNS, Ueber prähistorische Chirurgie in V. LANGENBECK's Archiv, Heft 4, Bd. XXVIII. 1883.

Sympathie-Zauber.[1]

Weit verbreitet durch Deutschland ist der Aberglauben, daß, wenn man ein Stück Rasen, auf welchem ein Mensch mit nackten Füßen gestanden, aussticht und hinter dem Herde oder Ofen vertrocknen läßt, auch der Mensch verdorrt und dahinsiecht. Von ihren Geliebten betrogene Mädchen haben in der Oberpfalz ein eigentümliches Verfahren, um sich zu rächen. Zur Mitternachtszeit zünden sie nämlich unter allerlei Beschwörungen eine Kerze an und stechen nun mit Nadeln in dieselbe hinein, wobei sie sprechen: „Ich stech' das Licht, ich stech' das Licht, ich stech' das Herz, das ich liebe." Dann muß der Ungetreue sterben.[2]

Die Vorstellung, welche hierbei wirkt, ist, daß zwei verschiedene und von einander getrennte Personen oder Dinge in ein gemeinsames leidendes Verhalten gebracht werden können, so daß sie mit einander leiden und leben, daß das Verhalten des einen auch im andern wiederklingt. Ganz fremdartige und durchaus nicht zu einander gehörige Dinge werden durch die Sympathie des Aberglaubens in Wechselbeziehung gebracht, wobei die Wahnvorstellung des Volkes eine unerschöpfliche Quelle von Kraftmitteln zur Vollbringung des Zaubers ist. „Was mit einem von zwei miteinander in sympathischer Beziehung stehenden Personen oder Dingen geschieht, das geschieht ganz oder teilweise auch mit dem andern, oder auch, nach den Umständen, in gerade entgegengesetzter Weise."[3]

Dieselbe Vorstellung nun über die Erde zu verfolgen, ist der Zweck der nachstehenden Zeilen. Die Japanesin ist nicht verschieden von ihrer betrogenen Schwester in der Oberpfalz. Glaubt sich eine solche von ihrem Gatten hintergangen, so erhebt sie sich nachts,

[1] Globus XXV. 28. [2] SCHÖNWERTH, Aus der Oberpfalz. I. 127.
[3] WUTTKE, Deutscher Volksaberglaube. 2. Auflage. 173.

kleidet sich phantastisch an und heftet das Bild des Treulosen im Tempelgarten an einen Baum, wo sie es mit einem Nagel durchbohrt. An der Stelle, wo dieser eingeschlagen wird, empfindet der treulose Mann Schmerzen. Oder sie macht eine Puppe aus Stroh, die den Betreffenden vorstellen soll, durchbohrt sie mit Nägeln und vergräbt sie an dem Orte, wo der Mann schläft.[1] Nach mecklenburgischem Aberglauben bewirken Sargnägel, in die Fußspur eines Diebes geschlagen, dessen Tod.[2] Ein Freimaurer wurde täglich von seiner Frau geplagt, ihr die Geheimnisse seines Ordens mitzuteilen. Als er sich ihrer nicht mehr zu erwehren wußte, sagte er ihr, sie möge mit einer Nadel sein Bild durchbohren. Die Frau ließ sich überreden und durchstach das Bild. Da lag den andern Morgen der Mann tot im Bett. So ist er lieber gestorben, ehe er die Geheimnisse der Freimaurer verraten hat.[3]

Ein Weib in West Riding fiel mehr und mehr zusammen, so dsß sie nur noch Haut und Knochen war. Eine bestimmte Krankheit ließ sich nicht nachweisen, nur hatte sie das Gefühl, als ob ihr Nadeln im Körper steckten. Nachdem der Arzt nicht geholfen hatte, ging sie zum Wunderdoktor des Dorfes, der ihr sagte, sie müsse im Garten nach verborgenen Dingen forschen, die ihr Unheil brächten. Sie fand ein Schafherz, das ganz mit Nadeln durchspickt war; es wurde entfernt und das Weib genas.[4]

Missionar G. Pettit von der Tinnevelly Mission (Indien) schreibt: „Ein Mann aus Pakunari brachte mir ein häßliches Holzbild, etwa sechs Zoll lang, in das an verschiedenen Stellen Nägel eingetrieben waren, wodurch die Körpergegend angedeutet wurde, welche von Krankheit befallen werden sollte. Es war in der Nähe seiner Thür vergraben worden und er war 13 Miles gegangen, um es mir zu zeigen, wobei er am ganzen Leibe zitterte.[5]

An der Loangoküste sind es die hölzernen Fetische Mabialimandembe und Mangaka, welche durch das Einschlagen von Nägeln schaden. Sie sind selbst zuerst mit glühenden Nägeln durchbohrt worden, um durch den Schmerz beständig an ihre Pflicht erinnert zu werden. Der rasende Dämon ist mit Wut erfüllt gegen die Urheber der Pein und so wagen es angeschuldigte Diebe nicht, wenn beschuldigt, einen Nagel in den Fetisch einzuschlagen, aus Furcht

[1] Zeitschrift für Ethnologie 1877. 334. [2] Wuttke, a. a. O. S. 127.
[3] Jahn, Volkssagen aus Pommern und Rügen. No. 457.
[4] Henderson, Folk Lore of Northern England. 223.
[5] Henderson, a. a. O. 229.

sofort von demselben bestraft zu werden. Auch in prophylaktischer Weise wird dort das Nageleinschlagen vorgenommen, indem ein Hausherr von seinem ganzen Gesinde Nägel einschlagen läßt, unter Verwünschungen gegen den, der sich Veruntreuungen zu Schulden kommen läßt.[1]

Die Aymara-Indianer in Bolivia machen kleine Thonfigürchen, welche ihre Feinde vorstellen sollen, und durchbohren dieselben mit einem Dorn. So lange dieser darin steckt, so lange leidet der Feind.[2]

Die Mandanen in Nordamerika glauben, daß eine feindliche Person sterben müsse, sobald man eine dieselbe darstellende Figur von Holz oder Thon fertige, in derselben statt des Herzens eine Nadel oder Stachelschweinstachel anbringe und dieses Bild am Fuße einer der Opferanstalten begrabe.[3]

Die Odschibwäs (Chippeways) stellen die Sache folgendermaßen her. Sie machen ein kleines Menschenbild von Holz, das ihren Feind oder Opfer darstellt, nehmen eine Nadel und stechen dem Holzfigürchen Löcher in den Kopf oder in die Herzgegend. Soll er daran sterben, so vergraben sie das Bild unter gewissen Zaubersprüchen und stecken vier rote Stiftchen auf das Grab.[4]

Mit Liebeszauber beschwört im zweiten Idyll Theokrit's Simätha den Treulosen:

> Wie ich schmelze dies wächserne Bild mit Hilfe der Gottheit,
> Also schmelze vor Liebe sogleich der Myndier Delphis.

Und Ähnliches hat sich noch heute in Griechenland bei dem *ἀλαφρὸ* genannten Zauber erhalten, der gleich unserm „Bleigießen" in der Neujahrsnacht ist. Eine Zauberin, ein altes Weib, gießt gegen Zahlung das geschmolzene Blei in's Wasser, den dadurch entstehenden Figürchen wird Bedeutung beigemessen. Die männlichen Figuren und Tierbilder, die etwas Widerwärtiges bedeuten, werden in's Feuer geworfen und wie sie in diesem schmelzen, so sollen die Liebhaber vor Liebe vergehen und alle Hindernisse beseitigt werden.[5]

Wenn einem wendischen Mädchen der Liebste untreu wird, soll sie sich das Herz von einem Hammel kaufen, dieses voll Stecknadeln

[1] Bastian, Die Deutsche Expedition an der Loangoküste. II. 177.
[2] D. Forbes im Journ. Ethnolog. Soc. New Series II. 236.
[3] Prinz zu Wied, Reise in Nordamerika. II. 188.
[4] Kohl, Kitschi-Gami. II. 80.
[5] N. Dossius, Aberglaube bei den heutigen Griechen. Freiburg, 1878. 12.

stecken und kochen. Ebenso schnell, wie es kocht, kehrt die Liebe zurück.[1]

Lausitzisch-Wendisch ist noch folgendes: Wenn man jemandes Kot verbrennt, bekommt der lauter Schwären und Brennen im Mastdarme und wenn man für ungleiches Geld, einen, drei, fünf, sieben Pfennige Stecknadeln kauft und in jemandes Kot sticht und alles verbrennt, sticht es dem so im Hintern, wie die Nadeln im Kote.[2]

Bei den hannoverschen Wenden gilt das Nachstehende: Ist ein Diebstahl verübt und die Spur des Thäters noch vorhanden, so steckt man die Fußspuren (d. h. die Erde) in einen Sack und hängt diesen in den Rauch. Der Dieb wird darauf jämmerlich vergehen müssen.[3]

Matonabbi, ein Medizinmann der Indianer am Kupferminenflusse, ersuchte den Reisenden Hearne, einen seiner Feinde durch Zauberei zu töten. Der Betreffende wohnte einige hundert Meilen weit entfernt. „Teils aus Possen, weil ich keine nachteiligen Folgen davon erwartet, teils um Matonabbi gefällig zu sein, gab ich seinen Bitten nach." Hearne zeichnete zwei Figuren, von denen die eine die andere durchsticht — letztere stellt den Feind dar. Dieses Papier wurde allgemein bekannt gemacht. Der Gegner erfuhr davon, wurde melancholisch, weigerte sich, Nahrung zu sich zu nehmen und starb nach einigen Tagen.[4]

Durch Sympathie vermag man auch seinen Feind allmählich verdorren und verschrumpfen zu lassen, genau so wie das Verfahren in Hessen noch gegen die Raupen angewandt wird. Leidet der Garten stark unter denselben, so zerdrückt man an drei Ecken desselben je eine Raupe; von der vierten Ecke aber nimmt man eine Raupe, die man in den Schornstein zum Räuchern hängt. Wie sie dort vertrocknet, so verdorren auch die anderen Raupen.[5]

Zu Wittingau in Südböhmen galt es noch im vorigen Jahrhundert für gefährlich, Kehricht vor der Hausthür liegen zu lassen, weil die Hexen dadurch in den Stand gesetzt würden, die Menschen zu lähmen und zu erfahren, was im Hause vorging.[6] Im Kuh-

---

1 W. v. Schulenburg, Wendisches Volkstum. 118.

2 W. v. Schulenburg, Wendische Volkssagen. Leipzig, 1880. 245.

3 (K. Hennings), Das Hannoversche Wendland. Lüchow, 1862. 73.

4 S. Hearne's Reise nach dem nördlichen Weltmeer. Halle, 1797. 153.

5 Wuttke, a. a. O. 391.

6 Mitt. d. Vereins f. Gesch. d. Deutschen in Böhmen. XVIII. 205.

ländchen (Mähren) darf man abgeschnittenes Haar nicht wegwerfen, sondern es muß verbrannt werden. Abgeschnittenes Haar in den Mist geworfen, verursacht Kopfkrankheiten. Abgeschnittene Nägel werden in der Erde vergraben.[1] Haare, die beim Kämmen ausgehen, wirft man in Venedig nicht auf die Erde, weil sonst die Hexen Zauber damit treiben könnten.[2] Haar- und Nägelabschnitte wurden ehemals in Schottland sorgfältig verbrannt, damit ein Übelwollender sie nicht in der Erde vergrub; denn, sowie jene dort allmählich verfaulten, zehrte auch derjenige dahin, von dem sie stammten.[3] Gebrauchte Kleider verkaufen die Wotjäken nur ungern, da mit Hilfe derselben leicht ihnen verderbliche Hexerei getrieben werden kann.[4]

Litauischer Glaube ist folgendes: Findet der Beschädigte die Fußspuren eines Diebes, so gräbt er diese sorgfältig aus und geht damit auf den Friedhof. Hier frägt er die Gräber, bis eins mit „ja" antwortet. Aus diesem zieht er das Kreuz und schüttet in das so entstandene Loch die Fußspuren, worauf er das Kreuz wieder einrammt. Der betreffende Frevler wird dann krank und dadurch erkannt werden.[5] Der bekehrte Jude Brentz schreibt im „jüdischen Schlangenbalg": „Ich will hier alle Christen treulich gewarnt haben, daß sie in die Häuser, wo Sechswöchnerinnen sind, weder Juden noch Jüdinnen einlassen; gerät es ihnen, daß sie in solche Häuser kommen, so nehmen die Juden ein Malschloß und schreiben etliche Schemos Schel Schodanim, d. i. Teufelsnamen darauf, schlagen es alsdann ein oder zu, wo die Sechswöchnerin liegt, und werfens in den Brunnen, so dorret die Kindbetterin samt dem Kind aus und müssen es oftmals mit der Haut bezahlen.[6]

Asiatische Beispiele. Der Kamtschadale macht es ähnlich, wenn er einen Dieb bestrafen will. In allgemeiner Versammlung wird da die Spannader eines Steinbocks (?) unter großen Beschwörungen verbrannt; so wie die Sehne des Tieres im Feuer zusammenschrumpft, so wird auch der unbekannte Dieb an allen seinen Gliedern gelähmt.[7]

1 Enders, Das Kuhländchen. Neutitschein, 1868. 82. 86.
2 v. Reinsberg-Düringsfeld, Ethnogr. Kuriositäten. Leipzig, 1879. II. 120.
3 J. Napier, Folklore or superstitious beliefs in the West of Scotland. Paisley, 1879.
4 M. Buch im Globus. XL. 327.
5 Bezzenberger, Litauische Forschungen. Göttingen, 1882. 69.
6 Schudt, Jüdische Merkwürdigkeiten. Frankfurt, 1714. 6. Buch 26. Kapit. § 22.
7 Krascheninnikow, Kamtschatka. Lemgo, 1766. 218.

In Birma lehrt die Dath-Wissenschaft, wie man seinen Feinden Harm anthun kann. Sollte derselbe z. B. einen schönen Schaumapfelbaum (Psidium pomiferum) besitzen, so vergräbt man die Frucht eines solchen in die Erde und verbrennt sie nachher. Man ist dann sicher, daß alle Früchte an jenem Baum abfallen und nie wieder nachwachsen werden.[1]

HENRY O. FORBES sah,[2] wie auf Sumatra ein Mann sorgfältig die Abschnitzel seiner Fingernägel begrub, da dort die abergläubische Furcht herrscht, irgend einen Theil des Körpers in den Besitz eines anderen gelangen zu lassen.

Um auf Amboina einen Feind zu schädigen, nimmt man dessen weggeworfenen, ausgekauten Betel, etwas Haar, ein Stückchen seines Gewandes, wohl auch das Maß seiner Fußstapfe und thut dieses in drei Bambuscylinder. Einen derselben legt man unter einen Sarg, einen begräbt man unter der Haustreppe, einen wirft man in's Meer, so stirbt unfehlbar der Mann.[3]

Afrikanische Beispiele. Die Einwohner von Tete am Sambesi (Ostafrika) verbrennen oder vergraben sorgfältig ihre Haarabschnitte, damit Feinde damit keinen Zauber treiben und ihnen Kopfschmerzen verursachen können.[4] Da bei den Kaffern der Glaube besteht, daß ein übelwollender Zauberer Macht über eine Person erhält, wenn er einen Teil von deren Körper besitzt, so tragen die Knaben der Amakosa nach der Beschneidung ihre Vorhäute heimlich fort, um sie im Stillen zu begraben.[5] Aus solchem Glauben erklärt sich folgendes: Wenn der Muatajamwo in Centralafrika ausspuckt, so kriecht ein Lakai herbei, der den allerhöchsten Speichel mit Erde zudeckt und die Erde dann mit der Hand wieder platt drückt.[6] Es gehört hierher auch was HILDEBRANDT von den ostafrikanischen Wanika berichtet: sie legen rohe Nachahmungen menschlicher Gliedmaßen aus Lehm in ihre Pflanzungen und bewirken dadurch die Furcht der Diebe vor Erkrankungen der entsprechenden Körperteile.[7]

---

1 BASTIAN, Reisen in Birma. 300.
2 Wanderungen im Malayischen Archipel. Jena, 1886. II. 32.
3 RIEDEL, Sluik- en Kroeshaarige rassen. 61.
4 LIVINGSTONE, Exped. to the Zambesi. Lond., 1865. 46.
5 FRITSCH, Eingeborene Südafrikas. 109.
6 BUCHNER in Mitt. d. deutsch-afrikan. Ges. III. 92. (1881.)
7 Zeitschrift für Ethnologie 1878. 389.

Amerikanisch: Hat der Eingeborene der Insel Chiloë (Südwest-Amerika) einem Feinde eine Locke abgeschnitten oder sich sonst etwas Haar von ihm verschafft, so genügt das um jenem, und sei er noch so fern, zu schaden. Die Locke wird an ein Tangstück befestigt und so in die Brandung geworfen; so wie sie nun von dieser hin- und hergeflutet wird, so fühlt der Unglückliche, von dem sie stammt, die Stöße, welche sie erleidet. Aus diesem Grunde tragen die Eingeborenen oft das Haar ganz kurz, da dann kein Zauberer so leicht einen Büschel erlangen kann.[1] Andere amerikanische Beispiele siehe Seite 10.

Australisch. Am Darlingflusse in Neusüdwales haben die Schwarzen zwei Arten von Sympathiezauber: Yountu und Muli genannt. Ein Yountu wird aus dem Schenkelknochen eines toten Freundes gemacht; um denselben wickelt man ein Stück an der Sonne getrockneten Fleisches eines zweiten Freundes; das Zusammenhalten wird durch eine Schnur aus den Haaren eines dritten Freundes bewirkt. Dieses Zaubermittel wird in das Lager eines Feindes gebracht, dort in der Asche gewärmt und dann gegen den schlafenden Feind gewendet, auf den man ein Stück von dem Yountu wirft. Nach fünf Wochen wird der Yountu langsam verbrannt. Die Person, gegen welche er gewandt wurde, stirbt nun langsam dahin. Der Muli ist ein Stückchen weißer Quarz, an den mit Gummi ein Stück Opossumfell geklebt ist. Mit Fett von einem Toten eingeschmiert und langsam im Feuer verbrannt, wirkt er wie der Yountu; d. h. die Person, gegen welchen er gerichtet ist, stirbt langsam dahin.[2]

Von dem Myculun-Stamme am Saxby-Flusse (nördliches Australien) wissen wir, daß sie ein Haar einer feindlichen Person an einem Habichtsknochen mit Wachs befestigen und dieses Marro entweder in der Sonne austrocknen oder im Feuer verbrennen, je nachdem sie den Feind bloß krank machen oder töten wollen.[3]

Die Schwarzen am Murray reißen sich Haare aus und verbrennen dieselben langsam; wie das Haar verbrennt, so stirbt auch ein Feind, an den man beim Verbrennen dachte, langsam dahin. Wenn ein Schwarzer aus Viktoria einem andern Haare abschneidet und sie begräbt, so schwindet das marmbula (Nierenfett) des Betreffenden dahin in dem Maße, wie das Haar fault; ist es ganz verfault,

---

[1] Martin in Zeitschrift für Ethnologie 1877. 177.

[2] F. Bonney im Journ. Anthropol. Instit. XIII. 130.

[3] E. Palmer im Journ. Anthropol. Instit. XIII. 293.

so stirbt der ehemalige Inhaber desselben. Murrawun ist ein magischer Wurfstock aus Eichenholzrinde. Wenn man mit ihm auf seinen Feind zeigt, so wird dieser geschädigt. Man muß ein Haar des Feindes an dem Wurfstock mit Känguruhfett befestigen und dann rösten, so erleidet der Feind Schaden.[1]

Leichhardt's schwarzer Begleiter Jemmy bewahrte auf der Reise jedes einzelne Haar auf, um es nach der Rückkehr an einem besondern Orte zu verbrennen. „Die höchst merkwürdige Gewohnheit steht bei den Schwarzen in Beziehung zu dem Glauben, daß keiner ihres Volkes eines natürlichen Todes sterbe. Sobald einer von ihnen krank wird, ziehen sie den Kululuk, Doktor oder Beschwörer, zu Rate, welcher ihnen sagt, daß ein Schwarzer des benachbarten Stammes das Lager des Leidenden besucht und ihm ein Haar gestohlen habe. Stirbt später der Kranke, so wird gesagt, der Dieb habe das Haar verbrannt, welches er früher gestohlen, und er sei dadurch die Ursache des Todesfalles."[2]

Das häßlichste Verfahren haben in dieser Beziehung die Narrinjeri in Südaustralien, die begierig die Speiseabfälle ihrer Feinde, namentlich Gräten und Knochen suchen. Letztere werden zugespitzt, am Ende mit einem Klumpen von Ocker und Fett versehen und dazu ein Fischauge oder ein Stück Fleisch von einer Leiche gethan. Kann man diesen ekelhaften Klumpen dann noch für kurze Zeit in die Brust einer verwesenden Leiche tauchen, so erhält er tödliche Kraft. Will nun der Besitzer dieses Zaubermittels sich an der Person rächen, die von dem Knochen gegessen, so steckt er den Talisman neben sein Feuer. Wie die fettige Masse schmilzt, tritt bei dem Feinde Krankheit ein, fällt sie vom Knochen ab, so erfolgt der Tod. Diese Zaubermittel werden Ngadhungi genannt und zuweilen hat ein australischer Schwarzer vier bis fünf solcher Ngadhungi für eben so viel verschiedene Personen. Auch treiben sie damit einen lohnenden Handel, da jeder, der irgend kann, ein auf ihn bezügliches Ngadhungi, welches er im Besitze eines andern weiß, gern erkauft.[3]

Die ausgestorbenen Tasmanier suchten einen Gegenstand, der ihrem Feinde gehörte, zu erlangen, wickelten denselben in Fett und

---

[1] Brough Smyth, The Aborigines of Victoria. Melbourne, 1878. I. 464. 469. 476.

[2] Dr. L. Leichhardt, eine biograph. Skizze von Zuchold. Leipzig, 1856. 58.

[3] The Native Tribes of South Australia. Adelaide. 1879. 33.

ließen dieses am Feuer schmelzen. Wie das Fett dahinschmolz, so schmolz die Gesundheit des Feindes hin.[1]

Südsee. Ein Eingeborener Neu-Britanniens, welcher vom Fieber ergriffen wurde, erzählt,[2] daß einer seiner Feinde ihn verzaubert hätte. Dies war dadurch geschehen, daß jener einige Bananenschalen, deren Fleisch der Erkrankte gegessen, sich verschafft, damit Zauber getrieben und dann sie verbrannt hatte. Dieser Aberglauben ist der Grund, weshalb die Eingeborenen sehr sorgfältig die Abfälle von ihren Speisen verbrennen — weil sie sonst mit denselben zu Tode gezaubert werden können.

Auf Neu-Britannien besitzen einige Eingeweihte die Gabe Krankheit und Tod herbeizuführen. Der Beschwörer verschafft sich den Auswurf einer Person, die erkranken oder sterben soll und manipuliert damit. Aus diesem Grunde wischen die Eingeborenen ihren ausgeworfenen Speichel sorgsam weg und bedecken ihr Excrement mit Erde.[3]

Auf Neu-Pommern (N.-Irland) zerstört man alle Überbleibsel von Mahlzeiten, da man glaubt, daß sie von einem Feinde vergraben werden und dadurch den Tod herbeiführen.[4]

Die Zauberer der Neu-Hebriden-Insel Tanna, erzählt der Missionar George Turner, können Krankheit und Tod über andere Menschen verhängen, indem sie einen Nahak verbrennen. Dieses Wort bedeutet Schmutz, besonders aber Speiseabfälle. Damit durch solche Speiseabfälle kein Unheil angerichtet werden könne, vergraben die Eingeborenen dieselben oder werfen sie in's Meer. Der Zauberer sucht aber doch sich solche Reste zu verschaffen, und findet er z. B. eine Bananenschale, so wickelt er sie in ein Blatt nach Art einer Cigarre und bringt sie auf diese Weise in die Nähe eines Feuers, um sie langsam verkohlen zu lassen. So wie der Nahak verkohlt und verschrumpft, vergeht auch das Leben dessen, der die Bananenschale fortwarf und gegen den der Zauber gerichtet ist.[5]

Als Kapitän Michelsen auf derselben Insel Tanna die Schale einer von ihm verzehrten Orange auf den Boden warf, hub dieselbe sofort ein Eingeborener auf und trug sie in's Meer. Jedenfalls,

---

[1] Bonwick, Daily life of the Tasmanians. 178.

[2] W. Powell, Wanderings in a wild country. Lond., 1883. 171.

[3] Parkinson, Im Bismarck-Archipel. Leipzig, 1887. 143.

[4] Romilly in Proceed. R. Geogr. Soc. 1887. 11.

[5] G. Turner, Niveteen years in Polynesia. Lond., 1861. 89.

meinte er, würden die Buschleute die Schale gesammelt, verbrannt und die Asche vergraben haben; dann sei es aber mit MICHELSEN aus, er würde dahin siechen und sterben.[1]

Nur schwierig vermochte H. O. FORBES sich Haarproben der Eingeborenen Timorlauts (bei Neu-Guinea) zu verschaffen, da die Inhaber der Haare glaubten sterben zu müssen, wenn ihre Haare in fremden Besitz übergingen.[2]

---

[1] ECKARDT, Die Neu-Hebriden. Verein für naturwissenschaftliche Unterhaltung in Hamburg. IV. 1877.

[2] Journ. Anthropol. Instit. 1883. 17.

Bildnis raubt die Seele.

Die bei vielen Völkern verbreitete Furcht, sich zeichnen zu lassen, schließt sich an den Sympathiezauber an und unterliegt ähnlichen Vorstellungen. Leib und Seele des Feindes beherrscht der Wilde, wenn er einige Haar- oder Nägelabschnitte desselben erlangen kann; er verbrennt sie und vernichtet dadurch seinen Feind. So ist es auch mit dem Bildnis, das einen Teil der Kraft des Originals oder gar die Seele desselben in sich faßt und als leibhaftiger alter ego der repräsentierten Person gedacht ist.

NAPIER, der diesen Aberglauben in Schottland antraf, erzählt:[1] Viele Leute sträubten sich dagegen, daß sie porträtiert würden, denn dieses galt ebenso für unheilbringend, da sie fürchteten, mit ihrem Bilde könnte Unfug getrieben werden. NAPIER hörte von Leuten, die niemals einen gesunden Tag hatten, seitdem sie sich photographieren ließen. Irgend ein Übelwollender, der zauberische Kräfte besaß und in den Besitz der Photographie gelangt war, benutzte dieselbe zum Schaden des Originals.

Dieser schottische Aberglauben deckt sich so sehr mit der Anschauung vieler Naturvölker, daß ich hier einige Parallelen anführen will. Der Maler PAUL KANE, der unter den nordamerikanischen Indianern umherzog, um sie zu malen, stieß dabei oft auf Widerstand. Die Tochter eines Häuptlings am Lake St. Clair weigerte sich ihm zu sitzen, trotzdem ihr Vater sie dazu zwingen wollte. Her repugnance proceeded from a superstitious belief that by so doing she would place herself in the power of the possessor of what is regarded by an Indian as second self. Als KANE am Winnipeg-See

[1] J. NAPIER, Folke-lore or superstitious beliefs in the West of Scotland, within this century. Paisley 1879.

ein junges Mädchen porträtierte, her mother was very much afraid it might shorten her life. Noch charakteristischer ist folgende Geschichte. Als KANE Shawstun, den Häuptling der Sinahomas, gezeichnet hatte, fragte dieser ernsthaft, ob nicht dadurch sein Tod herbeigeführt würde? KANE gab ihm Tabak und diesen in der Hand betrachtend, meinte der Indianer: das sei doch eine kleine Belohnung dafür, daß er sein Leben riskiert habe. Zwei oder drei Tage lang folgte er nun dem Künstler und bat ihn, er möge doch das Bild zerstören, und nur um ihn los zu werden machte KANE eine flüchtige Kopie, die er vor dem Indianer unter dem Vorgeben, es sei das Original, zerriss.[1]

Ein Assiniboin ließ sich nicht abzeichnen, weil er alsdann sterben müsse. Ebenso die Mandanen, die als Gegenmittel das Bild des Zeichners zu erlangen suchten.[2] Als der bekannte Maler CATLIN einige Mandanen gezeichnet hatte, sagten sie ihm, dies sei gefährlich für ihr Leben und er müsse deshalb sogleich ihr Dorf verlassen; er raube ihnen einen Teil ihres Lebens, um es mit nach Hause unter die weißen Leute zu nehmen. Wenn sie stürben, würden sie keine Ruhe im Grabe haben.[3]

In Südamerika finden wir dasselbe. Als SARKADY zwei Canelos Indianer photographieren wollte, hatte er große Mühe sie zum Sitzen zu bringen, da sie glaubten, ihre Seele werde mit dem Bilde fortgetragen. Es war jedoch für sie zu spät, das Negativ war aufgenommen und sie waren nun untröstlich, daß sie ihre Seele verloren hatten.[4] DAVID FORBES hatte die größte Schwierigkeit, Photographien von Aymara-Indianern zu erhalten, as they always retained the idea that the possessor of even their likeness must retain some power over them.[5] Die portugiesisch sprechenden Tapuyos in Manaos am Amazonenstrom konnte KELLER-LEUZINGER wegen ihres Aberglaubens nur schwierig zum Porträtieren bringen.[6] Die Ansicht des Propheten Mohammed war, daß beim Abmalen etwas von der Seele des Porträtierten abgezogen werde, und er verbot deshalb die bildlichen Darstellungen, die heute dem strenggläubigen Muselmann noch ein Greuel sind. Ein solcher, dem BRUCE das Bild eines Fisches zeigte, fragte

[1] PAUL KANE, Wanderings of an Artist among the Indians. Lond., 1859. S. 102. 240.

[2] Prinz ZU WIED, Reise in Nordamerika. I. 417. II. 166.

[3] CATLIN, Indianer Nordamerika's. Deutsch. Brüssel, 1851. 79.

[4] Journ. Anthropol. Instit. IX. 392.

[5] Journ. Ethnolog. Soc. II. 236. (1870).

[6] Vom Amazonas und Madeira. Stuttgart, 1874. 105.

ihn, was er sagen würde, wenn am Tage des Gerichts dieser Fisch sich gegen ihn erheben und ihn anklagen würde, ihm einen Körper, aber keine Seele gegeben zu haben. Die Neger hegen ähnliche Vorstellungen.

In Dschagga am Kilimandscharo konnte THOMSON nur mit großer Mühe die Eingeborenen dazu bringen, sich photographieren zu lassen. Zeigt er ihnen das Bild, so macht er die Sache nur noch schlimmer; sie bildeten sich nun ein, er sei ein Zauberer, der sich in Besitz ihrer Seelen setzen wolle.[1]

Die Dinka am weißen Nil glauben, Abzeichnen bringe ihnen den Tod.[2]

Als an der Loangoküste drei Personen, bald nachdem sie photographiert worden waren, den Pocken zum Opfer fielen, nahm man an, daß durch das Erscheinen des Bildes auf der Platte ein Teil der Kraft des Individuums auf jene übergegangen war. Späteren Versuchen zu photographieren wurde Widerstand geleistet.[3]

Als zu Akoreah in Dahomé die Fetischweiber sich bettelnd an BURTON herandrängten, they were easily dispersed by their likenesses being sketched.[4]

Die Siebenbürgischen Zigeuner sind erschrocken, wenn man sie im Bilde darstellt; sie glauben, daß sie dadurch etwas von sich selbst verlören oder daß ihre Identität dabei verloren gehe. Selbst Geld, das man ihnen giebt, kann sie kaum bewegen, sich abkonterfeien zu lassen.[5] Die Giljaken an der Amurmündung wollten sich von SCHRENCK nicht porträtieren lassen, da sie fürchteten, daß mit dem Bilde auch die Macht über ihr Leben in des Zeichners Hand falle, der das Bild bloß zu zerreißen brauche, um sie zu vernichten.[6]

Die Chinesen im Innern des Landes lassen sich nicht gern photographieren, da sie fürchten, daß damit ihr Po (= Glück) fortgetragen werde.[7]

[1] J. THOMSON, Durch Massailand. Leipzig, 1885. 76.
[2] R. HARTMANN, Nigritier. I. 111.
[3] Die Loango-Expedition. Leipzig, 1879. I. 17.
[4] BURTON, Mission to Gelele. London, 1864. I. 278.
[5] CH. BONER, Siebenbürgen. Leipzig, 1868. 373.
[6] L. V. SCHRENCK, Völker des Amurlandes. St. Petersburg, 1881. 215.
[7] COLQUHOUN, Quer durch Chryse. Leipzig, 1884. I. 130.

Baum und Mensch.[1]

In HEBEL's Schatzkästlein findet sich folgende Stelle: „Wenn ich mir einmal so viel erworben habe, daß ich mir mein eigenes Gütlein kaufen und meiner Frau Schwiegermutter ihre Tochter heiraten kann und der liebe Gott bescheert mir Nachwuchs, so setze ich jedem meiner Kinder ein eigenes Bäumlein und das Bäumlein muß heißen wie das Kind, Ludwig, Johannes, Henriette und ist sein erstes eigenes Kapital und Vermögen und ich sehe zu, wie sie miteinander wachsen und gedeihen und immer schöner werden, und wie nach wenig Jahren das Büblein auf sein Kapital klettert und die Zinsen einzieht".

Da ist mit wenigen Worten ein uralter, sehr hübscher Volksbrauch charakterisiert, der heute noch sich in der alten und neuen Welt nachweisen läßt. Der Nutzen, den die Cypresse als bei Tischlern und Schnitzern im Preise stehendes Holz brachte, leuchtete den praktischen Römern derart ein, daß die Alten nach PLINIUS 16. 141 eine Cypressenpflanzung die Aussteuer für die Tochter zu nennen pflegten: Quaestiosissima in satus ratione silva volgoque dotem filiae antiqui plantaria appellabant. Man pflanzte die Bäume etwa bei der Geburt einer Tochter und mit ihr wuchsen sie in die Höhe als lebendiges Kapital, zugleich ihr Bild und ihr Gleichnis.

Daß dieser uralte Brauch heute oder bis vor noch nicht langer Zeit in Italien fortbesteht, erkennen wir aus einer Stelle in v. REINSBERG-DÜRINGSFELD's „Ethnographischen Kuriositäten".[2] Es heißt da, daß bei der Geburt einer Tochter in der Gegend von Bologna eine Anzahl Pappeln gepflanzt wurde, die man sehr sorgfältig pflegte, bis

---

[1] Mitteilungen der Anthropologischen Gesellschaft in Wien. XIV. (1884.)

[2] Leipzig. 1879. II. 7.

das Mädchen heiratete. Alsdann wurden sie verkauft und der Erlös zur Ausstattung und Mitgift der Braut verwendet.

Da wird es denn wohl auch auf alter Sitte beruhen, wenn der heutige Athener aus niederem Stande sagt: „Ich habe meiner Tochter so und so viel Bäume als Mitgift gegeben", womit er Olivenbäume meint.[1] Diese Bäume sind im Walde zerstreut und jeder Eigentümer kennt ganz genau die ihm gehörigen Exemplare, die er auch selber besorgt und pflegt.

Bei den Tataren in Daghestan durfte niemand heiraten, bevor er nicht hundert Fruchtbäume gepflanzt hatte[2] und die Neuvermählten bei den alten Indianern Nicaraguas received from the parents a piece of land and certain fruit-trees, which, if they died childless, reverted to their respective families.[3]

Daran schließt sich dem Sinne nach ähnlich ein hübscher Brauch im bayrischen Städtchen Hohenberg, wo jedes Kind bei seinem Abgange von der Schule auf sonst wenig benutztem Gemeindegrund einen Obstbaum pflanzt, welcher während seiner ganzen Lebensdauer sein Eigentum bleibt.

Die Sitte ist auch verbreitet bei den Stämmen im indischen Archipel und darüber hat der niederländische Ethnolog G. A. Wilken eine Zusammenstellung gemacht, der wir hier folgen.[4] Wenn auf Amboina ein Kind geboren wird, so wird ein Baum gepflanzt, um das Alter des Kindes danach zu wissen. Auf Bali pflanzt der Vater des Kindes bei dessen Geburt eine Kokospalme auf sein Erbe, welche hier tanam-tubuh heißt und die mit dem neuen Weltbürger nun aufwächst. Bei den Javanen, wo der Gebrauch auch vorhanden war, ist derselbe jetzt seltener geworden. Die Makassaren und Buginesen auf Celebes beobachten denselben Gebrauch. Am neunten Tage nach der Niederkunft wird ein Fest veranstaltet, bei dem eine Sanro oder Zauberdoktorin eine Kokosnuss pflanzt, die mit dem Wasser begossen wird, in welchem man die Nachgeburt und den Nabelstrang gereinigt hat. Der so gepflanzte Kokosbaum heißt buginesisch tinaung, makassarisch simba; mit dem Kinde zugleich wachsend dient er dazu um dessen Alter annähernd anzugeben. Auch die Malayen auf Malakka pflanzen bei der Geburt eines Kindes eine Kokospalme, die als Maßstab des Alters für die Person gilt, bei

[1] Pervanoglu, Kulturbilder aus Griechenland. Leipzig, 1880. 66.

[2] Bastian, Mensch in der Geschichte. III. 196.

[3] Transactions Americ. Ethnolog. Soc. New-York, 1853. III. 127.

[4] De Betrekking tusschen Menschen- Dieren- en Plantenleven. Amsterdam, 1884. 14.

deren Geburt sie gepflanzt wurde. Eine Frau, gefragt, wie alt sie sei, wieß einfach auf ihren Kokosbaum. Der Baum wird bei allen diesen Völkern als Altersanzeiger betrachtet. Der tiefere Sinn, der wohl ursprünglich darin gelegen haben mag, ist verloren gegangen.

Es verknüpfen sich nämlich mit dem Baum als Mitgift ferner die Vorstellungen vom Lebensbaum. Was über denselben sich bei den europäischen Völkern vorbringen läßt, hat Wilhelm Mannhardt[1] zusammengestellt. Es ist aber für uns hier von wesentlichem Interesse, die ethnographischen Parallelen in außereuropäischen Ländern nachzuweisen und sie sind schlagend genug.

Duloup erzählt von den M'Bengas am Gabon in Westafrika: Wenn zwei Kinder an demselben Tage geboren werden, so pflanzt man zwei Bäume von derselben Art und tanzt dann um dieselben. Das Leben der Kinder ist dann an jene Bäume geknüpft, und wenn einer eingeht oder ausgerissen wird, so ist man sicher, daß das betreffende Kind bald stirbt.[2] In der Südsee pflanzt man bei der Geburt eines Kindes eine Kokospalme, deren Knoten zugleich zum Zählen der Jahre dienten und die Papuas verknüpfen das Leben Neugeborener mystisch mit einem Baumstamme, mit dessen Umhauen sie absterben müssen.[3]

Dazu kommt nun noch die Parallele, welche uns der Nagualismus mittelamerikanischer Indianer liefert, indem das neugeborene Kind vom Zahorin (Zauberer) mit dem Namen eines Tieres belegt wurde. Dieses Tier, dessen Namen das Kind trug, galt als eine Art spiritus familiaris für das ganze Leben. Es war damit die Vorstellung verknüpft, daß das Schicksal des Kindes in einer Art von Parallelverhältnis zu demjenigen des Tieres stünde, daß Mangel, Not und Tod des betreffenden Tieres die gleichen Beschwerden für das Kind herbeiführen. Das Tier war der Nagual des Kindes. Nagual, richtiger Naoal, ist ein Quiché-Wort vom Stamme naó, wissen, erkennen. Naoal ist dasjenige, womit oder wovon etwas (in diesem Falle das Schicksal des Kindes) erkannt wird. Es soll diese Sitte der Namengebung durch den Zauberer bei den (christlichen) Indianern Guatemala's noch heute gebräuchlich sein.[4]

---

[1] Der Baumkultus. Berlin 1875. 45 ff.

[2] Revue d'Ethnographie 1883. 223.

[3] Bastian, Mensch in der Geschichte. III. 193.

[4] Stoll, Guatemala. Leipzig, 1886. 238.

Die Totenmünze.

Bei den alten Griechen wurde alsbald nach erfolgtem Tode der bekannte Obolos als *ναῦλον*, Fährgeld, für den Charon zur Überfahrt in den Hades dem Toten in den Mund gelegt. Dieser Brauch hat sich nicht nur im heutigen Griechenland erhalten, sondern er ist auch noch sehr viel allgemeiner verbreitet.

In den aus später Zeit stammenden Gräbern auf dem Boden des alten Olympia fanden sich kleine Münzen, welche von der ländlichen Bevölkerung Griechenlands den Toten mit in's Grab gegeben werden.[1] Mehr Beispiele hat Bernhard Schmidt,[2] der das Überfahrtsgeld von den kleinasiatischen Griechen unter dem Namen *περατίκιον* kennt. Im thrakischen Stenimachos ward bis vor 1860 der Leiche ein Geldstück in den Mund gegeben „für Charos“. In den Dörfern Kephalonias geschah dasselbe bis gegen Ende des vorigen Jahrhunderts, zu welcher Zeit der damalige Erzbischof der Insel einen Bann gegen diese heidnische Gewohnheit erließ infolge deren sie gänzlich abkam. Die alte Bezeichnung *ναῦλον* hat sich auf der Insel Naxos noch erhalten, indessen wendet man sie dort nicht auf die Totenmünze an, sondern bezeichnet damit ein wächsernes Kreuz, welches man den Verstorbenen auf den Mund legt.[3] Auf Zakynthos wurde eine *γάστα*, venetianische Kupfermünze, noch im Beginn unseres Jahrhunderts den Toten in den Mund gelegt. Die türkischen Bauern Makedoniens benutzten zu gleichem Zwecke einen griechischen Para mit einem Koranspruch versehen; sie unterließen den Brauch, als ihnen das Unpassende einer solchen Verwendung für ein christliches Grab nachgewiesen wurde. Für Arachoba auf dem Parnassos ist das,

[1] A. Boetticher, Olympia. Berlin, 1883. 37.

[2] Das Volksleben der Neugriechen. Leipzig, 1871. 237 ff.

[3] J. T. Bent, The Cyclades. London, 1885. 362.

wenn auch nicht mehr allgemeine Fortbestehen des Gebrauches bezeugt. Aber dort verbindet man mit dem der Leiche in den Mund gelegten Para oder Obolos nicht die Vorstellung eines Fährgeldes, sondern vielmehr eines Brückenzolles. Es herrscht nämlich daselbst der Glaube, daß über den Strom, den die Seelen der Verstorbenen zu überschreiten haben, um in die Urwelt einzugehen, eine Haarbrücke führt, *τὸ τριχινο γιοφύρ'*, die äußerst schmal ist und ewig zittert und daß hier ein Brückengeld entrichtet werden muß. B. Schmidt erwähnt, daß diese Ansicht durch die Türken nach Europa gebracht ist, da bei den Mohammedanern die Tradition von der Haarbrücke besteht.

Die christlichen Katakomben Roms haben auch zahlreiche Münzen geliefert, die nicht etwa als Bestandteile des Hausinventars dorthin gebracht sind, sondern zu derselben Zweckbestimmung wie im heidnischen Altertum. Die Sitte war besonders in den niederen Volksschichten verbreitet und das Geld wurde als Fährgeld für Charon neben den Kopf des Toten oder in dessen Mund gelegt. [1]

In der sizilianischen Sage von König Wilhelm dem Bösen, der im zwölften Jahrhundert lebte, steigt der junge Sohn eines unlängst verstorbenen Fürsten in die Gruft des Vaters hinab und nimmt ihm das als Totenfährgeld mitgegebene Goldstück aus dem Munde. F. Liebrecht, dem ich dieses entnehme, [2] meint, es brauche dieses nicht auf antike Abstammung zu deuten, da doch anderwärts die Sitte sich lange erhalten habe und vielleicht noch in einem Winkel Siciliens bestehe. Bei den Albanesen ist es Sitte, daß der Leiche, bevor sie das Sterbehaus verläßt, ein Para oder sonstiges Geldstück in den Mund gegeben wird, wenn sie nicht etwa einen silbernen Ring trägt. [3] Von den Walachen heißt es, daß der Obolos der Alten noch jetzt der Leiche in die Hand — nicht in den Mund — gegeben werde. [4] Wenigstens ist den Rumänen Siebenbürgens die Straße in's Himmelreich mit Weg- und Brückenzöllen verlegt; daher giebt man dem Verstorbenen ein Geldstück in die Hand (in Mediasch) oder unter die Zunge, unter das Kopfkissen oder in das Haar eingeflochten mit in's Grab. [5]

[1] V. Schultze, Die Katakomben. Leipzig, 1882. 210.

[2] Zur Volkskunde. Heilbronn, 1879. 93.

[3] v. Hahn, Albanesische Studien. I. 151.

[4] Arthur u. Albert Schott. Walachische Märchen. 302.

[5] W. Schmidt, Das Jahr im Brauche der Rumänen. Österreichische Revue 1865. Band I. 224.

Wie bei anderen Indoeuropäern herrschte auch bei den alten Slaven der Glaube, daß die Seele nach dem Tode eine lange Reise anzutreten habe. Sie brauchte daher Reisegeld, das man dem Toten mit in's Grab legt. Daher der noch bei den russischen Bauern bestehende Brauch, bei Begräbnissen kleine Kupfer- und Silbermünzen mit in das Grab zu werfen.[1]

Verwandt ist der französische Aberglaube, wonach man das größte Geldstück, das man besaß, dem Toten bei der Einhüllung in die rechte Hand gab, afin qu'il soit mieux reçû en l'autre monde.[2]

Wie die altheidnische Sitte der Beigabe einer Totenmünze sich auf den gemanischen Norden erstreckt hat und hier noch längere Zeit, selbst als das Christentum zur Herrschaft gelangt war, fortbestand, hat Ludwig Lindenschmit gezeigt.[3] „Aus Mangel an Vertrauen auf Christus und seine Verheißungen wie aus dauernder Furcht vor dem Orkus der Heiden suchte man nach beiden Seiten hin Sicherung.“ Daher die Beigabe von Münzen mit Prägungen christlicher Kaiser im Sarkophage und selbst im Munde der Toten, wie dies in vielen bei Trier gefundenen altchristlichen Grabdenkmalen nachgewiesen wurde. Die Sitte war ohne Zweifel seit dem vierten Jahrhundert besonders in den Provinzen des Römerreiches, von welchen das Christentum zu den Franken gelangt, so allgemein, daß sie von denselben als ein wesentlicher Teil der neuen Lehre betrachtet werden konnte und ihrer Anschauung näher liegend zuerst von der christlichen Bestattungsweise Aufnahme fand. Römische und merowingische Gold- und Silbermünzen sind am Rhein auf den Friedhöfen von Selzen und Oberolm, in Belgien auf jenem von Lède in dem Munde von Toten gefunden worden.

Auf die Fortdauer des Brauches in neuester Zeit wies schon Jacob Grimm[4] hin, indem er die Stelle aus der Chemnitzer Rockenphilosophie anzog, in welcher es heißt: „Toten lege man Geld in den Mund.“

Von England schreibt 1686 Aubrey: When I was a boy I heard them tell that in the old time they used to putt a penny in dead persons mouth to give to St. Peter: and I thinke that they did doe so in Wales and in the north countrey.[5]

---

[1] Ralston, The songs of the Russian people. London, 1872. 108.

[2] Nach J. B. Thiers, Traité des superstitons. Paris 1697 bei Liebrecht, Gervasius v. Tilbury. 224.

[3] Handbuch der deutschen Altertumskunde. I. 133. [4] D. M.[4] 694.

[5] Remains of Gentilisme and Judaism. Ausgabe der Folk Lore Society 1881. 159.

Über das Vorkommen der Totenmünze in Mitteleuropa in der neuesten Zeit hat ferner ROHHOLZ[1] eine Anzahl Belege zusammengestellt, aus denen wir das Nachfolgende mitteilen. In der preussischen Altmark steckte man der Leiche ein Sechserstück unter die Zunge, in der Neumark ein Viergroschenstück; in Groß-Keula in Thüringen genügte zu diesem Zwecke ein Pfennig; an der böhmischen Grenze der Oberpfalz giebt man ihr drei Pfennige; in Altenau im Harz nach PRÖHLE einen Dreier; in der Oberlausitz soviel als sie dem Pfarrer und Küster beim ersten Kirchgange geopfert haben würde, nämlich zwei Groschen und zwei Kreuzer. Oft entzieht sich der Brauch unserer persönlichen Wahrnehmung ohne deshalb aufgehört zu haben. „Nachdem Cantor HILLE in Liepe bei Rathenow seit 18 Jahren daselbst im Amte gestanden hat und bis heute ein aufmerksamer Beobachter des Volksbrauches gewesen ist, hat er doch erst zufällig neulich diese Sitte unter der Bevölkerung seines Dorfes entdeckt."

Sehen wir uns nun nach Parallelen bei ferner stehenden Völkern um.

Reverend COLE berichtet von den Santals, die zu den Autochthonen Indiens gerechnet werden, daß nach dem Tode alle Besitztümer neben der Leiche aufgestapelt werden und auch einige Rupien, wenn solche vorhanden, damit der Verstorbene in der künftigen Welt zahlen könne.[2]

Wenn ein Badaga in den Nilgiribergen Ostindiens dem Tode nahe ist, so wird ein kleines Goldstück (Birianhana) in Schmalz getaucht und demselben zum Verschlucken zwischen die Lippen gelegt; kann er das nicht mehr thun, so wird ihm solches um den Arm gebunden. Mit diesem Goldstück sollen die Reisekosten nach der anderen Welt bestritten werden und das kleine Geldstück ist genügend, um den Wandernden sicher über jene „Fadenbrücke" zu bringen, welche nach ihrer Meinung das Thal des Todes von der unsichtbaren Welt trennt.[3]

Bei den Katschin, die an der chinesich-birmanischen Grenze wohnen, erhält der Verstorbene ein Stück Silber in den Mund, damit dessen Geist bei der bevorstehenden Passage über einen großen Strom die Überfahrt bezahlen kann.[4]

---

[1] Deutscher Glaube und Brauch. Berlin 1867. I. 190.

[2] Church Missionary Intelligencer 1879. 738.

[3] J. F. METZ, Die Volksstämme der Nilagiris. Basel, 1858. 77.

[4] G. KREITNER, Im fernen Osten. Wien. 1881. 970.

Von den Laoten (nördliches Siam) wird berichtet, dass man der Leiche ein kleines Geldstück oder einen kostbaren Stein in den Mund gleiten läßt, „damit in jener Welt die Geistergebühr bezahlt werden kann“, ohne die nach dem Glauben der Laoten der Eintritt in's bessere Jenseit nicht möglich ist.[1]

Solches stimmt mit buddhistischen Anschauungen. Der Fluß Sandzu ist der Styx der Buddhisten, ein altes Weib versieht den Dienst des Charon und man legt, in Japan wenigstens, der Leiche ein Geldstück als Fuhrlohn in den Sarg.[2] Es hat sich selbst da, wo Leichenverbrennung in Japan stattfindet, ein hierher gehöriger Brauch erhalten. Man giebt bei der Verbrennung kleine Münzen mit und wählt dazu 10 Mon-Stücke (1000 Mon = 1 Dollar) in verschiedener Anzahl, entweder neun, oder wie es in Tokio üblich ist, nur sechs. Da aber auf diese Weise sehr viel Scheidemünze aus dem Verkehr entschwindet, so begnügt man sich infolge einer Regierungsverordnung damit, diese Münzen auf Papier abzudrucken und dieses dem Verstorbenen mitzugeben, ein Verfahren, das auch in China üblich ist.[3]

Daß bei finnischen Stämmen ähnliche Anschauungen herrschen, erkennen wir daran, daß die Wotjäken ihren Toten neben Waffen, Haushaltungsgegenständen u. dergl. noch Geld mit in den Sarg geben.[4] Und selbst in Afrika, wo man den Leichen der heidnischen Stämme in Bagirmi eine kleine Kürbisschale voll Kaurimuscheln mit in's Grab giebt, die auf den Mund gestülpt wird und gleichsam als Zehrpfennig dient.[5] Ludwig Wolf fand ebenfalls, daß den Leichen der Freien bei den Bakuba am Lulua (südliches Zentralafrika) Kaurimuscheln in den Mund gelegt werden.[6]

Auf dem Boden der neuen Welt, wo Münzen unbekannt waren, dürfen wir nicht hoffen auf die Totenmünze zu treffen. Zwar hatte man Wertmesser in den Kulturländern Amerika's und auch die Grabbeigaben, die den Glauben an ein künftiges Leben dokumentieren, fehlen keineswegs; aber eigentliche Münzen gab es nicht. Nur mit Vorbehalt und anderer Deutung fähig möchte ich daher

[1] C. Bock, Im Reiche des weißen Elephanten. Leipzig, 1885. 195.

[2] v. Kudriaffsky, Japan. Wien, 1874. 36.

[3] Dönitz, in Mitteilungen der deutschen ostasiatischen Gesellschaft. Heft X. 29. Juli 1876.

[4] M. Buch, Die Wotjaken. Helsingfors, 1882. 144.

[5] G. Nachtigal, Sahara und Sudan, II. 687.

[6] Wissmann, Wolf, François und Müller, Im Innern Afrikas. Leipzig, 1888. 241.

hierher setzen, was uns SQUIER berichtet von den kleinen dünnen Kupferstücken, die er im Munde peruanischer Mumien zu Pachacamac fand, nach ihm corresponding perhaps with the obolos, which the ancient Greeks put into the mouth of their dead as a fee for Charon.[1]

[1] G. SQUIER, Peru. London, 1877. 75. Bei den Mayas von Yukatan wurden nur die Armen begraben, die Reichen verbrannte man. Wenn nun BANCROFT (Native Races of the Pacific States. II. 800) von ersteren schreibt: These placed corn in the mouth of the corpse together with some money as ferriage for the Maya Charon, so wissen wir nicht um was für „Geld" es sich hier gehandelt haben kann; auch der Charon der Mayas erscheint uns dunkel.

Der Donnerkeil.[1]

Wo auch auf unserer Erde prähistorische Steingeräte gefunden werden, sei es in Europa, Asien, Afrika oder Amerika, da verbindet sich mit denselben in den Augen des Volkes eine fast identische, manchmal bis in die feinsten Einzelheiten übereinstimmende Vorstellung. Man wird überrascht, den Neger, den südamerikanischen Indianer, den Birmanen, den Esten, den Letten, den Deutschen, den Franzosen u. s. w. genau in demselben Aberglauben befangen zu finden, der sich auf die Entstehung und die angeblichen wunderbaren Eigenschaften der alten Steinbeile bezieht.

Diese Vorstellungen müssen übrigens verhältnißmäßig jung genannt werden, denn sie entstanden erst, als die Steingeräte außer Gebrauch waren und, gelegentlich aufgefunden, wie ein Rätsel erschienen. Sie mußten den Findern, die sich über deren Gebrauch nicht zu orientieren vermochten, wie ein wunderbares, aus einer anderen Welt stammendes Gerät erscheinen, das vermöge seiner außerirdischen Entstehung mit seltsamen Eigenschaften begabt gedacht wurde. Der Fall von Meteorsteinen gab thatsächlichen Anlaß zu derartigen Vorstellungen. Überall aber wähnt das Volk die Steingeräte durch den Blitz entstanden, sie sind der Schuß desselben und der Donner entsteht durch das Einschlagen des Steinbeils in die Erde. Überall finden wir deshalb auch den gleichen Glauben, daß der „Donnerkeil“, welcher klaftertief in den Boden gefahren ist, im Verlaufe einer bestimmten Zeit (7 Tage, 7 Wochen, 7 Jahre) wieder allmählich zur Erdoberfläche emporsteigt. Übernatürlich gleichsam entstanden, ist er auch mit wunderbaren Eigenschaften begabt, und

[1] Zuerst in den „Mitteilungen der Anthropologischen Gesellschaft in Wien“ XII. 1882.

wer ihn findet, hält ihn hoch, vererbt ihn von Geschlecht auf Geschlecht. Der Stein ist ein Amulet in Asien und Europa und ein Fetisch an der Guineaküste. Er macht unverletzlich, er hilft gegen Unfruchtbarkeit der Weiber, er schützt vor Feuersgefahr und Blitzschlag, man sucht Schätze mit ihm und er ist vor allem mit höchst wirksamen medizinischen Eigenschaften begabt. Gleichsam belebt gedacht, vermag er zu schwitzen, wenn Gewitter im Anzuge sind.

Welch' fabelhafte Vorstellungen von der Entstehung der Steingeräte man in Europa selbst in gelehrten Kreisen noch im 17. Jahrhundert hatte, erhellt aus einer Schilderung des Donnerkeils bei dem bekannten Vielschreiber Happelius.[1] „Der Keil," sagt er, „entsteht aus der Materie, die mit den Dünsten in die Luft gezogen und daselbst durch die Kraft des Versteinerungsgeistes in einen harten Stein verhärtet und verwandelt wird. Diese Materie ist irdisch klebricht, grob und schweflicht, aber meist herrührend aus den metallischen Dünsten, die der Versteinerung am meisten fähig sind. Solchergestalt hat man gemerket, daß die Wolken, daraus ein Wetterkeil erzeuget worden, insgemein grünlich, tief und etwas schwarz erscheinen, denn eine solche Wolke ist voll Schwefels und irdischen Dunstes. Der Keil selber ist so hart wie Eisen, hat nicht allemal einerlei Gestalt und soll, nachdem er seinen Schlag verrichtet, hernach großen Nutzen in der Arzeney haben."

Hier haben wir den Volksaberglauben zur gelehrten Phrase sublimiert und zugleich die Quintessenz der Anschauungen über die Steingeräte, wie sie in dem oben geographisch abgegrenzten Gebiete herrschen. Denn es ist wohl zu berücksichtigen, daß, wo die Völker sich noch in der Steinzeit befinden oder bis vor kurzem befanden, wo sie mit eigenen Händen die Steingeräte fertigen, dieser Aberglauben natürlich nicht vorkommen kann. Daher ist in der Südsee und in Australien keine Spur von derartigen Vorstellungen vorhanden, wiewohl wir in letzterem Lande bereits Grundlagen zu dem Aberglauben von den Donnerkeilen finden, denn die Westaustralier nennen gewisse glatte, eiförmige Steine boyer und glauben von ihnen, daß sie vom Himmel gefallen sein sollen.[2]

Soviel im allgemeinen. Wir wollen nun die einzelnen Völker überschauen, die trotz räumlicher Trennung und ohne Entlehnung die ganz gleichen Vorstellungen von der Entstehung und den Eigen-

[1] Kleine Weltbeschreibung. I. 130.

[2] Moore, Vocabulary of the languages of Western Australia. London, 1842, s. v.

schaften der Donnerkeile haben, wobei wir in geographischer Reihenfolge verfahren.

Europa. Verhältnißmäßig alt ist der Glaube an die Zauberkraft der Steingeräte in Deutschland. Donar warf keilförmige Steine vom Himmel herab, welche mittelhochdeutsch schûrestein oder schawerstein heißen und in den Steinhämmern wiedergefunden werden. Ihre gegenwärtigen Bezeichnungen im Volksmunde sind Donneraxt, Donnerstein, Donnerkeil, Albschoß. Strahlstein, Teufelsfinger, wobei Einmischung von Belemniten stattfindet. Sie fahren mit dem Blitze aus den Wolken tief wie ein Kirchturm, oder, wie es in anderen Gegenden heißt, sieben Klafter tief in den Erdboden nieder. So oft es aber donnert, beginnt der Keil der Erdoberfläche näher zu steigen und nach sieben Jahren ist er wieder oben angelangt (wie Donar's geschleuderter Hammer Miölnir stets wieder in dessen Hand zurückkehrte). Zu erkennen ist der echte Donnerkeil daran, daß er zu schwitzen beginnt, sobald sich ein Gewitter zusammenzieht. Jedes Haus, in dem er aufbewahrt wird, ist sicher vor Blitzschlag, auch besitzt er die Eigenschaft, unsichtbar zu machen, und heilt, wenn man mit ihm die leidende Stelle streicht, Rose, Entzündungen, Krämpfe.[1]

Um noch einzelnes hervorzuheben, was landschaftlich wechselnd auf das Gesamtbild der deutschen Vorstellungen vom Donnerkeil einwirkt, sei erwähnt, daß man in Ostpreußen die Kühe durch das Loch eines Steinbeils melkt, wenn sie „verhexte Milch" haben,[2] während in Rheinhessen noch in den zwanziger Jahren die Euter mit Steinbeilen bestrichen wurden, wenn die Kühe nicht milchen wollten.[3] Die Rose bei Menschen und das entzündete Euter bei Kühen werden in Quedlinburg durch Streichen mit Donnerkeilen geheilt.[4] In Rheinhessen und der Rheinpfalz ist der Glaube an diese Steingeräte noch heute sehr stark verbreitet und „fast jedes Haus besitzt dort seine verehrten Steinbeile."[5]

Eine Abwechslung in der Anwendung des Steingerätes zum Schutze gegen den Blitz finden wir in der Provinz Preußen, wo die Donnerkeile Duderkiel, Ottertött (Otternzitze), Pillersteen heißen. Ziehen sich Gewitter zusammen und rücken die Schläge immer näher,

1 Grimm, D. M. 112. Wuttke, Deutscher Volksaberglaube [2] 88.

2 H. Frischbier, Hexenspruch und Zauberbann. Berlin, 1870. 19.

3 H. Fischer, Nephrit und Jadeit. Stuttgart, 1875. 200.

4 Pröhle in Zeitschrift für deutsche Mythologie. I. 202. (1853.)

5 Kohn und Mehlis, Vorgesch. d. östl. Europa. I. 355.

so steckt man den Finger durch das Loch des Steinhammers, dreht denselben dreimal herum und wirft ihn mit Gewalt gegen die Stubenthür; dann bleibt das Haus vor Blitzschlag bewahrt.[1] In Westfalen legt man bei heranziehendem Gewitter den Donnerkeil, welcher nun zu schwitzen anfängt, neben eine geweihte Kerze auf den Tisch, so Christliches und Heidnisches vermischend.[2]

In Böhmen glaubt man, daß der Donner in Form einer Kugel in die Erde schlägt und diese Kugel hat unsichtbar machende Kraft. Die alten Weiber, welche sich dort mit dem Besegnen und Besprechen abgeben, besitzen solche Donnerkeile, die sie von ihren Vorfahren ererbt haben und beim Besprechen verwenden.[3]

Bei den Slaven Mährens haben Koudelka und Jeitteles zahlreiche Beispiele vom Glauben an den Donnerstein gesammelt, der auch hier nach sieben Jahren aus der Tiefe wieder an die Oberfläche emporkommt. Man bewahrt ihn in den Bauerhäusern und trennt sich nur ungern von demselben. Geben die Kühe wenig Milch, so bestreicht man das Euter mit dem Stein; Warzen bei Menschen oder Pferden vor Sonnenaufgang mit dem Stein gestrichen, verschwinden; er hilft gegen den Kropf und schützt. als Amulet getragen, vor jedem Ungemach. Ein Wurf mit dem Donnerkeil tötet augenblicklich; von ihm abgeschabtes Pulver heilt Kinderkrankheiten; an den Passionstagen hat der Stein die Macht den Ort vergrabener Schätze dem Sucher zu verraten.[4]

Wie im Gebiete der Juraformation der fingerförmig gestaltete Belemnit (Teufelsfinger) stellvertretend für das prähistorische Steingerät eintritt und vom Volke mit diesem' verwechselt wird, so an der Nordseeküste die versteinerten Echiniten. Das Volk nennt sie dort „Grummelsteene", „Adlersteine", „Gosarensteene" (Gänseadlersteine) und Krallensteine, weil Adler sie, als sie noch weich waren, mit ihren Krallen erfaßt und dadurch geformt und gezeichnet haben sollen. Wer diesen Stein beim Gewitter auf den Tisch legt, wird nicht vom Blitze getroffen.

So ist der Glauben an übernatürliche Kräfte und himmlischen Ursprung der Steingeräte auch bei anderen germanischen Völkern verbreitet; der englische Bauer nennt sie thunder-axes[5] und gleiche

[1] Frischbier a. a. O. 107.
[2] H. Hartmann, Bilder aus Westfalen. Osnabrück, 1871. 144.
[3] Grohmann, Aberglauben aus Böhmen Nr. 209, 1087.
[4] Mitteilungen der Anthropologischen Gesellschaft in Wien. XII. 159. (1882.)
[5] E. B. Tylor, Early history of mankind. 223.

Anschauungen herrschen bei den Slaven. Nach dem Glauben der Wenden in der Lausitz ist das prähistorische Steingerät ein Gewitterstein (njewjedraškowy kamen). Er ist gut gegen Krankheiten und dient zum Besprechen. Bei Halsleiden drückt man ihn an den Hals; hat man Seitenstechen, so trinkt man abgefeilte Stückchen davon in Wasser. Die Löcher in diesen hochgehaltenen Steinen hat der Blitz geschlagen.[1]

Der Südslave unterscheidet nicht zwischen prähistorischer Axt und Donnerkeil; beide nennt er strelica (Pfeilchen) oder nebeska strelica (Himmelspfeilchen). Ihr Besitz bringt Glück und Gedeihen in allen Geschäften und man trägt sie bei sich.[2]

Durch ganz Polen herrscht der Aberglaube, daß die Donnerkeile, hier Keile aus Feuerstein, unter die Schwelle eines neugebauten Hauses gelegt werden, um dieses vor Blitzschlag zu sichern. Nur ungern trennt sich der Litauer von solchen mit magischer Kraft ausgestatteten Steinen. Etwas abgekratztes Pulver von denselben in Branntwein genommen, heilt von verschiedenen Leiden, die Bauersfrauen legen ihn in den Backtrog, weil dann das Brot besser gerät.[3] Auch den Letten ist das Steingerät vom Gewitter herabgeschleudert; es heißt bei ihnen Perkuno akmu, des Perkun (?) oder Donners Stein, auch Perkuna lohde und Perkuno kulka, Donnerkugel. Hier ist der auch in Deutschland verbreitete Glaube vorhanden, daß der Stein mit dem Blitze in die Erde fährt und nach sieben Tagen wieder an die Oberfläche kommt. Er schützt vor Blitzschlag, die Milch vor Sauerwerden und heilt kranke Glieder.[4]

Daß dieselbe Anschauung auch bei finnischen Völkern verbreitet ist, dafür sprechen die Beläge von den Esten. In seinem zu Ende des 17. Jahrhunderts erschienenen, ungemein inhaltreichen Werke: „Der einfältigen Esthen abergläubische Gebräuche", schreibt der alte Pastor Joh. Wolfgang Boecler: „Wann sie (die Esten) zum ersten Male donnern hören, ergreifen sie einen Stein und schlagen sich damit dreimal an Kopf, dann sollen sie in selbigem Jahre von allem Hauptweh befreit sein". Daß es sich hier um ein prähistorisches Steingerät handelt, erkennen wir aus dem Kommentar, welchen Kreutzwald zu dieser Stelle giebt. In Werroschen findet das Experiment noch mit solchen statt, der Kopf wird dadurch steinhart und

[1] W. v. Schulenburg. Wendische Volkssagen. Leipzig, 1880. 270.
[2] Krauss in Mitteilungen der Anthropol. Ges. in Wien. 1886. 152.
[3] Kohn und Mehlis a. a. O. I. 355.
[4] Mannhardt in Zeitschrift für Ethnologie. 1875. 294.

ein Pikse kiwiga porutatu pää, d. i. ein mit dem Donnerkeil geriebener Kopf, sichert dessen Besitzer vor Blitzschlag. Im Revalschen ist dieses Verfahren in Vergessenheit geraten, doch desto mehr werden dort prähistorische Steingeräte (Pikse noolid) bei verschiedenen Krankheiten als Heilmittel angewendet; auch sichern sie des Eigentümers Haus gegen Gewitterschlag.[1]

Der in Irland gefundene prähistorische Steinpfeil oder saigead (= sagitta) ist von Feen auf Menschen oder Tiere abgeschossen worden. Der glückliche Finder kann damit die Wirkungen böser Geister zu nichte machen und ein altes Weib, das ihn besitzt, wird mit Verehrung betrachtet. Krankheit, deren Ursache in dämonischen Einwirkungen gesucht wird, heilt man dadurch, daß man den saigead in Wasser legt, das der Kranke trinken muß. Man bewahrt ihn in eisernen Kästen, damit ihn die Feen nicht stehlen.[2]

Prähistorische Steinpfeile heißen in Nordengland auch elf-stones. Irish peasants wear them about their necks, set in silver, as an amulet against elf-shooting. Verwundete Kühe (durch Elbschuß) bekommen Wasser zu trinken, in dem ein Elb-Stein abgewaschen wurde.[3]

Bei den Hellenen hießen die steinernen Waffen, die in ihrem Lande gefunden wurden, *ἀστροπελάκια* und noch heute ist bei den Neugriechen der allgemeine Ausdruck für den einschlagenden Blitz *αστροπελέκι*. Dieses Wort lehrt, daß der aus der Luft niederfahrende Wetterstrahl dem Volke als eine Axt erscheint und daß wir hier auch den Donnerkeil haben.[4]

Die Steingeräte, welche den alten Römern aufstießen, wurden gemmae cerauniae, betuli, glossopetrae genannt und als vom Himmel gefallene Blitzgebilde angesehen. Wenn Plinius[5] erwähnt, daß die cerauniae gleich Äxten gestaltet seien, so werden die Alten darunter zum Teil wohl prähistorische Steingeräte verstanden haben. Es ist daher als eine Erbschaft aus dem Altertum anzusehen, wenn im heutigen Italien der Glaube an die Wirksamkeit des Donnerkeils

---

[1] Boecler-Kreutzwald, Der Esten abergläubische Gebräuche, St. Petersburg, 1854. 115.

[2] Mooney, The medical mythology of Ireland. American philosophical Society. vol. XXIV. 143. (1887.)

[3] Henderson, Folk Lore of Northern England. 185. 186.

[4] B. Schmidt, Volksleben der Neugriechen. 32. Mehr noch bei Chr. Petersen, Spuren des Steinalters in der Geschichte. Hamburg, 1868. 12.

[5] Hist. nat. XXXVII. 51.

noch reich vertreten ist. Nach NICOLUCCI sammeln die süditalienischen Bauern die Steingeräte sehr sorgfältig, weil sie, erzeugt vom Blitze, gegen dessen Schaden wirksam sind. Man trägt sie, in Papier oder Leinwand gehüllt, auf dem Rücken. Eigentümlich ist, wie man am Fucinosee (Abruzzo ulteriore) sich in den Besitz dieser dort „St. Pauls-Zungen“ genannten Geräte setzt. Findet sie der Bauer, so kniet er nieder und hebt sie mit der Zunge auf, um sie als allmächtige Amulette zu bewahren.[1]

Auch in Kalabrien sind, nach LOVISATO, dem Volke die Steinbeile vom Himmel gefallen. Sie heißen auch dort Donnerkeile oder Blitzsteine, sollen sieben Spannen weit in den Boden fahren, sich alle Jahre eine Spanne wieder heben und so nach sieben Jahren die Oberfläche erreicht haben — wie in Deutschland, Birma, Kurland! Entweder berührt der Bauer aus Furcht vor Unglück ein solches Stück gar nicht oder er glaubt, daß es ihn vor Leibesschmerzen bewahre.[2]

Andere romanische Völker besitzen denselben Aberglauben und die piedras de rayo, Blitzsteine, der Spanier sind die wunderkräftigen, vom Himmel gefallenen Steingeräte, welche der Bauer sorgfaltig sammelt.[3]

Bei den Hirten in den französischen Hochalpen nennt man die Steingeräte peyros del tron = pierres de tonnere. Sie sind eines Tages, während eines großen Gewittersturmes, auf die Erde gekommen. Der übernatürliche Ursprung verleiht ihnen eine geheimnisvolle Kraft; sie können das Vieh vor den Blattern schützen, daher ihr zweiter Name: peyros de la picotto = pierres de la picotte. Sorgfältig sammelt daher der viehzüchtende Älpler den Stein, vererbt ihn als Schatz auf seine Nachkommen und verbirgt ihn in einer Ecke des Stalles, in einer Ritze des Gemäuers. Zieht im Frühsommer die Herde zu Berge auf die Weide, dann wird der Schutzstein nicht vergessen und er findet einen eigentümlichen Platz, nämlich in einem stehengebliebenen Wollschopfe auf dem Rücken des schönsten Hammels oder Widders. Die Steine stehen bei den Hirten in der höchsten Verehrung und werden ungern weggegeben. Der Geistliche BENJAMIN TOURNIER, welchem wir obige Nachrichten verdanken[4] erhielt auf sein dringendes Zureden ein Exemplar im Austausch gegen die

[1] Bull. soc. d'Anthropol. 1868. 215.

[2] Nach einem Bericht von H. FISCHER im Arch. f. Anthr. XIII. 336.

[3] Bull. d. l. soc. d'Anthropol. I. 96. (1860.) — Arch. f. Anthr. XIV. 153.

[4] Bull. d. l. soc. d'Anthropol. 1874. 686.

Consolations de l'âme fidèle, welche die Besitzer des Steines als gleichwertig erachteten!

Asien. Die aus gneißartigem Gestein bestehenden alten Steingeräte, welche man in Birma findet, nennt das Volk dort Mo-gio; es bringt sie mit dem Blitze in Verbindung und sieht sie für Donnerkeile an. Wenn die Birmanen bemerken, daß ein Blitzstrahl irgendwo in den Boden schlägt, stellen sie einen irdenen Topf über die Stelle in dem Wahne, daß im Laufe eines Jahres der Mo-gio durch eigene Kraft sich wieder aus dem Boden emporarbeite und so in den Topf gelange. Man schätzt diese Geräte in Birma sehr hoch, da sie dazu dienen, die Güte oder Echtheit einer Ware zu erproben. Ein Stück Stoff z. B., das man auf seine Dauerhaftigkeit erproben will, wird rund um den Mo-gio gewickelt und dann mit einer Flinte darauf gefeuert. Bleiben Stoff und Steingerät unverletzt, so ist die Ware echt und gut. Ferner glaubt man, daß der Besitz eines Mo-gio unverletzlich mache und er dient aus diesem Grunde als Amulett. Um die Echtheit des Mo-gio selbst und seinen himmlischen Ursprung nachzuweisen, haben die Birmanen noch ein besonderes Verfahren. Man legt ihn nämlich, von Reis umgeben, auf eine Matte: ist er echt, so wagt kein Geflügel von dem Reise zu fressen. Eine fernere Probe der Echtheit ist diese: Fällt man mit dem Mo-gio eine Banane, so wird diese absterben, falls er echt ist; treibt sie aber frische Schößlinge, so gilt das Gerät als unecht. Ein echter Mo-gio bewahrt vor Feuersbrunst und hat große medizinische Kräfte, denn ein kleines pulverisiertes Stückchen von demselben heilt innerlich eingenommen alle Entzündungen der Eingeweide, ebenso Augenkrankheiten.[1]

Im Norden Birma's tragen die Schan und Kakhyen (östlich von Bamo) alte Bronze- und Steingeräte in kleinen Säckchen als Amulette bei sich. Dieselben in Wasser gelegt, welches den Kreisenden zu trinken gegeben wird, erleichtern die Geburt.[2] In Kambodja knüpft das Volk an die alten Steinbeile gleichfalls den Donnerkeilaberglauben.[3]

Auch in Indien herrschen ähnliche Vorstellungen. Der Nephrit, mit vielen wunderbaren Eigenschaften ausgestattet, dient dort, als rohes Fragment am Körper getragen, als Schutzmittel gegen den Blitz,[4] während die Badagas im Nilgiri-Gebirge, nach JAGOR, die beim

---

[1] THEOBALD in Proc. Asiat. Soc. of Bengal. Juli 1869. Danach Globus XIX. 157.

[2] J. ANDERSON, Report on the expidition to western Junan. Kalkutta, 1871. 114.

[3] Revue d'Ethnographie. I. 506. (1882.)

[4] V. SCHLAGINTWEIT, Ausland 1874. 182.

Pflügen aus der Erde aufgewühlten Steinbeile (Swayamphu = selbstentstanden) als wirksam gegen die Unfruchtbarkeit der Frauen betrachten.[1]

Daß die alten Steingeräte ihren Ursprung dem Blitze und Donner verdanken, ist der Glaube der Eingebornen der malayischen Halbinsel und der Javaner.[2] Die Malayen der Halbinsel Malakka nennen die von ihnen im Boden gefundenen Steinäxte batu gontur, Blitzsteine, und glauben, daß sie von einem Donnerschlag herrühren.[3] Die Redschang auf Sumatra nennen sie Anak-pitas, d. i. Kind des Blitzes[4] und auch der Eingeborne der Sumatra vorgelagerten Insel Nias läßt sie auf diese Weise entstehen; sie heißen dort Lela-gooi und werden als Amulett am Körper oder am Schwerte getragen.[5]

Auf den Watubela-Inseln (Malayischer Archipel) gelten die alten Steingerate oder Dudun vo als Amulette. Man hält sie für Zähne des Donners. Auf Timorlaut bestreichen sich die Eingeborenen, bevor sie in den Krieg ziehen, Mund und Brust mit alten Steinmeiseln, um sich zu schützen; auch auf Wetter werden sie als Amulette mit in den Krieg genommen.[6]

C. M. Pleyte in seiner Abhandlung über die prähistorischen Steinwaffen und Werkzeuge aus dem ostindischen Archipel[7] giebt uns eine lange Zusammenstellung von den Alfuren, Malayen, Javanern, Bataks, Buginesen, Makassaren, bei denen allen die Steinbeile als Blitz- oder Donnerkeile bezeichnet werden und genau demselben Aberglauben unterliegen, wie bei uns in Europa. Sie dienen dazu, um unverwundbar zu machen, man zaubert durch sie Regen herbei und heilt durch das Wasser, in dem sie gelegen, Krankheiten.

Wenden wir uns nach der Philippineninsel Mindanao, so begegnet uns dieselbe Anschauung bei den heidnischen Manobos. Der Donner ist ihnen die Sprache des Blitzes, welcher in der Gestalt eines abenteuerlichen Tieres verehrt wird. Wenn der Blitz auf die Erde niederfährt und in die Bäume einschlägt, so soll das Tier einen seiner Zähne darin stecken lassen. „Es sind alte, einer früheren

[1] Verhandl. Berl. Anthropol. Ges. 1876. 200.

[2] Logan im Journ. Indian Archipelago. V. 84.

[3] Morgan in Matériaux pour l'hist. primitive. 1885. 484.

[4] Verhandl. Berl. Anthropol. Ges. 1879. 300.

[5] v. Rosenberg, Der malayische Archipel. Leipzig, 1878. 175.

[6] Riedel, Sluik- en Kroesharige rassen tusschen Selebes en Papua. 213. 298. 444.

[7] Bijdragen tot de taal-, land- en volkenkunde van Nederl. Indie 5e volgreeks. II. (1887.) p. 15 des Sonderabdruckes.

Periode angehörige Steinbeile, die in ihrer Gestalt manchen, der in unseren europäischen Pfahlbauten gefundenen, ähnlich sehen und die mitunter in den Bäumen oder in der Erde steckend gefunden werden."[1]

Daß bei den Chinesen die alten Steingeräte als Donnerkeile, Gaben des Blitzes, angesehen und hochgeschätzt wurden, geht aus einer Stelle der Encyklopädie des Kaisers Kanghi (17. Jahrhundert) hervor.[2]

Die alten in Japan aufgefundenen Steinbeile, die in ihrer Form ganz den europäischen gleichen, nennt das Volk Rai fu seki, Donnerkeile, oder Tengu no masakari, Schlachtbeil des Tengu, Wächter des Himmels. An die Donnerkeile reiht sich in Japan eine andere Art alter Steinwerkzeuge an, die sogenannten Fuchshobeln (kitsune no kanna) und die Fuchsbeile (kitsune no nomi) nach japanischem Volksglauben Geräte des Teufels, für dessen Symbol der Fuchs gilt.[3] Solche Steine sind bei Stürmen und Gewittern auf die Erde geschleudert worden; sie dienen zu Pulver zerrieben als Arzenei und gelten als besonders wirksam, um bösartige Geschwüre zu öffnen. Auch schützen sie vor Blitz und Krankheit. In den Tempeln werden sie aufs sorgfältigste verwahrt und den Pilgern gezeigt.[4]

Afrika. Man darf nicht erwarten, daß in diesem Erdteile, in welchem man erst in der neuesten Zeit eine Steinzeit nachzuweisen beginnt und wo prähistorische Geräte zu den Seltenheiten gehören, sich viele Vorstellungen finden, welche in dieses Thema einschlagen. Wo sie aber vorhanden sind, da erweisen sie sich auch hier als identisch mit jenen der Völker in anderen Erdteilen.

Schon der dänische Missionar Monrad erzählt, daß die an der Guineaküste vorkommenden Steingeräte von den dortigen Negern als stark schützende Fetische betrachtet werden. In der Gegenwart eines solchen Steinbeils wagt kein Neger falsch zu schwören.[5] Näheres erfahren durch Winwood Reade, der berichtet, daß die Steinhämmer an der Goldküste bei Odumassie und am Rio Volta nach heftigen, von Blitz und Donner begleiteten Regengüssen aus dem Alluvialboden ausgewaschen und daher von den Negern als

---

[1] C. Semper. Die Philippinen. Würzburg, 1869. 61.

[2] Klemm, Kulturgeschichte. VI. 467.

[3] v. Siebold senior, Nippon. Leiden, 1832. II. 49. 50.

[4] v. Siebold junior in Verhandl. Berliner Anthropol. Ges. 1878. 431.

[5] Monrad, Gemälde der Küste von Guinea. Weimar, 1824. 118.

Donnerkeile und Gottesäxte bezeichnet werden. Man benützt sie pulverisiert als Arzenei und trägt sie gegen Rheumatismus bei sich.[1]

Als ein Flaggenstock an der Guineaküste vom Blitz zersplittert wurde, erklärten die Neger, dat de kragt des donders in zeekere steen bestat und brachten einen solchen zum Vorschein, der den Schlag bewirkt haben sollte.[2]

Sowohl am Senegal als in Bambuk bezeichnen die Neger die dort gefundenen prähistorischen Steinhämmer als Donnersteine[3] und die Niam-Niam thun dasselbe mit dem in ihrem Lande vorkommenden Hamatitbeilchen.[4]

In Tschitimbe, westlich vom Südende des Tanganjikasees, fand D. Livingstone auf dem Thorweg eines Dorfes ein durchbohrtes Steingerät und ein anderes auf einem Thorwege bei Kasonsos Dorf. Die Leute hielten diese alten Steingeräte für einen Zauber, der Unheil vom Dorf fernhalten sollte.[5]

Wenn auch nicht das prähistorische Steingerät bei den Amazulu Südafrikas als Medizin von den Zauberdoktoren verwendet wird, so doch, aus derselben Vorstellung stammend, die Blitzröhre. Where the lightning strikes the ground, the doctors say there is something resembling the shank of an assagai, which remains in the earth; they dig till they find it and use it as a heaven-medicine.[6]

Amerika. In Brasilien heißen die in den Sambaquis (Muschelhügelgräbern) aufgefundenen, sehr verschieden gestalteten Steingeräte Curiscos oder Blitzsteine. Der Guarani nennt sie „vom Himmel gefallene Steine", der Cajuá „vom Donner geschleuderte Steine", der Coroado „Beilsteine". Die Steine werden von brasilianischen Goldsuchern sorgfältig aufbewahrt und teuer bezahlt. Mit ihrer Hilfe glauben sie die Goldmutter (may d'ouro) unter der Erde entdecken zu können, denn der Stein wird da angezogen, wo das Gold liegt, dient daher als eine Art Wünschelrute.[7]

Geht aus den obigen Bezeichnungen hervor, daß die Entstehung der Steinbeile von autochthonen Stämmen dem Blitze und Donner zugeschrieben wird, so will ich bei den nachstehenden Angaben es

[1] Journ. Anthropol. Instit. I. XCV. (1872.)

[2] Bosman, Guinese Goud-, Tand- en Slavekust. [2] Amsterdam, 1709. 109.

[3] Revue d'Ethnographie. 1883. II. 472.

[4] Issel, sopra un' ascia d'ematite dal paese dei Niam-Niam. Genova, 1884.

[5] D. Livingstone's Letzte Reise. Deutsche Ausgabe. I. 271.

[6] Callaway, The religious system of the Amazulu. London, 1870. 381.

[7] Rath im Globus. XXVI. 215.

unentschieden lassen, ob dieselben auf spanischem Importe beruhen oder ursprünglich amerikanischer Vorstellung entsprossen sind. Zu San Nicolas in Chontales (Mittelamerika) sah CARTER BLAKE ein Steinbeil aus Diorit von einer Einwohnerin aus gemischtem Blute als Maisquetscher benützen. Sie weigerte sich, das Stück zu verkaufen, da es in einem Gewitter vom Himmel gefallen und lange Jahre unter ihren indianischen Vorfahren von Generation auf Generation vererbt war. Auch verbürgte das Beil dem Mädchen ewige Jungfrauschaft.[1] Und so auf Portorico, wo Steinbeile und steinerne Lanzenspitzen vom Volke piedras de rayo, Donnerstein, genannt werden, entstanden durch Einschlagen des Blitzes in die Erde.[2]

---

[1] Anthropological Review. January 1870. 101.

[2] KRUG in Zeitschrift für Ethnologie. 1876. 429.

Jagdaberglauben.[1]

Unsere Jäger stecken bekanntlich noch voll allerhand Aberglauben. Sie wissen von unfehlbaren Schüssen und Freikugeln, vom Verderben der Waffe, von bösen Vorzeichen beim Ausgange zur Jagd, vom Bannen des Wildes und wie man die Jagd glücklich machen kann, zu erzählen,[2] und selbst der aufgeklärteste nimmt es übel, wenn man ihm eine glückliche Jagd wünscht, denn dann trifft er nichts.

Wenn man (die Wenden der Lausitz) auf die Jagd geht und begegnet einem alten Weibe, so soll man umkehren und als schlechtes Zeichen betrachten, wenn ein Hase links über den Weg läuft. Will man, daß ein Jäger kein Wild bekommt, selbst kein getroffenes, so nehme man eine Schere vom Toten, stecke sie mit einer Spitze in den Thürpfosten oder in einen Baum, sehe durch den Griff den Jäger an und spreche: „Das helf". Dann bekommt er nichts. Der Jäger kann aber diesen Zauber unschädlich machen, wenn er sein Gewehr dreimal kreuzweis durch die Beine zieht und spricht: „Das helf" und dasselbe in die Luft abschießt.[3]

Dieselben Vorstellungen treffen wir nun weit verbreitet unter den Naturvölkern oft in sehr überraschender Weise, wie sich aus den nachfolgenden Vergleichen ergiebt.

Flinten können behext sein, so daß man mit ihnen schlecht oder gar nicht trifft, wogegen denn allerlei Mittel angewandt werden. So verdirbt auch das Blasrohr und das Pfeilgift der Indianer am Huallaga, wenn sie auf einen gewissen kleinen gelb und schwarzen Vogel schießen; auf eine Schlange schießen sie nicht, weil hierdurch

[1] Globus XXV. 26. [2] Wuttke, Deutscher Volksaberglaube. 1869. 423.
[3] W. v. Schulenburg, Wendische Volkssagen. Leipzig, 1880. 241.

ihr Blasrohr so krumm wie dieses Reptil wird; auch wird das Blasrohr ganz unbrauchbar, wenn damit einmal auf einen Alligator geschossen würde.[1]

Die Indianer am Huallaga verstehen sich auch auf das Besprechen der Waffen, um diese sicher im Schusse zu machen. Das Verfahren wird geheim in der Nacht ausgeführt.[2] Der brasilianische Indianer giebt sein Blasrohr nicht aus der Hand, läßt namentlich keinen Fremden aus demselben schießen, da es sonst verdorben wird.[3]

Damit die Hand des Pioje-Indianers im Zielen mit dem Pfeile sicher werde, läßt er dieselbe von den fürchterlichen Sänba-Ameisen beißen, oder er reißt einem Skorpion den Stachel aus und verwundet damit seinen Arm.[4]

Die Hudsonbaiindianer halten ein Gewehr für untauglich, über das ein Weib hingeschritten ist; letzteres büßt die Frevelthat durch Aufschlitzen der Nasenlöcher.[5]

Die Mandanen haben Jagdunglück, wenn ihre Frauen schwanger sind. Verwundet ein solcher Indianer einen Bison, ohne ihn schnell töten zu können, so sucht er ein Bisonherz mit nach Hause zu bringen und läßt seine Frau einen Pfeil in dasselbe schießen, alsdann erhält er wieder das Vertrauen in seine Waffen, daß sie schnell töten werden.[6]

Bei den Arfakern auf Neuguinea giebt es Zauberer, welche Waffen, namentlich Pfeile, besprechen, damit sie stets treffen.[7]

Solchem Waffenaberglauben der Naturvölker ist völlig gleich der bei uns herrschende. Wendisch ist folgendes: Will man ein Gewehr wieder gut machen, so muß man Blut vom Hasen nehmen, der durch ein anderes Gewehr getötet wurde und den Gewehrlauf damit bestreichen. Nun trifft man sicher.[8] Zu Wittingau in Böhmen stellte man Freikugeln dadurch her, daß man eine Schlange mit einem Groschenstück enthauptet, in den Kopf drei Erbsen legt und diese wachsen ließ. Die Erbsen, die man dann erntete, that man beim Kugelgießen ins Blei oder verbrannte sie zu Staub und mischte

---

1 Herndon, Valley of the Amazonas. Washington, 1854. 140.
2 Poeppig, Reise in Chile etc. II. 323.
3 Martius, Zur Ethnographie Amerikas. 101.
4 A. Simson im Journ. Anthropol. Instit. VIII. 221.
5 G. Back, Reise durch Nordamerika. Deutsch. Leipzig, 1836. 158
6 Prinz zu Wied, Reise in Nordamerika. II. 188.
7 v. Rosenberg, Malayischer Archipel. 540.
8 v. Schulenburg, Wendisches Volkstum. 114.

letzteres ins Schießpulver, um auf der Jagd keinen Fehlschuß zu thun.[1]

Böhmisch ist noch folgendes: Wenn man sein Gewehr mit Schrot ladet, mit dem bereits ein Wild erschossen ward, so trifft man wieder. Iß ein Stück alten Käses und hauche mit dem riechenden Atem in das Rohr der Flinte, so ist sie verdorben, es wird nichts damit geschossen werden. Will man das Gewehr wieder brauchbar machen, so muß man einen frisch getöteten Frosch durch den Lauf stoßen. Wenn man sich zu Weihnachten auf ein weißes Tuch stellt und in den Mond schießt, so fehlt man während des folgenden Jahres nie. Am Tage Johannes des Täufers gehen die Wilddiebe vor Sonnenaufgang aus, Eisenkraut und Stabwurz zu suchen. Derjenige, welcher die beiden Pflanzen pflückt, muß nackt sein. Zu Hause kocht er sie in Essig und spült damit die Flinte aus, mit welcher er dann niemals fehlt. Der Wilddieb kann den Förster verderben, indem er eine Weidenrute schneidet und spricht: „Ich schneide dich zu meinem Gebrauche." In diese macht er einen Knoten, wenn der Jäger auf dem Anstande ist, und zieht den Knoten zu, wenn der Jäger schießt, der so verdorben wird.[2]

Nach pommerschem Volksglauben wird der ein Freischütz, welcher die Hostie, die er beim ersten Abendmahl erhält, nicht verschluckt, sondern an einen Baum heftet und darauf schießt. Dabei wird gesprochen: „Rohr, behalte deine Glut, unsres Herrn Jesus Christus sein Blut. So das Rohr nicht will halten, so muß das Rohr verspalten." Von da an kann man mit der Flinte alles treffen.[3]

Souhaiter bonne chance à quelqu'un qui part pour la chasse ou la pêche, rendra l'une et l'autre infructueuse. Si un chasseur part pour la chasse et qu'il rencontre une femme, il fera mieux de rester chez lui, car il ne tuera point de gibier.[4]

Der „Angang" ist überhaupt von Wichtigkeit für den Jäger, wie dieses der französische Aberglaube zeigt. Quand on va à la chasse, on sera heureux si l'on rencontre une femme débauchée, ou si l'on s'entretient de choses deshonnêtes, ou que l'on pense à des femmes débauchées. Et qu'au contraire l'on sera malheureux si l'on rencontre un moine.[5]

[1] Mitth. d. Vereins f. Gesch d. Deutschen in Böhmen. XVIII. 208.

[2] GROHMANN, Aberglauben aus Böhmen. No. 1429. 1430. 1435. 1437. 1438.

[3] JAHN, Volkssagen aus Pommern. No. 425. Vergl. VECKENSTEDT, Wendische Sagen. Graz. 1830. 301. [4] CERESOLE, Legendes des alpes vaudoises. 332.

[5] J. P. THIERS, Traité des superstitions. Paris, 1697 bei Liebrecht, GERVASIUS VON TILBURY. 222.

Von der größten Wichtigkeit sind die Omina beim Ausgange zur Jagd. Einem ausziehenden Jäger soll man niemals Glück wünschen, weil er sonst nichts trifft; man wünscht ihm vielmehr (im Oldenburgischen) das Gegenteil und sagt ihm etwa: „Ich wollte, daß du Arme und Beine brächest." So sprechen die an der Ostspitze Neu-Guineas wohnenden Motu nie ein Wort, wenn sie auf dem Wege zur Jagd sind, und betrachten es als ein schlechtes Zeichen, wenn sie dabei von jemandem angeredet werden.[1] Begegnet der abchasische Jäger im Kaukasus jemandem auf dem Jagdpfade, so ist ihm das Glück nicht hold und daran die Behexung des Begegnenden schuld. Um diese Wirkung zu paralysieren, muß er einen kräftigen Gegenzauber herstellen; er verschafft sich Haare oder Stückchen von den Kleidern des Betreffenden, wirft sie ins Feuer und springt dreimal über dasselbe. Opfer vor der Jagd bringt er stets dar; ein Ziegenbock wird dem Gotte geschlachtet und Weihrauch ins Feuer geworfen.[2] Der Kamtschadale darf, soll die Jagd gut ausfallen, kein Kreuz vorher schlagen oder sich waschen. Dagegen ist Anrufung des altheidnischen Götzen Kutka günstig, dem auch der erste gefangene Zobel geopfert wird.[3] Niest ein Ostjake am Abend vor der Jagd, so ist ihm dieses ein gutes Zeichen; niest er aber am Morgen des Jagdtages, so ist dieses ein schlechtes Omen und er geht lieber gar nicht aus.[4]

Unsere Jäger vermögen das Wild zu bannen, sodaß es ihnen (nach bayrischem Aberglauben) thränend in die Hände läuft. Tschechische Jäger beschwören das Wild, daß es bis zum dritten Schusse stehen bleibt mit den Worten: fac ut, fac ut, fac ut und sagen beim dritten Male Amen. Darauf segnen sie das erbeutete Tier und sprechen: „Christus ward geboren, Christus wurde verraten, Christus wurde gefunden, Christus wurde ans Kreuz geschlagen und gebunden. Das rechne ich dir zur Sühne, wozu mir helfe."[5] Der Jäger, der eine Hostie aus der Flinte geschossen hat, kann befehlen: Hase komm', und der Hase stellt sich in die Schußlinie. Die Australier von Port Lincoln vermögen ähnliches zu thun; sie haben von ihren Vorfahren ein paar alte Reime ererbt, deren Bedeutung ihnen unbekannt ist, die sie aber auf der Jagd beim Verfolgen der Beute

[1] TURNER in Journ. Anthropolog. Inst. VII. 487.
[2] BASTIAN, Geogr. und Ethnogr. Bilder. 54.
[3] LESSEPS, Reise durch Kamtschatka. Berlin, 1791. 81.
[4] PALLAS, Reisen in verschiedenen Provinzen des Russ. Reiches. III. 50.
[5] GROHMANN, Aberglauben aus Böhmen. No. 1447.

schnell hintereinander wiederholen. Das verfolgte Tier wird dadurch wie mit Blindheit geschlagen und läßt sich leicht erlegen.[1]

Vor allem kommt es darauf an, dem Jäger Glück zu verschaffen, damit er gute Beute habe, und hierzu sind vielerlei Mittel gut. Unfehlbaren Schuß erlangen unsere Jäger durch Johannisblut, durch Johanniswürmchen, in Tirol durch einen aus dem Gewehr geschossenen Salamander. Oder man nimmt die Herzen von drei Raben und drei Maulwürfen, verbrennt sie zu Asche und mischt sie unter das Pulver; man zerreißt eine lebendige Fledermaus und taucht die Kugeln in das Blut. Bei Jungbunzlau glauben die Jäger, wenn man das Pulver mit Schnepfenkot mische, so habe dasselbe eine zauberische Kraft.

Da sehen wir nun, wie die Walfischfänger von der Insel Kadjak bei Alaska sich auch durch ähnliche Mittelchen Jagdglück zu verschaffen wissen. Sie bewahrten nämlich die Leichen berühmter Männer in entlegenen Höhlen auf, wo sie sich vor der Jagd zu versammeln pflegten. Die Leichname wurden vor der Ausfahrt zum Walfischfang in einen nahen Bach gelegt und von diesem Wasser tranken nun die Jäger, wohl in der Absicht, daß dadurch von den Eigenschaften des Verstorbenen etwas auf sie übergehe. Wenn ein Walfischfänger starb, so schnitten ihn die anderen in Stücke, von denen jeder eines für sich nahm, um damit die Pfeilspitzen zu bestreichen, welche hierdurch besondere Kraft erhielten. Die getrockneten Fleischstückchen führten die Konjagen als Talismane während des Walfischfanges bei sich.[2] Um sich Jagdglück zu verschaffen, spannen die Beduinen Hadhramauts vom Felle eines jeden erlegten Jagdtieres ein Stück auf den Kolben ihres Gewehres.[3] Der Cholon-Indianer am obern Huallaga unterwirft sich mit dem Eintritt der Pubertät einer Operation, die ihn zum glücklichen Jäger macht, und wenn ein älterer einmal besonderes Jagdunglück hat, so läßt er sich wieder „kurieren". Der Kandidat erhält heftige Purganzen, ist darauf gezwungen in seiner Hängematte den nächsten Mondwechsel abzuwarten und erleidet eine wahre Hungerkur.[4] Haben die Salomo-Insulaner einen gewissen Fisch gefangen, so entnehmen sie demselben ein bestimmtes Stückchen Fleisch und berühren damit ihren Kopf, die Arme, Hände, Füße und Knie. Auf diese Weise werden sie tüchtige Fischer.[5]

[1] Wilhelmi, Manners of the Australian Natives. Melbourne. 1862. 16.
[2] Holmberg, Völker des russischen Amerika. Helsingfors. 1855. I. 111.
[3] v. Wrede, Hadhramaut. 81. [4] Poeppig, Reise in Chile etc. II. 323.
[5] Verguet in Revue d'Ethnographie. 1885. IV. 210.

Kein Suaheli geht ohne Zaubermittel auf die Jagd; sie bestehen in einem Stückchen Holz von einem bestimmten Baume, das bei der Jagd um den Hals getragen wird; ferner aus einer stark riechenden Masse, aus verschiedenen von jedem geheim gehaltenen Substanzen bereitet, nach deren Geruch der Elefant die Flucht ergreifen soll. Man hat diese Mittel um so nötiger, als der Elefant selbst ein Zaubermittel bei sich trägt, welches den Jäger in Furcht und Zittern versetzt. Dasselbe sitzt in einer Drüse in der Nähe des Auges.[1]

Dem Leutnant Lux, welcher am Quango einen Leoparden erlegte, bettelten die Schwarzen Zähne und Krallen des Tieres ab, da diese als Jagdfetische wertvoll sind und vor Fehlschüssen sicherten.[2]

Der Aaru-Insulaner (bei Neu-Guinea) wird zum glücklichen Jäger, wenn er den Schwanz eines erlegten Ebers im Hause aufbewahrt und den Unterkiefer desselben an einem Baume aufhängt.[3]

Durch solche Handlungen kann man zum glücklichen Jäger werden. Anderseits muß man aber auch bei der Jagd gewisse Dinge unterlassen, wenn die Jagd gut ausfallen soll. So schießen die Esten am St. Katharinen- und am St. Markustage kein Wild, weil sie sonst das ganze Jahr über kein Jagdglück haben, auch die Gewehre verderben.[4] Der Jakute schafft das erlegte Wild nicht von der Stelle fort, wo es verendete, richtet das Fleisch dort zu, giebt dem Hunde sein Teil — alles an derselben Stelle, weil sonst die Jagd verdorben wird.[5] Unglückliche Jagd würde sicher die Folge sein, wenn die Odschibwä-Indianer ihre Hunde vom Fleische oder den Knochen eines erlegten Bären fressen ließen; sie verbrennen daher sorgfältig alle Überbleibsel.[6] So rösten und verzehren die Indianer am Kolumbia schleunigst das Herz des zuerst in der Saison gefangenen Lachses, damit es nicht von einem Hunde gefressen wird, was zur Folge haben würde, daß kein Lachs weiter gefangen wird,[7] und der Kamtschadale schneidet der ersten Seeotter, die er erlegt, den Kopf ab, weil er sonst keine andere wieder bekommt;[8] früher

---

[1] Dr. FISCHER in Mitt. Hamb. Geogr. Ges. 1878—79. 41.

[2] LUX. Von Loanda nach Kimbundu. Wien, 1880. 140.

[3] RIEDEL in Verhandl. d. Ges. für Erdkunde zu Berlin. 1885. 165.

[4] BOECLER-KREUZWALD, Der Esten abergläubische Gebräuche. St. Petersburg, 1854. 91.

[5] ERMAN, Reise um die Erde. II. 351.

[6] REID in Journ. Anthropol. Instit. III. 111.

[7] GIBBS in Contrib. to North Americ. Ethnology. Washington, 1877. I. 196.

[8] STELLER, Kamtschatka. 275.

bereiteten sich die aleutischen Jäger auf die Seeotterjagd vor durch Fasten und Baden. Man wähnte, daß die Seeotter eine besondere Abneigung gegen das weibliche Geschlecht habe, deshalb hielt sich der Jäger längere Zeit vor der Jagd von seinem Weibe getrennt, auch wusch er eigenhändig die von seinem Weibe genähten Kleider.[1] Australier zerbrechen dem auf der Jagd erlegten Tiere sofort die Hinterbeine, weil sonst ein böser Geist (Ingna) das Fleisch unverdaulich macht und der Jäger nach dem Genusse stirbt.[2]

Weiber bringen zur Zeit ihrer Menstruation, als unrein, dem Jäger Unglück. Dieser Glaube herrscht bei den Indianern am Kupferminenfluß. Auch stören Weiber im besagten Zustand den Erfolg der Fischerei.[3] Die Karok in Kalifornien berühren drei Tage, bevor sie zur Jagd gehen, kein Weib, weil sie sonst keine Beute machen.[4] Während der Jagdzeit darf der Eskimo keine neuen Kleider machen, da er sonst kein Glück auf der Jagd hat.[5] Bei den Tungusen konnte von Middendorff die Moschustiere nur ohne Kopf erhalten, die Zobel nicht mit dem Fleische, so lange deren Jagdzeit andauerte, weil sonst die Jagd dieses Jahres verdorben würde. Ebenso darf während des Fellabziehens niemand über das Zeltfeuer schreiten oder frischer Schnee in das Zelt getragen werden. Das verdirbt wiederum die Jagd.[6] Am Katharinen- und Markustage gehen die Lappen nicht auf die Jagd, weil ihnen sonst die Bogen zerbrechen und sie das ganze übrige Jahr kein Glück haben werden.[7] Haben die nordamerikanischen Eskimos ein Walroß gefangen, so muß der Jäger ohne zu arbeiten einen Tag zu Hause bleiben; bei einem Walfische zwei und bei einem Bären drei Tage. Wird eine Robbe gefangen, so müssen einige Tropfen Wasser auf den Kopf des Tieres gesprengt werden, ehe es zerlegt wird.[8]

Im vorstehenden handelte es sich namentlich darum, den Jagdaberglauben der Naturvölker zur Darstellung zu bringen; für die Kulturländer Europas ist derselbe wiederholt bearbeitet worden und erst neuerdings hat G. Gaidoz eine vortreffliche Übersicht gegeben.[9]

[1] Ivan Petroff, Report on the population etc. of Alaska. 52.
[2] Oldfield in Transact. Ethnol. Soc. New Series III. 240.
[3] Hearne, Reise zum nördl. Weltmeer. Halle, 1797. 209.
[4] Contribut. to N. Americ. Ethnology. Washington, 1877. III. 31.
[5] Klutschak, Unter den Eskimos. Wien, 1881. 125.
[6] v. Middendorff, Sibirische Reise. IV. 1485. [7] Schefferi, Lappland 1675. 100.
[8] Hall, Life with the Esquimaux. London, 1864.
[9] Croyances et pratiques des Chasseurs. In der Zeitschrift Mélusine. Tome III. No. 11. (Paris, 1886.)

Gemütsäußerungen und Geberden.[1]

Erstaunen, Überraschung werden durch Emporziehen der Augenbrauen und Öffnen des Mundes ausgedrückt, wobei häufig der Überraschte einen Laut oder einen Pfiff hören läßt. Dabei werden Geberden gemacht, die viel Übereinstimmendes bei verschiedenen Menschenrassen zeigen, wie das Zuhalten des Mundes, Klatschen mit der Hand auf die Schenkel.

Un signe de grand étonnement chez eux (den Tschiglit-Eskimos auf dem amerikanischen Festlande) consiste a se frapper la cuisse,[2] eine Bewegung, welche die brasilianischen Gêsvölker bei der Beendigung jedes Redesatzes machen,[3] die Andamanesen aber speziell, wenn sie Erstaunen ausdrücken. Letztere ziehen dabei die Augenbrauen in die Höhe, öffnen den Mund ein wenig und bedecken ihn mit der linken Hand, während die rechte Hand schnell auf das Herz gelegt wird. Auch die Weiber zeigen ihr Erstaunen dadurch, daß sie sich auf den Hintern schlagen, der bei dieser Gelegenheit etwas erhoben wird, was Colebrooke mißverstand, indem er dieses für eine Begrüßung ansah.[4]

Der Aino auf Jeso äußert Staunen, indem er die Nase mit der ganzen Faust umfaßt, mit der linken Achsel emporzuckt und in den Fragelaut hääj? ausbricht. Dieselbe Sitte wird auch bei den Tibetanern beobachtet.[5] Die Chinwan auf Formosa schlagen sich zum Zeichen des Erstaunens auf den Mund und rufen wáō![6] Catlin be-

---

[1] Globus. XLIII. 14.
[2] Petitot, Vocab. français esquimau. Paris, 1876. XXIX.
[3] v. Martius, Zur Ethnographie Amerikas. 289.
[4] Man im Journ. Anthropol. Instit. XII. 88.
[5] G. Kreitner, Im fernen Osten. Wien, 1881. 326.
[6] Joest in Verhandl. Berl. Anthropolog. Ges. 1882. 58.

richtet von den Mandanen Nordamerikas, daß sie, um Erstaunen zu zeigen, die Hand vor den Mund halten[1] und in Afrika ist es dasselbe, denn JOSEPH THOMSON erzählt uns, daß die Eingeborenen von Itawa am Südwestufer des Tanganjikasees zum Zeichen des Erstaunens die Hand vor den Mund legten,[2] während die Wanjoro in Zentralafrika dasselbe Gefühl äußern durch eine brüske Erhebung der geballten Fäuste auf den Vorderkopf, über den sie kraftvoll nach der Stirn gezogen werden.[3] Übereinstimmende Urteile verschiedener Gewährsmänner geben an, daß die Australier, wenn sie erstaunt sind, die Lippen vorstrecken und ein Geräusch machen, als ob sie ein Zündhölzchen ausbliesen, oder eine Lippenbewegung machen, als wollten sie pfeifen, und ähnliches ist bei Kaffern und westafrikanischen Negern gefunden worden.[4]

In Lunda, Zentralafrika, drückt man Verwunderung, Staunen oder Schrecken aus, indem man die Hand so hält, daß die Finger auf der einen, der Daumen auf der anderen Backe liegen;[5] man bedeckt also den Mund. So auch die Bakuba am Kassai.[6] Ein Eingeborener von Neu-Britannien in der Südsee, der zum ersten Male eine Musikdose spielen hörte, hielt die Hand vor den Mund und gab seinem Erstaunen durch den gedehnten Laut wo-wo-wo Ausdruck.[7] Die Nordtibetaner zupfen sich zum Zeichen der Verwunderung an der Wange.[8]

Abscheu und Verachtung werden durch Bewegungen um Mund und Nase ausgedrückt, namentlich durch Erheben eines Mundwinkels. „Alle diese Thätigkeiten sind dieselben, welche wir anwenden, wenn wir einen widrigen Geruch wahrnehmen," sagt DARWIN, und bei den Naturvölkern finden wir ähnliches. Wollen die Andamanesen Abscheu zeigen, so werfen sie das Haupt zurück, blasen die Nasenlöcher auf, ziehen die Mundwinkel herab und strecken die Unterlippe hervor.[9] „Wenn sie" (die Grönländer), sagt der alte CRANZ, „etwas mit Verachtung oder Abscheu verneinen, rümpfen sie die Nase und

---

1 Indianer Nordamerikas. Deutsch. Brüssel, 1851. 77.
2 Seen von Zentralafrika. Jena, 1882. II. 19.
3 EMIN BEY in Petermann's Mitt. 1879. 180.
4 DARWIN. Ausdruck der Gemütsbewegungen. Deutsch von CARUS. 292.
5 D. LIVINGSTONE's letzte Reise. Deutsche Ausgabe. I. 359.
6 WISSMANN, WOLF, FRANÇOIS u. MÜLLER, Im Innern Afrikas. Leipzig, 1888. 224.
7 W. POWELL, Wanderings in a wild country. Lond., 1883. 792.
8 PRSCHEWALSKI. Reisen in Tibet. Jena, 1884. 147.
9 MAN a. a. O.

geben einen feinen Laut durch dieselbe von sich."[1] Nach BRIDGES drücken die Feuerländer Verachtung dadurch aus, daß sie die Lippen vorstrecken, die Nase aufwerfen und ein Zischen hören lassen.[2] Allgemein soll nach E. B. TYLOR das Ausstrecken der Zunge ein Zeichen für Haß und Verachtung sein, „wenn auch der Grund dafür nicht klar ist."[3] TYLOR giebt keine Beläge für seinen Ausspruch an und wenn derselbe auch für Europa Gültigkeit hat, so habe ich doch nur wenige Beispiele für solche Anschauung bei Naturvölkern getroffen. Bei den Maori auf Neuseeland ist das Ausstrecken der Zunge eine Beschimpfung des Feindes,[4] während diese Geste nach PETITOT bei den Tschiglit-Eskimos Erstaunen und Bewunderung bezeichnen soll.[5]

Auch das Schlagen mit der flachen Hand auf das dem Gegner zugewendete Hinterteil ist ein Verachtungszeichen, welches mit nichten bloß auf Europa beschränkt ist. Als STANLEY am mittleren Kongo bei einem feindlichen Stamme vorüberfuhr, „kamen sie hervor und schlugen mit der Hand auf ihre Kehrseite, gerade wie der gemeine Pöbel in Europa seine Verachtung gegen jemand auszudrücken pflegt."[6] Noch weiter geht man auf den Molukken, dort ist die größte Beschimpfung wanneer iemand aan de tegenpartij zijne genitalien laat zien.[7]

Bejahen und Verneinen. Für uns erscheint es ganz natürlich und kaum anders denkbar, als daß wir Bejahung durch ein Nicken des Kopfes und Verneinung durch ein Schütteln desselben in seitlicher Richtung ausdrücken. Es ist diese Geberde bei uns Europäern gleichsam instinktiv und angeboren, meint DARWIN, denn ein kleines Kind, welches Nahrung verschmähe, wende den Kopf zur Seite, während bei der Annahme derselben eine Bewegung des Kopfes nach unten und vorwärts genüge. Da habe man die angeborene ursprüngliche Art des Bejahens und Verneinens. Auch Blinde und Taube, sowie Idioten deuten „ja" mit affirmativem Nicken, „nein" mit negativem Kopfschütteln an.[8]

Halten wir bei den verschiedenen Völkern Umschau, so sehen wir, daß die Orientalen und namentlich die Araber Syriens es um-

[1] Grönland. 279. [2] DARWIN a. a. O. 266.
[3] Early history of mankind. 52.
[4] G. FORSTER, Sämtliche Schriften. I. 195. [5] PETITOT a. a. O. XV.
[6] STANLEY, Der Kongo. Deutsch. Leipzig, 1885. II. 113.
[7] RIEDEL, Sluik- en kroeshaarige rassen. 43.
[8] DARWIN a. a. O. 279. 280.

gekehrt wie wir machen: sie schütteln nämlich beim Bejahen den Kopf; wollen sie verneinen, so werfen sie den Kopf in die Höhe und schnalzen dabei mit der Zunge, was übrigens auch unterbleiben kann.[1] JAGOR berichtet uns das nämliche von den zu den dravidischen Völkern gehörigen Naya-Kurumbas im Nilgirigebirge Ostindiens: sie drücken Verneinen durch Kopfschütteln aus, wobei sie zugleich die Augen zukneifen und mit der Zunge schnalzen.[2] Auf den Andamanen fand derselbe Beobachter dagegen Zustimmung und Bejahung durch zwei- bis dreimaliges Nicken mit dem Kopfe und abwechselndes Öffnen und Schließen der Augen ausgedrückt.[3] Die Ainos auf Jeso verneinen wie wir, sie wenden den Kopf heftig seitlich ab, stoßen dabei aber den Zungenlaut tz aus,[4] was also mit dem oben erwähnten Schnalzen übereinstimmen dürfte. Und so auch bei den Hindus, wo übrigens die Zeichen für Bejahung und Verneinung abwechseln. Es wird zwar zuweilen ein Nicken und seitliches Schütteln, so wie wir es thun, gebraucht; eine Verneinung wird aber häufiger dadurch ausgedrückt, daß der Kopf plötzlich nach hinten und ein wenig nach der Seite geworfen und ein leichtes Schnalzen mit der Zunge ausgestoßen wird.[5]

In der Südsee scheinen die Zeichen für das Bejahen übereinstimmend zu sein, denn bei den Maori wird, um die Zustimmung auszudrücken, Kinn und Kopf von unten nach oben erhoben, statt wie bei uns zu nicken[6] und ebenso wirft man auf den Admiralitätsinseln den Kopf beim Bejahen leicht in die Höhe. Die Verneinung wird aber auf diesem Archipel auf eine sehr eigentümliche Art ausgedrückt, indem die Spitze der Nase mit dem ausgestreckten Zeigefinger der rechten Hand so berührt wird, als wollte man dieselbe abschlagen. Genügte, als die „Challenger" bei diesen Inseln war, ein angebotener Tauschgegenstand nicht, so wurde auf diese Weise der Handel abgeschlagen. Dabei findet in dem Zeichen Abwechslung statt. Ein schneller Schlag mit dem Finger an die Nasenspitze bedeutet entschiedene sofortige Verneinung, während bei Unschlüssigkeit oder Zweifel der Finger langsam und zögernd über die Nase zur Spitze hingeführt wird.[7] An der Torresstraße schütteln die Schwarzen,

[1] PETERMANN, Reisen im Orient. Leipzig, 1860. I. 173.
[2] Verhandl. Berl. Anthropol. Ges. 1882. 230. [3] Daselbst 1877. 61.
[4] JOEST daselbst 1882. 182.
[5] DARWIN a. a. O. 282.
[6] THOMSON, The story of New Zealand. London, 1859. I. 209.
[7] MOSELEY im Journ. Anthropol. Instit. VI. 296.

wenn sie eine Verneinung ausdrücken wollen, die rechte Hand, welche sie in die Höhe halten und die sie ein paar Mal halb herum und wieder zurückdrehen.[1]

Von den Tschiglit-Eskimos auf dem amerikanischen Festlande wissen wir, daß bei ihnen Bejahung durch ein Nasenrunzeln ausgedrückt wird,[2] was etwa eben so bequem ist wie das Erheben der Augenbrauen, welches bei den Dajaks auf Borneo nach BROOKE's Zeugnis als Bejahung gilt, während das Zusammenziehen Verneinung bedeutet.[3]

Nach den Angaben von W. MATTHEWS ist bei den wilden Indianern Nordamerikas das Nicken und Schütteln des Kopfes von den Europäern gelernt worden, wird aber nicht naturgemäß verwendet. Sie drücken die Bejahung dadurch aus, daß sie mit der Hand, wobei alle Finger mit Ausnahme des Zeigefingers eingebogen sind, nach abwärts und auswärts vom Körper eine Kurve beschreiben, während die Verneinung durch eine Bewegung der offenen Hand nach auswärts mit der Handfläche nach innen gekehrt ausgedrückt wird. Andere Beobachter geben an, daß das Zeichen der Bejahung bei diesen Indianern ein Erheben des Zeigefingers ist, welcher dann gesenkt und nach dem Boden gerichtet wird, oder die Hände werden gerade nach vorn von dem Gesicht aus bewegt. Das Zeichen der Verneinung ist dagegen ein Schütteln des Fingers oder der ganzen Hand von einer Seite zur andern.[4]

In Südamerika finden wir dagegen wieder Nicken und Schütteln für Bejahung und Verneinung. Die Gês (oder Crans) haben dieselben Kopfbewegungen wie bei uns, nur umgekehrt,[5] und als Leutnant GIBBON einen Caripuna-Indianer am Madeira durch Zeichen fragte, ob er mit ihm gehen wollte, he shook his head, no. Als er ihm aber zu verstehen gab, er werde dafür ein paar Hosen und etwas zu essen bekommen, he then nodded his head, yes.[6]

Das Zurückwerfen des Kopfes als Bejahung findet sich auch in Afrika; so nach SPEEDY bei den Abessiniern, die gleichzeitig die Augenbrauen dabei emporziehen, während sie Verneinung durch ein Werfen des Kopfes nach der rechten Schulter ausdrücken, wobei

---

[1] J. B. JUKES, Letters and Extracts etc. 1871. 248.

[2] PETITOT a. a. O. XV.

[3] DARWIN a. a. O. 281.

[4] DARWIN a. a. O. 283. LUBBOCK, Origin of Civilisation. 277.

[5] v. MARTIUS, Zur Ethnographie Amerikas. 289.

[6] HERNDON and GLIDDON, Valley of the Amazon. Wash., 1854. II. 294.

sie gleichzeitig leicht schnalzen.[1] Die Wapokomo am Tanaflusse in Ostafrika verneinen, indem sie den Kopf nach der Seite schütteln, bei der Bejahung bewegen sie den Kopf in senkrechter Richtung, jedoch nicht wie bei uns nach unten, sondern nach oben.[2] LIVINGSTONE schreibt: „Beim Nicken zum Bejahen erheben die Afrikaner das Kinn, statt wie wir es zu senken. Dieses Heben des Kinnes erscheint nach kurzer Gewohnheit ganz natürlich."[3]

Es ergeben sich aus diesen immerhin noch dürftigen Beispielen — es ist uns nicht bekannt, daß an anderer Stelle mehr gesammelt worden sei — doch manche Übereinstimmungen, wiewohl auch viele Verschiedenheiten, die der Leser selbst herausfindet und die nicht noch einmal breit wiederholt zu werden brauchen.

Das Winken. Ähnlich verhält es sich mit dem Winken, doch lassen sich hier zwei im Wesentlichen auf dasselbe hinauslaufende Handbewegungen unterscheiden. Die bei uns in Deutschland gebräuchliche, welche dem Heranzuwinkenden den Rücken der Hand zukehrt, sucht diesen gleichsam heranzuziehen. Es ist dieses aber die seltenere Geberde, welche bereits in Süditalien durch eine andere weit häufigere abgelöst wird. Hier wird nämlich die Hand mit der Fläche nach unten, von oben nach unten bewegt, so daß ein Deutscher eher glaubt er werde hinweggewiesen als herangewinkt. Der Sinn und der Ursprung beider Arten ist schließlich der gleiche, nämlich die Absicht, den begehrten Gegenstand zu fassen und heranzuziehen.

Bei den Orientalen und namentlich den Arabern Syriens macht man beim Winken fast dieselbe Bewegung mit der Hand, welche wir machen, wenn wir abweisen.[4] In Indien sind die Europäer durch die Art und Weise, wie man dort winkt, in Erstaunen versetzt worden. „Die Bewegung wird nämlich dort mit der Hand gerade so ausgeführt, als wünscht man die Entfernung eines Menschen." Im südlichen Indien erhebt man die rechte Hand so hoch als möglich und schnellt sie dann plötzlich tief herab, um zu winken.[5] Dasselbe berichtet Dr. FISCHER von den schon erwähnten Wapokomo am Tanaflusse in Ostafrika. Die das Winken bezeichnende Handbewegung geht von oben nach unten, gleichsam als ob man den

[1] DARWIN a. a. O. 281.
[2] FISCHER in Mitt. Hamburg. Geogr. Ges. 1878. 33.
[3] D. LIVINGSTONE's letzte Reise. Deutsche Ausgabe. I. 405.
[4] PETERMANN, Reisen im Orient. I. 173.
[5] E. B. TYLOR, Early history of mankind. London, 1865. 52.

Betreffenden von oben herab greifen wollte. Will man dort jemanden veranlassen stehen zu bleiben, so schüttelt man die aufgehobene flache Hand hin und her.[1]

Nach LIVINGSTONE wird von den Afrikanern beim Winken die Hand flach ausgestreckt und herangezogen; ihre Meinung deutet sich an in der Bewegung, als ob sie die Hand auf den Gewinkten legen und heranziehen wollen. Wenn dieser nahe ist, etwa 40 Ellen entfernt, dann hält der Winkende seine rechte Hand in Brusthöhe und macht die Bewegung, als ergreife er den anderen durch Schließen der Finger und ziehe ihn zu sich heran. Bei größerer Entfernung wird die Bewegung verstärkt, indem die rechte Hand so hoch als möglich erhoben und dann ausgestreckt im Schwunge nach unten herabgezogen wird.[2] Die Madagassen winken auch mit der nach unten gewendeten Handfläche.[3]

Und ähnlich in der Südsee. Die Fidschi-Insulaner winken nicht wie wir mit dem Rücken der Hand, sondern mit dem Handteller nach unten.[4] Auf den Admiralitätsinseln winkt man, indem man die erhobene Hand mit der nach vorn gewandten Fläche gegen die heranzuwinkende Person bewegt[5] und auch in Neuseeland macht man, um jemanden heranzuwinken, mit dem Arme „gerade das entgegengesetzte Zeichen wie in England.“[6]

In diese Kategorie ist auch eine eigentümliche, bei den Indianern Perus vorkommende Geberde zu stellen. Als SQUIER in La Blanca bei Cuzco Maultiere und Postpferde verlangte, erklärte der Postmeister, es wären keine da. Ein Indianer sagte, sie seien muy arriba (höher hinauf), indem er die Lippen nach den hohen Bergen zu vorschob; ein anderer behauptete, sie seien muy léjos (sehr entfernt) und er streckte die Lippen thalabwärts. Statt mit dem Finger oder der Hand auf einen Gegenstand zu zeigen, benutzen diese Leute ihre Lippen, indem sie dieselben mit einer Vorwärtsbewegung des Kopfes aufwerfen, nach der Richtung hin, die sie anzeigen wollen.[7]

[1] FISCHER a. a. O. [2] LIVINGSTONE a. a. O. I. 405.
[3] SIBREE in Journ. Anthropol. Instit. XIII. 177.
[4] BUCHNER, Reise durch den Stillen Ozean. Breslau, 1878. 244.
[5] MOSELEY im Journ. Anthropol. Instit. VI. 296.
[6] A. S. THOMSON, The story of New Zealand. London, 1859. I. 209.
[7] E. G. SQUIER, Peru. London, 18––. 541.

Das Zeichnen bei den Naturvölkern.[1]

Das Talent, schnell charakteristische Zeichnungen zu entwerfen, ist unter den Naturvölkern viel weiter verbreitet, als man gewöhnlich annimmt, und bei den meisten braucht bloß eine Gelegenheit gegeben zu werden, um die schlummernde Gabe zu wecken. Von den Eingebornen an der Humboldt-Bai (nördliches Neu-Guinea) heißt es: „Für Zeichnen haben sie eine ganz bestimmte Anlage, denn gab man ihnen Bleistift und Papier in die Hand, so zeichneten sie — die dergleichen Dinge nie zuvor gesehen — mit der größten Gewandtheit und mit fester Hand einen Fisch oder einen Vogel, welcher jedermanns Bewunderung erweckte."[2] Einem Mitgliede des Expeditionsschiffes „Fly", welches auf Murray-Island (Torres-Straße) sein Notizbuch zurückgelassen, zeichneten die Eingeborenen seine eigene Karikatur mit dem Hute auf dem Kopfe und der Tabakspfeife im Munde hinein.[3] Die Waganda am Viktoria-See (Inner-Afrika) nehmen häufig ihre Zuflucht zu Zeichnungen, um eine unvollkommene mündliche Beschreibung anschaulich zu machen. „Ich bin", sagt Stanley, „oft über die Geschicklichkeit und Naturwahrheit erstaunt, mit der sie solche Illustrationen in groben Zügen hinwerfen."[4] Es ist bei den auf der unberührtesten Stufe stehenden Indianern Südamerikas nicht anders. Die Suya am Schingu in Brasilien, welche Dr. v. d. Steinen erst 1884 entdeckte und die nie zuvor von weißen Menschen eine Ahnung hatten, führten regelrecht den ihnen gereichten Bleistift und zeichneten schöne Muster in das Notizbuch des Reisenden.[5] Bei den

---

[1] Mitteilungen der Anthropolog. Gesellschaft in Wien. XVII. 1887.

[2] Nieuw Guinea, ethnographisch en natuurkundig onderzocht. Amsterdam, 1862. 180.

[3] J. B. Jukes, Narrative of the voyage of H. M. S. „Fly". London, 1847.

[4] Stanley, Durch den dunklen Weltteil. I. 447.

[5] K. v. Steinen, Durch Zentral-Brasilien. Leipzig, 1886. 212.

auf ähnlicher Stufe stehenden Oyampi an den Quellen des Ojapok (Französisch-Guiana) fand der französische Marinearzt Jules Crevaux einen jungen Indianer, welcher „den Bleistift ergriff und Zeichnungen eines Menschen, Hundes, Tigers, endlich alle Tiere und Teufel des Landes ausführte. Ein anderer Indianer führte alle Arten Arabesken aus, wie sie dieselben gewöhnlich mit Genipa-Saft malen. Ich bemerkte, daß diese Indianer, von denen man gewöhnlich annimmt, daß sie gar nichts von den schönen Künsten verstehen, alle mit großer Leichtigkeit zeichneten.“[1] Irving Rosse erzählt, daß ein Eskimo, den er auf Point Hope abgezeichnet hatte, nun seinerseits wünschte, einen der Weißen zu zeichnen „and taking one of our note-books and a pencil, neither of which he ever had in his hand before, produced the likeness of Professor Muir.“[2] Also ein arktischer Porträtzeichner!

Die wenigen Beispiele, welche wir finden, daß hier und da bei Naturvölkern jegliches Verständnis für die Auffassung einer Zeichnung gefehlt habe, bin ich geneigt, auf individuelle Unfähigkeit zurückzuführen; ich vermag diesen Mangel, eine Zeichnung zu verstehen, nicht als Rasseneigentümlichkeit aufzufassen, wie es Lubbock that, da andererseits wieder in nächster Nähe sich Individuen finden, welche selbst eine Zeichnung anzufertigen vermögen. So sagt A. Oldfield[3] von den australischen Watschandies: „Sie sind völlig unfähig, die lebhafteste künstlerische Darstellung zu verstehen. Einer, dem eine große kolorierte Abbildung eines eingeborenen Neuholländers gezeigt wurde, erklärte dieselbe für ein Schiff, ein anderer für ein Känguru u. s. w. Nicht ein einziger aus einem Dutzend erkannte, daß das Porträt mit ihnen selbst in Zusammenhang stehe. Eine rohe Zeichnung, bei der alle unwesentlichen Teile stark übertrieben sind, vermögen sie zu begreifen. So, um ihnen eine Vorstellung von einem Menschen zu geben, muß der Kopf unverhältnismäßig dick gezeichnet werden.“ Wir werden aber sehen, daß diese Beobachtung fern davon ist, generelle Anwendung auf die Australier zu finden, daß im Gegenteil bei diesen recht tüchtige Elemente der künstlerischen Darstellung vorhanden sind, ja, daß sie zu charakterisieren vermögen und auch der Humor in ihren Zeichnungen nicht fehlt. Denham[4] erzählt von einem sehr befähigten Afrikaner, daß er die Darstellung

---

[1] Le Tour du Monde. XL. 77.
[2] Cruise of the revenue-steamer Corwin. Washington. 1883. 37.
[3] Transactions Ethnolog. Soc. New Series. III. 227.
[4] Travels in Africa. I. 167.

eines Sandsturmes in der Wüste nicht begriffen habe, während er Figuren, wie Menschen, Kamele, Waffen u. dgl. sofort verstand und sich darüber freute. Hier liegt Mangel an Übung vor, denn auch bei uns begreifen Kinder Figürliches sehr frühe, während das Verständnis einer Landschaft ihnen noch lange verschlossen bleibt. Richtig aber ist die verschiedene Rassenbegabung in bezug auf die bildenden Künste, wie sich dieses ja selbst innerhalb der europäischen Völker zeigt und diese Begabung erscheint unabhängig von der sonstigen geistigen Kultur und Zivilisation eines Volkes.

Es mag dieses durch die Beobachtung illustriert werden, welche A. R. Wallace über die Papuas von Doré auf Neu-Guinea gemacht hat. „Es ist seltsam", sagt er, „daß ein beginnender Kunstsinn mit einer so niedrigen Stufe der Zivilisation zusammengehen kann. Die Leute von Doré sind große Holzschnitzer und Maler. Wo an der Außenseite ihrer Häuser nur eine Planke vorhanden, ist diese mit rohen, aber charakteristischen Figuren bedeckt. Die hochspitzigen Schnäbel ihrer Boote sind mit Massen durchbrochener Arbeit verziert und aus soliden Holzblöcken mit oft sehr geschmackvoller Zeichnung geschnitten. — — Würden wir es nicht schon wissen, daß ein solcher Geschmack und solche Geschicklichkeit mit der äußersten Barbarei vereinbar sind, so würden wir es kaum glauben, daß dasselbe Volk in anderen Dingen allen Sinn für Ordnung, Bequemlichkeit und Wohlanstand gänzlich entbehrt. — Und doch haben sie alle eine ausgesprochene Liebe für die schönen Künste und verbringen ihre Mußezeit damit, Arbeiten zu verfertigen, deren guter Geschmack und deren Zierlichkeit oft in unseren Zeichenschulen bewundert werden würden."[1]

Wie hier, so zeigt sich auch noch anderwärts, daß auf tiefer Kulturstufe stehende Völker trotzdem eine relativ hohe Stufe in der Kunst erklommen haben können, eine Stufe, die gegenüber ihren sonstigen Leistungen als hoch bezeichnet werden muß. Daraus ergiebt sich, daß die Kunst nicht immer als die höchste Blüte in der Entwicklung eines Volkes auftritt. Die Begabung, die Anlage dazu ist weit verbreitet; sie schlummert aber und braucht nur geweckt zu werden. Man kann dieses so wenig leugnen, wie das Vorhandensein schöner Tenorstimmen unter Eskimo oder Melanesiern; da sind sie, aber Entwicklung und Verwendung finden sie nicht.

Es ist hervorzuheben, daß bei den Zeichnungen der Naturvölker

[1] Wallace, Malayischer Archipel. Deutsche Ausgabe. II. 300.

neben dem Ornament das Figürliche in erster Linie dasteht, ja bei vielen allein herrscht, und daß nur selten die Pflanze eine Rolle spielt. Um zum Verständnis dieser Erscheinung zu gelangen, brauchen wir uns bloß daran zu erinnern, daß auch bei unseren Kindern. wenn sie die ersten selbständigen Versuche zum Zeichnen auf der Schiefertafel machen, zunächst Tiere und Menschen in rohen Formen dargestellt werden; das lebendige, bewegliche Tier fesselt eher ihre Aufmerksamkeit, ist in seiner ganzen Figur auch schneller zu erfassen. als die aus zahlreichen Blättern und Blüten bestehende Pflanze. Daher auch bei den prähistorischen Völkern sowohl als bei den Naturvölkern die Bevorzugung der Tierzeichnung und die oft sehr charakteristische Ausbildung derselben, die hie und da (wie bei den Negern an der Loangoküste) nicht des Humors entbehrt. Auch die Stilisierung der Tierformen, wo sie im Ornamente Verwendung finden oder zur Dekoration von Stoffen dienen, sehen wir in einer Weise vertreten, die an unsere mittelalterlichen, namentlich romanischen, stilisierten Tiere gemahnt. So auf den geschmackvollen, gobelinartig gewebten und schönfarbigen Wollstoffen der alten Peruaner, mit denen die Mumien der Wohlhabenderen eingehüllt werden; sie sind ausgezeichnet durch die lebendige Zeichnung und den Reichtum an gesättigten, aber keineswegs grellen Farbentönen und deren harmonische Zusammenstellung. Die fast ausschließlich verwendeten Tierformen (Affen u. dgl.) sind durchaus stilisiert und in Schnörkel aufgelöst, mehr noch wie unsere heraldischen Figuren.[1] Stilisiert sind ebenso die Tierfiguren. welche die Melanesier, zumal die Bewohner des Bismarck-Archipels, in ihren höchst eigentümlichen schwarz, weiß und rot bemalten Holzschnitzereien anbringen. in welchen der Nashornvogel sich dermaßen in das Ornament auflöst. daß manchmal nur Schnabel und Augen noch deutlich zu unterscheiden sind. Stilisiert sind alle Malereien der Koljuschen.

Keineswegs ist aber immer bei den Naturvölkern die Begabung, gleichmäßig das Ornament und die Figur zu beherrschen oder beide vereinigt zur Darstellung zu bringen, vorhanden. Im Gegenteil. wir finden oft, daß bei den einen nur die Zeichnung (oder Skulptur) von Tieren sich entwickelt hat, ohne daß bei denselben Ornamente hergestellt werden. während bei anderen nur die letzteren herrschen. Nur Tierformen und Menschen zeichnen z. B. die

---

[1] Vgl. Squier, Peru. London, 1877. 76. 145. Reiss und Stübel, Das Totenfeld von Ankon in Peru. Berlin. 1881 ff.

Buschmänner, die Eskimos, die Australier, die nordamerikanischen Indianer, während andererseits die Maori fast ganz im Ornament aufgehen, auch der Fidschi-Insulaner selten eine Figur zeichnet.

Fast überall sind es die Männer, welche sich mit der Herstellung von derartigen Abbildungen befassen; das weibliche Geschlecht tritt dabei in den Hintergrund. Sollte das nicht einem allgemeinen psychischen Gesetze entspringen, das für die verschiedensten Rassen das nämliche ist? Ein sichtbarer Grund liegt nicht vor, daß die Weiber nicht ebensogut wie die Männer sich mit Zeichnungen befassen sollten. Dieses führt unter Umständen zu eigentümlichen Erscheinungen. Der Sinn der Papuas in Neu-Guinea für sehr abwechselnde schöne Ornamentation ist bekannt; alle Geräte und Waffen aus Holz sind mit den verschiedensten Dekorationen in Schnitzwerk versehen, aber bei den Töpferwaren (im Kaiser Wilhelms-Land), die doch sonst zur Ornamentierung geradezu verlocken und auch solche in den ältesten prähistorischen Vorkommnissen Europas zeigen, fehlt jede Verzierung, und zwar deshalb, weil dort die Töpferei „est exclusivement confiée aux soins des femmes, dont la nature es généralement peu artistique“.[1]

Wo ein durchgebildeter Stil in den Zeichnungen und Ornamenten der Naturvölker vorhanden, da darf man mit Sicherheit annehmen, daß dieser das Ergebnis der künstlerischen Thätigkeit vieler Geschlechter ist. Jahrhunderte mußten vergangen sein, ehe er aus rohen Anfängen heraus sich bildete und festsetzte, fertig trat er nicht aus dem künstlerischen Gehirn eines Einzelnen heraus. Wenn aber einmal ausgeprägt und feststehend, dann scheint er überall dauernd gehaftet zu haben, ohne daß neue Formen, ein neuer Stil entstand, wenigstens vermag ich Mischungen oder Nebeneinanderlaufen verschiedener Stile bei Naturvölkern nicht nachzuweisen. Eine Fortentwicklung aus der einmal eingenommenen Stufe ist nicht immer leicht und auch nicht jedem Volksstamme gegeben, im Gegenteil, viele Völker hängen traditionell an dem einmal Vorhandenen und ornamentieren ihre Waffen und Geräte genau nach den Mustern, wie ihre Vorfahren es thaten. Von den Andamanesen sagt Man: they slavishly adhere to those patterns, which custom has prescribed for each article.[2] Und so bei den meisten, wenig Neues!

[1] Miclucho-Maclay in Bullet. soc. d'Anthropologie 1878. 530. Die Frauen der Oyampi-Indianer an den Quellen des Ojapok in Französisch-Guiana schmücken dagegen die von ihnen geformten Thongefäße mit ornamentalen Mustern nach Crevaux (Tour du Monde. XL. [illegible]). [2] Journ. Anthropol. Instit. XII. 370.

Nicht unerwähnt will ich lassen, daß mit Recht die Zeichenkunst und künstlerische Begabung der Naturvölker überhaupt herangezogen worden ist, um die Echtheit oder Unechtheit der Knochenzeichnungen und Skulpturen zu erweisen, die uns von prähistorischen Troglodyten (Dordogne, Thayingen) hinterlassen wurden. Die Analogie ist zutreffend und wir haben hier nur die Menschen der Steinzeit miteinander zu vergleichen, gleichviel ob Jahrtausende zwischen ihnen liegen. Der Kulturzustand ist der nämliche. Abgesehen von erwiesenen Fälschungen ist die Befähigung der prähistorischen Troglodyten für artistische Werke nicht anzuzweifeln.[1] Immer aber handelt es sich hier, wie bei den Naturvölkern überhaupt, um einfache Wiedergabe und Nachbildung des in der Natur Beobachteten.

An die vorstehenden Bemerkungen allgemeiner Art will ich jetzt einige besondere Beispiele knüpfen und über einzelne Naturvölker Rundschau halten, die in Bezug auf das Zeichnen sich hervorthun. Da kann ich nicht auf die verschiedenen Arten der Ornamente, Tätowierung u. s. w. eingehen, welche allerdings höchst interessante Vergleiche gestatten, auch die Skulptur findet nur hier und da Erwähnung. Die völkerspychologische Seite wird aber durch diese kurze Abhandlung — die mehr anregen soll, dle Frage eingehender zu behandeln — genügend ins Licht gesetzt. Hätte ich daran gedacht, den Gegenstand erschöpfend zu behandeln, so wäre daraus ein dickes Buch geworden, denn der Stoff liegt vor. Ich glaube aber kaum, daß ein solches Buch mehr enthüllt hätte, als dieser kurze Aufsatz es thut.

Australier. Die meisten Reisenden haben bei den angeblich auf tiefer Stufe stehenden schwarzen Eingeborenen Australiens das Talent gefunden, schnell und mit sicherer Hand Zeichnungen entwerfen zu können. Schon die Verzierungen, welche sie auf ihren Schilden und Waffen anbringen, sind in ihren Zusammenstellungen hübsch ausgeführt und ähneln den Ornamenten auf unseren vorgeschichtlichen Urnen. Während man bei diesen australischen Ornamenten (so auch in Neu-Guinea und auf Fidschi) selten gekrümmte Linien findet, sind Sparren, Kreuze und das Fischgrätenornament sehr häufig. Auf einzelnen Waffen erscheinen rohe Figuren von Menschen und vierfüßigen Tieren. Verziert sind auch die Bumerangs

---

[1] Vgl. ECKER im Archiv f. Anthropol. XI. 133, besonders aber H. HILDEBRAND, De lägre Naturfolkens Konst in NORDENSKIÖLD, Studier föranledda af mina resor i höga Norden. Stockholm, 1884. 305 ff.

und „all these forms have a meaning intelligible to the blacks".[1] Auffallend erscheint das stereotype Beibehalten derselben Formen und Dekorationen durch die Geschlechter und Zeiten hindurch, keine Änderung findet statt und der Schwarze macht heute seine Ornamente genau nach denselben Mustern, wie seine Vorfahren. Die künstlerische Erfindung ist in bezug auf die Ornamente zum Stillstand gekommen.[2] Auch in bezug auf die menschliche Figur zeigt der australische Schwarze überall gewisse konventionelle Formen, wenn er sie zeichnet. Er vermeidet es stets, den Mund derselben zu zeichnen,[3] doch wohl nur von der Anschauung ausgehend, daß die gezeichnete Figur nicht zu sprechen vermag.

Lange bevor die Europäer nach Australien kamen, kannten die australischen Schwarzen eine Art von bildlichen Darstellungen, welche Szenen aus ihrem Leben darstellen, die mit großer Naturwahrheit dasselbe veranschaulichen. Ein interessantes Stück der Art fand Sumner auf einer Rinde, die zum Decken einer Hütte am Lake Tyrrell gedient hatte. (Taf. I.) Der Schwarze, welcher dieses Bild schuf, hatte mit Weißen verkehrt, doch keinerlei Zeichenunterricht gehabt. Die Baumrinde war auf der Innenseite vom Rauch geschwärzt und in diese geschwärzte Oberfläche zeichnete der Schwarze die Figuren mit seinem Daumennagel. Das Bild zeigt oben Bäume, auf einem derselben eine Taube, dabei (rechts vom Beschauer) zwei wohlcharakterisierte Kängurus, die Zeichen austauschen. Weiterhin australische Truthühner, darunter eine zusammengerollte Schlange und verschiedene Emus. Links vom Beschauer steht oben ein Eukalyptusbaum, welchen ein Eingeborener (in der charakteristischen Weise) mit dem Beile in der Hand erklettert. Dann wieder rechts unter Bäumen zwei Eingeborene mit europäischen Utensilien: der eine raucht eine Pfeife, der andere trägt ein Gewehr. Der folgende Teil des Bildes ist von dem vorigen durch Linien abgetrennt. Links in einem Kreise zwei Schwarze mit Steinbeilen gegenüber einer Schlange. In der Mitte ein Eingeborener im Kahn mit Speer und Schaltstange, eine Ente verfolgend. Rechts davon ein See, in welchen ein Fluß mündet und der von Bäumen umgeben ist; darauf schwimmen Schwäne. Auch unten ein solcher See, dessen bewegtes Wasser

[1] Brough Smyth, The Aborigines of Victoria. Melbourne, 1878. I. 285.

[2] Artistic invention has its limits and is as surely a subject to law as are the physical forces which we may investigate and in some sense control, but cannot change. B. Smyth a. a. O.

[3] The mouth is wanting in all. Palmer in Journ. Anthropol. Instit. XIII. 288.

durch die gewundenen Linien dargestellt ist. Zwischen beiden Seen ein Squatterhaus und tanzende Schwarze mit Lanzen und Bumerangs in den Händen.[1] Das ganze Bild ist voller Leben!

Daß ganz entschieden eine konventionelle Behandlung der Figuren bei den australischen Schwarzen eingetreten ist, möge man aus dem Bilde (Taf. II, Fig. 1) erkennen, welches ein Surveyor aus Ballarat, Ph. Chauncey, von einem australischen Burschen zeichnen ließ, der durchaus keinen Unterricht genossen hatte. Es ist am obern Murray entworfen worden und zeigt die Berührung australischen und europäischen Lebens. Ein Schwarzer in einem Kanoe verfolgt eine Schildkröte, weiterhin sieht man zwei Emus bei ihrem Neste, nach denen ein Eingeborener mit dem Speere wirft, daneben läuft ein anderer mit einem Beile hinter einem Leguan her, wieder ein anderer speert einen Fisch. Der untere Teil des Bildes zeigt ein sehr charakteristisches Squatterpaar, das aus seiner Wohnung herausgetreten ist und dem Kriegstanze von neun Schwarzen zuschaut, welche ihre Schilde und Bumerangs schwingen.[2]

Auch die Innenseite der Opossumfelle, welche die Schwarzen tragen, sind oft mit Figuren verziert. Sie ritzen Linien in das Fell, welche dann mit Fett und Holzkohle ausgerieben werden. Hauptorte für ihre Darstellungen sind aber Höhlen und Felswände. Pfeifenthon, Ocher und Holzkohle sind die gewöhnlich dabei benützten Farben. Sehr häufig sind solche Höhlen mit Malereien im Norden, um den Carpentaria-Golf herum;[3] jene in der Gegend von Sydney sind öfter geschildert worden.[4] In den Höhlen Viktorias sind dagegen bis jetzt keinerlei Felszeichnungen oder Einritzungen gefunden worden. Die australischen Zeichnungen in den Höhlen und an den Sandsteinwänden Westaustraliens sind von Grey beschrieben und abgebildet worden.[5]

Um die Massenhaftigkeit zu beweisen, in der diese australischen Zeichnungen vorkommen, möge hier nur noch die von Stokes auf der Depuch-Insel gemachte Beobachtung Platz finden.[6] Dieselbe

[1] Brough Smyth a. a. O. I. 286 ff.

[2] Brough Smyth a. a. O. II. 257.

[3] Journ. Anthropolog. Instit. XIII. 288.

[4] Angas in Wood's Natural History of Man. II. 94. — Andree, Ethnographische Parallelen. 298. Taf. VI. Fig. 58, 59. — Nicholson, on some rock carvings found in the neighbourhood of Sydney im Journ. of the Anthropol. Instit. IX. 31.

[5] Journals of two expeditions in North West and Western Australia 1841.

[6] Stokes, Discoveries in Australia 1837—40. II. 170.

gehört zur Forestier-Gruppe und liegt an der Nordwestküste. Auf vorher geglätteter Felsenfläche waren hier Menschen, Vögel, Fische, Krabben, Käfer u. s. w. in ganz ungeheurer Anzahl in den Farben schwarz, weiß, rot, gelb und selten blau dargestellt. An dieser „einsamen Gemäldegalerie inmitten des Ozeans" müssen Generationen gearbeitet haben und es wird dieses erklärlich, weil es sich um eine Fischerstation handelt, die zu bestimmten Jahreszeiten besucht wurde. Die freie Zeit vertrieben sich die Fischer mit Zeichnen, ein Jahrgang schloß sich dem andern an, die bereits vorhandenen Figuren eiferten zur Nachbildung an und so wuchs und wuchs die Masse.

Ich will hier nochmals darauf hinweisen, daß dieses Nachahmen und Fortsetzen bereits vorhandener Zeichnungen oder Felsritzungen (Petroglyphen) einem psychischen Gesetze entspringt und allgemein über die ganze Erde beobachtet werden kann. Wo an einer Straßenecke eine Zeichnung angebracht ist, da fügt ein Nachahmer bald eine zweite hinzu und so werden Schulbänke, Aussichtspunkte, Fremdenbücher, hervorragende Punkte an Karawanen- und Auswandererstraßen, die öffentlichen Aborte u. s. w. mit Zeichnungen und Namen bedeckt. Eingegraben in Stein und Baumrinde, gemalt und gezeichnet finden wir das Gleiche in allen Erdteilen und es muß dieser Zug der Nachahmung zuerst in Betracht gezogen werden, ehe man von „Felsinschriften", Charakteren, Bilderschrift, Hieroglyphen u. s. w. redet.[1]

Südsee. Bei den Fidschi-Insulanern finden wir, wie bei den Melanesiern überhaupt, tüchtige mechanische Fertigkeit, und ihr Sinn für Ornamentik zeigt sich deutlich in ihren geschnitzten und bemalten Geräten. Selten aber versteigen sie sich zu Nachbildungen vorhandener Gegenstände, doch kommen rohe Nachahmungen von Menschen, Schildkröten, Fischen und dergl. auf ihren Stoffen und

[1] Hunderte von Beispielen habe ich in meinen „Ethnographischen Parallelen" (Stuttgart, 1878) pag. 258, Taf. II—VI gesammelt. Wie dieses Nachahmen, dieses „Narrenhände beschmieren Tisch und Wände" überall geschieht, möge noch an ein paar Beispielen gezeigt werden. Die Maori auf Neuseeland können jetzt fast alle lesen und schreiben und „an allen Mauern und Zäunen, an allen Felswänden im Walde sieht man Namen und Zeichnungen eingekratzt, welche die Vorliebe der Maori für graphische Künste bezeugen". (BUCHNER, Reise durch den stillen Ozean. Breslau, 1878. 157.) Bei Kabombo am obern Kongo fand STANLEY eine Felsenhöhle am Strome. „Einige Eingeborene", erzählt er, „haben auf die glatte Oberfläche des Felsens phantastische Zeichnungen, Quadrate und Kegel gekritzelt und, ihrem Beispiele folgend, schnitzte ich, so hoch als ich reichen konnte, den Namen der Expedition und das Datum der Entdeckung ein". (STANLEY, Durch den dunklen Weltteil. II. 268.)

geschnitzten Keulen vor. Beim Linienornament verschmähen sie Kurven; alles ist in geraden oder Zickzack-Linien ausgeführt.[1]

Auf den Salomo-Inseln sind es Gegenstände der Fischerei, welche die heimischen Künstler zu Darstellungen bewegen, entweder in Skulpturen oder Malereien. Die schwarzen Balken (der Häuser?) werden auf Arossi (San Christoval) öfter mit Fischerkähnen in weiß und rot, den melanesischen Hauptfarben, bemalt, wobei man die Taucher im Wasser nach der Beute haschen sieht (Tafef II, Fig. 7).[2] Es erinnert dieses an die Darstellungen, welche A. B. Meyer von den Pelau-Inseln veröffentlichte.[3]

Wie weit es die Kanaken Neukaledoniens im Zeichnen gebracht haben, erhellt aus den mit eingravierten Zeichnungen versehenen Bambusstöcken, welche sie als Luxusgegenstände, ähnlich wie wir unsere Spazierstöcke mit sich führen, und von denen eine Anzahl im Pariser ethnographischen Museum (Trocadéro) aufbewahrt wird. Sie sind von E. T. Hamy beschrieben worden.[4] Es vereinigen sich in diesen fein eingeritzten Zeichnungen Ornamente der einfachsten Art (gerade Linien und Zickzackmuster) mit Figuren und Baumgruppen. Die künstlerische Ausführung ist eine ziemlich primitive, doch entbehren die Figuren keineswegs der Charakteristik und Lebhaftigkeit. Man sieht auf dem Bambus die spitzdachigen Hütten der Häuptlinge, Schildkröten. Geflügel, Eidechsen und dazwischen Szenen aus dem Leben der Kanaken. Ein Mann prügelt seine Frau, Männer schießen ihren Bogen ab, andere stehen faullenzend in Reih und Glied, geschmückt mit dem cylinderförmigen Strohhut, den Cook schildert und der heute schon fast verschwunden ist (Tafel II, Fig. 3, 4).

Afrikaner. Der Neger, dem überhaupt Humor angeboren ist, pflegt auch in seinen Zeichnungen solchen walten zu lassen. Die weißen Wandmalereien an den Häusern der Kamerunflüsse zeigen neben Tieren (z. B. Krokodilen) auch europäische Kaufleute und Matrosen. Diese urwüchsigen. an die Leistungen unserer Schulbuben erinnernden Abbildungen des Europäers und europäischer Gegenstände „verraten ein feines Beobachtungstalent und könnten füglich in unveränderter Form als Karikaturzeichnungen für die ‚Fliegenden

---

[1] Williams, Fiji and the Fijians. I. 112.

[2] Verguet in Revue d'Ethnographie 1885. 218 u. Fig. 105.

[3] Bilderschriften des ostindischen Archipels und der Südsee. Leipzig, 1881. Tafel 2—5. Vergl. auch Hernsheim, Südseeerinnerungen. Berlin s. a. 13 u. Tafel 5.

[4] Magazin pittoresque 1883. 310. Mit Abbildungen. Vergl. auch Revue d'Ethnographie 1883. II. 346 ff.

Blätter' benutzt werden". Hoch entwickelt (in seiner Weise) zeigt sich aber das Zeichentalent der westafrikanischen Schwarzen bei den Elfenbeinskulpturen an der Loangoküste, an den spiralförmig mit reichem Figurenrelief versehenen Elefantenzähnen, zu deren Herstellung Zöller allerdings indischen Einfluß als maßgebend hinstellen möchte. Sie beweisen „ein nicht zu leugnendes und wirklich ganz außerordentliches Nachahmungstalent des Negers". Die schwarzen Elfenbeinschnitzer benützen zu dem tollen Zuge karnevalistischer Gestalten, die sich um einen solchen Zahn herumziehen, alle Figuren, welche ihre Einbildungskraft reizen, Matrosen, Seeoffiziere, brillentragende und schmetterlingfangende Gelehrte ebensogut wie Tiere oder aufgeputzte Häuptlinge. Kleine Züge, die ein europäischer Künstler übersieht, giebt der Neger genau und oft in karikierender Übertreibung wieder, und was seine Einbildungskraft besonders reizt, stellt er recht groß dar.[1]

Der Hottentotte und die Bantuvölker Südafrikas entwerfen keine Zeichnungen, wenn auch die letzteren in mäßigen Skulpturen Einiges leisten. Als Zeichner und Maler Südafrikas sind dagegen die Buschmänner zu nennen, welche hierdurch, wie durch manche andere ethnisch auffallende Züge ihre Eigenartigkeit erweisen. Die außerordentlich zahlreichen Figuren von Menschen und Tieren, welche dieses Volk innerhalb seines ganzen, heute sehr geschmälerten Verbreitungsbezirkes vom Kap im Süden bis in die Länder und Wüsten im Norden des Oranjeflusses gezeichnet hat und heute noch in bunten Farben zeichnet, beweisen eine ungemein sichere Hand, ein scharf beobachtendes Auge und eine treffende Charakteristik. Es sind meistens die Flächen der zahllosen Felsblöcke, die Wände von Höhlen oder durch überhängende Felsen geschützte Steinwände, welche der Buschmannkünstler sich als Grundlage zur Ausübung seiner Kunst erwählte. Entweder malte er seine Figuren mit Farben auf oder er meißelte sie mit einem härteren, scharfen Stein aus der Felswand aus, so daß sie vertieft ausgekratzt erscheinen. Wie zahlreich diese Figuren sind, erkennt man daraus, daß Fritsch bei Hopetown deren „Tausende" fand, oft zwanzig und mehr auf einem Blocke; Hübner sah bei „gestoppte Fontein" in Transvaal 200 bis 300 beisammen, die in einem weichen Schiefer eingegraben waren. Die angewendeten Erdfarben sind rot,

[1] H. Zöllner, Kamerun. II. 28. 89. 102. Abbildung eines solchen Zahnes in Bastian, Deutsche Expedition an der Loangoküste. Band I. Derlei Zähne sind jetzt häufig in den Museen.

ocher, weiß, schwarz, die mit Fett angemischt werden, auch verwendet man dazu Blut. Mit welchem Instrumente (Pinsel?) das Auftragen der Farben erfolgt, ist noch nicht festgestellt, da, wie mir scheint, noch kein Buschmannkünstler bei der Arbeit beobachtet worden ist.[1] Was die Malereien selbst betrifft, so lassen sich verschiedene Klassen derselben unterscheiden, aber bei allen handelt es sich um figürliche Darstellungen; das Ornament und die Pflanze sind ausgeschlossen. Zunächst Kämpfe und Jagden, in denen auch die Weißen (Boers) eine Rolle spielen, wodurch der neuere Ursprung dieser Malereien nachgewiesen wird. Dann Tierdarstellungen, sowohl von Haustieren (Rindern, Hunden) als von Jagdwild, namentlich die verschiedenen Antilopenarten, Giraffen, Strauße, Elefanten, Rhinozerosse, Affen etc. Eine besondere Klasse bilden Abbildungen obscöner Natur und ausnahmsweise ist einmal ein Schiff oder ein Palmbaum gezeichnet.[2]

Die hier wiedergegebene Abbildung (Taf. III) einer sehr charakteristischen Buschmannsmalerei entstammt einer Mitteilung des Herrn H. Dieterlen von der „Société des missions évangéliques“ zu Paris, welcher dieselbe in einer Höhle kopierte, die zwei Kilometer von der Missionsstation Hermon entfernt ist. Buschmänner haben eine Rinderherde den Kaffern gestohlen und werden nun von den Beraubten verfolgt. Die verschiedenfarbigen und scheckigen Rinder sind naturwahr, wenn auch verzeichnet; Perspektive fehlt. Drei Buschmänner treiben die Herde fort, während ihre übrigen Gefährten mit Bogen und vergifteten Pfeilen bewaffnet, sich den verfolgenden Kaffern widersetzen. Letztere tragen die bekannten Schilde und als Waffen Assagaien. Bemerkenswert ist der übertriebene Größenunterschied zwischen den kleinen Buschmännern und großen Kaffern, durch den der Künstler vielleicht das Heroische der That ausdrücken wollte, daß jene kleinen Leute sich den riesigen, muskelstarken Kaffern zu widersetzen wagten. Das Bild ist kein bloßes

[1] Von den Monbuttufrauen in Zentralafrika wissen wir, daß sie ihre Körpermalereien mit Holzstiften ausführen. Junker in Verhandl. Ges. für Erdkunde zu Berlin 1887. 249.

[2] Fritsch, Eingeborene Südafrikas. 126 u. Taf. 50. — Mark Hutchinson in Journ. Anthropol. Institute. XII. 464. — Adolf Hübner in Zeitschrift für Ethnologie. III. 51 u. Taf. 1. Wenn Hübner hier annimmt, daß die ausgemeißelten Hyänen, Antilopen u. s. w. von „gestoppte Fontein“ ein Werk der Damara seien, so ist dieses ein offenbarer Irrtum, welcher nicht näher widerlegt zu werden braucht. — Holub, Sieben Jahre in Südafrika. Wien, 1881. 469, wo einiges über die Technik der Ausmeißelung der Zeichnuugen mitgeteilt ist.

Werk der Einbildungskraft; es ist eine ethnographische Illustration, eine Seite aus dem südafrikanischen Völkerleben, ein Ereignis, das heute noch vorkommt.

Wenngleich die Insel Madagaskar wesentlich von Malayen besiedelt wurde, — zu einer Zeit, als diese noch nicht auf der Höhe ihrer heutigen Kultur angelangt waren — und daher eine Einordnung an dieser Stelle nur geographisch zulässig, so will ich es doch nicht versäumen, hier auf eine sehr eigentümliche Erscheinung bei den Howas hinzuweisen, bei denen sich selbständig und unbeeinflußt von Europäern eine dekorative Bemalung der Wandflächen herausgebildet hat, welche mit derjenigen unserer byzantinischen Kirchen manche Übereinstimmung zeigt. Seit das Christentum bei ihnen zur Herrschaft gelangte, haben sie zahlreiche Kirchen in ihrem Lande erbaut und deren Wände mit Ornamenten geschmückt, die von viel Geschmack und Erfindungsgabe zeugen „and show, that with a little guidance the native talent might be trained to produce a very appropriate adornment for the walls of buildings“. Soldaten, Reiter, Tiere, Vögel sind zwischen den Ornamenten zerstreut. In manchen Fällen sind aber die Wände völlig mit Blumen und Blättern bemalt, so daß sie das Aussehen von Tapeten haben, während Thüren und Fenster mit gemalten Guirlanden eingefaßt sind. Sibree, dem wir die Mitteilung dieser Thatsache verdanken, hebt rühmend auch die harmonische Farbengebung, die dabei zur Geltung kommt, hervor. Es sind Erdfarben in braun, ledergelb, schokolade und schwarz. „Indeed, the untaught native artist had unconsciously succeeded in accomplishing what more laboured attempts often fail to do.“[1]

Polarvölker. Im Leben, in den Sitten und Bräuchen, in der Nahrung und Kleidung der dem Pol zugewandten Völker Asiens und Nordamerikas lassen sich mit Leichtigkeit Hunderte von Analogien nachweisen, welche durch die gleiche Naturbeschaffenheit des von diesen Hyperboräern bewohnten Landes bedingt werden und die schlagend zur Geltung gelangen, trotz verschiedener ethnischer Abstammung der einzelnen Völker. Von den Lappen und Samojeden an, durch die Jakuten, Jukagiren, Tschuktschen und Korjaken bis zu den Eskimo und Grönländern, herrscht nun auch, wie ein Blick auf die vorliegenden künstlerischen Leistungen beweist, eine sehr gleichmäßige und übeinstimmende Ausführung der Zeichnungen; es

[1] Sibree, The great African Island. 260.

ist hier ein gewisser Stil vorhanden, der sich namentlich bei der Zeichnung der Rentiere offenbart, also desjenigen Tieres, das am meisten mit dem Haushalt und dem Leben jener nordischen Völker verknüpft ist. Das Rentier auf der Zaubertrommel des Lappen und auf dem Walroßzahn, den der Eskimo gravierte, ist mit einer großen Übereinstimmung gezeichnet, die nicht bloß durch die natürliche (zoologische) Erscheinung dieses Hirsches bedingt ist. Schon die Zeichnungen, welche der alte SCHEFFER von den bedeutungsvollen und gedeuteten Figuren auf den lappischen Zaubertrommeln giebt,[1] noch mehr die Abbildungen bei VON DÜBEN[2] beweisen dieses deutlich, wenn man sie mit den weiter unten angeführten Eskimopiktographien zusammenhält. Der Lappe ist nach den genannten Autoren ein geschickter Zeichner, der auf Rinde oder Fell sofort eine Figur entwirft, die alle charakteristischen Züge enthält. Allerdings gelingt ihm die menschliche Figur weniger gut, das Tier aber weit besser, namentlich das Ren. Die hier (Taf. II, Fig. 2) wiedergegebene Jagd (nach G. v. DÜBEN, 347) ist in Einviertel-Größe des Originals reproduziert. Sie stellt die Erlegung eines Rudels Wölfe dar und ist von dem Sorselelappen JON ANDERSSON GRAHN 1868 gezeichnet worden.

Geradeso wie bei den weiter östlich lebenden Völkern bis zu den Eskimo hin, überwiegt bei den Lappen die Darstellung der Figuren und tritt das Ornamentale zurück. Das tägliche Leben, die Jagden, der Fischfang, die Schlittenfahrten, die Menschen stehen im Vordergrund. Zwischen Lappen und Eskimo fallen die Tschuktschen geographisch in die Mitte, und über deren künstlerische Begabung sind wir durch die Vega-Expedition gut unterrichtet.[3] NORDENSKIÖLD traf dieses Volk noch so gut wie im Steinalter, fast unberührt von europäischen Einflüssen, so daß gerade die ersten künstlerischen Regungen bei ihnen für Kunsthistoriker und Altertumsforscher von Interesse sein mußten. Wir sehen sie sowohl als Zeichner wie als Bildschnitzer auftreten und in beiden Fällen überrascht eine gute, durch die Beobachtung der Natur bedingte Charakterisierung der Figuren, auch hier wieder mehr der Tiere als der Menschen. „Die tschuktschischen Zeichnungen", sagt NORDENSKIÖLD, „sind grob und plump ausgeführt, doch verraten viele von ihnen eine gewisse Sicher-

[1] SCHEFFERI, Lappland. Frankfurt a. M. u. Leipzig. 1675. 143. 144.

[2] Om Lappland och Lapparne. 91. 347. Tafel 7 u. 8.

[3] NORDENSKIÖLD, Die Umseglung Asiens und Europas auf der Vega. Leipzig, 1882. II. 132. und mehr bei H. HILDEBRAND, De lägre naturfolkens konst a. a. O.

heit in der Zeichnung." Die Originale wurden mit Bleistift oder rotem Ocher auf Papier für die Schweden angefertigt; sie zeigten Hundegespanne, Walfische. Jagden auf Eisbären und Walrosse, Fische, Hasen, Vögel, Rentiere, Seehunde, Boote, Zelte u. s. w. (Taf. II, Fig. 5). Entschieden Stil und höchst charakteristische Ausführung zeigen auch die Schnitzereien aus Walroßzahn: Fische, Fliegenlarven und namentlich sehr naturgetreu dargestellte Cetaceen.

Alle Reisende, die unter den Eskimo gelebt haben, bezeugen deren großes Talent für das Zeichnen und die Bildschnitzerei, ja es giebt unter ihnen künstlerisch veranlagte Naturen, die einer höheren Ausbildung fähig wären, wenn sie in gute Schule gerieten. Von der Beringsstraße bis nach Grönland hin ist in dieser Beziehung der Eskimo gleichmäßig begabt; auch bei ihm zeigt sich wieder die bessere Veranlagung für die Darstellung von Tieren, die mangelhaftere von Menschen und das Fehlen des Ornamentes. Stets aber versteht er zu charakterisieren, wie die zahlreichen in unseren Museen befindlichen auf Walroßzahn eingeritzten Zeichnungen beweisen, unter denen die Rentiere und Cetaceen wieder ganz besonders gelungen sind.[1]

Die Eskimo sind aber nicht bloß bei einfachen Zeichnungen stehen geblieben, sondern haben dieselben auch zu piktographischen Berichten weiter entwickelt (wie die Rothäute u. a.). In St. Michael (Alaska) traf Irwing Rosse einen Eskimoknaben, der sehr gut zeichnete; er hatte sich an den Bildern der Londoner Illustrierten Zeitung geübt. Mit Tinte stellte er ein korrektes Bild des Dampfers „Corwin" dar und ein ebensolches der Häuser von St. Michael, völlig ähnlich, nur die Perspektive fehlt.[2] Bessels erzählt: „Einige Jäger (von Ita am Smithsunde) schnitzten in unserer Gegenwart Tierfiguren und Menschengestalten, die überaus charakteristisch waren. Durch geringe Mittel gelang es ihnen, das Typische der Inuitphysiognomie zur Darstellung zu bringen, sowie den Typus des Europäers auszudrücken. Viele der Tiere waren unverkennbar."[3] Der französische Missionar Petitot hat Abbildungen der Tschiglit-Eskimo am Mackenzie (amerikanisches Festland) mitgeteilt, welche in Rot und Schwarz ausgeführt sind und mit überraschender Naturwahrheit Jagdszenen dar-

[1] Abbildungen: Lubbock, Vorgeschichtliche Zeit. Jena, 1874. II. 211. Boyd Dawkins, Die Höhlen. Leipzig, 1876. 281. — W. Hofman, Eskimo Pictographs. Transact. Anthropol. Soc. Washingt. II. 141. — Archiv für Anthropologie. XI. Taf. 7.

[2] Cruise of the Steamer Corwin. Washington, 1883. 37.

[3] Bessels. Amerikanische Nordpol-Expedition. Leipzig, 1879. 370.

stellen, bei denen die Menschen sehr schlecht, die Tiere, namentlich die Wale, vortrefflich gezeichnet sind[1] (Taf. II, Fig. 6).

Rühmliche Kenntnis vom Zeichentalent der Eskimo soll aber vor allem das (mir nur dem Titel nach bekannte) Werk geben: Kaladlit assialiait oder Holzschnitte, gezeichnet und geschnitten von Grönländern. Goodhab in Südgrönland. Gedruckt in der Inspektionsdruckerei von L. Möller und R. Berthelsen 1860. Ein Band in 4° von 52 Seiten mit Abbildungen, die in sehr naturgetreuer Weise Szenen aus dem täglichen Leben der Eskimo darstellen sollen.

Unter den gewählten Vorwürfen, welche die nordischen Naturvölker mit Vorliebe zeichnen oder schnitzen, spielen neben dem Ren die Cetaceen eine große Rolle, also die Tiere, auf welche sich vorzugsweise die Existenz jener Hyperboräer gründet. Die Cetaceen bei den Tschuktschen wurden schon hervorgehoben; auf den Aleuten erhielt A. von Chamisso Holzmodelle der in den dortigen Meeren lebenden Wale, „an denen jeder Zoologe seine erfolgreichen Studien unternehmen kann"[2] und so bei den Völkern an der pazifischen Küste Amerikas entlang südlich bis Kalifornien, wo auf der Insel St. Nikolas L. de Cessac aus Serpentin geschnitzte Figuren von Walen ausgrub (Fetische nennt er sie), die, wiewohl roh, doch zoologische Bestimmung (Lagenorhynchus obliquidens, Balaena Sieboldii, Rhanchianectes glaucus) zuließen.[3]

Indianer. Die große Begabung der südlich an die Eskimo grenzenden nordwestamerikanischen Eingeborenen (Koljuschen = Tlinkiten u. s. w.) für darstellende Kunst ist bekannt und braucht nicht des weiteren hervorgehoben zu werden; sie haben es unter allen Naturvölkern am weitesten in der Stilisierung von Figuren gebracht, was darauf hindeutet, daß die Malerei bei ihnen schon sehr lange in der Übung war. Die sowohl in Stein als in Holz geschnitzten, auch gemalten und in den Körper eintätowierten Totemfiguren zeigen eine strenge Stilisierung und haben völlig heraldischen Wert.[4] Ismailow, einer der frühesten Russen, welche mit den Koljuschen in Berührung kamen, erzählt, daß europäische Malereien und Zeich-

[1] E. Petitot, Vocabulaire Français-esquimau etc. Paris, 1876. pag. XVIII. Avec de l'ocre rouge et du charbon détrempés d'huile sagt derselbe an anderer Stelle (Les grands Esquimaux. Paris, 1887. 72) über die Bereitung der Farben.

[2] R. Hartmann in Verhandl. Berliner Anthropol. Ges. 1877. 459.

[3] Revue d'Ethnographie. I. 30. (1882.)

[4] Am besten beweisen dieses die Abbildungen bei Swan. The Haidah Indians, Smithsonian contributions. No. 267.

nungen ihnen durchaus nicht imponierten. Als man einem Häuptlinge Bildnisse der russischen Kaiserfamilie zeigte, erregten sie keine Bewunderung. Jener Häuptling war von seinem Maler begleitet, der alles Neue genau betrachtete, um es dann zu malen. Er verstand es namentlich „allerlei Gegenstände auf hölzerne Tafeln und auf andere Stoffe (Leder) zu malen“, wobei er Blaueisenerde, Eisenocher, farbige Thone und andere Mineralfarben verwandte. Auch bei diesen Völkern wird bei mangelnder Schreibkunst die Malerei als ein Ersatz angewendet, um Denkwürdiges in der Erinnerung zu behalten.[1]

Weit tiefer als die künstlerischen Leistungen der Eskimo und der Nordwestamerikaner (Haida, Tlinkit u. s. w.) stehen diejenigen der Rothäute, östlich von dem Felsengebirge. Aber sehr produktiv sind sie in bezug auf die Figurenzeichnung, ja diese hat dazu gedient, bis zu einer Art von Bilderschrift vorzuschreiten, die allerdings durch künstlerische Ausführung sich nicht hervorthut. Jener „Schmiß“, der, auf guter Naturbeobachtung beruhend, sich in den Zeichnungen der Australier, Buschmänner u. a. zeigt, die gute Charakterisierung der Figuren fehlt bei den Indianern, und wenn auch — wie häufig — die Tiere besser als die Menschen dargestellt sind, so reichen sie doch nicht an Tierfiguren der Eskimo oder Buschmänner heran. Ein Blick auf die bemalten Zeltdecken oder Büffelhäute unserer Museen, auf die Nachbildungen bei Schoolcraft, Catlin, Wied oder Mallery belehrt uns sofort hierüber. Dr. Capitan, welcher sich von den Omahas, die 1883 im Pariser Jardin d'acclimatation gezeigt wurden, Zeichnungen anfertigen ließ, sagt von denselben: Il est singulier de constater qu'à coté de représentations très rudimentaires des figures humaines les images de chevaux sont faites avec une certain correction.[2] Am meisten Mühe geben sich die Indianer noch bei der Bemalung ihrer Büffelhäute, die oft als Mäntel getragen werden. Auf rotbraunem Grunde sieht man schwarze Figuren, besonders von Tieren, bei anderen auf weißem Grunde die Heldenthaten und Lebensereignisse einzelner hervorragender Indianer schwarz oder bunt dargestellt. Man sieht die verwundeten Feinde, den Blutverlust, die Getöteten und Gefangenen, gestohlene Pferde, alles nach der eigentümlichen Art der noch in der Kindheit befindlichen Malerei, schwarz, rot, grün und gelb (mit Erdfarben) ausgeführt. Fast alle

[1] Erman in Zeitschrift für Ethnologie. III. 158. (1871.)

[2] Bull. soc. d'Anthropol. 1885. 365.

Missourivölker befassen sich mit der Bemalung solcher Büffelhäute; am geschicktesten sind die Panis, Mandanen, Mönitarris und Krähen. Unter den Mandanen traf Wied Individuen, „die ein ganz entschiedenes Talent“ zum Zeichnen besaßen.[1]

Es muß auffallen, daß neben der niedrigeren Stufe, welche die heutigen Rothäute der Vereinigten Staaten in bezug auf künstlerische Begabung zeigen, bei den sogenannten Mountbuildern eine weit bedeutendere Fähigkeit in bezug auf die Nachbildung von Figuren, namentlich Tierfiguren, vorhanden war. Man hat diese wohlbeachtete verschiedene künstlerische Begabung der Moundbuilder und der heutigen Indianer auf eine Stammesdifferenz beider beziehen wollen oder angenommen, die heutigen Indianer seien von der höheren Stufe ihrer Vorfahren, der Moundbuilder, herabgesunken. Wie dem auch sein möge, die aus Thonstein geschnitzten Pfeifen u. s. w. in den Mounds, welche Menschenköpfe, Figuren, Tiere darstellen, stehen weit über den Leistungen der heutigen Rothäute. Vor allem zeichnen sich die zoologisch gut erkennbaren Tiergestalten aus, die von Squier und Davis (Ancient monuments of the Mississippi Valley) zuerst beschrieben, aber häufig falsch bestimmt und auf südlichere Formen (Manati, Tukan u. s. w.) gedeutet wurden, um daran weitgehende Schlüsse zu reihen, doch mit Unrecht, wie der zoologisch geschulte Henshaw zeigte.[2]

---

[1] Prinz M. zu Wied, Reise in das Innere Nordamerikas. II. 113. 135 und Tafel XXI und XXII.

[2] Animal carvings from mounds of the Mississippi Valley. Second annual Report of the Bureau of Ethnology. 117 ff.

Eigentumszeichen.[1]

Die alten Hausmarken und Eigentumszeichen, welche in Deutschland wie Skandinavien die Aufmerksamkeit der Forscher angezogen haben und in denen man ein bedeutsames germanisches Rechtsinstitut verborgen fand, lassen sich weit über den engen Kreis dieser Länder hinaus über die ganze Erde in verwandtem oder gleichem Sinne verfolgen und haben in vielen Gegenden ihre Analoga.

Diese Marken, die sich an Thüren, Balken, auf Gerätschaften, Kirchenstühlen und selbst Urkunden vorfinden, wo sie Namensunterschrift vertreten, wurden in früheren Zeiten beständig als festes Zeichen des Eigentums gebraucht. Es sind einfache meist geradlinige Figuren, leicht eingeschnitten oder graviert, die, wie Michelsen nachweist,[2] ursprünglich einem analphabetischen Geschlechte angehören, eine Anschauung, die ihre Stütze nicht nur, wie wir sehen werden, in dem analogen Gebrauche derselben heute bei den Naturvölkern findet, sondern sich auch historisch nachweisen läßt. Wie der genannte Forscher anführt, heißt es im dänischen Gesetzbuche Christian's V., daß Analphabeten ihre Verschreibungen durch ihr Siegel oder ihre Bomaerke (Baumarke, Hauszeichen) bekräftigen sollen. Auch das preußische Landrecht bestimmt in dieser Hinsicht Bekräftigung durch Handzeichen oder Kreuz. So vertritt die Marke als Personenzeichen den Namen in der Unterschrift. Aber sie hatte noch weitere Wirksamkeit, indem sie von der Gemeinde anerkannt und auf Geräten, Waffen, Haustieren etc. eingezeichnet wurde, stellte sie das Mein und Dein greifbar vor aller Augen fest, stellte das Eigentum sicher und erschwerte das Entwenden.

[1] Zuerst Globus XL.

[2] A. L. J. Michelsen, Die Hausmarke. Jena, 1853. 11. Das Hauptwerk über diesen Gegenstand ist C. G. Homeyer, Die Haus- und Hofmarken. Berlin, 1870.

Verwandt mit der Hausmarke sind manche andere Zeichen, die Handels- und Signierzeichen der Kaufleute, die Warenzeichen und Schutzmarken, die Steinmetzzeichen, also das Handzeichen des Steinhauers, welches er auf das von ihm gefertigte Werkstück setzt.

In Deutschland sind diese Marken bereits uralt und Michelsen will sie bereits in den notis quibusdam finden, womit, nach Tacitus (Germ. 10), die alten Germanen die Stäbchen bei der Losung zeichneten.

Daß heute noch bei norddeutschen Bauern (Rügen, Mecklenburg) mit Holzstückchen (Kaveln) gelost wird, auf denen die Hausmarke eingeschnitten ist, wurde von Homeyer und Lisch nachgewiesen.[1] Zur weiteren Erläuterung dieses Verfahrens mag hier darauf verwiesen werden, daß verschiedentlich sich ein Losen in ähnlicher Art bis heute in einem Knabenspiel in der Preßburger Gegend erhalten hat, wie J. Schröer nachwies. Das Spiel heißt „rebeln", bei dem zwei mit verschiedenen Einschnitten versehene Hölzchen in den Händen gerebelt (gewalzt) und dann geworfen werden.[2] Auch einen parallelen Brauch aus Afrika vermag ich beizubringen. Bei den Kabylen sind die Eigentumszeichen auf den Losstäbchen angebracht, die bei der Fleischverteilung des auf Gemeindekosten geschlachteten Viehs dienen. Die Verteilung der Portionen erfolgt nach Köpfen. Alt und Jung, Arm und Reich, Männer und Frauen haben gleichen Anspruch. Jede Gruppe bringt ein Stäbchen, an dem ein Zeichen angebracht ist und übergiebt es dem Amin; dieser schüttelt die Stäbchen in einem Gefäß durcheinander und reicht sie seinem Gehilfen, welcher zu jeder Fleischportion ein Stäbchen legt.[3] —

Eigentumszeichen am Vieh. In der Offenbarung Johannis (13, 17) ist das „Malzeichen des Tieres", wie Luther *χάραγμα τοῦ θηρίου* übersetzt, erwähnt, was auf die Eigentumsmarke gedeutet wird. Desgleichen bei Griechen und Römern kommt das Zeichnen von Tieren vor, worüber bei Michelsen S. 17 die Beläge nachgesehen werden können.

Auch das berühmte indische Hakenkreuz, Svastika 卐 ist ursprünglich nichts anderes als ein Zeichen, welches man dem Vieh in's Ohr machte, wie uns Max Müller belehrt.[4] „Sehr wenig von

[1] Homeyer, Über das germanische Losen. Berlin, 1854. G. C. F. Lisch, Über die Hausmarken und das Losen.

[2] Aus dem Volksleben in Preßburg. Wolf's Zeitschrift für deutsche Mythologie. II. 187. (1855.)

[3] Kobelt, Reiseerinnerungen aus Algerien und Tunis. Frankfurt. 1885. 225.

[4] In Schliemann's Ilios. 390.

indischer Kunst ist vor dem dritten Jahrhundert vor Christus, der Zeit, da die buddhistischen Fürsten ihre Bauten begannen, bekannt. Den Namen Svastika kann man indessen etwas weiter zurück verfolgen. Er begegnet uns als der Ausdruck für ein besonderes Zeichen ungefähr ein Jahrhundert früher in der alten Grammatik des Panini. Dort sind gewisse Komposita erwähnt, in denen das letzte Wort „Karna", Ohr, ist. Wie es scheint, machte man dem Vieh Zeichen auf die Ohren, an denen man den Besitzer erkannte. Dieser Brauch herrschte sogar in den Vedazeiten, denn im Rigveda finden wir ashtakarni auf Kühe angewendet, die mit der Marke 8 gezeichnet waren; wie diese Marke damals auch ausgesehen haben mag, wahrscheinlich waren es nur acht Linien oder zwei Kreuze. Eine Anspielung auf diesen Brauch das Vieh zu zeichnen findet sich im Atharva-veda und in den Sankhayana-grihya-sutras etc. eingehender beschrieben. Hier wird ein Kupferinstrument (audum baro-asih) zum Zeichnen des Viehs empfohlen. Eins dieser Zeichen zum Markieren des Viehs war das Svastika." Bleiben wir einmal beim Zeichnen des Viehs und sehen wir uns zuerst in der Heimat um, ehe wir fremde Völker zum Vergleiche heranziehen.

Genau schildert J. G. Kohl wie die tausende von Enten im Blocklande bei Bremen an den Schwimmhäuten durch „Split", „Tonge" oder „Fledder" gemarkt werden. Alle diese Entenmarken haften an den Gehöften seit uralten Zeiten und die Blockländer haben „Markbücher", in denen die Zeichen eingetragen sind. Solche sind in streitigen Fällen rechtskräftig.[1] An den Schwimmfüßen gemarkte Enten fand ich in den tschechischen Dörfern zwischen Prag und Pilsen.

Die Fischereigerätschaften, das Wassergeflügel z. B. Gänse und Enten, werden in der Mark gekennzeichnet, letztere durch Einschnitte an den Schwimmhäuten. Diese Zeichen haften ursprünglich an der Fischereiwirtschaft, sind also eigentlich dinglicher Art. Infolge der Separation, der Güterparzellierung sind sie aber auch persönlicher Natur geworden, dergestalt, daß der Besitzer der bezeichneten Objekte das Zeichen ausschließlich für seine Person in Anspruch nimmt, gleichviel wem das Gut, an welchem sie ursprünglich hafteten, zur Zeit gehört. In den Oderdörfern zwischen Oderberg und Schwedt haben sich diese Zeichen auf dem Fischereigerät vielfach in Übung erhalten.[2]

[1] Kohl, Nordwestdeutsche Skizzen. [2] Bremen, 1873. I. 140.

[2] E. Friedel, Führer durch d. Fischereiabteil. d. märk. Provinzialmus. Berlin, 1880. 11.

Die Auszeichnung einer Herde mit Buchstaben oder sonstigen Zeichen gilt nach einer Entscheidung der Weimarschen Strafkammer vom 3. August 1887 als eine Privaturkunde. Der Schäfer Gerhard in Tremlitz hütete neben den dem Gutsbesitzer Gerber gehörigen auch eine bestimmte Anzahl eigener Schafe. Die Zahl der letzteren vermehrte er dadurch, daß er bei mehreren von den Gerberschen Schafen das Signum „G" entfernte und dafür sein eigenes anbrachte. Der Gerichtshof erkannte nach Verhandlung der deshalb erhobenen Anklage, daß Gerhard wegen Fälschung einer Privaturkunde, begangen in gewinnsüchtiger Absicht, nach § 268 des Reichs-Strafgesetzbuchs bestraft werden müsse.

Überall in der Schweiz wendet der Senner seine Marke an. Das Roß wird am Schenkel, das Rind am Horn, Schaf und Ziege am Ohr gezeichnet, die beiden ersteren mit einem Brandmal, die letzteren mit einem Schnitt. Auf den Flächen der Ohrmuschel macht man entweder eine gerade Linie, die der Bündner Fürggli (Furka, Gabel) nennt oder einen Querschnitt, Wichel genannt, oder man schlägt ein Loch durch. Aus der Kombination dieser Linien und ihrer Verteilung auf beiden Ohren ist eine Zeichenschrift von größter Mannigfaltigkeit entstanden, welche für die Hirtenknaben eine nicht uninteressante Gedächtnisübung ausmacht. In gleicher Weise dient die Marke den Wald-Holzbauern der Schweiz; sie kennzeichnen die von ihnen gefällten Stämme durch Einschlagen und Einbrennen der Hausmarke, über welche in den Sägemühlen oder den Landungsplätzen, denen der Flößbaum zuschwimmt, besondere Listen geführt werden.[1]

Auch auf Island wurden Vögel an den Schwimmfüßen mit Eigentumsmarken gezeichnet und nur an dieser Stelle war das Anbringen der gesetzmäßigen Marke zulässig.[2] In HALDERSONS isländischem Lexikon ist die Bumark erklärt als Zeichen, mit dem man Effekten zeichnet, zunächst als Eigentumszeichen, das man den Tieren ins Ohr schneidet. Incisio in auribus pecudum qua dignoscatur possessor; ferner aber auch als Namensunterschrift bei Analphabeten. Nur Zeichen an den Ohren gelten als gesetzmäßige Marke, wie denn überhaupt sehr genaue Vorschriften über das Kennzeichnen des Viehs, Pferde ausgenommen, im altisländischen Rechte vorhanden waren. „Man soll ein und dieselbe Marke an allem seinem Vieh

[1] ROCHHOLZ, Deutscher Glaube und Brauch. Berlin, 1867. II. 177. 178.

[2] MICHELSEN a. a. O. 22.

haben, widrigenfalls man bruchfällig wird und hat man eine angeerbte Marke, so soll man sich dieser bedienen."

Gehen wir nun weiter. Auf Madagaskar wird beim Vieh das Zeichen des Besitzers durch Einschnitte in die Ohren angebracht. Die Ohren des geschlachteten Viehs hängt man öffentlich auf, damit jedermann sehen kann, daß es nicht gestohlen war. Enten und Gänse zeichnet man an den Schwimmhäuten.[1]

Jeder Somalstamm (Ostafrika) hat für die von ihm gezüchteten Kamele ein besonderes in einer Brandmarke bestehendes Zeichen.[2]

Alle Pferde der Tscherkessen tragen Zeichen, wie Figur 1 auf Tafel IV; wer diese Zeichen fälscht, verfällt der Blutrache.[3]

Um ihre Pferde stets wiederzuerkennen, versehen die altaischen Bergkalmüken dieselben auf den Hinterschenkeln mit eingebrannten Eigentumszeichen, welche besondere Bedeutung haben (vergl. Fig. 14 Taf. VII). 1. Toskur = Trog. 2. Ja = Bogen. 3. Tschorgo = Destillationsröhre. 4. Suluk = Trense. 5. Tegerek = Ringe. 6. Ai = Mond. 7. Eschik = Thür. 8. Sarkai = Kreuz. 9. Taschur = Branntweinflasche. 10. Tekke = Bock. 11. Jyrakai = ?. 12. Kuldscha = ?.[4]

Seltener als die Bergkalmüken benutzen die Kirgisen die Eigentumszeichen zur Bezeichnung des Viehs und zwar haben hier die Geschlechter besondere Tamgas. Nach Lewschin[5] sind es die folgenden der kleinen Horde (Fig. 15 Taf. VII): 1. Geschlecht Sahakly. 2. Kara Kisäk. 3. Schümököi. 4. Maschkar. 5. Taslar. 6. Scherkäs. 7. Dört Kara. 8. Adai. 9. Dschappas. 10. Alascha. 11. Bürschü. 12. Tabyn. 13. Tama. 14. Kerdäri. 15. Dschagalbaily. 16. Keräit. Mittlere Horde: 17. Geschlecht Kyptschak. 18. Naiman. 19. Urak. 20. Kiräi.

Das Familienoberhaupt der Guaycuru in Paraguay zeichnet den Weibern auf die Brust, den Pferden auf den Hinterteil, ja sogar den Hunden die Marke seines Besitztums auf.[6] Die Gleichstellung von Vieh und Mensch unter dem Gesichtspunkte des Eigentums läßt sich hier weiter verfolgen. Auf den Samoainseln werden die Schweine durch Einschnitte in die Ohren gekennzeichnet. Einem Schweine gleich geachtet wurde ein Kriegsgefangener, des Leben man geschont

[1] Hildebrandt in Zeitschrift Ges. f. Erdkunde zu Berlin. XV. 265. 280.
[2] Burtons Reise nach Medina und Mekka. Leipzig, 1861. 279.
[3] Kolenati, Bereisung Circassiens. Dresden, 1859. 16.
[4] W. Radloff, Aus Sibirien. I. 279.
[5] Bei W. Radloff a. a. O. I. 455.
[6] Martius, Zur Ethnographie Amerikas. 230.

hatte, denn sein Herr, der ihn gefangen nahm, schnitt ihm ein Stück aus dem Ohre.[1] Und die großen Araberfamilien in Algerien tätowierten früher ihre zahlreichen Sklaven mit bestimmten Zeichen, an denen man die Zugehörigkeit erkennen konnte.[2] Die Aboriginer (Le) auf der zu China gehörigen Insel Hainan zeichnen bei der Heirat das in ihrer Familie übliche Tätowierungsmuster der jungen Frau auf das Gesicht, damit sie nach dem Tode von den Ahnen als zur Familie gehörig erkannt werde.[3]

Bei den Lappen der Halbinsel Kola fand Aubel, daß jeder ein bestimmtes Zeichen (Snak oder Kleimo) besaß, welches er auf alle seine Habseligkeiten, Kähne, Ruder und Schlitten. einschneidet und statt der drei Kreuzchen unter die Steuerzettel setzt. Damit sich der Sohn in dieser Unterschrift auch vom Vater unterscheiden könne, hängt er dieser noch einen kleinen Haken oder Schnörkel an, wodurch die verwickeltesten Signaturen entstehen.[4] Auch die Rentiere der Lappen sind mit dem Familienzeichen markiert und dieses ist von Wichtigkeit um die Tiere aus den gemeinsamen Herden auf der Weide, wo oft 10000 Stück sich beisammen befinden, sondern zu können. Bei der Geburt eines Lappenkindes wird diesem ein Rentier geschenkt und dem letztern neben dem Familienzeichen auch noch das Zeichen des Kindes ins Ohr geritzt, welches Zeichen aber nur der Eingeweihte zu bemerken imstande ist.[5]

Lappische Bomärken aus Schwedisch Lappmarken hat von Düben abgebildet.[6] Vergleiche Fig. 6 auf Tafel IV. Damit stimmen überein die als Ueterschrift benutzten Zeichen der Lappen in Russisch Lappland und an der Eismeerküste, Fig. 9 auf Tafel IV.[7]

Bei den nomadisierenden Arabern Syriens heißt das Eigentumszeichen Wesm und hat Wetzstein darüber ausführlich berichtet.[8] Man findet diese Wesm sehr häufig an den Thoren und Mauern der alten verlassenen Städte, auf den Säulen und steinernen Wassertrögen der Ruinenorte, an glatten Felswänden, bei den Brunnen

---

[1] G. Turner, Nineteen years in Polynesia. 324.
[2] Gillebert d'Hercourt in Mém. d. l. soc. d'anthropologie. III. 18. (1868.)
[3] B. C. Henry, Ling-Nam or interior views of southern China. London, 1886.
[4] Aubel, Ein Polarsommer. Leipzig, 1874. 87.
[5] J. A. Frijs im Globus. XXII. 6.
[6] Om Lappland och Lapparne. 317.
[7] v. Middendorff in v. Baer's und Helmersen's Beiträgen zur Kenntnis des Russischen Reiches. XI. 181.
[8] Verhandl. Berl. Anthropol. Ges. 1877. (14.)

und Cisternen mit großer Sorgfalt tief in den Stein eingegraben, um anzuzeigen, daß das Recht bei diesen Örtlichkeiten zu weiden und die Herden zu tränken oder Ansiedlern daselbst den Feldbau zu gestatten, ausschließlich denjenigen Stämmen oder Stammzweigen zustehe, welche die dort eingegrabenen Eigentumszeichen führen. Selbstverständlich trägt auch sämtliches Vieh eines Stammes, Ziegen. Schafe und Kamele, Stück für Stück das Wesm. Es wird ihm an denjenigen Teilen des Körpers eingebrannt, an welchen es immer sichtbar ist, d. h. durch Haare und Wolle nicht verdeckt wird, also bei den Schafen am Gesicht, an den Ohren und Unterschenkeln. Ohne das Wesm würde eine verirrte oder geraubte Herde nicht als fremdes Gut erkannt und zurückgegeben resp. zurückgefordert werden können, oder würde sich das auf den Weideplätzen und an den Tränkstätten oder auf einer Flucht zusammengetriebene Vieh der verschiedenen Stämme nicht leicht und sicher wieder sondern lassen.

Häufig findet man an der Mauer einer Ruine mehrere solcher Stammessymbole zum Zeichen der Gleichberechtigung nebeneinander gestellt, in welchem Falle ein europäischer Reisender, der sie zum ersten Male sieht, gewöhnlich eine Inschrift vor sich zu haben glaubt. Als Wetzstein im Frühlinge 1862 einen 14 Stunden östlich von Damaskus gelegenen Vulkan, die Dekwa, bestieg, fand er auf der Spitze des Berges an einer geglätteten Felswand tief eingegraben die Zeichen Fig. 2 auf Tafel IV, von denen die beiden äußeren das Wesm zweier Stammeszweige der Ghaijât und die beiden mittleren dasjenige zweier Stammeszweige der Mezâwida sind; beide zu den Trachoniten gehörige Völkerzweige existieren noch. In der Ortschaft Merw in Nordgilead stehen auf dem Bruchstücke einer Säule die Zeichen Fig. 3, Tafel IV, von denen das erste linker Hand den Churschân, das folgende den Tuwaka, das dritte den Beni Zuheir, das vierte den Atimma gehört. Diesen vier Stämmen, welche Zweige der Völkerschaft Sachr sind, ist jenes Dorf tributpflichtig. In der Stadt Bosrâ (dem alten Bostra) stehen an dem sogenannten Windthore die Zeichen Fig. 4, Tafel IV, von denen die zwei letzten linker Hand gewaltsam zerstört sind. Ihre Zerstörung zeigt an, daß ihre Inhaber kein Anrecht mehr auf die Stadt haben. Das erste rechter Hand heißt der Neumond (hilâl) der Benî Schaalân und ist das Wesm der Ruwala, eines großen Stammes der Aneza; das folgende sind die Stäbe (matârik) der Benî Râschid, eines Zweiges der Sirhân; das mittlere ist der Krückstock (mähegâna) der Benî

Kàsim, gleichfalls eines Zweiges der Sirhân: das vierte sind die zwei Neumonde (hilâlein) der Serdîa, eines jetzt dezimierten, aber noch vor 150 Jahren mächtigen Stammes im Süden Haurâns; das fünfte endlich ist die Keule (debbusa) der Fuheilîa, eines jetzt ebenfalls sehr geschwächten Stammes, dessen Fürst früher (noch anfangs dieses Jahrhunderts) bei seiner Investitur vertragsmäßig eine stählerne, mit eingelegten goldenen Arabesken gezierte Schlachtkeule von der osmanischen Regierung erhielt. Er führte den Titel „Fürst der syrischen Nomaden" (Emîr Arab es-Schâm), und die Keule, das Symbol der Herrschaft, wurde zum Wesm der Völkerschaft.

Auf dem Berge Munfâr bei dem Dorfe El-higâna, sechs Stunden östlich von Damask, steht auf einem Grabhügel ein Stein mit dem Doppelzeichen Fig. 5 auf Tafel IV. Dasjenige rechter Hand ist das Wesm der Gemâïla, das andere der No'eim. Beide Stämme gehören zu den Trachoniten. Zwei befreundete Jünglinge, welche, der eine dieser, der andere jener Völkerschaft angehörend, in einer Stammfehde dort gegen einander kämpfen mußten und auf den Tod verwundet wurden, verlangten in einem Grabe beerdigt zu werden. Das Jägervolk Suleib, welches sich unter den syrischen Nomaden am längsten zum Christentume bekannte, hat noch heute als Stammesabzeichen das Kreuz. Die Adwân, welche im Osten von Jericho nomadisieren, haben als Wesm den Kaffeebrenner (mähemâsa), ein großer eiserner Löffel, das Symbol der Gastfreundschaft; hier gestattet die Art des Wesm einen Schluß auf das Alter der Völkerschaft, denn da der Kaffee erst seit 200 Jahren in Syrien eingeführt ist, so müssen die Adwân ein junger Stamm sein. Auch die Turkmanen-Stämme in Gôlân und bei Haleb haben das Wesm, nur heißt es bei ihnen Tâgh, ein Name, den wir bereits aus den Reisewerken über Turkistan und die nördlicheren Länder turanischer Zunge kennen, denn auch die dortigen Nomadenvölker haben allgemein das Eigentumszeichen ohne Zweifel aus den ältesten Zeiten her. Soweit WETZSTEIN.[1]

Vererben der Marke. Das Vererben der Marke läßt sich bei Naturvölkern nachweisen. Bei den Ostjaken vererben gewisse in Holz geschnittene Kerbzeichen in den einzelnen Familien als Namenschiffern. „Man hat oft dergleichen alte Schnitte in dem

[1] C. R. CONDER, Arab tribe marks (ausam) in Quarterly Statements 1883. 178 ist mir nicht zugängig. Abbildungen der Stammeszeichen im Dscholan bei SCHUHMACHER, Zeitsch. d. d. Palästinavereins. IX. 239.

Holzwerke einer Jurte nachgewiesen und nur dadurch das ganze Gebäude für einen längst vergessenen Schuldner in Anspruch genommen und erhalten.[1]

Bei den Wotjaken, die keine Schrift besitzen, führt jeder Hausvater eine Chiffer oder Tamga als Familienzeichen, welche nach seinem Tode auf die Söhne übergeht und zwar ganz, wenn nur ein Sohn da ist, in Teile zerlegt, wenn deren mehrere sind. Erdmann giebt Abbildungen dieser Tamga. Wir reproduzieren Taf. V Fig. 11 einige.[2] M. Buch[3] sagt, das Zerlegen der Tamga müsse ein Ende finden, was wohl selbstverständlich. Indessen ist über die Grenze der Zerlegbarkeit nichts bekannt.

Auch Tschuwaschen und Tscheremissen an der Wolga kennen diese Zeichen, welche sie zur Bekräftigung der durch Kerbhölzer geführten Rechnungen auf diese einschneiden, wo sie statt der Unterschrift gelten. Einige dieser Zeichen, welche völlig den Charakter von Hausmarken tragen, sind Taf. IV Fig. 10 abgebildet.[4]

Daß solche Marken der Tscheremissen sehr alt sind, ergiebt sich aus den Veröffentlichungen der russischen archäologischen Kommission vom Jahre 1838, wo solche Eigentumszeichen der tscheremissischen Bienenwärter aus den Jahren 1663 und 1664 mitgeteilt sind.[5] Auch bei Groß- und Kleinrussen, sowie bei den Tataren kommen solche Zeichen vor, wie Solowjew nachwies.[6]

Es gehören hierher auch die Tierzeichen der Tlinkiten Nordwestamerikas, welche wiederum mit dem Totemismus im Zusammenhange stehen. Dieses Volk zerfällt nämlich in einen Rabenstamm und einen Wolfsstamm; diese großen Stämme scheiden sich wieder in Sippen, welche nach Tieren benannt sind und jedes Geschlecht schmückt mit seinem Schildwappen, d. h. einem Teile des Tieres, nach dem es sich nennt, Boote, Geräte, Waffen, Hütten u. s. w.[7]

Ähnlich in Australien. Speere, Bumerangs und andere Waffen und Geräte der Australier von Neusüdwales tragen die Marken ihrer

[1] A. Erman, Reise um die Erde. I. 622.

[2] J. F. Erdmann, Reisen im Innern Rußlands. Leipzig. 1826. II. 25 u. Tafel 3.

[3] Die Wotjäken. Helsingfors, 1882. 105 u. Tafel 3.

[4] Nach G. F. Müller, Sammlung russischer Geschichte. St. Petersburg. 1758. III. 364.

[5] A. Schiefner, Über die ethnographische Wichtigkeit der Eigentumszeichen. Bull. de l'acad. de St. Petersbourg 18./30. Mai 1855. 537.

[6] Arch. f. Anthropol. XIV. 327.

[7] Holmberg, Die Völker des russ. Amerika. Helsingfors, 1855. I. 13.

Hersteller. Sie bestehen aus gebogenen Linien, Zickzacks und Rauten.[1] Auch an Bäumen mit honighaltigen Bienennestern bringt der Finder seine Marke an, welche geachtet wird.[2]

Auf dem Tschugor, dem Lagerplatz der Samojeden, wo deren Zelte standen, lassen sie ein Kennzeichen zurück, indem sie einige Stöcke in den Schnee stecken und zwar in der Richtung geneigt, wohin sie ihren Weg genommen haben. Auf den Stöcken befinden sich die eingekerbten Zeichen, Piddine genannt, desjenigen Samojeden, dessen Tschugor dort gestanden. Diese Merkzeichen sind verschiedener Art, z. B. wie Taf. IV Fig. 7, aber doch kennt meist jeder Samojedenwirt die Zeichen der anderen. Mit denselben Zeichen sind die Rentiere jedes einzelnen Besitzers am rechten Vorderschenkel, oft aber auch an beiden gebrandmalt, so daß, wenn ein Ren sich verlaufen hat und auf die Herde eines anderen stößt, mit mehr oder weniger Sicherheit bestimmt werden kann, wem es angehört.[3]

Die nordamerikanischen Indianer brachten auf ihren Streitkolben das Merkzeichen an, welches den Stamm kenntlich machte, zu dem der Träger der Waffe gehörte[4] und Lubbock[5] bildet Eigentumszeichen auf einer Eskimopfeilspitze ab (Taf. IV Fig. 8). Mit solchen positiven Thatsachen vor Augen wird es wohl auch hinfällig sein, wenn E. Bessels[6] das Vorhandensein der Eigentumsmarken an den Speerspitzen der Eskimo bezweifelt. „Ein primitives Volk bedarf nicht besonderer Abzeichen, um sein Eigentum kenntlich zu machen, denn wo ein jeder seine eigene Waffe verfertigt, wird dieser ein gewisses individuelles Gepräge verliehen, welches ähnliche unverkennbare Charaktere besitzt, wie die Handschrift einer Person." Und dennoch ist gerade bei Jäger- und Fischervölkern das Gegenteil der Fall.

Die knöchernen Pfeile der Konjagen, also eines eskimoartig lebenden Stammes, sind mit der Marke des Besitzers gezeichnet. Da die Seeotter nie von einem Pfeile getötet wird, sondern oft vier, fünf und mehr erhält, die von verschiedenen Jägern herrühren, so gilt als Regel, daß derjenige die Beute bekommt, dessen Pfeil dem

---

[1] Journ. Anthropol. Instit. VII. 253 u. XIII. 288.

[2] Brough Smyth, The Aborigines of Victoria. Melbourne, 1878. I. 145.

[3] B. v. Struve im Ausland 1880. 775. Weiteres über die Eigentumszeichen der Samojeden, bei denen auch russische Buchstaben schon benutzt werden, bei A. Schiefner a. a. O. 533.

[4] Heckewälder, Nachricht von der Geschichte der indianischen Volksstämme. Göttingen, 1821. 39. [5] Vorgeschichtl. Zeit. I. Fig. 2.

[6] Die amerikanische Nordpolexpedition. Leipzig, 1879. 361.

Kopfe zunächst steckt.[1] Auf den Schwimmblasen der Walfischharpunen, welche die Klaukwat von West-Vancouver aus der Haut des Seelöwen machen, sind Eigentumszeichen angebracht, wie ich an Exemplaren der 1885 von Kapitän JACOBSEN nach Deutschland gebrachten Sammlung sah. Die Pfeile der dunkelfarbigen Eingeborenen der Aruinseln bei Neu-Guinea zeigen Eigentumsmarken, welche von anderen nicht nachgeahmt werden dürfen.[2] Wenn auch die Eingeborenen der Andamanen keine besonderen Zeichen in ihre Pfeile einritzen, so kennzeichnen sie die Zugehörigkeit derselben doch dadurch, daß sie die daran geknüpfte Schnur in besonderer Weise verschlingen und knoten.[3] Und so bei den Woitos am Tanasee in Abessinien, welche das Nilpferd mit Harpunen erlegen, deren Spitze ein bestimmtes Familienzeichen trägt, welches den übrigen Stammesgenossen bekannt ist. Demjenigen wird das Eigentumsrecht zuerkannt, welcher den ersten Wurf auf das Nilpferd gethan hat, selbst wenn das verendete Tier an einer fernen Stelle strandet.[4] So handelten auch die alten Isländer. Fand jemand einen treibenden Wal und darin eine Harpune, so gehörte die Hälfte der Beute dem Harpunier. Die Harpunen pflegten deshalb mit einer Marke bezeichnet und diese Marken am Ding bekannt gegeben zu werden. Wer ein „thingborit skot" im Wale fand, hatte dessen rechtmäßigen Eigentümer davon Kenntnis zu geben.[5] Die Bewohner der Aleuten jagen den Wal mit Harpunen ohne Leine; erst wenn das riesige Tier mehrere Geschosse empfangen hat, stirbt es und wird an irgend einer Insel ausgeworfen. Die Gemeinde, die den Wal findet, untersucht zunächst die Wunde, „wo sich immer noch der mit dem Zeichen der Gemeinde des Jägers versehene Wurfspieß vorfinden muß. Diese Gemeinde wird nun sofort benachrichtigt und hat sich mit der, in welcher die Beute gefunden wurde, in selbige zu teilen."[6] Also wie in Island.

In Afrika fehlen die Eigentumszeichen nicht. Ein Tibbustamm führt im südlichen Tu den Namen Arinda, in dem weit südlich davon entfernten Thale Murdo im Ennedi aber den Namen Murdoa. „Die Zusammengehörigkeit beider jetzt so weit von einander entfernt wohnender Stammabteilungen wird am besten durch das ihnen ge-

---

[1] HOLMBERG. Völker d. russ. Amerika. I. 115.

[2] Nach Exemplaren der Sammlung von C. RIBBE und H. KÜHN im Museum für Völkerkunde zu Leipzig.

[3] MAN im Journ. Anthropol. Instit. XII. 114.

[4] HEUGLIN, Abessinien. 250.

[5] K. MAURER, Island. München, 1874. 416.

[6] KITTLITZ, Denkwürdigkeiten einer Reise nach dem Russischen Amerika. I. 268.

meinsame Stammeszeichen, wie es den beiderseitigen Kamelen eingebrannt wird V bewiesen."[1] Dem fügen wir ein Beispiel aus dem Süden hinzu. Wächst irgendwo, im Gebiete der südlichen Kongozuflüsse, ein hervorragend schöner Kürbis heran, der ein begehrtes Wassergefäß zu werden verspricht, so beeilt sich der Eigentümer, ihn durch ein bestimmtes, mit dem Messer eingraviertes Zeichen zu wahren, wobei wohl auch abergläubige Gefühle mitspielen können. Auf Taf. VI Fig. 12 geben wir die Typen solcher von M. Buchner[2] aufgeführten Eigentumszeichen.

Was die Südseevölker betrifft, so wissen wir, daß die Yaper (Karolinen) auf den entfernten Palau-Inseln Kalkspath in Form von Tellern und Mühlsteinern zuhauen, der bei ihnen als Geld dient. „Eingehauene Zeichen und Merkmale bekunden, wer den Stein zugerichtet und nach der Heimat gebracht hat."[3]

Die Aino auf der Insel Jeso haben die Gewohnheit, allen ihren Hausgeräten ein bestimmtes, je nach dem Besitzer verschiedenes Zeichen einzuschneiden. Die Zeichen bestehen sowohl aus krummen als auch aus geraden Linien. Mit solchen Zeichen werden auch im Walde gefällte Bäume versehen. Auch die Bambusspitze des Pfeils hat fast immer das Zeichen des Eigentümers. Bei Streitigkeiten in bezug auf das Eigentum dienen diese Zeichen der Entscheidung zur Grundlage.[4] Vergl. Fig. 13 auf Tafel VI.

Man hat in den Eigentumszeichen Reste einer Bilderschrift sehen wollen, was doch wohl schwerlich richtig ist. Eher kann man in denselben Anfänge zu einer Art Schrift erkennen; ursprünglich sind sie willkürlich erfunden worden und die willkürliche Form ist dann nachgebildet und weiter entwickelt, ja vererbt worden. Daß im allgemeinen der runenartige Charakter vorherrscht und daß dieser sich bei den verschiedensten Völkern wiederholt, hat gar nichts Auffallendes, da diese Zeichen meist eingeritzt werden und ihre Form somit vom Material, in das sie gegraben werden, abhängig war. Auch die Eigentumszeichen, in ihrer Verbreitung über den Globus und ihrer auffallenden Übereinstimmung bei den verschiedensten Völkern zeigen uns das gleichartige unabhängige Arbeiten des menschlichen Geistes unter den Tropen, wie in der gemäßigten Zone und innerhalb des Polarkreises.

---

[1] G. Nachtigal, Sahara und Sudan. II. 169. [2] Ausland 1884. 12.

[3] Hernsheim, Südsee-Erinnerungen. Berlin (1883). 20.

[4] H. v. Siebold, Ethnologische Studien über die Aino. Berlin, 1881. 19 und Tafel II, Fig. 3.

Spiele.

Das erste und früheste Spielzeug des Kindes ist die Klapper. Elegant aus Silber gearbeitet, mit einer Veilchenwurzel zum Daraufbeißen versehen, dient sie als Patengeschenk bei der Taufe; aus Thon gebrannt und bunt bemalt ist sie für Ärmere auf dem Töpfermarkte um wenige Pfennige zu haben. Fast alle Völker kennen sie und mit dem Aufdämmern der ersten Kulturspuren tritt uns die Kinderklapper schon entgegen, als Zeichen, daß in den frühesten Perioden bereits das Mutterherz bestrebt war, dem Kinde eine Freude und Unterhaltung zu verschaffen. Im Antiquarischen Museum zu Zürich sah ich Kinderklappern aus Thon mit Kreislinien verziert, die dem Pfahlbau von Möringen am Bieler See entnommen waren.

Zahlreich sind die Thonbeigaben in den Lausitzer Urnengräbern, welche Kinderspielzeug erkennen lassen; Flaschen, Näpfchen, Löffel, namentlich aber Kinderklappern, in deren Innern sich frei kleine Thonfigürchen oder Steinchen befinden; sie treten in Ei-Flaschenform oder Vogelgestalt auf.[1] Aus der „dritten, verbrannten Stadt" Trojas bildet Schliemann Kinderklappern mit Metallstückchen ab.[2] Da auch die amerikanischen Völker diese Klappern in den mannigfachsten Formen und schön verziert kennen, so ist nicht zu verwundern, daß sie als Grabbeigaben bei Kindern Verwendung fanden. Squier fand bei der Mumie eines Kindes in Pachacamac (Peru) eine Kinderklapper, bestehend aus einer Seeschnecke, die mit kleinen Kieseln gefüllt war.[3] Auch bei Griechen und Römern bildete die

[1] Behla, Urnenfriedhöfe. Luckau, 1882. 70 u. Tafel II.

[2] Schliemann, Ilios. 460. Fig. 486 u. 487.

[3] Squier, Peru. London, 1877. 81. Amerika ist das Hauptland der Klappern, die namentlich von den Medizinmännern benutzt werden und bei Tänzen Verwendung finden.

Klapper das erste Spielzeug der Kinder.[1] Dieses Spielzeug aber wird vom Kinde noch im unbewußten Zustande, im frühesten Stadium seines Daseins benutzt; es fällt weg, sobald die Kleinen selbständig zu denken beginnen und nun treten zunächst die nachahmenden Spiele auf.

Nur ganz ausnahmsweise finden wir hervorgehoben, daß die Kinder irgend eines Volkes nicht spielen, ja, es scheint dieses so unnatürlich und auffallend, daß wir fast daran glauben möchten, ein Fehler in der Beobachtung liege vor.[2]

Regel ist, daß die Kinder aller Völker spielen und hier treffen wir gleich die nachahmenden Spiele, in welchen die Kleinen so zwitschern, wie die Alten sungen. Das ist die Regel und hier haben wir es mit den allgemeinen natürlichen Äußerungen, mit einem allgemein menschlichen Zuge zu thun, der auf besonderen, unterscheidenden ethnographischen Wert keinen Anspruch erheben kann. Ich greife einige illustrierende Beispiele dieser ersten nachahmenden Thätigkeit in den Kinderspielen heraus.

Nachahmende Spiele. Die Knaben der Hidatsa (am mittleren Missouri) stellen Jagden dar, indem sie with much skill kleine Reiter aus Thon kneten, welche fliehende Büffel verfolgen.[3] Die Knaben der Thlinkiten machen Bogen und Pfeile, mit denen sie auf die Jagd nach kleinen Vögeln ausgehen und lassen kleine aus Borke gefertigte Kähne auf das Wasser.[4] Die Knaben der Eskimo haben kleine Bogen, Pfeile und Speere, mit denen sie kleines Wild jagen, kleine Schlitten, vor welche sie junge Hunde spannen; im Sommer errichten sie Steinhöhlen und im Winter bauen sie Schneehäuser.[5] „Die Kinder der Patagonier ahmen in ihren Beschäftigungen die Erwachsenen nach. Die Knaben spielen mit kleinen Bolas und fangen die Hunde mit kleinen Lassos und die Mädchen bauen kleine Toldos (Zelte) und sitzen in denselben."[6] In manchen Teilen Afrikas fand Livingstone, daß die Kinder bloß die Verrichtungen der Alten

[1] Guhl u. Koner 3. 231.

[2] „Von allen den vielen Spielen, die sonst überall unter den Kindern heimisch sind, sah ich bei den Knaben der Indianer (Warrau) kein einziges." (Richard Schomburgk, Reisen in British Guiana. I. 167). Forbes (Malayischer Archipel. Jena, 1886. I. 234) nennt die Spiele unter den malayischen Kindern Sumatras selten.

[3] Matthews, The Hidatsa Indians. Washington, 1877. 19.

[4] A. Krause, Die Tlinkit-Indianer. Jena, 1885. 165.

[5] Rae in Transact. Ethnolog. Soc. New Series IV. 144.

[6] Musters, Unter den Patagoniern. Jena, 1873. 185.

nachahmten, Hütten bauten, kleine Speere und Pfeile machten. Er sah kleine Flinten aus Schilfrohr mit dem Hahn daran, der Rauch wurde durch Asche hergestellt; ja sie verstiegen sich sogar zur Herstellung von Doppelflinten aus Thon.[1]

Bei dem viehzüchtenden Volke der Dinka am Bahr el Ghazal modellieren die Kinder Ziegen und Rinder aus Thon.[2] Die siamesischen Kinder kneten zu Hause Puppen aus Lehm, machen Boote, man sieht sie einen ganzen Markt herstellen.[3]

Das Spielen der Knaben auf Ceram (malayischer Archipel) besteht im Kriegspielen, in der Beschäftigung mit Lanzen; sie lassen kleine Prauen ins Wasser, wobei geschwommen wird, schießen Fische mit Pfeil und Bogen, bauen sich kleine Häuser.[4] Und so auf anderen malayischen Inseln.

Die Motukinder (östliches Neu-Guinea) sind lustige Spielkameraden; sie machen „Windmühlen" aus Kokosblättern, schwenken Blasen in der Luft, die Knaben haben kleine Speere und Bogen. In this way the days pass happily by and these merry children know nothing of the tasks of the school, the troubles of keeping their clothes clean or the miseries of being washed.[5]

Die nachahmenden Spiele bei den Naturvölkern sind nicht ohne Wichtigkeit und praktischen Wert bei diesen; so bildet sich der gute Jäger, Fischer, so lernt das Mädchen die Arbeit kennen, die es als Frau und Lasttier bei vielen derselben zu verrichten hat.

Die Entwicklung schreitet weiter fort, wir finden, wie die Jahreszeiten auf den Turnus der Spiele ihren Einfluß ausüben, wie dieselben nach den Geschlechtern scheiden, wie Spiele zur Schärfung der Sinne oder Entwicklung der Körperkraft in Schwung kommen, wie es solche zur Übung der Geduld oder zur Belehrung giebt. Schließlich vermag der Ethnograph bei der Frage nach ihrer Entstehung und Verbreitung Schlüsse aus denselben abzuleiten, welche nicht ohne Wichtigkeit für die frühesten Kulturbeziehungen der Völker untereinander sind.

Spiele nach den Jahreszeiten. Für alle im Freien ausgeführten Spiele ist es natürlich, daß dieselben nach den Jahreszeiten sich richten und mit diesen in einer bestimmten Reihenfolge wechseln.

[1] Livingstone's letzte Reise. Deutsche Ausgabe. II. 273.
[2] Schweinfurth, Im Herzen von Afrika. I. 178.
[3] Bastian, Reisen in Siam. 324.
[4] Riedel, Sluik- en kroeshaarige rassen. 131.
[5] Turner im Journ. Anthropol. Instit. VII. 483.

Das können wir in unseren Städten genau beobachten, zugleich als einen Beleg, wie die Tradition hier mächtig wirkt, denn so wie heute war vor hunderten von Jahren schon der Turnus der Kinderspiele, ohne daß darüber geschriebene Vorschriften vorhanden. Es ist aber überall so. Von den Odschibwä am obern See sagt J. G. Kohl:[1] „Für Sommer und Frühling haben sie besondere Spiele und auf dem Eise im Winter haben sie wieder andere.“ Dazu eine Parallele aus dem Orient: „Die Spiele der Kinder in Bagdad sind verschieden zu verschiedenen Jahreszeiten und es ist merkwürdig, daß sie fast instinktmäßig zu gleicher Zeit in allen Stadtteilen mit neuen Spielen beginnen.“[2] Die Spiele der Kinder auf Timorlaut (malayischer Archipel) finden nach Riedel op bepaalde tijden statt.[3]

Wie die Spiele, welche auf Erlernung des Waffenhandwerks, der Jagd und Fischerei abzielen den Knaben vorbehalten sind, so ist die Puppe ein ausschließlich weibliches Spielzeug. Diese ist überall den Mädchen vorbehalten und durchaus universell, so daß es sich wohl verlohnen mag hier einen Überblick zu geben.

Puppen. Bei den alten Ägyptern finden wir die Kinderspiele genau in der Weise entwickelt, wie heute bei unseren Kindern. Da waren schon die Laufspiele, das Ballwerfen und die Puppen bekannt. Man hat Puppenbälge aus Holz gefunden, die von unseren heutigen nicht abweichen und die sicher von den kleinen Ägypterinnen bekleidet wurden, wie heute Mädchen ihre Puppen bekleiden. Auch beweglich waren sie dargestellt, Hände und Füße konnten mit Fäden gezogen werden; andere, aus bemaltem Holze zeigten nur andeutungsweise die menschliche Form und hatten Perlenschnüre statt der Haare. Das Leidener Museum bewahrt altägyptisches Kinderspielzeug auf, das völlig so aussieht, als wäre es in Nürnberg verfertigt. Da ist der kleine Hampelmann, welcher Teig knetet, oder auf einer abschüssigen Ebene wäscht und der mit einem Faden in Bewegung gesetzt wird. Auch Tierfiguren z. B. Krokodile mit beweglichem Rachen besaßen die ägyptischen Kinder als Spielzeug und ihre Bälle aus Leder glichen genau den unsrigen.[4]

Reichlich mit Puppen versehen waren die Kinder der alten Welt, wiewohl die einfachere Bekleidungsart jener Zeit den kleinen

---

[1] Kitschi-Gami. I. 116.

[2] H. Petermann, Reisen im Orient. Leipzig, 1861. II. 307.

[3] Sluik- en kroeshaarige rassen. 309.

[4] Gardner Wilkinson, The Manners and Customs of the ancient Egyptians. 3. Ed. II. 426 ff.

Damen weniger Beschäftigung gewährte als unseren mit „Modepuppen" spielenden Kleinen. Da sind in den Museen rohere und gröbere Puppen aus Holz und Thon neben feineren aus Wachs und Elfenbein vorhanden. Die Puppenstube mit ihrer Bleiausstattung, die Geldbüchse aus Thon mit ihrem kleinen Spalt zur Aufnahme vereinzelter Drachmen und Sestertien, die Nachbildungen von Kühen, Pferden und Schweinen — wie aus Nürnberg! — waren den Kindern im klassischen Altertum so vertraut wie unseren eigenen. Im Vatikan werden zahlreiche Spielsachen aufbewahrt, die in den römischen Katakomben aufgefunden wurden. Darunter Elfenbeinpuppen (crepundia) mit beweglichen Gliedern; solche im Museum Carpegna, aus den Katakomben der Priscilla stammend.

Sardes, Lydiens Hauptstadt, war im Altertum wegen der Anfertigung von Spielzeug berühmt, wie heute bei uns Sonneberg oder Nürnberg. In jener Gegend wurden viele Terracottasachen gefunden, die nicht geringen Geschmack in der Nachahmung natürlicher Modelle zeigen. Miniaturpferde, Vieh, Hunde, Fische, Hühner, Löwen, Hirsche, Esel, Puppen, deren Arme und Beine durch einen Zugfaden bewegt werden konnten, komische Figuren nach Art der Harlekins, mißgestaltete Neger — dazu allerhand anderes Spielzeug, welches den Vergleich mit unseren modernen Sachen aushält.

Sehen wir so die Puppen überall bei den Kindern des Altertums verbreitet, so liegt wohl der Schluß nahe, daß die Puppen, mit denen heute die Kinder aller europäischen Kulturvölker spielen, als direkte Fortsetzungen jener zu betrachten sind. Und doch glaube ich dieses nicht, denn die Vorfahren der heutigen Franzosen, Deutschen u. s. w. haben sicher ihren Kindern unabhängig von Römern und Griechen Puppen in die Hände gedrückt oder die Kleinen haben selbst sich Puppen geschaffen. Die Puppe ist das erste und natürlichste Spielzeug des Kindes, des Mädchens zumal, welches im Nachahmungstriebe, Mütterchen spielend, sich einen beliebigen passenden Gegenstand zur Puppe umwandelt. Ja so sehr ist dieses durchgreifend, daß darunter die Gebote des Islam leiden. Körperliche Darstellungen verbietet der Koran, doch das mohammedanische Kind laßt sich darum die Puppe nicht rauben[1] und Aïscha, des Propheten Mohammed neunjährige Gemahlin zog mit ihren Puppen in dessen Harem und der heilige Mann pflegte selbst mit denselben zu spielen.[2]

[1] VAN LENNEP, Bible Lands. London, 1875. II. 574.

[2] J. BRAUN. Gemälde d. mohammed. Welt. Leipzig, 1870. 51.

Ein guter Kenner des Orientes berichtet uns, daß die mohammedanischen Frauen in Bagdad in jeder Puppe ein Gespenst erblickten, welches sich unversehens beleben und ihren Kindern Schaden zufügen könne. Puppen werden daher den Kindern als Spielzeug nicht übergeben — aber die kleinen Mädchen folgten der Stimme der Natur und warteten statt der Puppen Kissen und Klötze.[1]

Es würde ermüdend wirken, wollte ich hier massenhaft den Stoff häufen und zeigen, wo überall die Puppen zu Hause; ich müßte so ziemlich alle Länder und Völker anführen. Es sei darum nur einiges hervorgehoben.

Bei den Kindern der arktischen Völker spielt die Puppe eine große Rolle, sie ist bei allen Sibiriern als kleines Pelzungetüm vorhanden und NORDENSKIÖLD[2] lobt die gute Arbeit der Puppen bei den Tschuktschen. Ebenso sind die Puppen bei den Stämmen am Jukon (Alaska), welche von den Frauen verfertigt werden „in der Tracht wie im allgemeinen Äußern sehr hübsche Abbilder der Erwachsenen."[3] Dieses gilt von Indianern, aber auch bei den Eskimos in Alaska erwähnt ADRIAN JACOBSEN[4] zahlreiche aus Knochen oder Mammutzähnen geschnitzte und mit Fellen bekleidete Puppen. Dieses Volk hat überall Puppen für seine Kinder, bis nach Ostgrönland hin, wo sie in Gräbern als Beigabe bei den jetzt ausgestorbenen Stämmen gefunden werden.[5]

Wie es auch bei uns vorkommt, daß man einem geliebten Kinde sein Püppchen mit in den Sarg legt, so haben REISS und STÜBEL[6] kleine, ursprünglich bekleidete Thonfiguren in altperuanischen Gräbern als Puppen gedeutet. Aus Thon geknetete Puppen kommen auch bei den Sakalaven auf Madagaskar vor.[7]

Wie bei uns die Phantasie eines Kindes reichlich durch eine Puppe beschäftigt wird und es dazu kommt, mit ihnen zu sprechen und zu spielen, als ob das Kind selbst Mutter, die Puppen seine Kinder seien, so gehen die Frauen bei verschiedenen Naturvölkern — die ja oft auf dem geistigen Standpunkte unserer Kinder stehen — auch mit den Puppen wie lebende Wesen um und substituieren dieselben für

---

[1] Häusliches Leben zu Bagdad. Globus XIV. 53.
[2] Umseglung Asiens und Europas auf der Vega. II. 139.
[3] WHYMPER, Alaska. Deutsche Ausgabe. 209.
[4] Capt. JACOBSEN's Reise in N. W. Amerika. Leipzig, 1884. 335. 339. 347.
[5] Die zweite deutsche Nordpolarfahrt. Leipzig, 1874. II. 620.
[6] Todtenfeld von Ancon. Berlin, 1881 ff. Tafel 90.
[7] HILDEBRANDT in Zeitschrift der Gesellsch. f. Erdkunde zu Berlin. XV. 111.

solche. Indianermütter füllen die Wiege des verstorbenen Kindes, wie Catlin berichtet, mit Federn in Form des Kindes und führen diesen Ersatz mit sich herum, plaudern mit ihm und behandeln ihn wie ein Kind. Die Odschibbewäs am Obern See nennen diese Puppen Kité-magissiwin, was etwa Unglückspuppe bedeutet, denn durch sie wird der verstorbene Liebling dargestellt. Kohl sagt, daß die länglichen, fest zusammengeschnürten Pakete Haarlocken des verstorbenen Kindes, dessen Spielsachen, Kleider und Amulette enthalten. Diese Puppe nimmt überall die Stelle des verstorbenen Kindes ein; die betrübte Mutter schleppt sie oft ein Jahr lang mit sich herum, stellt sie in der hölzernen Wiege neben sich ans Feuer und nimmt sie auf Reisen mit. Die animistische Idee ist dabei folgende: das verstorbene Kind ist noch zu klein, um seinen Weg zum Paradiese zu finden, durch das fleißige Umherschleppen des substituierten Ebenbildes glauben aber die Mütter der Seele weiter helfen zu können; sie tragen daher dasselbe so lange, bis sie glauben, daß der Geist des kleinen Wesens genügsam gewachsen ist, um sich selbst fortzuhelfen.[1]

In Afrika finden wir ähnliches; die Fingo-doll spielt im Orangefreistaat bei den Eingeborenen eine Rolle. Ein jedes Fingomädchen erhält bei ihrer Mündigkeit eine Puppe, die sie so lange behält, bis sie ein Kind bekommt. Darauf giebt ihr die Mutter eine neue Puppe, die sie wieder aufbewahrt, bis sie ein zweites Kind hat und so fort. Diese Puppen werden für heilig gehalten und die Besitzerin trennt sich um keinen Preis von ihnen.[2] Ähnlich bei den Basuto (nach Casalis).

Diesem Spielzeug der Mädchen gegenüber stehen besondere Knabenspiele, von denen einige durch ihre weite, hier nachzuweisende Verbreitung von Interesse sind.

Die kleinen Kugeln aus gebranntem Thon, Glas, Marmor, welche die Kinder bei uns — meist im Frühjahr — in selbst gegrabene Löcher werfen, heißen mundartlich in Deutschland, Klikker, Marbel. Murmel, Schusseln, Schnellkäulchen u. s. w. Auch sie finden sich so ziemlich überall, ja können vielleicht prähistorisch nachgewiesen werden, denn so dürfen wohl die kleinen rundgeschliffenen oder von der Natur auffallend geformten und bunt gefärbten Steinchen gedeutet werden, die als ein Spielzeug in ostfriesischen Aschenurnen

[1] J. G. Kohl, Kitschi-Gami. I. 150.
[2] E. v. Weber, Vier Jahre in Afrika. II. 131.

gefunden werden.[1] Das Spiel ist nicht nur in Europa fast überall zu finden, es geht durch den Orient; H. PETERMANN[2] sah es in Bagdad, TAVERNIER schildert es in den Gassen persischer Städte,[3] in Birma sind die Kügelchen, A-lun genannt, aus hartem Thon und in Siam nennt man sie Len thoi-kong.[4] In Zentralafrika sah POGGE das ihm wohlbekannte Spiel von Baschilangekindern mit Palmkernen ausausgeführt.[5]

Der Kreisel. Es schließt sich daran der schon im Altertum bekannte Kreisel. Hölzerne Kreisel, ganz ähnlich dem heute von unseren Knaben benutzten, aus Pompeji stammend, befinden sich im Nationalmuseum zu Neapel. Kreisel aus Terracotta fand SCHLIEMANN[6] in der sogenannten dritten verbrannten Stadt Trojas; Kreisel treibt mit der Peitsche die Jugend Vorderasiens und nicht minder der Knabe im heutigen Ägypten.[7] Es ist das Kreiseltreiben ein Lieblingsspiel bei den Chinesen, ebenso in Birma[8] und in Siam, wo es len-khang heißt.[9] GODWIN AUSTEN sah die Knaben in den Nagahills (Ostindien) Kreisel treiben[10] und nach J. G. KOHL[11] stellen sich die Knaben der Odschibwäindianer ihre Kreisel aus Eicheln oder Nüssen her.

Die Knallbüchse ist auch ein internationales Knabenspielzeug. Sie wird wiederholt von Reisenden in Afrika erwähnt, von MAUCH bei den Makalaka,[12] ist häufig bei den Asiaten und ist von MATTHEWS bei den Hidatsa-Indianern bei Fort Berthold am mittleren Missouri gefunden worden. They have popguns, the art of making which, as far as I could discover, was not learned from the whites.[13] In Sikkim (Ostindien) beobachtete HOOKER ihr Vorkommen; sie wird dort aus Bambus gemacht und er sieht sich dabei zu der Bemerkung veranlaßt, daß die Übereinstimmung dieser Knallbüchse mit denen

---

1 TERGAST, Heidnische Altertümer Ostfrieslands. Emden, 1879. 18.
2 Reisen im Orient. Leipzig, 1861. II. 307.
3 Orientalische Reisebeschreibung. Deutsch. Genf, 1681. I. 273.
4 BASTIAN, Reisen in Birma. 358. Ders., Reisen in Siam. 323. 324.
5 Mitteilungen der Afrikanischen Gesellschaft. IV. 262.
6 Ilios. 460. Fig. 485.
7 H. PETERMANN, Reise im Orient. II. 307. — KLUNZINGER, Oberägypten. 93.
8 BASTIAN, Reisen in Birma. 60.
9 BASTIAN, Reisen in Siam. 324.
10 Journ. Anthropol. Instit. IX. 30.
11 Kitschi-Gami. I. 119.
12 PETERMANN's Ergänzungsheft. Nr. 37. 39.
13 MATTHEWS, Hidatsa Indians. Washington, 1877. 19.

der europäischen Knaben nicht rein zufällig sei.[1] Pulïci heißt die aus Bambus hergestellte Knallbüchse der Knaben im Babar-Archipel (Malayische Inseln).[2]

Unser Blindekuhspiel, das im alten Rom bekannt war, erscheint kosmopolitisch. WELLSTED sah es in Arabien genau so wie bei uns in Europa spielen[3] und auch bei den ostasiatischen Völkern ist es bekannt. Len-pit-tha heißt es in Siam. Die Kinder singen dabei: „Die Augen sind nicht gut bedeckt, das Krokodilsgift will hineindringen. Pflanze das Feld, bestelle es wohl!" Die Binde über den Augen ist dabei so geknüpft, daß sie in Form eines Elefantenrüssels herabhängt.[4] Bei den dunkelfarbigen Eingeborenen der Andemanen wird dieses Spiel Ij . i . tà . pa-lì rnga genannt; die Augen werden mit großen Blättern verbunden.[5] Es ist weiter verbreitet durch die Südsee, denn WILLIAMS[6] erwähnt es auf den Fidschiinseln und ELLIS unter dem Namen tupaurupauru von Tahiti.[7]

Drachensteigen. In keinem Lande der Erde ist das Drachensteigen bei Alt und Jung so beliebt und zu einer solchen Ausbildung gelangt wie in China. Wir besitzen eine Schilderung der Drachenfeste die auf den Bergen bei Futschau am neunten Tage des neunten Monats abgehalten werden von DOOLITTLE,[8] aus der wir das folgende mitteilen. An jenem Tage soll vor alten Zeiten ein Mann einmal von häuslichem Unglück befallen worden sein, das ihm vorher verkündet worden war. Sein Vieh war gestorben. Um nun nicht zu Hause an diesem Unglückstage irgend Schaden zu erleiden, geht jetzt die ganze Bevölkerung auf die Berge, um dort mit Drachensteigen sich zu belustigen. Dreißig- bis vierzigtausend Menschen sind dort versammelt, so daß die Behörden besondere Vorkehrungen zur Aufrechterhaltung der Ordnung erlassen. Der ganze Himmel steht dann voller Drachen in allen Formen und Größen. Da giebt es welche in Brillenform; andere sind wie Fische, Aale, Schlangen gestaltet und bis 10 Meter lang; wieder andere gleichen Vögeln, Schmetterlingen, Vierfüßern, Menschen, Tigern und sämtlich leuchten

[1] J. D. HOOKER's Himalayan Journals. Deutsche Ausgabe. s. a. 172.
[2] RIEDEL, Sluik- en kroeshaarige rassen. 364.
[3] WELLSTED's Reisen. Deutsch von RÖDIGER. Halle, 1842. I. 115.
[4] BASTIAN, Reisen in Siam. 325.
[5] MAN im Journ. Anthropol. Instit. XII. 385.
[6] Fiji and the Fijians. I. 161.
[7] Polynesian Researches. London, 1829. I. 309.
[8] Social life of the Chinese. New York, 1865. II. 70.

sie in grellen Farben. Die Chinesen verstehen es auch verschiedene Drachen an einer Schnur zu leiten, so daß man einen Schwarm kreisender Habichte zu sehen glaubt.

Wie in China ist das Drachensteigen auch in den hinterindischen Ländern ein Hauptvergnügen von jung und alt. Len-xak-vao heißt das Spiel mit Drachen im Siamesischen.[1] Die Drachen in Anam, welche J. HARMAND schildert, sind an ihrem oberen Ende mit einem Bogen aus Bambus versehen, an dessen beiden Enden ein dünnes Holzblatt oder ein starkes Palmblatt ausgespannt ist. Diese Drachen steigen an den schönen Abenden der trockenen Jahreszeit, wenn die Nordostwinde sehr regelmäßig wehen und nun beginnen traurige Äolsharfentöne in den Lüften, welche an die melancholischen Gesänge der Eingeborenen erinnern.[2] So, wie Hinterindien, kennt auch der malayische Archipel das Drachensteigen[3] und damit ist die Verbreitung über die Inseln der Südsee begreiflich. WILKES schildert es von den Kingsmill-Inseln[4] und die Maori auf Neu-Seeland waren eifrige Verehrer dieses Luftsports bereits ehe die Europäer zu ihnen gekommen waren; man verfertigte die Drachen aus Binsen oder dem einheimischen Flachs und nannte sie Kahu = Habicht, da sie in Form von Vögeln dargestellt wurden.[5] Von den Knaben auf Tahiti erzählt der Missionar ELLIS, daß sie ganz erpicht auf das Uospiel oder Drachensteigen' waren. Die Drachen wurden aus heimischem Baststoff (Tapa) in sehr verschiedener Art hergestellt und stiegen bis zu beträchtlicher Höhe auf.[6] Daß dieses Spiel sehr alt in Polynesien ist, beweist seine Erwähnung in den Mythen und Sagen. Die Hervey-Insulaner berichten, daß einst der Gott Tane den Gott Rongo auf ein Spiel Drachensteigen herausforderte, wobei Rongo gewann, da er eine längere Schnur als sein Gegner in Bereitschaft hatte. Dieses soll das erste Drachensteigen gewesen sein und nach diesem Beispiele lernten es die Menschen. Der erste aufsteigende Drachen trägt Rongos Namen und ist diesem gewidmet.[7]

Wie so von Ostasien nach Osten hin, so hat das Drachensteigen sich auch nach dem Westen verbreitet. Es ist in Indien[8] und

---

1 BASTIAN, Siam. 323. 2 Mém. soc. d'Anthropol. 2. série. II. 364.

3 C. BOCK, Unter den Kannibalen auf Borneo. Jena, 1882. 36.

4 United States Explor. Exped. Ed. in one volume. New York, 1851. 563.

5 R. TAYLOR, New Zealand. 346.

6 Polynesian Researches. London, 1829. I. 310.

7 W. W. GILL, Myths and Songs from the Pacific. 122.

8 HOOKER's Himalayan Journals. Deutsche Ausgabe. 172.

Vorderasien bekannt. Tijàre nannten die Kinder am Euphrat die Drachen, welche ganz wie die unsrigen gestaltet sind.[1] Unser deutscher Name „Drache“ deutet bereits auf fremden Ursprung. Der Engländer gebraucht dafür kite (Weihe), der Franzose cerf-volant. Nach TYLOR ist das Drachensteigen erst vor etwa 300 Jahren zu uns gekommen.[2]

Fadenfiguren. Als KLUTSCHAK auf King William's Land im arktischen Archipel Nordamerikas unter den Eskimo lebte, fand er, daß alt und jung sich die lange dunkle Zeit mit einem Spiel verkürzte, zu dem sie ein Geflecht aus Rentiersehnen benutzten, aus dem sie durch verschiedenartige Verknüpfung Figurenverschlingungen hervorbrachten, welche sie dann nach verschiedenen Tieren benannten. In der Geschwindigkeit der Ausführung der Fadenverschlingungen wetteiferten die Eskimo einander zu übertreffen.[3] KLUTSCHAK wurde dadurch sofort an heimisches Kinderspiel erinnert, an das Fadenspiel, und er bildet auch drei der von den Eskimo gebildeten Figuren ab, welche tuktuk (Rentier), amau (Wolf) und kakbik (Schwein) heißen.[4] Dieses letztere ist auffällig; weder EGEDE noch KLEINSCHMIDT und FABRICIUS haben dieses Wort, wohl aber polike (aus pork?) für (das eingeführte) Schwein in Grönland. Was können auch die Eskimos von King-Williams-Land vom Schweine wissen? Auch bei ERDMANN (Labradordialekt) und PETITOT (Tschiglitdialekt) kommt das Wort nicht vor. Sollen wir nun annehmen, daß dieses Spiel ein ursprüngliches der Eskimo ist oder dürfen wir vielleicht daran denken, daß es schon zur Zeit der alten Normannen bei ihnen durch diese bekannt wurde? Für letzteres spricht das ganz isolierte Vorkommen.

Wenden wir uns nun einmal in eine ganz entgegengesetzte Richtung, nach Süden. so erfahren wir, daß DANIEL BUNCE ein ganz ähnliches und auf denselben Grundsätzen beruhendes Fadenspiel mit Verknotungen bei den Australiern Victorias erwähnt. Es wird mit Baumbast gespielt und heißt Kudgi-Kudgik, doch beschäftigen sich damit zwei Personen.[5] Das Spiel ist aber weiter in Australien verbreitet. denn EYRE[6] erwähnt dasselbe gleichfalls und bemerkt, daß

[1] H. PETERMANN, Reisen im Orient. Leipzig, 1861. II. 128.

[2] Journ. Anthropol. Instit. IX. 25.

[3] HEINRICH KLUTSCHAK, Als Eskimo unter Eskimos. Wien, 1881. 136.

[4] Kapitän HALL, Life with the Esquimaux. London, 1864, erwähnt gleichfalls diese Fadenspiele der Eskimos; er nennt die Figuren „Robbe“ und „Walfisch“.

[5] BROUGH SMYTH, The Aborigines of Victoria. I. 178. [6] Central-Australia. II. 229.

die Schwarzen dabei einen außerordentlichen Scharfsinn entwickeln und eine so große Mannigfaltigkeit in den Verknotungen ausführen, daß dagegen unsere europäischen Kinderspiele der Art armselig erscheinen.

Hauptsächliche Verbreitung scheint dieses Spiel bei den malayo-polynesischen Völkern zu haben.[1] Als WALLACE an einem regnerischen Tage mit einer Anzahl Dajakknaben zusammensaß, zeigte er ihnen das europäische Fadenspiel (cat's cradle, Katzenwiege, der Engländer). „Zu meinem großen Erstaunen konnten sie es ganz genau und sogar besser als ich.“ Sie machten verschiedene neue Figuren, die den Briten „ganz in Verlegenheit versetzten.“[1] Von da aus verfolgen wir dieses Spiel nach der Ostspitze Neu-Guineas. The Motu-children are as well versed in the intricacies of cat's-cradle as are the English.[2] Endlich auf Neu-Seeland, wo dieses Lieblingsspiel der Maori einen mythologischen Beigeschmack hat, denn dort soll es von dem Nationalgotte Maui erfunden worden sein, nach welchem es auch benannt worden ist. Mit großer Geschicklichkeit bilden sie Figuren durch die Fadenverschlingungen, welche mit Zuhilfenahme der Phantasie als Gott Maui, wie er fischt oder als Hine-nui-te-po, Göttin der Nacht, angesehen werden.[3] Dasselbe Fadenfigurenspiel beobachtete M. BUCHNER auf den Fidschiinseln; er glaubt freilich, es sei von den Missionaren eingeführt,[4] eine Ansicht, welche gegenüber der weiten Verbreitung dieses Spieles in Polynesien hinfällig wird. Die Einführung ist älter als das Auftreten der Weißen in der Südsee; von Ostasien ist es wohl östlich über die Inseln gewandert. Aber nach dem arktischen Amerika führt hier keine Brücke und wir müssen da nach bisher unbekannten Zwischenstationen suchen, Einführung oder spontane Entstehung bei den Eskimos annehmen.

Sinneschärfende Spiele. Spiele, welche zur Ausbildung der Körperkraft dienen, welche die Schärfe der Sinne, namentlich des Gesichtes und der Hände fördern, sind gleichfalls allgemein verbreitet und zeigen eine große Abwechslung. Wir hören von den Nordaustraliern, daß sie solche Spiele, welche auf die Ausbildung der Muskelkraft hinspielen, allerdings verschmähen, dagegen solche bevorzugen, die das Gesicht schärfen. So sitzen sie z. B. im Kreise

---

[1] WALLACE, Malayischer Archipel. Deutsch von A. B. MEYER. I. 125.

[2] TURNER im Journ. Anthropolog. Instit. VII. 483.

[3] DIEFFENBACH, Travels in New Zealand. II. 32. — R. TAYLOR, Te ika a Maui. 130. 347.

[4] BUCHNER, Reise durch den Stillen Ozean. Breslau. 1878. 269.

und lassen die winzige, hellblinkende Linse aus dem Auge des Katzenfisches von Hand zu Hand wandern, bis einer sie plötzlich im Sande fallen läßt; Gewinner ist derjenige, der sie zuerst wiederfindet.[1]

Demselben Zwecke dient das Stöckchenerraten bei verschiedenen amerikanischen, namentlich nordwestamerikanischen Völkern, das im wesentlichen darauf beruht einen von Hand zu Hand wandernden, besonders bezeichneten kleinen Stock unter einer Anzahl anderer zu erraten. Die Tlinkit (Tschinuk) spielen dieses Spiel nur mit zwei kleinen Stöckchen von etwa 5 Centimeter Länge. Bei den Haida auf Vancouver, wo das Spiel Lihallam heißt, benutzt man zehn cylindrische Hölzchen unter denen sich ein schwarzes befindet. Die Hölzchen werden von den Spielenden schnell und sie mischend in zwei Bündelchen Cedernbast vor den Augen der nähersitzenden Mitspieler versteckt, wobei sie von einer Hand in die andere wandern. Der Gegner, der scharf aufpaßt, hat zu erraten, in welchem Bündelchen sich das schwarze Hölzchen befindet.[2] Auch im Washington-Territorium: A small piece of bone is passed rapidly from hand to hand, shifted behind the back etc. The object of the contending party being to ascertain in which hand it is held.[3]

Überall heißt es, daß die Indianer mit großer Leidenschaftlichkeit[4] und halbe Tage lang ausdauernd dieses Spiel spielen, das bei ihnen das Morraspiel der alten Welt vertritt.

Morra. Dieses Spiel der Italiener ist eine bekannte Erbschaft aus dem Altertum; gleichzeitig und blitzschnell haben die beiden Spieler gegeneinander die geballte Faust zu öffnen und die vom Gegner ausgestreckte Anzahl der Finger lautrufend zu erraten. Micare digitis hieß es bei den Römern[5] und *δακτύλων ἐπάλλαξις* bei

[1] PALMER im Journ. Anthropol. Instit. XIII. 289.

[2] KANE, Wanderings of an artist. 189. 220. Weiteres über dieses Spiel KRAUSE, Die Tlinkit-Indianer. Jena, 1885. 164. 309 und JAMES SWAN, The Haidah Indians. Smithsonian Contributions No. 267. 8.

[3] GIBBS im Contribut. to North American Ethnology. Washingt., 1877. I. 206.

[4] Das Spiel wird zum Glucksspiel, bei dem die Tlinkit z. B. alles verspielen, was sie haben, selbst ihr Weib. (KANE a. a. O. 189.)

[5] SUETON, Augustus 13. „Andere, darunter Vater und Sohn, habe er geheißen es durch's Los oder durch das Morraspiel auszumachen, wem das Leben geschenkt sein solle" und CICERO, de officiis III, 23 „Der eine soll dem anderen weichen, wie wenn er beim Losen oder im Morraspiele (micando) verloren hätte." Ferner daselbst (III. 19) das von einem Redlichen gebrauchte Sprichwort: „Er ist ein Mann, mit dem man im Finstern Morra spielen kann."

den Griechen. Das Spiel ist aber älter, denn wir finden es bereits unzweifelhaft im alten Ägypten, deutlich z. B. dargestellt in den Wandmalereien der Gräber von Theben.[1] Dieses die Augen schärfende Spiel ist auch den Chinesen[2] bekannt und es wird von WILKES auf den fernen Samoa-Inseln erwähnt. Er schreibt: Lupe is played by two persons, who sit opposite each other. One of them presents his closed fist to his opponent, and then rapidly holds up one, two, three or all the fingers and the thumb, striking the back of his hand on the mat at the same time. If his opponent fails of instantly holding up a like number of fingers, he loses a point and ten points finish the game.[3]

Liagi, das vornehmste, auf die Häuptlinge und den Adel beschränkte Spiel der Tonganer ist gleichfalls eine Art Morra. The rapidity with which the motions are made is almost incredible and no inexperienced eye can catch one of them.[4]

Körperentwickelnde Spiele. Was die Ausbildung körperlicher Gewandtheit und Kräfte betrifft, so bestehen Spiele, welche Rücksicht auf die verschiedenen Körperteile nehmen. Das Stelzenlaufen z. B. entwickelt die Beine. Ob hier von Entlehnung zu reden ist? Eine große geistige Anstrengung gehörte keinenfalls dazu um die Stelzen zu erfinden, die hier und da in sumpfigen Gegenden oder in den Landes von Frankreich ein notwendiges Gerät geworden sind. Die Schäfer sind dort in der Haide alle Stelzenläufer, die mit großer Gewandtheit auf ihren zwei Meter hohen Chanques durch Sumpf und Gestrüpp hinschreiten und so gewandt in dieser Gangart sind, daß sie mit einem trabenden Pferde gleichen Schritt halten können. Die Stelze ist weit über die alte Welt verbreitet. In China wird sie sehr geschickt benutzt[5] und in Afrika ist sie auch bekannt. MAUCH[6] traf Stelzen bei den Makalaka, STEERE sah sie bei den ost-

[1] WILKINSON, Ancient Egyptians. II. 417.

[2] The game is called „blowing the fist" and consists in both parties simultaneously throwing out toward the other one of their fists, and sticking out one or more of the fingers on these fists. While in the very act of doing this, each pronounces some numeral, which the speakers guess will be the aggregate number of the fingers thus stuck out from both fists. Should the number pronounced by either be the precise number of these fingers, he who pronounced it is reckoned the winner, the other the loser. (DOOLITTLE, Social life of the Chinese. II. 232.)

[3] WILKES, United States Exploring expedition. In one volume. New York, 1851. 207.

[4] MARINER, Tonga Islands. London, 1818. II. 328.

[5] DOOLITTLE, Social life of the Chinese. II. 249.

[6] PETERMANN's Ergänzungsheft No. 37. 39. (1874.)

afrikanischen Wanjamesi.[1] Die Knaben der Neger am Kassai (linker Kongozufluß) binden sich Stelzen an die Unterschenkel, um sich dadurch größer zu machen.[2] Sie sind bei den malayischen Völkern wohlbekannt und gehen auch durch die Südsee. Auf Tahiti benutzt man dazu einen Baumast, von dem in etwa Meterhöhe ein Nebenast abzweigt; in diese Gabel wird der Fuß gesetzt.[3] Zu einer Art von Berühmtheit haben es die schön geschnitzten und häufig mit Relieffiguren versehenen Stelzen der Markesasinsulaner gebracht. Die Kinder beginnen sehr früh darauf zu laufen und die Alten benutzen dieselben sogar zu Wettlaufen auf glattem Steinboden.[4]

Ballspiele. Eines derjenigen Spiele, welches am meisten die Körperkraft und die Gewandtheit entwickelt, ist das Ballspiel; es ist uns aus dem klassischen Altertum bekannt und hat in Europa namentlich in der letzten Zeit (auf englische Vorbilder hin) unter den verschiedensten Formen neuen Aufschwung und große Verbreitung gefunden. Das Ballspiel zu Pferde (Polo) ist asiatischen, besonders persischen Ursprungs und sehr alt. Das Ballspiel ist universell und ich vermag kein bevorzugtes Centrum zu erkennen, von dem es etwa ausgegangen sein sollte; aber die Afrikaner stehen darin zurück, wenn auch die ältesten auf dieses Spiel bezüglichen Urkunden, die altägyptischen Darstellungen des Ballspiels, auf ihrem Boden sich befinden.

Die neue Welt kennt das Ballspiel vom Norden bis zum Süden. Egede beschreibt bei dem Grönländer zwei Arten von Ballspiel, darunter Fußball und bildet sie auch ab.[5] Wenn E. B. Tylor annimmt[6] das Ballspiel hätten die Grönländer von den alten Normännern gelernt, so liegt hierfür kein Grund vor — es ist ja über den ganzen amerikanischen Kontinent verbreitet und brauchte nicht erst um das Jahr 1000 von Island nach Grönland gebracht zu werden. Gleich die südlich von den Eskimos lebenden Tinné-Indianer sind eifrige Ballspieler und so alle Rothäute.[7] Wied hebt ausdrücklich

[1] Journ. Anthropolog. Soc. I. pag. CL.

[2] Wissmann, Wolf, François u. Müller. Im Innern Afrikas. Leipzig. 1888. 80.

[3] Ellis. Polynesian Researches. London, 1829. I. 309.

[4] Langsdorff. Reise. I. 146. Abbildung der geschnitzten Stelzen aus der Christy-Sammlung in London bei Wood. Natural history of man. II. 389. Ein Paar befindet sich im Museum Godeffroy (Leipzig) unter Nr. 3063.

[5] Egede. Beschreib. u. Naturgesch. v. Grönland. Berlin. 1763. 178.

[6] Journ. Anthropol. Instit. XIII. 355.

[7] Vergl. Indian Games, an historical research by A. M. Davis. Salem, Mass. 1886.

hervor, daß Fußball, Fangeball, Schlagball u. s. w. fast überall bei den südamerikanischen Indianern vorkomme, auch bei den Botokuden, die ihren Ball aus der Haut eines mit Moos ausgestopften Faultieres herstellen.[1]

Ich brauche Asien[2] und Europa hier nicht zu erwähnen, wo überall das Ballspiel vorhanden — der aus Leder bestehende, mit Heu gestopfte Schlagball wird selbst in Lappland von zwei Parteien gegeneinander geschlagen[3] — sondern stelle nur fest, daß Australien und die Südsee damit vertraut sind. Aus Australien berichtet darüber Brough Smyth,[4] von den Tongainsulanern erzählt uns Mariner über das Hicospiel, das mehr unseren Jongleurkunststückchen ähnelt. Throwing up balls, five in numbers, discharging them from the left hand, catching them in the right and transferring them in the left again and so in constant succession, keeping always four balls in the air at once.[5] Die verschiedenen Arten Ballspiel auf den Gesellschaftsinseln schildert Ellis, darunter das sehr beliebte Tuiraa oder Fußball,[6] das auch sonst weiter durch die Südsee sich erstreckt, wie es denn Wilkes von den Kingsmillinseln erwähnt.[7]

Brettspiele. Neben den Spielen, welche wie die eben angeführten, wesentlich die Körperkräfte und die Gewandtheit zu entwickeln bestimmt sind, verdienen jene genannt zu werden, welche eine Ausbildung des Scharfsinnes und der geistigen Fähigkeiten bezwecken. Sie erfordern oft viele Anstrengung und Aufmerksamkeit, wie die verschiedenen Arten der Brettspiele, die bereits den alten Ägyptern bekannt waren und unter denen das auf Indien hinweisende Schach das vollkommenste und bedeutendste ist. Dambrett, Mühle, Puff u. dergl. sind einfachere Formen und solche einfache Formen finden wir auch in Afrika wie in der Südsee, so daß die Vermutung nicht ausgeschlossen ist sie auf die asiatische Quelle zurückzuführen. Ich führe dafür das Urispiel der Afrikaner an, an dem ich nachweisen kann, daß es von Osten nach Westen, von Asien bis an die

[1] Wied, Reise nach Brasilien. II. 42.

[2] In Japan ist namentlich Fußball ein vornehmes, am Hofe des Mikado beliebtes Spiel. Die Tage, an denen es stattfindet, werden sorgfältig in der Hofzeitung Daijo-kwan-nishi verzeichnet. Es soll im 7. Jahrhundert dort durch die Kaiserin Kokiyoka eingeführt worden sein. (Kudriaffsky, Japan. Wien, 1874. 83.)

[3] Schefferi Lappland. Frankfurt u. Leipzig, 1675. 312.

[4] The Aborigines of Victoria. Melbourne, 1878. I. 176.

[5] Mariner, Tonga-Islands. 3. ed. Edinburgh, 1827. II. 22;.

[6] Polynesian Researches. London, 1829. I. 297.

[7] United States Exploring Expedition. Edition in one volume. 563.

Küsten des Atlantischen Ozeans gewandert ist, wie manches andere afrikanische Kulturelement.

Unter den verschiedenen Arten von Brettspielen, die in Damascus zu Hause sind, erwähnt H. PETERMANN[1] auch eines das Mangale heißt. Dies beliebteste der Brettspiele wird auf einem etwa zwei Fuß langen und einen halben Fuß breiten Brette gespielt, in das 14 Gruben, in zwei Reihen stehend, eingeschnitten sind. In diese werden kleine Kieselsteine gelegt, welche die Pilger unterwegs auf ihrer Reise von Mekka in einem bestimmten Thale sammeln; durch Verschieben der Steinchen in den Gruben wird das Spiel entschieden, dessen Regeln bei PETERMANN nachgelesen werden können.

Unter demselben Namen Mangala erwähnt NIEBUHR das Spiel aus Arabien[2] und unter demselben Namen ist es in ganz Nubien bekannt, dahin also wohl durch die Araber eingeführt. Aber auch weiter südwärts reicht es im Gebiete des Gazellenstromes bis zu den Monbuttu. Es ist das Lieblingsspiel der Niam-Niam. Die Mangala ist dort ein länglicher Holzblock in welchem zwei Reihen Gruben ausgehöhlt sind. (In Nubien 16, bei den Niam-Niam 18.) Jeder Spieler hat etwa 24 Steine, welche aus einer Grube in die andere hin- und hergelegt werden. Das Spiel erfordert viel Berechnung.[3] In Uganda heißt das Spiel Msewo; es wird auf einem Brette mit 32 Löchern gespielt, von denen je acht in einer Reihe stehen.[4] FELKIN fügt hinzu „wahrscheinlich ist es nicht einheimisch, sondern von der Ostküste eingeführt, wo die Araber und Wasuaheli ein ähnliches Spiel, Bao, spielen.“ Wie uns HILDEBRANDT angiebt[5] hat das Brett beim Bao an der Ostküste auch 32 Löcher, die aber in vier Reihen stehen. Als Spielsteine benutzt man die Samen von Caesalpinia Bunduk.

Bei den Fulbe gilt der Name Uri; in Sokoto erwähnt ROHLFS desselben (mit 16 Vertiefungen) unter dem Namen „Dame.“[6] Von da aus ist es an die Nordwestküste vorgedrungen; bei Mandingo, Fulah, Mandjags, Biafaren ist es bekannt; nicht so bei den (als „autochthon“ betrachteten) Stämmen der Papels und Bijagos, die noch keine Zeit hatten es anzunehmen.[7] Auch der Südwesten kennt

---

[1] Reisen im Orient. I. 162. [2] Reise nach Arabien. I. 171.

[3] SCHWEINFURTH, Im Herzen von Afrika. II. 32. Abbildung S. 29 Nr. 14.

[4] WILSON u. FELKIN, Uganda. Stuttgart, 1883. I. 112.

[5] Zeitschrift für Ethnologie 1878. 393.

[6] Quer durch Afrika. II. 185.

[7] DOELTER, Über die Capverden nach dem Rio Grande. Leipzig, 1884. 202.

dieses Spiel; es heißt Tschela bei den Kimbunda und wird hier mit Fruchtkernen in einem Brett mit 40 Vertiefungen gespielt.[1] Aus Malange erwähnt es Buchner.[2]

Eine andere Art Brettspiel ist das Tric Trac der Franzosen, das Backgammon der Engländer, welches auch uralt und weit über die Erde verbreitet ist. Daß an dieses Spiel sich interessante ethnographische Folgerungen knüpfen lassen hat E. B. Tylor in einer besonderen Abhandlung über dasselbe gezeigt.[3] Die Steine werden bei diesem Spiele auf einem Diagramm oder Spielbrett nicht nach dem freien Willen des Spielers, wie bei Dambrett oder Schach, sondern nach dem Ergebnis eines Würfelwurfs oder nach dem Lose bewegt. „Man kann kaum zweifelhaft sein", sagt Tylor, „daß die eigentümlichen Kombinationen von Zufall und Kunst, die hier auftreten, aus einer Originalspielquelle stammen, wiewohl dieses jetzt nicht mehr genau nachgewiesen werden kann." Bei Römern und Griechen waren solche Spiele bekannt; in der Sanskritlitteratur sind sie bezeugt.

Unter dem Namen Tab herrscht das Spiel in Ägypten und Palästina, wo die nötigen Lose in vier Palmrippenstöckchen bestehen, deren eine Seite weiß geschabt ist, während die andere grün bleibt und die gegen eine Wand geworfen werden; je nachdem nun „weiß" oder „grün" oben fallen, erfolgen die Züge auf dem „Brett". Dieses besteht aus einigen in den Boden gezeichneten Linien, auf denen Ziegelstückchen die Steine darstellen. Die Einzelheiten des Spieles übergehend, erwähnen wir, daß es in Indien unter dem Namen Patschisi gespielt wird und dort sehr beliebt ist. Das „Spielbrett" hat dort die Gestalt eines Kreuzes und besteht aus Baumwollstoff mit darauf gezeichneten Vierecken. Die Lose sind kegelförmige, verschiedengefärbte, gedrechselte Holz- und Elfenbeinstöckchen. Als Steine benutzt man Kaurischnecken. Die Art und Weise des Spiels ist dem ägyptischen Tab sehr ähnlich, so dass die Gleichartigkeit beider Spiele und ihre mögliche Abstammung aus einer Quelle nicht zu bezweifeln ist. Zeigt sich hier nun nichts auffallendes, so wird die Sache ethnographisch wichtig, wenn sich dieses Brettspiel in der vorcolumbischen Neuen Welt nachweisen läßt, wie dieses Tylor gethan hat. Lopez de Gomara's bekannte Istoria de las Indias wurde 1552 gedruckt und in ihr wird Fol. 42 erzählt, daß Montezuma dem

[1] Ladislaus Magyar, Reisen in Südafrika. I. 314.

[2] Mitteil. Afrikan. Gesellsch. I. 229.

[3] Journ. Anthropol. Instit. VIII. 116.

Patolitzli-Spiele zuschaute, welches nach GOMARA's Schilderung genau dem Tab und Patschisi gleicht; es wurde mit patolli (Bohnen) gespielt, die als Lose dienten, während Steine je nach dem Ausfall der Lose auf einem liniierten Brett hin- und hergeschoben wurden. Auch TORQUEMADA und SAHAGUN beschreiben das mexikanische Spiel genau. Bei der Übereinstimmung dieses Spiels in allen Einzelheiten mit dem der alten Welt ist die Frage nach dem Zusammenhange beider berechtigt; TYLOR verwirft die Idee von der selbständigen Entstehung des Pattolispiels in Amerika und nimmt an, daß es gleich manchen anderen Kulturelementen von Asien nach Amerika gelangt sei. Zur Übertragung sei eine Völkerwanderung nicht nötig, diese könne auch durch einzelne Menschen (Matrosen verschlagener Dschunken etc.) erfolgt sein.

Sind die angeführten Spiele, welche die Gewandtheit des Körpers fördern oder den Geist schärfen lobend zu erwähnen, so stehen ihnen gegenüber jene Spiele, die um Gewinne zu erzielen einen verderblichen Einfluß ausüben.

Die Hazardspiele (Schlump ist dafür ein gut niederdeutsches Wort, auf welches schon LEIBNIZ hinwies) sind nicht gleichmäßig verbreitet; HILDEBRANDT giebt an, daß er sie unter den Ostafrikanern nicht bemerkt habe,[1] während dagegen die Grönländer bereits bis zur Roulette vorgeschritten waren. EGEDE beschreibt das zugespitzte Drehholz, um welches die eifrigen Spieler herumsaßen, vor sich den Einsatz. Gewinner war derjenige, vor dem die Spitze des Holzes nach dem Drehen stehen blieb.[2] Auf die ausgebildeten Glücksspiele der Ostasiaten, namentlich der Chinesen mit ihrem entwickelten Lotto, braucht hier nur hingewiesen zu werden. Dem chinesischen ist das siamesische Lotteriespiel entnommen. Die Lose sind mit Figuren von Dämonen (Phi), Tigern (Süa) u. s. w. bezeichnet. Es giebt dort besondere Hazardhäuser.[3] Unser „Paar oder Unpaar“ gehört zu den Hazardspielen und ist sehr alt. Die alten Ägypter kannten es bereits[4] und als ludere par impar war es bei den Römern verbreitet. Das Tschombino der Assiniboins und Schwarzfüße ist im wesentlichen nichts anderes wie wir durch WIED wissen.[5]

Würfel. Auf dem Hradischt bei Stradonitz in Böhmen, welcher der la Tène-Periode zugerechnet wird, sind längliche Stangenwürfel,

[1] Zeitschrift für Ethnologie 1878. 393.
[2] HANS EGEDE, Beschreibung von Grönland. Berlin, 1763. 178.
[3] BASTIAN, Siam. 327.
[4] WILKINSON, Ancient Egyptians. II. 417.
[5] Reise in Nordamerika. I. 445. 575.

mehrere hundert Stück, gefunden worden, die an den Langseiten mit Würfelaugen gezeichnet sind, während die obere Fläche und die Basis — den Stangenwürfel auf die längere Achse gestellt gedacht — keinerlei Bezeichnung haben. Von den vier längeren Flächen sind zwei einander gegenüberstehende breiter als die beiden anderen. Auf diesen vier Langseiten sind die Würfel mit den Augen 3, 4, 5, 6 bezeichnet und zwar derart, daß auf den breiten Flächen 3, 4, auf den schmalen 5, 6 vorkommen. Es kam also für die Spieler darauf an die Würfel so zu werfen, daß sie auf den schmalen Seiten liegen blieben, da hierdurch die größte Augenzahl erzielt wurde.[1]

Diese prähistorischen Würfel erinnern an den talus, der vier Längsseiten (zwei breite, die eine konvex, die andere konkav und zwei schmale, davon die eine eingedrückt, die andere voll) und zwei spitze oder abgerundete Enden hatten, auf denen dieser Würfel nicht stehen konnte. Letztere Seiten kamen natürlich nicht in Rechnung, während die beiden langen Längsseiten 3 und 4, von den schmalen die volle 1 und die eingedrückte 6 galten, so daß 2 und 5 fehlten. Die Würfe hatten ihre bestimmten Namen und Werte; der glücklichste, der Venuswurf, zeigte alle die vorhandenen Zahlen bei den vier Würfeln (1, 3, 4, 6), der unglücklichste, der Hundswurf, zeigte viermal die 1. Neben dem talus waren gewöhnliche, wie unsere heutigen gestaltete Würfel (tessera) im Gebrauch und auf den einander gegenüberliegenden Seiten mit den Augen 1—6, 2—5, 3—4 versehen. Solche sechsseitige mit Augen versehene Würfel aus Knochen oder Elfenbein, nicht zu unterscheiden von unseren heutigen, sind schon in den Gräbern Thebens aufgefunden worden.[2]

Am nächsten kommen unseren Würfeln gewisse Spiele der nordamerikanischen Indianer, bei denen markierte Steine, Pflanzenkerne u. s. w. in einer Schüssel geschwenkt oder mit der Hand geworfen werden. Je nach der Anordnung der Marken, Farben u. s. w. wird verloren oder gewonnen. The women (im Washington Territorium) have a game belonging properly to themselves. It is played with four beaver teeth, having particular marks on each side, méh-ta-la. They are thrown as dice, success depending on the arrangement in which they fall.[3] Dahin gehört auch das Würfelspiel, welches von den weiter östlich lebenden Indianern gespielt wurde und das Loskiel folgendermaßen beschreibt:

---

[1] Osborne in Mitteil. der Anthropol. Ges. in Wien. X. 255.

[2] Wilkinson, Ancient Egyptians. II. 424.

[3] Gibbs in Contributions to North American Ethnology. Washington, 1877. I. 206.

„Der Spielsucht sind die Indianer so ausschweifend ergeben, daß sie oft ihre Waffen, Hausrat, Kleidung und alle Habseligkeiten verspielen. Das vornehmste Spiel der Jrokesen in Delaware ist das Würfelspiel, ein ursprünglich indianisches Spiel. Die Würfel sind von Pflaumkernen gemacht, ovalrund und etwas platt, auf der einen Seite schwarz, auf der anderen gelb gefärbt. Damit spielen immer nur zwei Personen auf einmal. Die Schüssel worin die Würfel liegen, wird von den Spielern wechselweise aufgehoben und auf den Boden hart niedergesetzt, da dann die Würfel jedesmal anders fallen. Wer nun bei seinem Wurf die größte Anzahl von der Preisfarbe hat, der zählt fünf, und wem dieses achtmal glückt, der hat das Spiel gewonnen.

Während des Spiels sind die Zuschauer in großer Bewegung und erheben bei jedem Wurfe, der etwas entscheidet, ein gewaltiges Geschrei. Die Spieler selbst aber verzerren das Gesicht in gräßlicher Weise und murren immer über die Würfel und über die bösen Geister, die ihren Gegnern das Glück zuwenden. Zuweilen spielen ganze Dörfer, ja wohl ganze Stämme gegeneinander.“[1]

Im Oriente werden zu diesen Spielen die Knöchel der Lämmerfüße benutzt, die man Kaab, Würfel, nennt. Die verschiedenen damit ausgeführten Spiele sind aber häufig der Art, wie diejenigen, die mit den kleinen Steinkugeln (Marbeln etc.) unserer Knaben gespielt werden; eins aber ist ganz nach unserer Art ein Würfelspiel. Bei „Sultan und Vezier“, das mit einem Knöchel gespielt wird, haben die sechs Seiten desselben die Bezeichnungen: Sultan, Vezier, Dieb, Lamm, sieben Sultane und Reiniger der Kloaken. Der Wert derselben ist verschieden, wie bei uns die Zahl der auf den sechs Seiten angebrachten Augen.[2]

[1] Loskiel, Gesch. der Mission der evangel. Brüder unter den Indianern Nordamerikas. Barby, 1789. 136. Wer in die Feinheiten dieses Spiels eindringen will findet näheres bei Davis, Indian Games, Bulletin of the Essex Institute vol. XVII. 89 und im Nachtrag hierzu vol. XVIII. 168. Auch Kohl, Kitschi-Gami. I. 116.

[2] H. Petermann, Reisen im Orient. I. 157.

Die Masken.[1]

Masken kommen in allen Erdteilen vor und werden zu den verschiedensten Zwecken benutzt. Wenn ich versuche, dieselben zusammenfassend zu behandeln und die Vergleiche zu ziehen, so ist gleich von vornherein zu bemerken, daß ein einheitliches ethnographisches Ergebnis nicht erzielt werden kann, weil die Masken stets nur einen einzelnen, losgelösten Teil aus einer sehr zusammengesetzten Reihe verschiedenartiger Erscheinungen sind, ein herausgenommenes äußerliches Moment aus Vorgängen und Vorstellungen oft psychischer Art. Aus der großen Verschiedenartigkeit des Gebrauchs, aus der Mannigfaltigkeit der Entstehungsursachen, ergiebt sich auch, daß die Masken nicht aus einem Zentrum herausentstanden und von einem solchen aus sich über den Globus verbreitet haben können. Immerhin aber sind sie ein sehr charakteristisches äußerliches Erfordernis bei Vorgängen der verschiedensten Art, das immer darauf angesehen werden muß, ob nicht hier und da Entlehnung vorliegt, so oft auch anderweitig die spontane Entstehung angenommen werden mag. Finden wir z. B. die Masken im malayischen Archipel, so dürfen wir in der östlichen Fortsetzung desselben, in Melanesien, die Frage aufwerfen, ob sie nicht hier aus einer und derselben Quelle stammen und von West nach Ost wanderten. Wir sehen dann aber sofort, daß bei den Polynesiern, die mit den Malayen eines Stammes sind, die Masken fehlen, daß sie mithin nicht ein Gewächs malayo-polynesischer Urzeit sein können und daher nach Melanesien von Westen aus nur verhältnismäßig spät ge-

[1] Archiv f. Anthropologie. XVI. Erschien gleichzeitig mit der Abhandlung von W. H. Dall, On Masks, Labrets and certain aboriginal customs in Third annual report of Ethnology, worin wesentlich die nordwestamerikanischen Masken behandelt werden. Diese sachkundige Arbeit ist jetzt hier in dem betreffenden Abschnitte benutzt.

langt sein dürften, wenn dieses überhaupt der Fall war. Gegen letzteres spricht aber wieder die große Verschiedenheit der Masken in Stil und Gebrauch in Indonesien und Melanesien. Sollen wir dann weiter annehmen, daß die Masken in Indonesien ursprünglich sind? Auch vom asiatischen Kontinent führt eine Völkerbrücke nach dem vorgelagerten Archipel, so daß wieder gefragt werden darf: hat letzterer seine Masken aus den daran reichen indischen und indochinesischen Ländern? Mit solcher Wandertheorie werden wir stets weiter rück- und vorwärts gedrängt, bis wir einerseits in Ägypten anlangen, von wo die ersten historisch beglaubigten Masken bekannt sind, andererseits aber bis nach Amerika geführt werden.

Dall, dem wir die vortreffliche Schilderung der Masken an Amerikas Nordwestküste verdanken, der aber in bezug auf die übrige Verbreitung der Masken weniger gut unterrichtet ist, nimmt an, die Masken seien nach Amerika eingewandert. Woher? An der atlantischen Küste finden wir keine Masken, von dort aus können sie also nicht gekommen sein; bleibt also die pazifische Seite übrig und hier glaubt er nun in den Inseln der Südsee die Brücke zu sehen, durch welche Masken nach Amerika gelangten.[1] Er weist auf einige Übereinstimmungen hin, die zwischen Melanesiern und Nordamerikanern vorkommen; allein dieselben beweisen nichts, denn ebenso gut lassen sich derartige Übereinstimmungen in Sitten, Gebräuchen, Mythen auch mit anderen Völkern herstellen, bei denen gleichfalls Masken vorkommen. Nach Dall ist Melanesien der Ausgangspunkt der Masken: aber gerade auf der „Brücke", nämlich in Polynesien, fehlen die Masken und sie würden doch dort zunächst sitzen geblieben sein, wenn sie über diese Inselreihe nach Amerika gewandert wären.

Man sieht, wohin man schleßlich mit dem „Wandern" aus einem Zentralpunkte anlangt und letzterer kann dann endgiltig nur auf ein einziges Individuum zurückgeführt werden, in dessen Gehirn die erste Konzeption der Masken entstand. X, ein ägyptischer Priester zur Zeit der so und so vielsten Dynastie, erfand die Maske. So ungefähr würde im Verfolg die Wandertheorie sich gestalten, wenn der historische Beweis zu erbringen und die Möglichkeit darf nicht geleugnet werden. Alle Eisenbahnen der Welt führen auf das Histörchen vom Theetopfe Watt's zurück.

Indessen mit gleichem Rechte und mehr Wahrscheinlichkeit

[1] Third annual report of the bureau of Ethnology. 147 ff.

dürfen wir eine spontane Entstehung annehmen; der menschliche Geist arbeitet allenthalben und zu allen Zeiten und nach gleichen Gesetzen und ein Maskenerfinder kann gleichzeitig an Amerikas Nordwestküste und in Melanesien oder Afrika gelebt haben, wie denn in der That Erfindungen und Entdeckungen viel schwieriger Art, so auf wissenschaftlichem Gebiete, unabhängig von einander und gleichzeitig gemacht wurden. Aus dem Zwiespalt heraus hilft oft nur der historische Beweis. Wo derselbe nicht zu erbringen, wie im vorliegenden Falle, mag jeder nach seiner Geschmacksrichtung wählen, ob spontane Maskenentstehung oder Entlehnung.

Die Masken zu klassifizieren hält nicht leicht, und zwar aus dem Grunde, weil zwischen den einzelnen hier aufgestellten Abteilungen keine festen Grenzen bestehen, weil die Bedeutung der Maske schwankt und diese leicht von einer in die andere Klasse hinübergreift. Doch möge immerhin eine Einteilung hier versucht werden, welche die Masken im Kultus, im Kriege, in der Totenausstattung, in der Justiz, bei Schauspielen und Tänzen auf ethnologischer Grundlage behandelt. Weniger Wert dürfte auf eine Klassifizierung der Masken nach äußeren Merkmalen zu legen sein, wie sie von Dall gegeben wurde. Dieser unterscheidet eigentliche Masken, welche das Gesicht verhüllen oder schützen sollen mit Augen- und Mundöffnungen; zweitens Masketten, die den ersteren gleich aber über dem Kopfe getragen werden und gewöhnlich ohne Öffnungen sind, und drittens Maskoiden, die nur maskenähnlich sind und nicht als Masken getragen werden.

Die Masken im Kultus. Es läßt sich deutlich nachweisen, wie bei verschiedenen Völkern die Masken im Zusammenhange mit der Dämonenwelt stehen, und zwar nach mehr als einer Richtung hin. Einmal sollen sie den Menschen gegen die Dämonen schützen, indem sie, vor das Gesicht gelegt, den schädlich wirkenden Dämon über eine Person täuschen. Es ist dieses dieselbe naive Vorstellung, die bei einer weit verbreiteten Art der Namenänderung vorkommt: häßliche Namen schrecken die Dämonen und Änderung des Namens täuscht dieselben, der Krankheitsdämon wird betrogen.[1]

Kennt man den Dämon und seine Eigenschaften genau, so verhält man sich nicht mehr bloß verteidigungsweise, sondern geht zum Angriff über, man fürchtet den bösen Geist nicht mehr, sondern sucht ihn zu verjagen, indem man sich selbst ein schreckliches

[1] Beispiele in R. Andree, Ethnographische Parallelen. Stuttgart, 1878. 176.

Fratzengesicht vorlegt und so ihm entgegentritt. Da nun aber nicht jeder Geist gleich ist, der eine stark und mächtig, der andere schwächer, so müssen diese Dämonen verschieden behandelt, verschieden bekämpft werden. Solche Kampfesweisen aber wollen bedacht und erlernt sein, wie die Zauberformeln erlernt werden müssen, die bald gegen dieses, bald gegen jenes Übel dienen. Und damit beginnt die Spezialisierung und das Studium, welches, von bestimmten Kasten betrieben, vererbt wird. Die Priesterschaft bemächtigt sich der Masken und letztere finden ihre Stelle im Kultus. Die Kraft, die der Maske zugeschrieben wird, kombiniert der Priester mit der Macht der befreundeten guten Geister, um so den Kampf gegen die finsteren Mächte aufzunehmen.[1]

Der Kampf mit Hilfe der Masken gegen eine übelwollende Geisterwelt beginnt mit einfachen Mitteln und Täuschungen und setzt sich fort, bis er zu einem förmlichen, von der Priesterschaft entwickelten Systeme wird. Sehen wir erst eine einfache Form uns an.

In Kibokwe, östlich von Bihé, schwärmen die Wälder nach den Ansichten der dortigen Neger von zahlreichen und mächtigen Teufeln, die untereinander eifersüchtig sind. Trifft ein solcher Teufel in seinem Gebiete einen anderen Dämon, so ärgert er sich dermaßen darüber, daß er fortzieht, um sich einen anderen Bezirk zu suchen, über den er die unbestrittene Herrschaft ausüben kann. Aus diesem Grunde stellen die Neger „Scheinteufel" her, die sie in die Reviere der wirklichen Teufel senden, um letztere zum Fortlaufen zu veranlassen. Solche Scheinteufel, zugleich die Fetischpriester, werden gut bezahlt und erfreuen sich eines großen Einkommens. Ein solcher „Scheinteufel", den Cameron sah, war in ein eng an den Körper anschließendes Netz gehüllt und trug auf dem Kopfe eine bemalte und geschnitzte Maske. Der Netzanzug war horizontal schwarz und weiß gestreift, die Bekleidung der Hände und Füße war an die der Arme und Beine angeknöpft, und die Lücken zwischen dem Ober- und Unterleibe durch einen Schurz aus geflochtenem Gras verdeckt. Die Maske stellte das Gesicht eines alten Mannes dar, mit sehr großen Augenlöchern, und hinten mit etwas grauem Pelzwerk statt der Haare. Hinter ihm ging ein kleiner Junge mit einem Sack zur Aufnahme der freiwilligen Gaben, die man ihm zukommen ließ.[2]

---

[1] Dieses die Auseinandersetzung von A. Bastian in der Zeitschrift für Völkerpsychologie. XIV. 335 ff.

[2] Cameron, Quer durch Afrika. Leipzig. 1877. II. 162. Nebst Abbildungen. Bei den Bakwiri von Lissoka am Kamerungebirge begegnete Schwarz zwei maskierten

Einfacher behalfen sich da zu HUTCHINSON's Zeit die Neger am Kalabar, als die Blattern unter ihnen wüteten. Um den Krankheitsdämon zu täuschen, besprenkelten sie sich bloß mit weißem Kalk, als ob sie schon die Blattern gehabt hätten.[1]

Etwas komplizierter verfährt aus derselben Anschauung heraus der Chinese. Die Kürbisschale oder auch nur eine Abbildung derselben ist, an einen passenden Platz gestellt, für ihn ein sicheres Mittel, um böse Einflüsse abzuwenden; selbst an Kindern befestigt man Kürbisschalen oder malt ihnen solche auf die Kleider. Zuweilen hängt man Kürbisschalen da auf, wo Kinder, die noch nicht die Blattern hatten, die letzte Nacht im Jahre schlafen, und zwar deshalb, damit der Gott der Blattern und Masern diese in den Kürbis hineinschütte und nicht über das Kind. Sollten die Blattern dennoch kommen, so werden sie leicht sein. Andere Familien wieder verschaffen sich bestimmte Papiermasken für ihre Kinder, die diese an jenem Abend tragen müssen, und durch die Häßlichkeit der Masken wird der Gott der Blattern abgeschreckt; er geht an den Kindern vorüber und schüttet seine Blattern nicht auf sie aus. Zumal am letzten Abend des alten Jahres zieht er umher, um seine Opfer für die Blattern zu suchen und daher sieht man gerade an diesem Abend in China eine Masse Kinder mit häßlichen Masken.[2]

Als im Sommer 1858 plötzlich die Cholera in Futschau ausbrach und zahlreiche Opfer forderte, schrieb das Volk dieselbe dem Einflusse „der fünf Kaiser oder Herrscher“ zu, wie fünf in dieser chinesischen Stadt aufgestellte Götzenbilder genannt werden, denen man

---

Männern. „Den Kopf zierten hohe Spitzhüte, die Gesichter wurden von dunklen Masken bedeckt, welche an der Stelle der Augen zwei zitronengelbe Früchte trugen. Der Leib stak in eng anliegenden Trikots (aus feiner Flechtarbeit) von dunkelbrauner Farbe mit gelben Streifen.“ Sie benahmen sich wie Harlekins, machten Purzelbäume und jagten Weiber und Kinder mit einer Art Peitsche in die Hütten hinein. (B. SCHWARZ, Kamerun. Leipzig. 1886. 210.) Die von SCHWARZ gegebene Erklärung, als „eine Art Mummenschanz“, ihm zu Ehren aufgeführt, genügt nicht. Auffallend ist der gleiche Anzug mit CAMERON's Scheinteufeln. Vielleicht gehören diese Kameruner in dieselbe Kategorie. Auch M. BUCHNER (Kamerun. Leipzig, 1887. 26) erwähnt von dorther Masken, die in Verbindung mit Geheimbünden stehen, mit dem Ekongolo, d. h. „Erschütterung des Gemüts durch schreckhafte Fratzen.“ Bei Tänzen zu Ehren eines Toten aus jenem Bunde fahren solche Maskenträger mit geschnitzten Antilopenhörnern auf dem Kopfe zwischen die auseinanderstäubende Menge. Die Familie des Toten zahlt ihnen eine Ziege. Diese afrikanischen Masken müssen noch näher ergründet werden, ehe man sie genügend zu deuten vermag.

[1] HUTCHINSON, Impressions of Western Africa. London. 1858. 154.

[2] JUSTUS DOOLITTLE, Social Life of the Chinese. II. 316.

zahlreiche Tempel errichtet hat. Diese „Kaiser" haben verschiedene Diener, unter denen zwei, „der große weiße Teufel" und „der kurze schwarze Teufel", nun in Maskenform in einer Prozession auftreten mußten, um die Cholera zu verjagen. Der erste war acht bis zehn Fuß hoch. Sein Körper bestand aus einem leichten Bambusgitterwerk, das mit hellfarbiger Seide oder Baumwolle überzogen war. Kopf, Hände, Arme sind künstlich hergestellt, nur die Füße gehören dem im Inneren steckenden Manne an. Das Gegenstück ist der kurze schwarze Teufel, welcher, nur vier bis fünf Fuß hoch, kurz und schwarz ist, mit häßlichem Gesichte, die Zunge herausstreckend. In einer großen Prozession mit Musik ziehen die Teufel durch die Straßen, um die „fünf Kaiser" zu versöhnen und zu bewegen, daß sie die Seuche bannen möchten. An das Ufer des Flusses Min begiebt sich dann die Prozession und hier werden große Boote aus Papier, oft bis 30 Fuß lang, verbrannt, und während die „Teufel" dabei niederknien, in den Fluß hinausgetrieben, damit sie die Seuche mit fortnehmen und diese mit ihnen verbrenne. Andere Masken in der Prozession tragen Tierköpfe, z. B. von Büffeln, Pferden, Hähnen, Enten, doch werden wir von unserer Quelle nicht spezieller über die Funktion dieser Masken belehrt.[1]

Vor der Einführung des Buddhismus war bei den Singalesen Ceylons allgemein Dämonendienst üblich, und noch jetzt hat sich derselbe, ungeachtet der Buddhismus die herrschende Religion ist, erhalten; letzterer, während er die Existenz böser Geister zuläßt, hat nachdrücklich deren Anrufung verboten, weil jeder böse Einfluß, den sie auf den Menschen ausüben können, nur eine Folge der Laster dieser ist, während die Tugendhaften ihnen mit Erfolg Trotz bieten können.

Die von den Singalesen gefürchteten Dämonen heißen Yakkas; sie verursachen zahllose Übel. Außer diesen aber nimmt das Volk noch einen Dämon oder Sanne für jedes Unglück, jede Not an, die durch dessen unmittelbare Wirksamkeit entstehen und den sie dann um Abwendung anrufen. Wieder andere Dämonen, die am Elende der Menschen sich ergötzen, werden noch vor dem Eintritt des Ereignisses, über das sich ihr verderblicher Einfluß etwa erstrecken könnte, günstig zu stimmen gesucht.

Dieses ist der Grund, daß bei jedem glücklichen wie unglücklichen Ereignisse des Hauses die Dienste der Kattadias oder Teufels-

[1] DOOLITTLE a. a. O. I. 157 und 284. Nebst Abbildungen.

priester gesucht werden, die ihre Zeremonien mit barbarischen Bräuchen verrichten. Der Kattadia tritt an die Stelle des Dämons, den er maskiert vorstellt. Namentlich bei Krankheiten und in Lebensgefahr verläßt man sich unbedingt auf seinen Beistand. Ein mit Blumengewinden geschmückter Altar wird vor dem Kranken aufgestellt, so daß er ihn sehen kann, und auf demselben ein Tier, häufig ein Hahn, für seine Genesung geopfert. Der Sterbende oder Kranke muß die Blumen, den Reis, das Fleisch, die als Pidaneys (Opfer) bei Sonnenuntergang, Mitternachts und am Morgen darzubringen sind, berühren und dem bösen Dämon weihen. Zwischen den Opfern verrichten die Tänzer ihre Beschwörungen, wobei sie maskiert und in Verkleidungen erscheinen, um den Dämon, den unmittelbaren Urheber der Leiden des Kranken, darzustellen. Während dieser Exerzitien stellt sich der Kattadia von dem Dämon, den er anruft, begeistert und erklärt, von den Freunden des Leidenden befragt, die Natur der Krankheit und die Wahrscheinlichkeit eines guten oder schlimmen Ausgangs. Bei Sonnenaufgang schließt die Zeremonie mit einem Exorzismus, der gesungen wird, um die Dämonen zu verscheuchen, welche durch die Feierlichkeit herbeigelockt worden sind. Die Teufelstänzer nehmen ihre Opfer fort und singen, indem sie sich zurückziehen, den Schlußgesang: „Das Opfer möge genehm sein und der Leidende noch lange leben.“[1]

Von den hier erwähnten Teufelstanzmasken hat Dr. Emil Riebeck eine reiche Sammlung mit nach Europa gebracht, aus der die große Verschiedenheit dieser Masken hervorgeht.[2] Die Masken sind teils halbe, nur das Gesicht bedeckende, teils ganze, die über den Kopf gestülpt werden können. Sie sind aus Holz geschnitzt und bemalt, und zwar mit sehr grell wirkenden Farben, rot, gelb, braun, schwarz, ja grün. Die einfachsten stellen menschliche Gesichter dar, die mit einer Kopfbedeckung, Turban u. dergl., versehen sind, und durch lange, gebogene Nase, hochgezogene Brauen, abstehende Ohren und meist feine Lippen sich auszeichnen; einzelne haben geöffneten Mund und zeigen spitze Zähne.

---

[1] Emerson Tennent, Das Christentum in Ceylon, deutsch von A. Zenker. Leipzig, 1854. 112. Vergl. auch Dickman, Treatment of diseases by charms, as practised by the Singalese of Ceylon. Transact. of the Ethnological Soc. N. S. II. 140. Dort heißen die Devil priests „Capuas“.

[2] Vergl. die Sammlung des Herrn Dr. Emil Riebeck. 21 Tafeln photographische Aufnahmen von Hermann Rückwardt, Berlin, 1884. (Nicht im Buchhandel.) Tafel 7 stellt die Teufelstanzmasken von Ceylon dar.

Eine zweite Art sind die Tiermasken, unter denen wir Kühe, Rhinozeros, Krokodil, Schakal und Tiger, sowie allerlei fratzenhaft entstellte Tiere finden. Auch der mythische Vogel Garuda, der die Schlangen vernichtet, ist vertreten.

Eine dritte Art sind die phantastischen Fratzengesichter mit weit geöffnetem, spitze Zähne zeigendem Rachen und großen, aus den Höhlen hervorquellenden Augen. Diese sowie teilweise die übrigen Masken sind mit eigentümlich ornamentiertem Kopf- und Ohrenschmuck versehen, unter denen die giftige, aufwärts stehende Kobraschlange mit aufgeblasenem Halse ein Hauptmotiv bildet. Oft sind sechs, acht und mehr dieser Schlangen zu einem kronenartigen Ornamente vereinigt. Je nach der Art des zu bekämpfenden Dämons, beziehungsweise der Krankheiten, werden diese verschiedenen Masken angewendet.

Auch im Kultus des Lamaismus spielen die Masken eine Rolle. Jener ist nichts anderes als ein korrumpierter, durch Sivaismus verunstalteter Buddhismus. Wahrsagerei und Zauberei haben in den lamaischen Klöstern ihre Zufluchtsstätte gefunden; sie entstammen dem alten, eingeborenen Schamaismus, ebenso wie die Geisterbeschwörungen, der Kampf mit den Dämonen, der in verschiedener Art von der Geistlichkeit ausgeführt wird, denn Krankheiten, Viehseuchen, Dürre, Sturm, Hagel u. s. w. sind das Werk solcher Geister, die zum Teil mit Masken bekämpft werden.[1]

Bei den Neujahrsfestlichkeiten, welche einem förmlichen Karneval gleichen, treten eine Menge Tiermasken auf.[2] Auch im dritten Monate des Jahres, wenn im Kloster Blabrang die heiligen Gefäße ausgestellt und auf Potala die Bilder ausgehängt werden, finden Maskenprozessionen statt. Die Lamas erscheinen als gute Genien, die Laien als Tiger, Leoparden, Nashörner, Elefanten vermummt.[3]

Ebenso finden in den buddhistischen Klöstern die Aufführungen eigentümlicher, religiös-mythologischer Dramen statt, bei denen Gesichtsmasken benutzt werden. Diese werden in Lhassa gefertigt und von dort in die Klöster gebracht, in denen man die Masken gleich den Kirchengeräten heilig hält. Im Drama wird ein tugendhafter Mann von bösen Geistern versucht, welche ihn zu Schandthaten auffordern, aber mit Hilfe eines guten Geistes widersteht er und das

[1] C. J. Köppen, Die lamaische Hierarchie. Berlin, 1859. 260 ff.

[2] Georgi, Alphabetum tibetanum. 461. Müller, Sammlung russischer Geschichte. I. 143.

[3] Köppen a. a. O. 315.

gute Prinzip gelangt zum Siege. Buddha selbst belohnt den Tugendhaften. H. v. SCHLAGINTWEIT erwarb im Kloster Himis bei Leh in Ladak fünf solcher Masken. Die erste, einem Lama ähnlich, wird von dem Versuchten getragen; rot, die zweite, ist die des bösen Geistes; die dritte mit langen weiblichen Zöpfen ist diejenige eines bösen weiblichen Dämons; eine gelbe, mit drei Augen, repräsentiert Buddha und eine fünfte, mit einem Turban, den guten Geist. Alle Darsteller tragen ein und denselben Anzug aus reichem chinesischen Seidenstoff.[1]

Ich füge diesem Berichte noch einige erläuternde Einzelheiten aus dem Werke von EMIL SCHLAGINTWEIT[2] hinzu. Die Personen des Dramas, sagt er, sind Dragscheds (Schutzgötter, die den Menschen gegen böse Geister verteidigen), böse Geister und Menschen. Die Spieler jeder Gruppe sind durch eigene Masken (tibetanisch phag) unterschieden, weniger durch die Kleidung, welche überraschend einfach ist; die Dragscheds und bösen Geister tragen über ihrem Mönchsgewande hell leuchtende Seidengewänder. Die Masken der Dragscheds sind ungeheuer groß und sehen wild aus; der hintere Teil des Kopfes ist durch ein dreieckiges Stück Baumwollstoff oder Seide verdeckt und so fällt auch über die Brust ein Stück Stoff herab, das am Kinn der Maske befestigt ist. Die bösen Geister tragen braune oder dunkle Masken, die auch etwas über lebensgroß sind; ihre Kleider sind gut auswattiert, so daß sie wenig von den Hieben spüren, die auf sie herabhageln. Die dritte Gruppe der Spieler, die Menschen, tragen ihre gewöhnlichen Kleider und haben ihr Gesicht mit einer Maske von natürlicher Größe und Farbe bedeckt. Unter ihren Kleidern tragen sie Knüppel, mit denen sie die bösen Geister bedrohen.

Dem Drama geht die Rezitation von Gebeten und eine recht laute Musik voran. Die Spieler erscheinen auf der Bühne folgendermaßen: In der Mitte stehen die Dragscheds, zu deren Rechten die Menschen, zur Linken die bösen Geister. In kurzen Zwischenräumen führen die Menschen und die bösen Geister langsame Tänze aus und zwar jede Gruppe für sich. Nun sucht ein böser Geist einen Menschen zu verführen, daß er gegen die Moral oder Religion sich versündige; der Mensch, der anfangs widersteht, scheint endlich der Verführung zu unterliegen, bis seine Freunde herbeieilen und ihn

[1] Zeitschrift für allgemeine Erdkunde. Berlin. 1858. Neue Folge. IV. 153.

[2] Buddhism in Tibet. Leipzig und London. 1863. 233 ff.

aus den Klauen der Bösen zu erretten suchen. Es gelingt, und der gute Erfolg wird den Dragscheds zugeschrieben, die nun in Aktion treten und die Bösen strafen wollen. Gonyan serpo (das gelbe geborgte Haupt) ist der erste der Dragscheds, er trägt eine große gelbe Maske. Von einem halben Dutzend Gefährten begleitet, geht er auf die Bösen los. Zu seiner Seite steht Lhamo mit einer dunklen Maske und großen Schwänzen des Yakochsen geschmückt; andere tragen rote Masken mit drei Augen, das sind die Lhachen oder mächtigen Götter; die Lhatung haben grüne Masken und hohe Baumwollmützen, auf welche drei Augen gemalt sind. Nun beginnt der Kampf gegen die Bösen, die mit Flintenschüssen, Pfeilschüssen, Lanzen- und Steinwürfen und Prügeln behandelt werden, bis sie sich in die Löcher verkriechen. Damit endigt das Drama.

Wenden wir uns nach der neuen Welt, so finden wir auch hier die Masken im Kultus. Priesterliches Zubehör waren die Masken, welche die Chibchas in Cundinamarca trugen. Sie verehrten die Sonne, die einzige Gottheit, welcher sie Menschenopfer brachten. Alle fünfzehn Jahre fand das Opfer des Guëza statt; es war dies ein Jüngling, den sie mit großer Sorgfalt erzogen, um ihm dann am Opfertage das Herz auszureißen. Die Priester waren dabei maskiert. Die einen stellten Bochica dar, dem man drei Köpfe zuschrieb; andere trugen die Embleme seiner Frau Chia, der Göttin des Mondes; noch andere stellten den furchtbaren Fomagata vor, einen bösen Geist, dessen Gestalt man sich als Ungeheuer mit einem Auge, vier Ohren und sehr langem Schweife dachte und der beständig in den Lüften umherirrte.[1]

Der Tierdienst hat sich durch ganz Amerika neben dem Sonnen- und Gestirndienst nachweisen lassen, bei den wilden Indianern sowohl als bei den Kulturvölkern, die überall Tiere darstellen und deren Götter häufig mit Tierattributen versehen sind, welche gewöhnlich auf eine Verehrung dieser Tiere in einer dem Anthropomorphismus in entfernter Zeit vorangehenden Periode hinweisen. Als man später die Tiere antropomorphierte, entstanden die mythischen Verwandelungen von Menschen in Tiere. Nach aztekischem Mythus wurde Jappan in einen schwarzen, das Weib, das mit ihm Umgang gehabt hatte, in einen weißen Skorpion verwandelt. In dem vatikanischen Kodex mexikanischer Hieroglyphen werden die Götter zum Teil als Tiere abgebildet. Wenn, wie aus aztekischen Hieroglyphen ebenfalls

[1] Ausland 1872. 386. MÜLLER, Geschichte der amerikanischen Urreligionen. 433.

ersichtlich ist, die Priester bei gewissen Gelegenheiten sich der Maske vom Tapir bedienten, so weist dieses ebenfalls auf Heilighaltung dieses Tieres, dessen Maske auch bei den Stämmen am Amazonenstrome gebraucht wird. So trugen die Tapianes (Hüter) von Huehuetan im Gebiete von Soconusco bei gewissen Opfern Tapirmasken.[1]

In jedem achten Jahre feierten die Azteken ein Fest des Brotes und Wassers, das sie Atamalqualitzli nannten, wobei ein Maskentanz die Hauptsache war. Die Leute verkleideten sich dabei in die verschiedensten Tiere, deren Geberden und Stimmen sie kunstvoll nachahmten.[2] Auch bei den großen Menschenopferfesten, die zu Ehren des Tlaloc, des Gottes des Wassers, des Regens und der Berge, gehalten wurden, erschienen die mexikanischen Priester in festlichen Maskengewändern, das Gesicht mit Honig bestrichen, dem schwarze Farbe beigemengt war. Über den Schultern hingen die mit kleinen weißen Muscheln gezierten Weihrauchsäcke aus Jaguarhaut. Den Priester des Tlaloc an der Spitze marschierten sie in Prozession zum Tempel des Gottes. Der Oberpriester trug auf dem Kopfe eine Krone aus Korbflechtwerk mit Federn darauf. Sein Gesicht war mit geschmolzenem Kautschuk schwarz gefärbt und durch eine häßliche Maske mit großer Nase verdeckt; eine daran befestigte Perrücke fiel lang herab. Dann begannen die mit den Menschenopfern verknüpften Zeremonien.[3]

Bei den südlichen Kulturvölkern treffen wir die Masken im Winterfeste der Incaperuaner, das die Bedeutung hatte vom Tode und der Geburt des Sonnengottes. Die Sonne und mit ihr die Natur stirbt mit ihrer Wirksamkeit ab, wendet sich aber bald wieder von ihrem Wege zum erstarrten Pole zurück und wird neu geboren. Das Fest hieß Intip Raymi, Sonnenfest, und bei dem Festzuge erschienen die Curacas (Fürsten) in Pumahäuten oder mit Condorflügeln versehen oder mit Larven. Sobald die Sonne aufging, warf man ihr Küsse zu, fiel nieder und betete sie an.[4]

---

[1] Brasseur de Bourbourg, Lettres pour servir d'introduction à l'histoire primitive des nations civilisées de l'Amérique septentrionale. Mexico, 1851. 58, Anmerkung 40. Über die heute noch bei den amerikanischen Indianern vorkommenden Tiermaskentänze siehe weiter unten.

[2] Sahagun, Hist. Gen. I. lib. II. 195. Masken, welche Tiergesichter darstellten, wurden aus Federn dargestellt, worin die alten Mexikaner Meister waren. Bancroft, Native Races of the Pacific States. II. 490.

[3] Bancroft a. a. O. III. 341.

[4] Müller, Geschichte der amerikanischen Urreligionen. Basel. 1855. 390.

Kriegsmasken. Wie der Dämon, der geistige Feind, durch Masken geschreckt und durch dieselben bekämpft wird, so auch der leibliche Feind im Kriege durch die Kriegsmasken, die gleichfalls bei verschiedenen Völkern vorkommen. Der Maske wohnt vernichtende Kraft inne, wie schon die Etymologie nachweist. Masca, italienisch maschera, läßt sich auf mâcher oder masticare zurückführen und die Hexe heißt larva, Maske, weil sie Kinder frißt.[1] Ein Eingeborener von Kinyari, südlich vom Ras Kungwe am Tanganjikasee, stellte sich dem englischen Reisenden CAMERON in voller Kriegsmalerei vor, damit er ihn bewundere. Er trug eine Mütze, eine besonders häßliche Maske von Zebrafell; führte zwei Speere und einen Schild.[2] Die Krieger des Häuptlings Mandara am Kilimandscharo tragen ganz absonderliche Kleidung, augenscheinlich dazu bestimmt dem Feinde Furcht einzuflößen „und nicht wenige hatten am Kopfe Masken von abscheulicher Häßlichkeit befestigt, die mit einem doppelten Gesichte nach vorn und hinten schauten“.[3] Danach ist also die Kriegsmaske durch Ostafrika ziemlich weit verbreitet. Für gewöhnlich, sagt BUCHNER, geht der Neger mit unbedecktem Haupte umher, „zum Kampfe aber und um sich fürchterlich zu machen, fühlt er das Bedürfnis sein Haupt mit möglichst bizarren Formen zu schmücken“.[4]

Nach dem Kaplan JUAN DIAZ, der 1518 mit GRIJALVA's Flotte in Yucatan war, trugen die dortigen Krieger, um den Feind zu schrecken, „eine Art Kopfschmuck, welcher darstellte: einen Schlangenkopf, einen Tigerkopf, Löwen- oder Wolfskopf, jeder mit einem Rachen versehen. Der Kopf des Mannes steckte in diesem Tierkopfe. Diese Köpfe waren aus Holz verfertigt und mit Fell überzogen, mit Goldblechen und schönen Steinen verziert, die einen wundervollen Eindruck hervorbrachten.“[5] Ganz so scheinen die Kriegsmasken der Tlascalaner beschaffen gewesen zu sein, mit denen CORTEZ im folgenden Jahre kämpfte; es waren Sturmhauben aus Holz oder Leder, die häßliche Köpfe von Schlangen, Tigern, Löwen, Wölfen mit fletschenden Zähnen darstellten.[6]

[1] GRIMM, D. M.[4] 905.
[2] CAMERON, Across Africa. I. 259.
[3] H. H. JOHNSTON, Der Kilima-Ndjaro. Deutsche Ausgabe. 162.
[4] M. BUCHNER, Kamerun. Leipzig, 1887. 89.
[5] TERNAUX COMPANS, Voyages etc. pour servir à l'histoire de la découverte de l'Amérique. Paris, 1838. 58.
[6] PRESCOTT, Eroberung von Mexiko. Leipzig, 1845. I. 348.

Im ethnologischen Reichsmuseum zu Leiden befinden sich nach einer Mitteilung des Herrn Direktors SERRURIER Kriegshüte der Dajaks, auf denen ein phantastisches Menschenantlitz angebracht ist, das doch wohl, ähnlich den Masken, den Zweck erfüllen solle, den Feind zu schrecken. Diese im Leidener Museum befindlichen maskenartigen Kriegshüte der Dajaks werden folgendermaßen beschrieben:[1] 1. Kriegshut von Tigerfell in Form einer Maske; Augen von Glas, Mund und Nase von gefärbtem Holz. Mit Federn, Haaren und rotem Wollstoff verziert und mit Rotangflechtwerk gefüttert. 2. Kriegshut von Tigerfell, spitz nach oben zulaufend, verziert mit in Reihen stehenden Büscheln gefärbten Haares, Federn, einer eisernen Stange, Muschelplatten und Seesäugetierzähnen. Indessen lassen diese Beschreibungen, wie ich aus einer gütigen Mitteilung des Herrn SCHMELTZ ersehe, die beiden Gegenstände nicht klar erkennen, so bilden z. B. die Muschelplatten (von Nassa) bei Nr. 2, die Zähne und die Seesäugetierzähne (Delphinzähne) Reihen an beiden Wangen und jederseits im Munde einen Eckzahn.

Wenn die Dajaks eine Kopfjagd unternehmen wollen, so führen sie zunächst Waffentänze in voller Kriegsrüstung aus und hierbei tragen die Tanzenden zuweilen große hölzerne Masken, wobei Tiermasken vorkommen, wie denn C. BOCK bei dieser Gelegenheit eine Alligatormaske sah.[2] Auch die Neukaledonier haben Kriegsmasken. L. DE VAUX beschreibt eine solche masque de guerre als kolossalen, fratzenhaften Holzkopf mit großem offenen Maul. So glaubt der Betreffende, welcher diese Maske überstülpt, unsichtbar und unverwundbar zu sein. Oben ist der Holzkopf mit Haaren versehen, von seinem Rande fällt ein Kranz $1\frac{1}{2}$ Meter langer Notufedern herab, welche den Träger einhüllen.[3] Da unsere Quelle übrigens angiebt, daß die Maske auch bei den Pilu-Pilu genannten Tanzfesten Verwendung findet, so erscheint es zweifelhaft, ob es sich hier lediglich um eine Kriegsmaske handelt, oder ob diese Art der Vermummung für beide Fälle benutzt wird. Die später zu schildernden Tanzmasken von Neukaledonien scheinen mir nicht wesentlich von der durch DE VAUX beschriebenen Kriegsmaske verschieden zu sein.

Wenn wir nun bei den Rüstungen und Helmen der Kulturvölker der alten Welt gleichfalls fratzenhafte Gesichter angebracht finden,

[1] Nederlandsche Staatscourant 7. Aug. 1884.

[2] C. BOCK, Unter den Kannibalen auf Borneo. Jena, 1882. 249 und Tafel 22, Figur 4.

[3] Revue d'Ethnographie. II. 349. (1883.)

so werden wir wohl berechtigt sein, sie mit den hier erwähnten Masken der Naturvölker in dieselbe Kategorie zu stellen. Mittelalterliche europäische Helme mit abschreckenden Gesichtern sind bekannt und ähnliches wiederholt sich in Japan.

Bei den Japanern ist neben dem Feuergewehr eine Rüstung bei gewissen Truppen bis in die neueste Zeit beibehalten worden. Die Rüstung, in welcher bis vor kurzem der japanische Ritter erschien, wenn er im Dienste war, und die er mit den Trophäen eines hundertjährigen Friedens, mit den Erzeugnissen der Kunst und den Erfindungen der Prachtliebe ausgeschmückt, bestand in einem Panzer mit Lenden-, Schenkel-, Bein-, Arm- und Schulterschienen und aus einem Helme mit Nackenschirm, Visier und Ringkragen. Gewöhnlich sind Helm, Panzer und Zubehör aus dünnen mit lederartigem Papier überzogenen Blechplatten verfertigt, mit Metall beschlagen und verziert. Seltener ist die Rüstung von Eisen oder sonstigem Metall.

Was uns nun an diesen Helmen der Japaner interessiert, das sind nicht die Embleme auf denselben, die Drachen, Sonnenscheibe, Halbmonde, Hörner, sondern die ganz eigentümliche Bildung des Visiers, das dazu gemacht ist, durch scheußliches Aussehen Furcht einzuflößen und den Feind zu schrecken. „Es besteht aus einer Larve mit Adlernase, einem großen Maule voll silberner Zähne, einem schwarzen, roten oder weißen Schnurr- und Knebelbart und tiefen Furchen in den Wangen. Diese gräuliche Larve heißt Membo, und, wenn die Nase fehlt, Sarubo, Affengesicht. Oben ist sie mit Riemen an die Pickelhaube und unten an den Ringkragen befestigt." So die Maske, welche von Siebold[1] schildert, die übereinstimmt mit den Visieren an den japanischen Rüstungen in unseren Museen, z. B. im Leipziger Museum für Völkerkunde.

Leichenmasken. Um unbehelligt in das Jenseits einzuziehen, muß der Wächter desselben von dem Abgeschiedenen getäuscht werden, er darf ihn nicht erkennen und darum wird der Leiche eine Maske mit in's Grab gegeben. Oder der Tote soll sich nicht vor den Dämonen auf seinem Wege fürchten, er soll sie selbst abschrecken und darum legt man ihm die Maske an. Hier tritt die Anschauung auf, welche die Römer von den Larven hegten: diese sind als böse Geister verstorbener schlechter Menschen gedacht, welche, die Lebenden quälend, als schreckhafte Spukgestalten, als Skelette und Popanze umherziehen.

[1] Ph. Fr. v. Siebold, Nippon. Leiden, 1832. II. 30.

Die prinzipiellen, hier in Frage kommenden Anschauungen finden wir deutlich ausgedrückt bei den Aleuten, die, gleich anderen Jnuit, ihre Tänze und Festlichkeiten hatten, welche meist im Dezember gefeiert wurden. Dann war Nahrung in Fülle vorhanden und ein Dorf lud das andere zu Gaste. Tänze der Kinder, der nackten Männer, welche ihre rohen Trommeln schlugen, der merkwürdig aufgeputzten Weiber und die Gesänge der Schamanen folgten aufeinander. Das war zumal der Fall, wenn ein Walfisch ans Ufer getrieben wurde, und dann fanden Tänze mit mystischer Bedeutung statt. Einige Männer waren in ihre besten Kleider gekleidet, others danced naked in large wooden masks, which came down to their shoulders and represented various sea animals.

Während der Festlichkeiten wurden zu diesem Zwecke hergestellte Bildnisse aus Holz oder ausgestopften Häuten von Insel zu Insel gebracht, und während der Nacht fanden wunderliche Zeremonien statt, von denen wir nur dunkele Traditionen besitzen. Hunderte von maskentragenden Frauen sollen dann nackt im Mondlicht getanzt haben; die Männer waren streng dabei ausgeschlossen und sollen selbst, wenn sie eindrangen, mit dem Tode bestraft worden sein.[1]

Der Zweck dieser mystischen Tänze und der Masken wird nun bei Dall[2] folgendermaßen erklärt:

Während der Tänze und während das erwähnte Idol von Insel zu Insel gebracht wurde, stieg ein Dämon in das letztere herab. Wer dann das so besetzte Idol angeschaut hätte, würde dem Tode verfallen sein oder irgend ein Unglück wäre ihm zugestoßen. Daher trug man die großen aus Treibholz geschnitzten Masken. Die Öffnungen in der Maske waren in den Nasenlöchern angebracht, so daß der Träger nicht gerade ausschauen, sondern nur auf den Boden zu seinen Füßen sehen konnte. Nach Beendigung der Tänze wurden die Idole und Masken zerstört. Im weiteren Verfolg der Vorstellung von den üblen Einwirkungen des Dämons wurde dann den Toten, welche in einer anderen Welt die Geister antreffen mußten, eine Maske mit ins Grab gegeben, welche sie jenseits schützen sollte.[3]

Dall hat zahlreiche Überreste solcher Masken gesammelt; sie waren aus Holz, das infolge des Alters von korkartiger Beschaffen-

[1] W. H. Dall, Caves of the Aleutian Islands. Smithsonian contributions to knowledge, Nr. 318. Washington, 1878, 4.

[2] A. a. O. 5.

[3] Vergl. auch Contrib. to North Americ. Ethnology. Washington. 1877. I. 92.

heit erschien und leicht zerbröckelte; nur die Nasen, als der dickste Teil, hatten sich gut erhalten. Auf Unga fand er in einer Felsspalte, die als Begräbnisstätte gedient hatte, allein etwa fünfzig Stück solcher Nasen.

Die Masken waren unter einander verschieden, doch nach einem Typus gearbeitet. Sie hatten im Mittel 26 Zoll Höhe bei 16 Zoll Breite, die Biegung eingerechnet. Alle zeigen eine breite, dicke, doch nicht abgeflachte Nase, gerade, aber nicht vorstehende Augenbrauen, dünne Lippen und großen Mund, in dem kleine Holzzähne eingesetzt sind. Alle waren mit verschiedenen Farben bemalt, gewöhnlich schwarz und rot; Haarbündel waren eingepflockt, um den Bart anzudeuten, zuweilen auch Haare am oberen Teile der Stirn angebracht, die Nasenlöcher waren eingebohrt, die großen, flachen Ohren angesetzt und zwar weit höher, als ihre natürliche Lage erfordert, nämlich meist am oberen hinteren Winkel der Maske. Auf den Backen waren oft verschiedene Muster leicht eingraviert oder aufgemalt. Innerhalb der Maske ging an der Mundstelle von Seite zu Seite ein dünner runder Stab, welcher mit den Zähnen festgehalten wurde, wie die Bißmarken beweisen, und zur ferneren Befestigung diente ein über den Hinterkopf weggehendes Band.

Diese Masken zeigen große Erfindungsgabe und Kunst im Schnitzen, zumal wenn wir bedenken, daß sie nur mit Stein- und Knocheninstrumenten hergestellt wurden. Verschiedene Löcher am Rande der Masken dienten dazu, steife Federn in dieselben einzusetzen, an welche man wieder kleine, lebhaft bemalte hölzerne Anhängsel anheftete. Diese Anhängsel waren von sehr verschiedenen Formen, wie Halbmonde, Scheiben, Rauten, Blätter, Lanzen- und Pfeilspitzen gestaltet und mit einheimischen Farben rot, blau, grün und schwarz bemalt. Ähnliche bemalte Masken, nur roher in der Ausführung, wurden am Prinz-Williams-Sund, also weiter nördlich, gefunden.[1]

Die Maske als Grabbeigabe findet sich auch auf der Kenaischen Halbinsel. Die Bewohner des Ortes Soonroodna verbrannten früher ihre Toten und begruben die Überreste, versehen mit Leichenbeigaben. Dazu gehörten die alten Tanzmasken, die in der Totengrotte verwahrt wurden und als Gegenstände frommer Scheu für die Nach-

[1] Dall a. a. O. 29. 32. Sauer-Billings (Reise nach Russisch-Asien und Amerika. Weimar, 1803. 164. 179) erwähnt, daß die Fratzenmasken der Aleuten mit den bekannten Lippenzierraten versehen waren. Das englische Original bringt 6 Abbildungen. Mehr über die Leichenmasken Alaskas mit zahlreichen Abbildungen im Third annual report of the bureau of Ethnology. Washington, 1884. 137 ff.

kommen liegen blieben. Jeder, der das 1794 beim Einrücken der Russen verlassene Dorf besuchte, opferte diesen Masken, die für die Geister der Verstorbenen gehalten wurden, irgend einen Gegenstand, meistens Lebensmittel oder geflochtene Körbe, wie sie die Eingeborenen zum Kochen mit erhitzten Steinen benutzen.[1]

Wie bei den Aleuten die Tänzer mit Masken bei Totentänzen sich zeigten, so ist dieses heute noch bei den Negern am Kamerun der Fall. Auf das Begräbnis folgt dort am dritten Tage großes Spiel mit Tänzen und Musik, dabei treten einige vermummte, durch schwere hölzerne Masken verdeckte Gestalten hinzu, welche springen und tanzen, johlen und lärmen, dann aber auch gegen andere Spielgenossen, zumal die Weiber, anrennen und diese zu erschrecken suchen.[2] In der letzteren Angabe sehen wir die Bedeutung dieser Masken, welche als Darstellung des furchteinflößenden Todesdämons aufgefaßt werden können. (Vergleiche Seite 111 Anmerkung.)

Die Aufbewahrung der Leichen in der Form von Mumienballen, die mit Netzwerk überzogen sind, wie sie auf den Aleuten geübt wurde, hat außerordentliche Ähnlichkeit mit dem alten in Peru ausgeführten Verfahren. Doch soll diese Übereinstimmung hier nicht weiter verfolgt, sondern nur darauf hingewiesen werden, daß hier wie da den Toten Masken oder substituierende künstliche Köpfe mit ins Grab gegeben werden.

Die großen Mumienballen, welche Reiss und Stübel untersuchten und abbildeten und die von dem Totenfelde von Ancon in Peru stammen, besitzen künstliche Köpfe, welche aus einem mit Blättern ausgestopften Kissen hergestellt sind und die bei aller Roheit doch die charakteristischen Gesichtsformen der Indianer wiedergeben. Auf dem dunkelrot bemalten Grunde sind die aus Holz, Baumrinde u. dgl. geformten Nasen und Lippen befestigt; die Augen wurden gewöhnlich durch eine runde, helle Muschelschale dargestellt, auf der ein Tropfen dunkel gefärbten Wachses die Pupille bezeichnet. Die Haare sind durch eine künstlich gearbeitete Perrücke aus schwarz gefärbten Agavefäden vertreten.[3] Diese künstlichen Köpfe treten hier substituierend für die Masken auf, wie letztere in der That auch in den peruanischen Gräbern vorkommen. Beweis dessen der Maskenkopf aus der Gegend von Lima, der sich in den Sammlungen der Smith-

[1] Kapitän Jacobsen's Reise an der Nordwestküste Amerikas. Leipzig. 1884. 371.
[2] Dr. Pauli in Petermann's Mitteilungen. 1885. 17.
[3] Reiss und Stübel, Das Totenfeld von Ancon in Peru. Berlin, 1881.

sonian Institution befindet und von W. H. HOLMES beschrieben wurde.[1] Der Kopf ist über lebensgroß und aus Holz geschnitzt; kräftig tritt die Nase hervor, der Mund ist groß und fest. Die Augen bestehen aus Vertiefungen, in welche weiße Muschelschalen eingelassen sind, auf denen wieder schwarze Schalenstücke aufgeklebt sind, um die Pupille zu bezeichnen. Selbst die Wimpern sind durch Haare angedeutet.

Fig. [illegible]. Altperuanische Leichenmaske.

In der amerikanischen Zeitschrift Science vom 4. Juli 1884. (Vol. IV. Nr. 74.) SQUIER (Peru. Lond., 1877. 90) fand bei einer altperuanischen Leiche, die unter einem Steinhaufen beigesetzt war, neben anderen Beigaben a kind of idol or mask, cut out of wood, beeing a resemblance to the carved idols brought from distant pacific islands, rot bemalt, mit vorstehender Nase und Schnüren versehen, as if to attach in front of some object. Unten eine Art Stiel, wie bei der Maske, die HOLMES beschrieb. Letztere in der Abbildung wiederholt bei DALL, On masks. Tafel VI und RAU, Prehistoric fishing. Washington, 1884. 325.

Der hintere Teil der Holzmaske ist flach, doch ist der Kopf durch ein Bündel Blätter modelliert, die durch ein Netzwerk aus Bindfaden zusammengehalten werden. Außerdem ist die Maske noch durch mannigfache Beigaben geschmückt, die alle an derselben befestigt sind. Schöne bunte Federn sind auf dem Haupte angebracht, auf dem sich außerdem noch eine Art Tasche aus grobem Stoffe befindet, in der eine Menge verschiedenartiger Artikel aufbewahrt wird: kleine Päckchen Bohnen und Samen, Rollen Zeug von verschiedener Farbe und Textur, kleine Bündel Wolle und Flachs, Stückchen Kupfer und Erde, sorgfältig in Hülsen eingewickelt, Federn u. s. w. Um die Stirn herum sind lange schmale Binden gewickelt, von denen die eine weiß ist, während die anderen gewebte Figuren in glänzenden Farben zeigen. Die Enden der Binden hängen zu beiden Seiten des Gesichtes herab. An der linken Seite der Maske hängt an starken Bindfäden eine Tasche, ähnlich einem Tabaksbeutel, herab, die sechs Zoll im Quadrat hat und wie grobes Segeltuch gearbeitet ist: am unteren Rande ist diese Tasche mit Bindfadenfransen geschmückt. Dieser Tasche gegenüber hing von der anderen Seite der Maske ein Netz herab, welches wieder sehr verschiedenartige Dinge enthielt: eine sehr künstlich aus Bindfaden hergestellte Schlinge; Bündel von Flachs und Bindfaden; kleine Netze mit Bohnen, Samen u. dergl.; kupferne Angelhaken mit der Schnur daran, die um ein Stück Rohr gewickelt ist; hübsche Netzsenker aus dunklem Schiefer, in Kornhülsen eingewickelt. Diese Dinge waren zweifellos das Eigentum des Verstorbenen und nach den Gebräuchen seines Volkes mit ihm beigesetzt.

In die Gruppe der Leichenmasken dürfen wir wohl auch die sehr interessanten Masken aus Muschelschalen rechnen, die den nordamerikanischen Mounds entstammen. Sie sind aus sehr großen Stücken von Meeresmuscheln durch Schnitzen und Gravieren hergestellt und höchst roh und einfach in der Ausführung. Die Maske ist ein flaches, birnförmiges Schalenstück, aus dem die lange Nase flach hervortritt, Augenbrauen sind angedeutet, die Augen und der Mund sind durch Löcher dargestellt. Um die Augen und den Mund herum ziehen sich häufig einfache Ornamente in geraden Linien. Diese Masken sind namentlich in den Mounds von Tennessee häufig, doch kommen sie auch in jenen von Kentucky, Virginia, Illinois, Missouri und Arkansas gewöhnlich mit menschlichen Überresten vor, und zwar so, daß man sie als in Verbindung mit dem Kopfe betrachten muß. Außer den Öffnungen für die Augen sind keine anderen vorhanden, als etwa solche, die zur Befestigung einer Schnur zum Anbinden vor dem Gesichte dienen könnten. Nach ihrer Form und der Lage, in welcher man sie gefunden hat, mag es daher erlaubt sein, sie als Leichenmasken anzusprechen.[1]

Unter der Anschauung, daß die Masken vor den Dämonen schützen, werden uns auch manche Gebräuche der alten Mexikaner verständlich, zumal jene, welche bei dem Tode und dem Leichenbegängnisse der Könige beobachtet wurden. Wenn der Monarch starb, wurde dessen Schutzgottheit mit einer Maske bedeckt. Suivant une coutume antique on mettait un masque au visage des principales idoles.[2] Der Tote hatte auf seinem Wege in das Jenseits einen schwierigen Weg mit allen möglichen Gefahren zurückzulegen; er mußte eine Straße passieren, die von einer Schlange gehütet wurde, einen Platz, auf dem ein Alligator lag, ferner acht Wüsten, dann acht Berge, wo so scharfe Winde wehten, daß sie Felsen wie mit Rasiermessern schnitten u. s. f.[3] Erst am fünften Tage nach dem Begräbnisse gelangte der Verstorbene in seinen zukünftigen Aufenthalt, und auf dem Wege schützte ihn die Totenmaske, die ihm angelegt wurde, und die besonders kostbar war, worüber uns verschiedene Berichte vorliegen. Es waren entweder gemalte Masken oder solche von Gold, oder mit Türkisen besetzt, die man der Leiche auf das Angesicht legte. Von dem Leichenbegängnisse des Tezozomoc von Azcapuzalco sprechend, sagt Ixtlilxochitl, daß eine Türkismaske über sein Gesicht gelegt wurde conforme lo fisonomía de su rostro. Esto no se usaba sino con los monarcas de esta tierra; a los demas reyes les ponian una máscara de oro.[4]

Von den alten mexikanischen Totenmasken haben sich glücklicherweise Exemplare bis auf unsere Tage erhalten, so daß wir die Beschaffenheit derselben genau kennen. Sie sind aus Stein, Thon, Holz oder aus Teilen von Menschenschädeln gefertigt. In der Größe

[1] Second annual report of the bureau of ethnology. Washington. 1883. 293 ff. Mit zahlreichen Abbildungen.

[2] Brasseur de Bourbourg, Histoire des nations civilisées du Mexique. III. 572. Clavigero, Storia Ant. del Messico. II. 95. berichtet, daß die Götterbilder des Huitzlipochtli und des Tezcatlipoca mit Masken bedeckt wurden. Die Quelle für diese Angabe ist Gomara. Conq. Mex. Fol. 309. Vergl. Bancroft. Native Races of the Pacific States. II. 603.

[3] Bancroft a. a. O. II. 605.

[4] Relaciones in Kingsborough's Mexican Antiquicties. IX. 370. Nach Veytia, Hist. Ant. Mej. III. 5. war es eine Goldmaske, garnecida de turquezas. Vergl. Bancroft a. a. O. II. 606.

schwanken diese Masken ungemein und es sind recht kleine vorhanden, wie für Puppenköpfe passend, die wohl über die Gesichter der Hausgötter bei Tod, Krankheit oder sonstigem Unheil gelegt wurden.

Die Masken aus Stein oder Thon sind die häufigsten. In einem Grabhügel bei Ranchito de las animas grub STREBEL eine Totenmaske aus Diabas aus. Sie ist voll gearbeitet, hinten flach, hat oben eine Dicke von 2,6, an der Nasenspitze von 7,5 und am Kinn von 3,5 cm. Oben in der Mitte der Kante ist eine submarginale Durchbohrung angebracht, während die Ohrlappen gerade durchgehend durchbohrt sind. Diese Maske zeigt den mexikanischen Stammestypus. Eine andere ähnliche von demselben Fundort bestand aus Kalkstein.[1] Im Museum zu Mexiko befindet sich eine Maske aus Obsidian, in anbetracht des spröden, schwer zu bearbeitenden Stoffes ein bewundernswertes Stück, das durch Polieren mit teoxalli, „Göttersand", hergestellt wurde; eine andere aus brauner Lava und bemalt, bewahrt die Christy-Collection; sie ist 12 Zoll hoch und 10 Zoll breit. Der Mund ist weit offen und die Innenseite gleichfalls skulpiert.[2]

Noch größeres Interesse in bezug auf ihre Technik als solche Steinmasken zeigen die inkrustierten Holz- und Schädelmasken, von denen sich nur sehr wenige Exemplare erhalten haben. Das charakteristische derselben ist eine Inkrustation aus Mosaik, welches sehr gut gearbeitet ist, so daß es bei einem Volke, welches mit dem Eisen und seinem Gebrauche unbekannt war, Staunen erregen muß. Bei der großen Seltenheit dieser aus vorkolumbischer Zeit stammenden Masken, gebe ich hier eine Übersicht derselben; es sind im ganzen neun Exemplare, sämtlich in europäischen Museen.

Zunächst die hölzernen Masken. Zwei befinden sich im Museo Kircheriano (jetzt Museo etnografico) zu Rom und sind von LUIGI PIGORINI beschrieben worden.[3] Die erste stellt ein fratzenhaftes Menschengesicht dar, befand sich früher in Bologna und ist bereits von ALDROVANDI beschrieben worden.[4] Höhe der Maske 21, Breite

[1] H. STREBEL, Alt-Mexiko. 59. 77. Tafel III. Fig. 8. 16.

[2] E. B. TYLOR, Anahuac. 225. Siehe auch das Verzeichnis mexikanischer Masken in den Anales del museo nacional. II. 476. Mexiko, 1882.

[3] Gli antichi oggetti messicani incrostati di mosaico esistenti nel museo etnografico di Roma. Academia dei Lincei 1884—85. Nebst Tafel.

[4] ALDROVANDUS, Museum metallicum. Bologna, 1647. Vergl. auch BARTELS in Verhandl. Berliner Anthropol. Ges. 1885. 201.

15 cm. Die hölzerne Grundlage ist rot bemalt, darauf das Mosaik aus Türkis, Perlmutter, farbigen Muschelstückchen und Obsidian. Die stark hervortretende groteske Nase soll vielleicht eine Tierform darstellen; ebenso tritt die Unterlippe weit hervor, zieht sich über das Kinn hin und endigt unter diesem in eine Art Vogelkopf. Ich wurde beim Beschauen dieser Maske, die Herr PIGORINI mir vorzeigte, lebhaft an die hölzernen Tanzmasken der Nordwestamerikaner erinnert.

Die zweite in Rom befindliche Mosaikmaske ist besser erhalten als die eben erwähnte. Diese Maske wird bereits 1553 im Besitze der Mediceer zu Florenz erwähnt, wie alte Inventarien ausweisen; 1880 kam sie nach Rom. Sie ist 28 cm hoch und 17 cm breit. Das Mosaik besteht wesentlich aus Türkisen und roten Muschelstückchen, welch letztere effektvoll hervortretende Bänder in den blauen Türkisen bilden. Über dem Kopfe erhebt sich ein diademartiger Aufsatz, dem ein ähnlicher Fortsatz am Kinne entspricht. An Stelle der Ohren groteske Figuren. Beide Masken haben große, offene Augen.

Drittens: Holzmaske in der Christy-Sammlung des British-Museums, beschrieben von E. B. TYLOR.[1] Sie ist mit tausenden geschnittenen und polierten Türkisen besetzt, welche in eine Pasta von Harz oder Zement eingelassen sind. Die Augen sind durch ovale Perlmutterstücke dargestellt; zwei kleine viereckige Stücke aus demselben Stoffe befinden sich an den Schläfen und diese sind durchbohrt, um die Schnur zum Aufhängen der Maske durchzulassen. Die Zähne bestehen aus harter weißer Muschelschale. Augen und Nasenlöcher sind durchbohrt und zwischen den Zähnen öffnet sich ein Spalt, so daß der Träger der Maske leicht darunter atmen und sehen konnte. Der Ausdruck der Mosaikmaske ist ein durchaus ruhiger und würdevoller. Das Holz, welches als Grundlage des Mosaiks dient, ist der wohlriechenden mexikanischen Zeder entnommen. Die Innenseite ist rot bemalt. Ausserdem noch eine (vierte) Holzmaske in London.

Fünftens: Die Vogelmaske im herzogl. Museum zu Gotha (Tafel VIII und IX). Die Kenntnis dieses interessanten, bisher nicht beschriebenen und wohlerhaltenen Stückes verdanke ich der Güte des herzoglichen Museumsdirektors Hofrat Dr. ALDENHOVEN zu Gotha. Die Maske, im reichsten Mosaik ausgeführt, ist sehr gut und sauber erhalten und stellt einen

[1] Anahuac. London, 1861. 338. Auch Guide of the Exhibit. Gall. Br. Mus. 1888. 232.

Vogelkopf (Specht? Rabe?) dar. Sie ist durch einen Kammerdiener des Herzogs Friedrich IV. von Sachsen-Gotha-Altenburg in den ersten Jahrzehnten unseres Jahrhunderts aus Rom mitgebracht worden und stammt aus den Sammlungen der dortigen Jesuiten. Ihre Länge, vom Hinterkopf bis zur Schnabelspitze, beträgt 0,3 Meter, die Höhe 0,135 Meter. Die Maske ist aus Mahagoniholz hergestellt, auf welchem auf einer Grundlage von Asphalt (?) das Mosaik eingekittet ist. Letzteres besteht aus kleinen Stückchen Malachit, Türkis, Perlmutter und roter Koralle, sowie Plättchen von weißem Knochen (weißer Muschelschale?), auf denen Kreise mit einer schwarzen Masse aufgetragen sind. Die Verzierung der Maske besteht in Bändern, Reihen und Bogen, welche in ihrer Anordnung im allgemeinen der natürlichen Form des Vogelkopfes folgen. So ist die Spalte des geschlossenen Schnabels mit einem roten Bande, unterbrochen von roten und weißen Stücken, umzogen und über die Augen zieht sich ein Bogen von Malachit, der wieder von einem breiteren Bogen von Türkisen eingefaßt ist.

Die nach unten und hinten zu offene Maske, so daß sie über den Kopf gestülpt werden kann, ist im Innern glatt; am hintern Ende befinden sich beiderseits zwei kleine Löcher, wohl zur Anbringung von Bändern. Es scheint als ob noch eine Art Bekrönung oder Aufsatz der Maske früher vorhanden war, dafür spricht eine glatte Erhebung am Hinterhaupte derselben. Von dem Mosaik fehlt allerdings manches, doch sieht man deutlich, daß die Ausschmückung der rechten und linken Seite gleichmäßig angeordnet war. Es entspricht im allgemeinen jedes Stück auf der einen Seite einem gleichen oder doch ähnlichen des anderen. Nur zwischen den beiden Augen auf der Stirn ist ein Ornament angebracht, das etwa einem Vogelkopfe gleicht. Die fehlenden Stücke des Mosaiks waren vielleicht aus kostbarem Stoffe hergestellt und wurden später herausgebrochen, dafür zeugen die Augen, die jetzt nur die leere Holzfläche dem Beschauer darbieten.

Das ethnographische Museum zu Kopenhagen birgt im Schrank No. 33, welcher die altmexikanischen Sachen enthält, „zwei besonders seltene Masken aus Holz, mit geschliffenen Türkisen, Perlmutter und Conchylien eingelegt“.[1] Sie sollen aus Rom stammen.

An diese hölzernen mit Mosaik bedeckten Masken schließen sich die noch selteneren Mosaikschädelmasken an, bei welchen das

[1] STEINHAUER, Das kgl. ethnogr. Museum zu Kopenhagen. 1886. 22.

Mosaik auf die abgeschnittene Vorderhälfte eines menschlichen Schädels und Gesichtes aufgetragen ist und die Ornamentierung sich im allgemeinen den Zügen des menschlichen Gesichtes anschließt. Ein früher im herzoglichen Museum zu Braunschweig befindliches Exemplar befindet sich jetzt im Museum für Völkerkunde zu Berlin;[1] ein zweites in der Christysammlung des British Museum stammt aus Brügge, wohin es zur Zeit der spanischen Herrschaft gelangt sein mag. Diese Schädelmasken mit ihrem schrecklichen Anblick repräsentieren in ihrer Mischung von Barbarei und Kunst den ganzen Zustand Mexikos zur Zeit der Eroberung. Das in England befindliche Exemplar schildert Tylor folgendermaßen: „Die Inkrustation von Türkismosaik ist auf der Stirn, dem Gesicht und den Kiefern eines Menschenschädels angebracht, dessen Rückseite weggeschnitten ist, damit er über das Gesicht des Götzenbildes gehängt werden konnte vermittels Lederschleifen, die noch erhalten sind; denn es war Brauch in Mexiko so die Götzen bei Staatsgelegenheiten zu maskieren. Das Türkismosaik ist durch drei breite Querbänder auf Stirn, Gesicht und Kinn unterbrochen, die aus Obsidianmosaik bestehen, welches ähnlich geschnitten und sehr schön poliert ist, doch aus größeren Stücken besteht, wie das Türkismosaik. Die Augäpfel bestehen aus Pyritknollen, welche halbkugelförmig geschliffen und fein poliert sind. Umgeben sind sie von Kreisen aus harter, weißer Muschelschale."[2]

Bekannt sind die Mumienmasken der alten Ägypter, welche auch in diese Abteilung gehören. Ein Sohn Ramses II., Chamus, war mit einer dicken Goldmaske bestattet, welche Mariette auffand, und in Sakkara sind gut gearbeitete Mumienmasken aus Sykomorenholz gefunden worden. Die Augenbrauen und Augenränder sind mit Rotkupfer ausgelegt, das Holz ist mit feiner Leinwand beklebt und auf einer einen halben Millimeter dicken Stuckschicht das Gesicht in Grau aufgemalt.[3]

Die im Louvre befindlichen Leichenmasken, bei denen man das Gesicht des Verstorbenen wiederzugeben versuchte, sind von E. de Rougé beschrieben worden.[4] Wie die Särge des Königs Antew darthun, wurden schon in der ältesten Zeit einige dieser Masken ver-

[1] Verhandl. Berliner Anthropol. Ges. 1885. 201.

[2] Tylor, Anahuac. 338.

[3] Perrot und Chipiez, Geschichte der Kunst im Altertume. Ägypten. Deutsche Ausgabe. 748. 588. — Über goldene Masken, die den Götterbildern angelegt wurden, vergl. Jagor in Zeitschrift für Ethnologie. 1882. 209.

[4] Notice sommaire des monuments égyptiens du Louvre. 1869. 98.

goldet und mit inkrustierten Schmelzaugen versehen. Mindestens bis in die Zeit der achtzehnten Dynastie reichen die Masken aus dünnem Goldblatt zurück. Masken aus vergoldeter Kartonnage wurden zu allen Zeiten verwendet; neueren Datums sind die Masken, bei denen die Haut rosenfarbig dargestellt ist. Treten dabei fremdartige Haarverzierungen auf, so deutet dieses auf ägyptisch-griechische Zeit. Gemalte Porträts vertreten die Masken zur Römerzeit in Ägypten.

Auch von Ninive sind durch LAYARD in das britische Museum zwei Masken aus dünnem Goldblech gekommen, die sehr roh hergestellt sind und zum Behufe der Befestigung an den vier Ecken durchbohrt sind. Das eine Exemplar stammt aus einem Grabe spätrömischer Zeit.[1]

Aus dem klassischen Altertum haben sich zahlreiche Totenmasken erhalten in Gold, Silber, Bronze, Eisen und Terrakotta, welche über das weite Gebiet der antiken Welt zerstreut aufgefunden und von BENNDORF[2] zusammenfassend geschildert wurden. Es gehören dahin die sechs in Lebensgröße aus Goldblech getriebenen Masken, welche SCHLIEMANN in der alten Grabstätte von Mykenä auf den Schädeln der Bestatteten gefunden hat und die, trotz ihrer primitiven Roheit keine Zweifel darüber aufkommen lassen, daß durch sie „ein Bildnis des Toten“ hergestellt werden sollte. Aus Goldblech getrieben und 0,224 m hoch ist eine Maske, welche in einem Tumulus bei Kertsch aus dem dritten Jahrhundert stammt und die auf dem Angesicht des Toten gefunden wurde; eine weit barbarischere Goldmaske, die Vergleichungspunkte mit den von SCHLIEMANN gefundenen Masken darbietet, wurde der steinernen Grabkammer eines Tumulus von Olbia entnommen. Dünne aus Silber getriebene und ziselierte Gesichtsmasken, jetzt im Louvre befindlich, wurden 1836 in Notre-Dame-d'Alençon bei Brissac gefunden; sie sollen „später als Caracella“ sein. Eine aus sehr reinem Kupfer bestehende fragmentierte Gesichtsmaske stammt aus der Gegend von Luxemburg; sie wurde bei einer steinernen Aschenurne ausgegraben. Aus Bronze sind Gesichtsmasken in Gräbern von Neuvy-Pailloux (römisch-gallische Zeit) gefunden worden: eiserne sind an verschiedenen Orten bekannt. So eine solche mit Bronze plattiert von Köln. Unter den Terra-

[1] O. BENNDORF, Antike Gesichtshelme und Sepulcralmasken. Denkschriften der kaiserlichen Akademie der Wissenschaften. Philos.-historische Klasse. XXVIII. 364. (Wien. 1879.)

[2] A. a. O. 301—375 mit 17 Tafeln.

kottamasken zeichnen sich diejenigen eines bärtigen Mannes und einer jugendlichen Frau von Chiusi aus, bedeckt mit eingeritzten Zeichnungen von Frauengestalten und Tieren, welche Benndorf als Nachahmung natürlicher Tätowierung anspricht.

Was die Deutung der antiken Totenmasken betrifft, so hält Benndorf dafür, daß sie ein möglichst treues Bild des Toten geben sollen. Irgendwie sei daher allen Exemplaren der Charakter oder die Intention eines Porträts eigen; sie sollten auf dem Antlitze der Leiche liegen oder bei einer mimetischen Darstellung des Toten dienen. „Wie bei den meisten in hohes Altertum hinaufreichenden Sepulkralgebräuchen wird auch die Bedeutung der Sepulkralmasken ihrem Ursprung nach wesentlich religiös zu denken sein. So lange der Leichnam unbestattet zur Schau steht, soll das künstliche Bild den Eindruck des Lebens ungeschmälert erhalten oder diesen Eindruck wie von einem höheren Wesen wirksam steigern. Wenn er dann der Erde übergeben ist, soll es ihn gegen widrige Einflüsse behüten, seine Ruhe abwehrend sichern. Das Bild ist damit für die Überlebenden wie für den Toten selbst zauberkräftig, eine Gabe der Pietät, die ihn mit dem Ausdruck der Vollendung aus dem Dasein scheiden und geschützt in die dunkle Zukunft hinübertreten läßt, eine fromme Täuschung der Trauer und ein frommes Schutzmittel. Der naive Charakter dieser Auffassung, welcher auf ein fortgeschrittenes Wissen um die Natur der Dinge und jede feinere Empfindung kindlich oder abstoßend wirkt, wie sich mit innerer Nötigung die Entwickelung des Menschen widerspricht, würde für sich allein einen sehr frühen Ursprung der Sitte verbürgen und ihre weite Verbreitung erklären können. Unserm Verständnis ferner liegt die prophylaktische Kraft, welche die Maske auf dem Antlitz der Leiche im Grabe bewahrt; aber sie ergiebt sich für jeden mit antiken Anschauungen Vertrauten ohne weiteres aus jenem unfaßlich weiten Kreise altertümlicher Zaubervorstellungen, die mit elementarer Zähigkeit Jahrhunderte hindurch fortwirken und in den vom Licht der Kultur ungetroffenen Winkeln des Volkslebens fortwähren in immer neu sich verändernden und immer gleichen alten Formen. Wie des öfteren bemerkt kommt der Maske als solcher die Bedeutung des Schreckenden und Abwehrenden zu; gewiß nicht bloß, weil sie als eine dem lebendigen Organismus entnommene Teilform von fremdartig gesteigertem Aussehen Verwunderung oder Angst einflößt, sondern überhaupt weil sie deckt und verschließt. Diese Bedeutung verstärkt sich, wo sie in Gold hergestellt ist, da dem Golde als solchem eine besondere Wirksamkeit gegen Zauber und Unheil beigemessen wurde."[1]

Es zeigt sich, daß hier die Auffassung von den sepulkralen Masken teilweise übereinstimmt mit der von uns für die Naturvölker gegebenen, die nur die Beigabe der Maske in das Grab hinein kannten und denen die Bedeckung des Totenantlitzes mit einer Maske bei Ausstellung der Leiche unbekannt blieb. Letztere ist bei Römern und Griechen verknüpft mit einem ausgebildeten religiösen Zeremoniell nachweisbar, namentlich wenn Wunden oder Krankheit den Verstorbenen entstellten. Aber die abwehrende Kraft der Maske, um die Leiche selbst im Grabe zu schützen, wurde auch von den klassischen Völkern benutzt.

In den tschudischen Gräbern der Kupferperiode, welche Adrianow zu Minussinsk in Sibirien untersuchte, ist gleichfalls das Vorhandensein von Totenmasken dargethan worden. Die Reste der verbrannten Leichen waren in Töpfen gesammelt worden und bei denselben fanden sich etwa zwanzig Gipsmasken. „Keine einzige war ganz erhalten, da der Gips sich als bröckelig erwies. Die rote Farbe (Eisenoxyd) mancher dieser Masken hat sich vortrefflich erhalten und erschien sehr grell. Einige Masken zeichneten sich durch besonders ästhetische Ausführung und schönen Typus aus. Eine der besterhaltenen wurde unmittelbar vom Gesichte des Schädels abgehoben.[2] Es befanden sich nämlich neben den Töpfen mit den Resten des Leichenbrandes noch 86 Schädel, einer neben den anderen gereiht, im Grabe.

Wenn auf Timorlaut einem Erschlagenen von den Feinden der Kopf abgeschnitten ist, so legt man beim Begräbnisse an dessen Stelle eine Kokosnuß, um den Geist zu täuschen und zu beruhigen.[3] Die Nuß ist als rohe Maske aufzufassen.

Anschließend an die Leichenmasken habe ich hier noch eine vereinzelt dastehende Maskenform zu erwähnen, welche die Bestimmung hat, einen bereits Verstorbenen wieder als lebend darzustellen, so daß seine Anverwandten mit ihm in Verkehr treten können. Diese Art der mimischen Maskenbenutzung ist mir bisher nur von den Bataks auf Sumatra bekannt und ein Exemplar derartiger Masken war 1883 auf der Amsterdamer Kolonialausstellung zu sehen.[4] Aus-

---

1 Benndorf a. a. O. 367.

2 Zeitschr. f. Ethnologie 1884. 70. Auch Mitt. d. Ver. f. Erdkunde zu Leipzig f. 1883. 161.

3 Forbes, Malayischer Archipel. Deutsche Ausgabe. II. 48.

4 Catalogus der afdeeling Nederlandsche kolonien van de internationale koloniale tentoonstelling. Amsterdam, 1883. 326 unter M.

steller der „hölzernen Maske mit zwei Händen“ ist der Missionar G. van Asselt, aus dessem bisher nicht veröffentlichten Originalbericht ich durch die Güte des Herrn Schmeltz in Leiden folgendes mitteilen kann: „Verliert eine Familie einen Sohn und hat keinen zweiten oder auch keine Aussicht mehr einen solchen zu bekommen, so geschieht es manchmal, daß die Mutter nach einigen Jahren ihren Sohn noch einmal zu sehen und ihm Ehrenbezeugungen darzubringen wünscht, in der Hoffnung durch seinen Geist der Segnung (nochmals Mutter zu werden) teilhaftig zu werden. Zu Ehren dieses Geistes muss nun ein Fest abgehalten werden und wenn alles dafür vorbereitet ist, wird außerhalb des Dorfes einem Knaben von der Größe des Verstorbenen die Maske angelegt und die künstlichen Hände an dessen Händen befestigt. Die Mutter setzt sich nun an die Thüre der eigenen oder einer anderen Wohnung, derart, daß sie die Dorfpforte beobachten kann. Auf ein gewisses Zeichen führt man dann den maskierten Knaben in das Dorf, die Mutter erblickt ihn, stößt einen Schrei aus und eilt unter verschiedenen Äußerungen von Freude und Schmerz schnell abwärts, ohne auf die Gefahr von Arm- und Beinbrüchen zu achten (die Battawohnungen stehen auf hohen Pfahlgerüsten). Indem sie entweder große Schmeicheleien wie: mein Sohn! meine Seele! mein König! mein Gott! oder gräuliche Schimpfworte und Flüche ausstößt, geht sie ihrem vermeintlichen Sohne entgegen. Herzzerreißend ist es nun zu sehen sobald sie ihn erreicht hat. Sie beginnt die Maske mit Küssen zu bedecken und mit ihren Thränen zu benetzen; dann aber bemeistert sich ihrer wieder das Gefühl des Elendes und sie beginnt nun ihren Sohn einen undankbaren und schlechten Jungen zu nennen, der keine Liebe für seine Mutter fühlte und daher die Herzader, das Band der Liebe, zerschnitt. Sie sei nun ein einzelnes Blatt auf einsamem Baume, dem Wind und Wetter, der Schande und dem Spotte preisgegeben. Nun aber legen sich die übrigen Familienmitglieder ins Mittel, hindern sie an ferneren Schmahreden und ermahnen sie den Geist des Sohnes um Kindersegen zu bitten. Sie thut dieses und nun wird zu Ehren des Geistes eine große Festlichkeit abgehalten.“

Justizmasken. Die verletzte Moral zu sühnen, das gebeugte Recht wieder aufzurichten, zumal in einer Zeit, als der Despotismus blühte, bildete sich im verflossenen Jahrhundert in Oberbayern das Haberfeldtreiben aus, das mit dem fester begründeten Rechtsstaat immer geringer wurde, bis wir es in unseren Tagen einschlafen sahen. Der „Gau der Haberer“ ist zwischen Inn und Isar, zwischen

Rosenheim und Tölz gelegen und dort ist die mitternachtige Vehme ausgeübt worden, wobei die Teilnehmer mit geschwärzten Gesichtern und in Masken erschienen, um unerkannt Recht sprechen und die der öffentlichen Verachtung verfallenen Übelthäter strafen zu können.

Aus demselben Prinzip, unter dem Schutze der Maske unerkannt das beleidigte Recht sühnen zu können, sind in Afrika wie in der Südsee Geheimbunde hervorgegangen, die sich auch mit einer Art von Haberfeldtreiben befassen.

An der Loangoküste besteht der vom Vater auf den Sohn vererbte Geheimbund der Sindungo (Sing. Dungo), dessen Mitglieder aus leichtem Holz gefertigte und bunt bemalte monströse Masken tragen. Die Sindungo halten, in Blattgewänder verhüllt, geheime Zusammenkünfte im Walde und bilden eine Art Vehme und Haberfeldtreiber. Wer Schulden einzutreiben wünscht, wendet sich an den Vorsteher der Sindungo, und dieser sendet seine maskierten Geheimbündler, die, wenn sie keine Bezahlung erhalten, Hühner, Ziegen und anderes Hausvieh töten, reife Bananen abschneiden oder sonstiges Eigentum des lässigen Schuldners sich aneignen. Die Teilnehmer an solchen Expeditionen bleiben wegen der Verkleidung unbekannt.[1]

Am Kalabar treibt der Idem-Efik sein Wesen, der im Zusammenhange mit dem geheimen Orden der Egbo steht. Efik bedeutet Tiger. So oft bei dem Egboorden eine Klage anhängig gemacht worden ist und der Missethäter bestraft werden soll, wird durch geheime Zeremonien der im fernen Buschlande wohnende Idem citiert, der dann mit einer phantastischen Kleidung aus Matten und Zweigen vom Kopf bis zu den Füßen bedeckt und mit einem schwarzen Visier vor dem Gesichte erscheint. Jeder hat das Recht, die Hilfe des Egbo anzurufen, und dazu bedarf es nur, daß er ein Mitglied des Ordens auf der Brust berührt. Der Beanspruchte muß einen Konvent zusammenrufen, wo die Klage untersucht und, wenn gerecht, befriedigt wird.[2]

Weiter nördlich in Afrika begegnet uns bei den Mandingo ähnliches in der maskierten Figur des Mumbo-Jumbo, der als Popanz die widerspenstigen Weiber in Ordnung zu halten hat, zumal wenn unter dem schönen Geschlecht Zank und Unfrieden eingerissen ist.

---

[1] Bastian, Deutsche Expedition an der Loangoküste. Jena, 1874. I. 222.

[2] A. Bastian, Rechtsverhältnisse bei verschiedenen Völkern der Erde. Berlin, 1872. 402. Vergl. auch Thormählen in den Mitteil. d. Hamburger geograph. Ges. 1884. 332.

Maskiert und mit dem Stabe der Gerechtigkeit in der Hand treibt sich der Mumbo-Jumbo — entweder der Ehemann oder eine angestellte Person — zuerst in den Wäldern schreiend umher und rückt mit der Dunkelheit in das Dorf ein. Nun werden die Weiber vorgeladen, Gesänge und Tänze folgen, und dann ergreift der Mumbo-Jumbo aus dem Kreise heraus die Schuldige, entkleidet sie, bindet sie an einen Pfahl und züchtigt sie mit seinem Stocke unter dem Beifall der zuschauenden Mitschwestern.[1]

Ob in diese Kategorie auch die von der Kuhkwi genannten Gesellschaft bei den Mpongwe am Gabon veranstaltete Maskerade gehört, vermag ich nicht positiv anzugeben. Weiber und Kinder laufen, sich fürchtend, vor den auf Stelzen einherschreitenden Maskierten davon. Die Masken sind ungeheuer groß und stellen scheußliche Fratzengesichter dar.[2]

Wenden wir uns nun in die Südsee.

Über den Duck-Duck, der seinen Sitz auf den Duke of York-Inseln (Neu-Lauenburg) zwischen Neu-Britannien (Neu-Pommern) und Neu-Irland (Neu-Mecklenburg) hat, sind verschiedene, sehr von einander abweichende Darstellungen gegeben worden: von den deutschen Reisenden Hübner und Kleinschmidt und von dem Engländer Wilfred Powell. Während die beiden ersteren nun anführen, daß in der Sache noch vieles unklar sei, auch ihre Darstellungen uns über das eigentliche Wesen des Duck-Duck nicht genügend unterrichten, ist Powell entschieden und kurz in seinen Schilderungen, denen wir in bezug auf die Motive der Duck-Duck-Zeremonie den Vorzug vor den beiden anderen geben. Und hiernach gehört der Duck-Duck zu den Justizmasken.

Der Duck-Duck, sagt Powell,[3] kann als die personifizierte Justizverwaltung bezeichnet werden; er ist gleichzeitig Richter, Polizist und Henker zusammen, legt alle Streitigkeiten bei und bestraft alle Übelthäter. Diese geheimnisvolle Maske ist in Wirklichkeit ein einziger vom Häuptling dazu bestimmter Mann. Die sonderbare Gestalt wandert durch den Busch, jedes Dorf besuchend, und wenn jemand von seinem Nachbar beleidigt oder geschädigt worden ist, so zahlt er dem Duck-Duck so und so viel Muschelgeld behufs Beilegung der Sache. Der Beamte geht fort zum Hause des Angeklagten und

[1] Mungo Park's Reise in das Innere von Afrika. Hamburg, 1799. 46.

[2] Wilson. Western Africa. 397.

[3] Wilfred Powell. Unter den Kannibalen von Neu-Britannien. Deutsch. Leipzig, 1884. 62 ff.

verlangt Rückgabe der gestohlenen Habseligkeiten oder Schadenersatz. Gehorcht der Angeklagte nicht sofort, so zündet der Duck-Duck dessen Haus an oder durchbohrt ihn im äußersten Falle mit dem Speere. Frauen und Kinder dürfen den Duck-Duck nicht erblicken, sonst sterben sie auf der Stelle. Dieser Aberglaube ist so stark, daß sie eilig davon laufen und sich verstecken, sobald sie ihn kommen hören. Sie erkennen ihn nämlich an einem eigentümlichen Geschrei, welches er bei seinem Laufe ausstößt. Wenn die jungen Männer alt genug sind, so werden sie gegen Zahlung von etwa 100 Faden Muschelgeld in das Geheimnis eingeweiht; können sie diese Summe nicht ermöglichen, so müssen sie dem Duck-Duck stets aus dem Wege gehen. Zu bestimmten Zeiten macht der Duck-Duck seine Runde; hinterher ist ein großes Fest oder Tanzvergnügen, bei welchem alle Eingeweihten erscheinen, reich mit Blumen und Farrenkräutern geschmückt. Zuweilen ist, wenn der Häuptling es zu leisten vermag, mehr als ein Duck-Duck vorhanden. Kein Mensch darf seine Hand gegen einen Duck-Duck erheben, sondern muß sich allem, was derselbe thut, unterwerfen; anderenfalls ist sein Leben keinen Heller wert, da der Häuptling des betreffenden Duck-Duck Mittel und Wege findet, den Missethäter geräuschlos bei Seite zu schaffen. Die Geheimnisse des Duck-Duck dürfen außerhalb des Tabuplatzes, wo man seinen Aufenthalt vermutet, nicht besprochen werden. Niemand außer den Eingeweihten darf bei hoher Geld-, oder im Falle des Unvermögens, Todesstrafe diesen Platz betreten, wofür Powell ein Beispiel anführt.

Der Duck-Duck, fahrt der letztere fort, ist teils ein Fluch, teils ein Segen für sein Volk; er hält sicherlich auf Ordnung und hindert die Eingeborenen, schwere Verbrechen offen zu begehen, aber gleichzeitig ermutigt er auch Menschenfresserei und Schreckensregierung. Die Eingeweihten haben geheime Zeichen, an denen sie sich untereinander gegenüber den Nichtwissenden erkennen.

Das Duck-Duck-System ist auf der ganzen nördlichen Halbinsel von Neu-Britannien verbreitet und ebenso am südwestlichen Ende von Neu-Irland. Das in der Mitte beider gelegene Neu-Lauenburg ist die Hochburg des Duck-Duck. Powell hörte dort eine interessante Erzählung, nach welcher das System zuerst auf Neu-Pommern seinen Ursprung nahm. Sie lautet:

„Viele Monsune ist es her, da zankte sich ein junger Mann mit seinem Vater und seiner Familie und ging eigenmächtig in den Busch. Da er nichts zu essen hatte, wurde er hungrig und verfiel zuletzt auf ein Mittel, sich Fleisch zu verschaffen. Er machte sich einen großen Kopfputz aus Rohr, malte ihn mit Betelnußsaft und brachte Augen auf ihm an, wie die des Kasuars. Er bekleidete sich dann mit Blättern, so daß seine Hände vollkommen frei und doch nicht sichtbar waren, nahm eine Keule und wanderte fort durch den Busch, wobei er, um die Leute zu erschrecken, Lärm machte. So überraschte er viele Knaben und Mädchen, welche er tötete und aß. Schließlich wurde das so arg, und jedermann war so entsetzt, daß des jungen Mannes Vater, ein großer Krieger und Häuptling, das Ungeheuer zu besiegen beschloß.

Er überwältigte den Duck-Duck im Kampfe und warf ihn zu Boden; da rief der Besiegte aus, er sei des Häuptlings Sohn, und wenn der Vater ihn leben lassen werde, so wolle er ihm zeigen, wie er mächtig werden und viel Muschelgeld bekommen könne. Da schenkte ihm der Häuptling das Leben und das Ungeheuer, welches so viele erschreckt und getötet hatte, wurde seinem Besieger unterthan. Hinfort lebte der Duck-Duck allein in einem Tabuhause und jeder fürchtete sich, dem Platze nahe zu kommen. Wenn irgend jemand so kühn war, dem Häuptling nicht zu gehorchen oder ihn zu beleidigen, so nahm der Duck-Duck Rache und ließ ihn seine Unbesonnenheit bitter bereuen. Das Geheimnis der Furcht der Leute beruhte darauf, daß sie nicht wußten, was der Duck-Duck war: sie schrieben ihm übermenschliche Kräfte zu, und dies gab ihm natürlich großen Vorteil, namentlich im Falle eines Kampfes. Weiber und Kinder erhielten den Befehl, ihm aus dem Wege zu gehen, da er sie sonst gewiß töten würde, wenn er sie im Busche träfe. Das ließen sie sich nicht zweimal sagen. Im Verlaufe der Zeit stellte sich die Notwendigkeit heraus, andere in das Geheimnis einzuweihen. Dies geschah stets unter dem Eide der Verschwiegenheit, und so verbreitete sich die Sache von einem Platze zum anderen."

Dieses sind die einfachen und völlig genügenden Erläuterungen Powell's über den Duck-Duck, von denen allerdings Hübner und Kleinschmidt abweichen. Franz Hübner[1] macht den Duck-Duck zu einer Art Medizinmann; ein Duck-Duck-Fest wird nach ihm veranstaltet, wenn ein Häuptling krank ist; sieht letzterer den Duck-Duck, so wird er entweder besser oder stirbt schnell. Nach dem Berichte von Th. Kleinschmidt[2] ist die Duck-Duck-Zeremonie eine Art von

[1] Die ethnogr.-anthropolog. Abteilung des Museum Godeffroy. Hamburg, 1881. 17.
[2] Im Globus. XLI. 8. (1882.)

religiösem Kult, denn ihm allein huldigen die Mitglieder der geheimen Verbindung, innerhalb deren er bekannt ist. „Eine andere Religion ist unbekannt, und nur was vom Duck-Duck vorgeschrieben oder angeordnet ist, gilt den Eingeborenen einer heiligen Vorschrift gleich. Eigentliche Priester dieses Kultus existieren nicht; die begüterten Häuptlinge bilden bei den Arrangements für die Erscheinung des Duck-Duck und bei den Zeremonien selbst die Haupttonangeber, und sie bestimmen, wann die Zeremonie statthaben soll. Der hiesige Einwohner hat weder eine Idee noch eine Vorstellung von einer allwaltenden, gütigen Gottheit; er kennt nur den Duck-Duck, den er sich in fabelhafter großartiger Gestalt, als menschliches Wesen vorstellt, als ein Wesen, das stirbt und begraben wird, das er gleichzeitig aber doch auch als wandernden Geist ansieht."

Alles dieses widerspricht nicht den Angaben POWELL's, erklärt aber keineswegs genügend das Wesen des Duck-Duck. Dagegen sind die Schilderungen KLEINSCHMIDT's in bezug auf die Maskierung des Duck-Duck, seine Reisen, Tänze u. s. w. weit ausführlicher und wertvoller, als die Angaben POWELL's. Es mögen daher hier noch einige Auszüge daraus folgen.

Zu einer bestimmten Jahreszeit erklärt ein besonders einflußreicher Häuptling, daß der Duck-Duck kommen werde. Die Weiber sorgen nun für Festspeisen, die Männer fertigen die nötigen Masken an. Diese letztere Arbeit geschieht in und beim Duck-Duck-Hause (A Ball ne Duck Duck) in dem geweihten Reviere, dessen Betreten den Weibern und nicht zum Geheimbunde gehörigen Personen untersagt ist. Während dieser Vorbereitungen heißt es: der Duck-Duck brütet. Sind die Masken fertig, so wird der für den Beginn des Festes geeignete Tag festgesetzt. Alle Maskenträger begeben sich an demselben zum angesehensten Häuptling des Distrikts, um sich ihm vorzustellen; dieses geschieht in Kanoes unter Singen und Trommeln, und in der Mitte des Kahnes steht oder sitzt der Duck-Duck in seiner Vermummung. Nur hüpfend begeben sich die Duck-Ducks, wenn sie gelandet sind, zum Hause des Häuptlings, in dessen Nähe der Tanzplatz liegt. Hier erhalten die seltsam Vermummten Geschenke an Dewaro-Muschelgeld, und führen ihre hüpfenden Tänze aus, bei denen jetzt Frauen und Kinder zuschauen dürfen.

Die Maske des Duck-Duck, welche TH. KLEINSCHMIDT sehr eingehend schildert,[1] besteht aus einem Rocke oder Blätterüberwurf

[1] Globus. XLI. 24.

aus den Blättern einer palmenähnlichen, stacheligen Rohrart, welche den Körper mit Ausnahme der Beine bedeckt, und aus einem spitzen, turmartigen, bis meterhohen Gestell oder Gerüst für den Kopf, Aulene-Duck-Duck genannt, das aus den Blattrippen der Angelebpalme verfertigt wird. Die dünnen Enden derselben werden nach oben hin zu einer langen Spitze verbunden und mit Dracaenablättern oder einem Federbusch als Verzierung versehen. Der unten fischkorbförmige Teil des Turmes wird mit den langen weißen Stammfasern der Aiipalme dicht durchwoben und dann verziert und bemalt, je nach dem individuellen Geschmack. Abstehende Faserkränze, lange, einem Roßschweife ähnliche Faserbündel, ja selbst kleine Kanoemodelle mit Federguirlanden werden daran angebracht; Gesichter, deren Augen aus weißen Muscheln (Ovula ovum) nachgeahmt sind, Arme und Hände werden darauf gemalt, und eben so oft rund herum Zacken und Kränze. Oft werden auch die Fasern, bevor sie verwebt werden, gefärbt: schwarz, rot und gelb. Zuweilen benutzt man auch Blau. Ist dieser Turm nun über den Kopf des Trägers gestülpt und ruht auf dessen Schultern, so sind nur noch die Beine sichtbar. Jeder Tanz dauert nur kurze Zeit, denn selbst den ganz nackten Eingeborenen wird es unter dem dicken Blätterwulste und der turmartigen Maske so warm, daß ihnen der Schweiß in Strömen vom Körper rinnt. Diese Kleinschmidt'schen Exemplare befinden sich im Museum für Völkerkunde zu Leipzig.

Kleinschmidt führt auch an, was wir bei Powell nicht finden, daß der Duck-Duck am Schlusse der Festlichkeiten sterben muß. Vorher wird ihm noch ein großes Essen, ein Abschiedsschmaus, dargeboten. Die während der Festzeit zusammengebrachten Geschenke an Muschelgeld, Glasperlschnüren, Halsbändern, Spiegeln, Messern, Perlmutterschalen, Kattun u. s. w. werden unter die Ältesten und Häuptlinge verteilt. Dann werden die Maskentürme unter verschiedenen Zeremonien in das nächste Dickicht geschleppt, und nun ist der Duck-Duck tot. Eine große Schmauserei beginnt und am nächsten Tage werden die Masken verbrannt.[1]

Das mit vorstehenden Angaben der Duck-Duck schon völlig genügend gedeutet sei, will ich nicht behaupten; Weisser, der gewiß scharf beobachtete, schreibt noch 1883 über denselben: „Ich habe mich vergeblich bemüht, ihren Sinn kennen zu lernen."[2]

[1] Schmeltz u. Krause, Die ethnogr.-anthropol. Abteilung des Museum Godeffroy. Hamburg, 1881. 17 ff.

[2] Verhandl. der Ges. f. Erdkunde zu Berlin. X. 291. Nach Romilly ist der

Schauspielmasken und Tanzmasken. Schauspielmasken der verschiedensten Art weisen einen Übergang zu den Kultusmasken auf, denn häufig treten die Schauspiele in den Dienst des Kultus und Masken erscheinen in geistlichen Mysterien. Von den Schauspielen, in denen die Masken leicht stereotyp werden, führt dann durch die Maskenpossen allmählich eine Treppe herab zu den Maskentänzen. Beide, die Schauspielmasken wie die Tanzmasken, haben eine ungemein weite Verbreitung und sollen hier gemeinsam betrachtet werden.

In den griechischen Schauspielen war die Maske, πρόσωπον, ein wichtiges Erfordernis. Man führte ihren Ursprung auf die Dionysischen Feste zurück, bei denen zuerst Vermummungen und Bemalen der Gesichter vorgekommen sein soll. Bedürfnis und fortschreitende Kunst führten zur Erfindung und charakteristischen Bemalung leinener Masken. Auch Tiermasken kamen vor, so in den Fröschen und Vögeln des Aristophanes. Die neuere Komödie zeigt eine große Reihe von Charaktermasken. Von der griechischen Bühne gingen die Masken auf die römische über (persona).

Diese Benutzung stereotyper Masken, wie wir sie im klassischen Altertume kennen lernen, findet sich nur noch heute bei allen ostasiatischen Völkern, bei denen überhaupt die Masken eine große Rolle spielen. Bei den Schauspielen (poe) in Birma tragen die Spieler bestimmte Masken, wodurch ihr Charakter als Könige, Minister, Belu (Unhold, böser Geist) unterschieden wird. Die der letzteren sind schauderhafte Fratzen.[1]

In Siam heißen die Maskenspiele Len khon; sie werden von Schauspieltruppen auf der Bühne aufgeführt, wobei die Maskierten nicht selbst sprechen. Die Masken haben nämlich keine Öffnung, so daß eine andere Person für die Darsteller spricht oder singt Die Masken sind aus Papier verfertigt, einige grün bemalt, andere schwarz, rot oder golden. Sie stellen Gesichter dar von Menschen

---

Duck-Duck intended to be a power held over the young men by the old ones. Die Häuptlinge haben keine oder geringe Autorität und da tritt diese dafür ein. (Proceed. Roy. Geogr. Soc. 1887. 12.) Das scheint nicht genügend! Der Maske des Duck-Duck ähnelt eine Tanzmaske aus Südost-Neuguinea, welche 1886 auf der Kolonialausstellung in London sich befand und die Finsch in den Verhandlungen der Berliner Anthropolog. Gesellschaft 1887. 423 beschrieben hat. Sie stammt aus dem Elemadistrikt der Freshwaterbai. Flüchtig erwähnen diese Art Masken Chalmers and Gill, Work and adventure in New Guinea. 232. Head dresses, masks and imitations of crocodiles' heads.

[1] Bastian. Reisen in Birma. Leipzig, 1866. 201.

(manut), von Ungeheuern (jakh), von Engelgöttern (thevada), von Einsiedlern (rüsi), von Wilden (gno), von Affen (ling) und verschie-

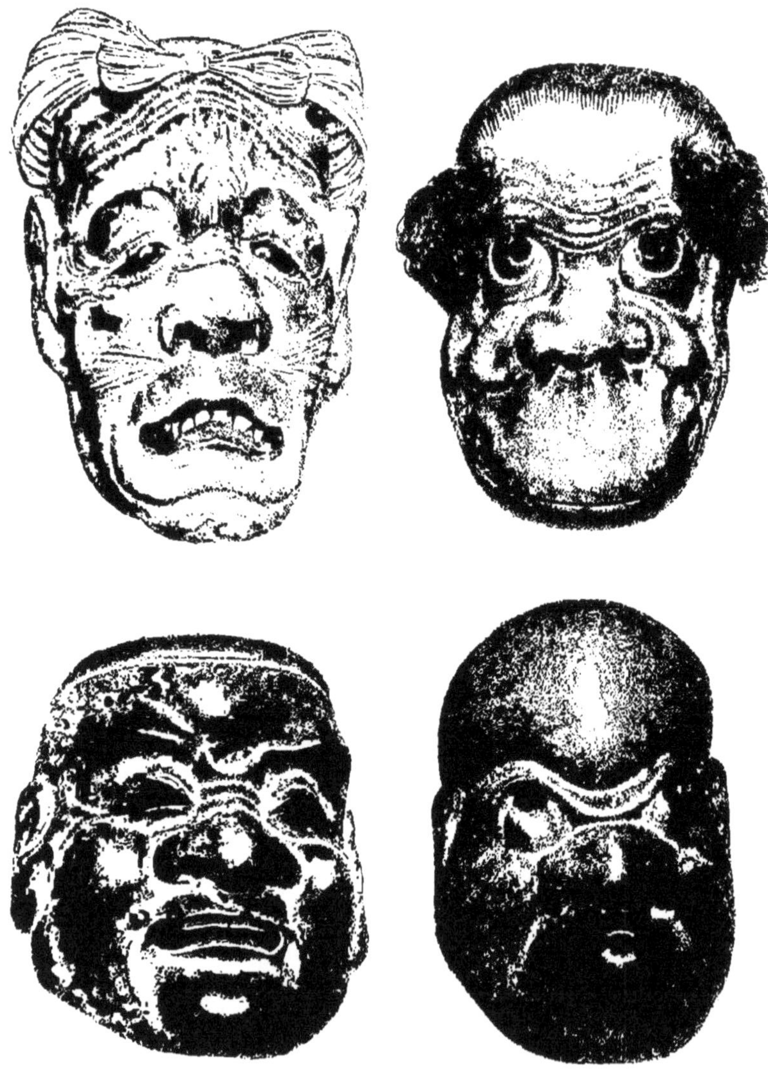

Fig. 2. Japanische Schauspielmasken. (Museum für Völkerkunde, Hamburg.)

denen anderen Tieren. Die Frauen dagegen zeigen sich ohne Maske. In diesen Masken wird nun das Epos des Ramakhien (von Rama), wobei die Affen mit dem Ungeheuer (jakh) Thotsakan kämpfen, welches die Frau Sida geraubt hatte. Das ganze ist ein „maskiertes Opernbalett.“[1]

Auf Java sind bei den Barungan genannten Pantomimen Männer als wilde Tiere verkleidet, welche in Prozession erscheinen und Kämpfe unter einander aufführen.[2] Eigentliche Masken werden in Java bei den topeng dalang genannten Pantomimen gebraucht, die unter der Leitung eines Direktors (dalang) aufgeführt werden, der den Text spricht. Die Masken sind vergoldet und bemalt, je nach dem Charakter der auftretenden Personen. In Batavia sind die Topeng schon zu Straßenspielen, topeng babakan, herabgesunken, bei denen die Schauspieler selbst sprechen.

Was Japan betrifft, so existiert dort eine große Mannigfaltigkeit von typischen Schauspielermasken, die sehr schön und charakteristisch aus Metall, lackiertem Holz oder Papier gearbeitet und bemalt sind. Bald stellen sie natürliche Charaktergesichter, Tierköpfe oder dergleichen, meistens aber Fratzen und Dämonenantlitze vor. Eine sehr schöne Sammlung solcher Masken befindet sich im Leipziger Museum für Völkerkunde. Im religiösen Kultus scheinen die Masken in Japan keine Rolle zu spielen, so daß dort bloß Schauspiel- und Tanzmasken vorkommen. Die letzteren werden vielfach in Japan angewendet und es ist schwer, hier die Grenze zu finden zwischen den Tanz- und Schauspielmasken. Bei den Tanzfesten am Hofe des Mikado traten Tänzerinnen in Vogelkostümen auf, und bei den öffentlichen Aufzügen spielten Teufelsmasken, Fuchsmasken und Löwenmasken, alle von typischer Form, eine große Rolle.[3] Die Masken, welche der Privatschauspielertruppe des Schoguns von Japan gehörten, waren viele Jahrhunderte alt und hatten sich von Geschlecht zu Geschlecht fortgeerbt. Man bewahrte jede in einem seidenen Beutel auf.[4]

Auch bei den großen Volksfesten der Japaner sind Maskeraden beliebt. Alle Masken haben eine bestimmte Bedeutung, einen tra-

[1] BASTIAN, Reisen in Siam. 503. Ich gebe hier die Beschreibung einer solchen Maske aus dickem Papier, die im Leidener Museum sich befindet: „Kopf eines Ungeheuers, einem Hunde gleichend, mit weit geöffneter Schnauze, ganz weiß bemalt; rund um den Kopf läuft ein breites rot und gelbes Band. An jeder Schläfe eine blattförmige Zeichnung in denselben Farben; am Hinterkopf ein halbmondförmiger, rosenfarbiger Fleck; Gesicht mit lichtgrünen und roten Zeichnungen; Innenseite des Mauls rosa; Scheitel mit einer hellgrünen und roten Spirale.“ Nederl. Staatscourant 23. Febr. 1886.

[2] ST. RAFFLES, History of Java ². London, 1830. I. 375.

[3] v. SIEBOLD, Nippon. Atlas. Abteilung IV. Tafel 12, Fig. 3 und Tafel 13.

[4] MITFORD, Geschichten aus Alt-Japan. Deutsche Ausgabe. I. 183.

ditionellen Charakter. Man hat auch phantastische Masken mit beweglichen Kinnladen u. dergl. Da sind welche, die den grotesken und göttlichen Tengu vorstellen, die gute Okamé, die pausbackigste aller Japanesinnen oder die unglückliche Hiyo toko, ausgezeichnet durch große Häßlichkeit. Dann sind alle Arten von Dämonen unter den Masken vertreten: mit einem, zwei oder drei Augen, mit und ohne Hörner, zwerghafte und riesige. Dazu kommen noch die Tiermasken, die den Fuchs, den Affen, den Löwen von Korea darstellen.[1]

Fig. 6. Dajak-Maske. (Leidener Museum.)

So bei den kultivierten und halbzivilisierten Völkern im Osten Asiens. Aber auch bei den verschiedenen malayischen Stämmen des Archipelagus finden wir die Masken im Gebrauche. Die hier abgebildete, sehr charakteristische Maske wurde von Professor Franz Keller-Leuzinger im ethnographischen Museum zu Leiden gezeichnet. Auf meine Anfrage nach deren Herkommen und Bedeutung war der Direktor des genannten Museums, Herr Dr. Serrurier, so freundlich, mir folgende Auskunft zu erteilen. Die Maske ist von dem bekannten Salomon Müller, ehemaligen Mitgliede der naturwissenschaftlichen Kommission in Niederländisch-Indien, mitgebracht worden. Sie stammt aus dem Dajakdorfe Mampong im Distrikte Dusun-Ilic am Baritoflusse (Südostborneo), ist aus Holz geschnitzt und rot, schwarz und weiß bemalt. Die den Bart vorstellenden Haarbüschel sind dem Felle des Orang-Utan entnommen. Müller sagt nur, daß die Maske bei fröh-

[1] Aimé Humbert, Le Japon illustré. Paris. 1870. I. 195.

lichen Festen gebraucht werde; sie gehört also wohl in die Klasse der Tanzmasken. Sie heißt tebuka.

Den Nachweis, daß Tanzmasken auch bei den Battas auf Sumatra im Gebrauche sind, verdanke ich gleichfalls dem Herrn Direktor SERRURIER. Es befinden sich solche im Museum der königlichen zoologischen Gesellschaft zu Amsterdam und ist der Name dieser Masken Dangol Dangol.[1] Sie werden bei Leichenfesten benutzt und sind zu diesem Zwecke mit einem Apparate versehen, um künstliche Thränen hervorzubringen. Im Inneren der Maske befindet sich nämlich nasses Moos, auf welches der Tänzer drückt, damit aus den Augenhöhlen das Wasser gleich Thränen herausläuft.[2]

Sehr zahlreich sind die Masken, welche in den letzten Jahren von den westlichen Inseln Melanesiens in die europäischen Museen gelangt sind und einen hocheigentümlichen, durchaus selbständigen Stil zeigen. Solche Masken sind häufig von Neu-Mecklenburg und Neu-Hannover bekannt geworden. Die Anfertigung der Masken ist eine originelle und sorgfältige, auffällig ist an ihnen die vorspringende Nase, die übertriebene Durchbohrung der Ohrläppchen und der Versuch, die verschiedenen Haartrachten darzustellen. Sehr geschickt sind dazu die Mittel gewählt, welche aus Naturprodukten bestehen, das Haar aus Ananas- oder Hibiskusfasern, zu den Augen verwendet man Muschelteile. Es giebt außerordentlich verschiedene Typen dieser Masken, bei allen aber sind die geschickt und geschmackvoll angebrachten Farben: rot, weiß und schwarz, dieselben. Auf Neu-Hannover werden die großen Masken nicht über den Kopf gezogen, dazu ist die Öffnung zu klein, sondern auf dem Kopfe getragen. Das Gesicht verbirgt man dann mit einem an der Maske befestigten Stück Baumfasertuch. Kleinere Masken aus weichem, weißem Holze mit Einschnitten zum Durchblicken werden mit der Hand vor das Gesicht gehalten.[3] Sehr ausführlich hat die zahlreichen im Museum Godeffroy befindlichen Masken dieser Art SCHMELTZ beschrieben.[4]

---

[1] VAN DER TUUK. Bataksch-Nederduitsch Woordenboek. Amsterdam, 1861. 285.

[2] Catalogus der afdeeling Nederlandsche Kolonien van de internationale koloniale tentoonstelling te Amsterdam 1883. 300. Ich weiß nicht ob es sich hier um eine andere Art von Masken handelt als die oben (S. 134) geschilderte, welche bei dem Simulieren eines zurückkehrenden verstorbenen Sohnes benutzt wird.

[3] STRAUCH, in Zeitschrift für Ethnologie. IX. 48. (1877) und Tafel II und III.

[4] SCHMELTZ u. KRAUSE, Die ethnogr.-anthropol. Abteilung des Museum Godeffroy. Hamburg, 1881. 20 bis 25 und 434 bis 437. Tafel II, V, XXIII und XXIV. Fernerweite Abbildungen in HERNSHEIM, Südseeerinnerungen. Berlin, 1883. Tafel XIII.

Wie schon STRAUCH hervorgehoben hat, scheinen die Masken von Neu-Pommern und Neu-Hannover teils bei religiösen, teils bei profanen Tänzen benutzt zu werden. VON SCHLEINITZ[1] bemerkt, daß in jenem Teile Neu-Mecklenburgs, wo die Tanzmasken am massenhaftesten und kunstvollsten vorkommen, Beschneidung der Vorhaut Sitte sei. In anderen Teilen der Insel aber fehlt beides, so daß hier ein Zusammenhang stattzufinden scheint. Wo die Religion bei der Anthropophagie beteiligt ist, sagt VON SCHLEINITZ ferner, scheinen die in den Tempeln aufbewahrten phantastischen Masken dazu zu dienen, die Sinne durch die Tänze der vermummten Gestalten aufzuregen, um sie in die für ein solches kannibalisches Fest erforderliche Stimmung zu versetzen. Anderweitig ist aber weder von Aufbewahrung der Masken in den Tempeln noch von einem Zusammenhange mit der Anthropophagie die Rede.

Am wichtigsten und meiner Meinung nach am besten den Zweck dieser Masken erläuternd, ist der Bericht von WEISSER.[2] Die Stämme an der Küste Neu-Mecklenburgs, etwa vom Kap Jeschke bis Kapsu an der Nordseite, kennen den Gebrauch der Masken. Auch ist derselbe auf den Inseln der Steffen- und Byronstraße verbreitet. Die Maskenzeit fallt einmal im Jahre und zwar auf die ersten Tage des Mai. Der Zweck scheint der zu sein, einmal im Jahre mit den Todfeinden friedlich zusammen zu kommen, wahrscheinlich um bei dieser Zusammenkunft Anlaß zu Streitigkeiten für ein weiteres Jahr zu finden. Die nebeneinander wohnenden Stämme, beziehungsweise die mit Kanoe zu erreichenden ferneren Stämme sind einander stets todfeind, und es vergeht fast keine Woche, in welcher nicht einer aus dem Stamme von einem anderen getötet und dann verspeist wird. So ziehen sich Kriege das ganze Jahr hindurch bis zum Friedens-(Masken-)Fest. Es herrscht also Comment suspendu. Jeder Krieger schnitzt sich im Laufe des Jahres eine Maske nach seinen Ideen und seinem Geschmack mit großer Kunstfertigkeit und bemalt sie. Es läßt sich daher denken, daß sogar unter einem großen Stamme fast alle Masken verschieden sind. Die Maske zeigt er während des Jahres niemandem, da es eine Hauptsache ist, vollkommen unerkannt zu bleiben. Ist sie fertig, so versieht er sie mit seinem Zeichen und bringt sie in das Maskenhaus (Lui dä mama tua). Sobald anfangs Mai die letzten Masken fertig geworden, wird

[1] Zeitschrift der Ges. f. Erdkunde zu Berlin. XII. 247. 253.

[2] Verhandlungen der Ges. f. Erdkunde zu Berlin. X. 293.

ein großer Umzug mit allen Masken gehalten. Die ersten Kanaker (allgemeine Bezeichnung für Melanesier) setzen sich dieselben auf und bekleiden sich bei dieser Gelegenheit mit Hemden aus dem Baste des Brotfruchtbaumes gemacht und rot gefärbt (bochob genannt). Um die Hüften werden Farnkräuter angebracht bis zu den Knien, so daß diese wie Reifröcke aussehen. Bewaffnet ziehen alle Männer hinauf bis zu dem nächsten Stamme, den ganzen Weg auf einer Muschel (towi) blasend und auf einem ausgehöhlten Holze (geremut) Musik schlagend, die man weithin hört. Beim feindlichen Stamme angekommen, beginnt der Maskentanz (malagen da ma matue), wobei die absonderlichsten Bewegungen gemacht werden, die das Furchtbare in dem allgemeinen Anblick noch erhöhen. Hierauf setzen sie sich ihren Feinden gegenüber und essen selbst mit ihnen, doch auch zurückhaltend, da manchmal Vergiftungen vorkommen. Den ganzen genannten Tag haben sie Frieden bis zum Abend, dann sind die Masken beider Stämme besehen, verglichen, beurteilt und verhöhnt. Das letztere giebt dann Anlaß zu einem erbitterten Kampfe am nächsten Tage.

Eine Tanzmaske mit dem einheimischen Namen Na-Bee ist von der Neu-Hebriden-Insel Lunuar, gelegen an der Südküste von Mallicollo, bekannt.[1] „Auf einer Unterlage von Kokosschale ist mittels Thonmasse ein Gesicht geformt, dessen Nase und Mund ausnehmend groß sind. Diese sowohl als das Kinn und ein über die Stirn sich ziehendes Band sind rot bemalt, der übrige Teil des Gesichtes schwarz. Über die Stirn ziehen sich zwei weiße Kämme. An jeder Seite des Mundes ist ein Eberzahn befestigt, dessen Spitze sich oben an die Stirn anlegt und der ebenfalls weiß bemalt ist. Haar und Bart der Maske besteht aus einem feinen, natürlichen Fasergewebe."

Masken sind noch weiter in der Südsee verbreitet und wir werden sie sicher noch von verschiedenen der melanesischen Eilande kennen lernen, von den Salomo-Inseln, den Königin Charlotte-Inseln u. s. w., da sie auf dem entfernteren Neu-Kaledonien vorkommen. Dr. Rochas nennt die Maske, die er von Neu-Kaledonien der Pariser anthropologischen Gesellschaft einhändigte, Pilu-Pilu.[2] „Es ist dieses eine große eiförmige Scheibe aus geschnitztem Holze, auf der zwei Augen dargestellt sind, eine groteske Nase und ein tiefgespaltener

[1] Schmeltz und Krause a. a. O. 120. — Eckhardt, Archip. der Neu-Hebriden. Hamburg, 1877, erwähnt die Masken nicht; über Feste in der Yamsernte mit Verkleidungen siehe bei ihm S. 27, Anmerkung.

[2] Bull. soc. d'Anthropol. 1861. Tome II. 3.

Mund. Eine andere Öffnung als dieser Mund ist nicht vorhanden und er liegt etwa in der Höhe der Augen des maskierten Individuums und hierdurch sieht es. Die auf die Maske gemalten Augen befinden sich viel höher als die des Menschen und dieser erscheint weit größer als er wirklich ist. — Der Pilu-Pilu ist von einem großen Barte umgeben und überragt von einer riesigen Perrücke. Ein Federkleid vervollständigt das Kostüm des Darstellers.“ Soweit Rochas.

Unter Pilu-Pilu versteht man sonst die nächtlichen Festtänze der Neu-Kaledonier. Nach Wood[1] wird eine solche Maske bei neueren Reisenden als „Momo“ bezeichnet. Wenn vollständig, ist sie mit Federn geschmückt, mit langen Haarbüscheln versehen und unten hängt ein groteskes Netzwerk bis auf die Knie des Tänzers herab, welches den Bart der Maske vorstellt.[2]

Auch vom Karolinenarchipel, und zwar von der Gruppe der Mortlockinseln, sind die Tanzmasken nachgewiesen. Sie heißen dort Topanu und bestehen aus einem flachen Stücke Holz, 66 bis 73 cm lang, im oberen Teile 36 bis 42 cm breit. Die Darstellung ist roh und einfach; das Gesicht ist weiß bemalt, ein den Bart darstellender Teil schwarz, ebenso die erhaben geschnitzten Augenbrauen. Die Rückseite der Masken ist derartig ausgehöhlt, daß für die Aufnahme des Kopfes eine kastenartige Höhlung gebildet ist.[3]

Dieses wäre also ein Nachweis der Masken für Mikronesien, wo

---

[1] Natural history of Man. II. 203.

[2] Es möge hier die Beschreibung einer Tanzmaske aus Neukaledonien folgen, welche sich im Leidener Museum befindet (Nederl. Staatscourant 11. Jan. 1887): Danscostuum; zijnde de ruwe nabootsing van een menschenhoofd met zeer hooge kegelvormige pruik; het gelaat bestaat uit een eivormig stuk hout, met grotesk gesneden neus, geopenden mond en gesloten oogen; het achterhoofd bestaat uit een zeer stevig vlechtwerk van klappernootvezels; het haar en de bakkebaard worden voorgesteld door natuurlijk haar; de pruik bestaat uit een net met nauwe mazen van zwarte snoeren geknoopt, dat opgevuld is met varenloof en bladeren, met een buitenste laag van menschenhaar; onmiddellijk boven het voorhoofd bevindt zich een tulbandachtige hoofddoek van rood, blauw en wit katoen, uit welks midden de hooge kegelvormige pruik te voorschijn treedt; aan den onderrand van den kop is bevestigd een pl. m. 75 centimeter lang net van ineengedraaide snoeren met zeer wijde mazen, op iedere knoop van het net is een bos zwarte en bruine vederen vastgehecht; bovendien zijn aan de kin een aantal lange vezelsnoeren met menschenhaar doorvlochten, vastgehecht en aan den onderrand van het achterhoofd een rand van soortgelijke snoeren, waarvan vele bosjes vederen afhangen. Het costuum bedekt het geheele hoofd, de borst en een gedeelte van den rug van den danser.

[3] Schmeltz u. Krause, Die ethnogr.-anthropol. Abteilung des Museum Godeffroy. 302 und Tafel XXIX. Fig. 1.

sie aber sonst nicht getroffen werden, denn von den anderen Inseln, über die wir z. Z. sehr eingehende Nachrichten besitzen (z. B. Kubary über die Pelau-Inseln), werden sie nicht erwähnt. Auch in Polynesien scheinen die Masken zu fehlen; keineswegs sind sie dort als Tanzmasken in der Art wie in Melanesien bekannt und das einzige Anklingende ist die alte Trauerkleidung des Heva auf Tahiti, welche am eingehendsten von Ellis geschildert wird, ohne daß derselbe eine psychologische Erklärung bietet, doch wird es sich bei dieser Mummerei wohl um die Abwehrung des Geistes des Verstorbenen handeln, da die Tahitier an die Rückkehr desselben glaubten und ihn zu versöhnen trachteten. Heva heißt eine Trauerprozession, wobei ein Priester oder Verwandter des Verstorbenen sich vermummte. Er trug eine Kappe aus Tapastoff auf dem Kopfe, von welcher zwei große Perlmutterschalen mit schmaler Öffnung zum Durchblicken herabhingen, gleich einer Maske. Oben war dieselbe mit den langen weißen Federn des Tropicvogels wie von einem Strahlenkranze umgeben, unterhalb hing ein halbmondförmiges Brettchen. Ein Netzwerk, mit Perlmutterschale geziert, hing über den Körper herab. Als Waffe führte der Vermummte einen mit scharfen Haifischzähnen besetzten Stab.[1] (Das von Cook mitgebrachte Exemplar im Br. Museum.)

Dall führt eine Maske von Levuka, Friendly Islands an.[2] Sollte hier nicht ein Versehen vorliegen? Eine Freundschaftsinsel mit Namen Levuka finde ich nicht; wohl aber heißt ein bekannter Hafen auf der Fidschiinsel Ovalau so und bei dem Mangel der Masken in Polynesien überhaupt wird das Vorkommen auf einer vereinzelten Freundschaftsinsel problematisch. In the record-book no history is attained to this mask, heißt es in der Beschreibung. Dieselbe ist an der Innenseite mit einem Querstabe versehen, um die Maske mit den Zähnen zu halten. Letzteres ist auch Brauch bei den melanesischen Schädelmasken. Auch die Bemalung mit schwarz, rot und weiß deutet auf Melanesien. Sollte es sich um eine Maske von den Fidschiinseln handeln?

Endlich sind hier noch die Tanzmasken aus Schildkrot zu erwähnen, die an der Ostspitze Neu-Guineas, am Berge Tompson vorkommen. Sie sind mit Kasuarfedern geziert, um die Augenlöcher weiß, um die Lippen rot gemalt. Das Nasenstück ist angesetzt, in

---

[1] Ellis, Polynesian Researches. London, 1829. I. 532.

[2] Third annual report of the bureau of ethnology. Washington, 1884. 101 und Tafel IX. Fig. 9. 10.

den Nasenlöchern sind Perlmuschelstückchen.[1] Schildkrotmasken sind auf den Inseln der Torresstraße häufig; sie stehen dort in Beziehung zu den Beschäftigungen der Eingeborenen. So stellt die Maske, die den Fischfang begünstigen soll und bei diesem getragen wird, einen Fisch dar. Andere Exemplare, die nach London gelangten, sind in Form von Menschen- und Schweinsköpfen; die größte, bis zwei Meter lange, ist ein Alligatorkopf[2] Auch von der Südostküste Neu-Guineas werden Masken und Krokodilköpfe als Hauptschmuck erwähnt.[3] Eine ganz besondere Art von Masken, abweichend von den übrigen Melanesiens fand O. Finsch am Dallmann-Hafen von Kaiser-Wilhelms-Land (Neu-Guinea). Sie dienen bei Festlichkeiten, sind aus hartem Holz geschnitzt und stellen ein menschliches Gesicht dar, das mit bunten Farben bemalt ist. Ein Ring von Pflanzenfasern oder Menschenhaaren stellt den Bart vor. Das eigentümliche und unterscheidende dieser Maske ist die spitze, weit hervorstehende, nach unten gebogene Nase, welche die Form eines Vogelschnabels hat.[4]

Ganz eigentümlicher Art sind die Schädelmasken, welche auf Neu-Britannien (Neu-Pommern) bei dem Toberrantanze verwendet werden, der zweimal im Jahre bei Vollmond abgehalten wird und ein Teufelstanz ist, denn Toberran bedeutet Teufel. Einige der Tänzer tragen Masken aus halbierten Schädeln, auf dem Kopfe lange schwarze Perrücken aus Kokosfasern, während der Körper mit abgestorbenen Blättern bedeckt war. Andere trugen keine Masken; ihr Gesicht war grün bemalt und an den Schultern hatten sie eine Art Flügel. So krochen diese Gestalten aus dem Busche hervor, manche mit Schwänzen, manche mit Stacheln am ganzen Rücken herunter, alle im schönsten Takte. Zur Musik der Trommeln beginnt nun der rasende Tanz. Als Grund, weshalb die Schädel verstorbener Freunde bei den Tänzen benutzt werden, giebt W. Powell an, daß die Eingeborenen die Vorstellung haben, der Schädel sei nach dem Tode der Platz, wohin der Geist des Verstorbenen bei der Rückkehr von seinen Wanderungen sich begiebt. Sie schneiden den Schädel halb durch, entfernen alle kleinen Knochen und Weichteile von der Gesichtshälfte, und geben der Außenseite durch Aus-

[1] Wilfred Powell, Unter den Kannibalen von Neu-Britannien. 23. Nebst Abbildung.

[2] Journ. Anthropolog. Instit. XVII. 87.

[3] Chalmers and Gill, Work in New Guinea. London, 1885. 232.

[4] Nach den Exemplaren im Berliner Museum für Völkerkunde.

füllung von Gummi, Kalk u. s. w. möglichste Ähnlichkeit mit einem Menschenantlitz. Quer über die Rückseite des Unterkiefers befestigen sie ein Stück Holz, welches die tragende Person in den Mund nimmt.[1]

Kleinschmidt hat ähnliche Schädelmasken von Neu-Pommern an das Museum Godeffroy eingesandt mit der Bemerkung, daß es dort Sitte sei, die Schädel Verstorbener, nachdem alles Fleisch verfault, wieder auszugraben, sie zu reinigen, in solcher Weise zu restaurieren und sie dann in der Familie aufzubewahren.[2] Hier haben wir eine offenbare Berührung mit dem Schädelkultus. Zwei andere Schädelmasken von Henderson-Insel (Matupi) in der Blanchebai (Neu-Pommern), die bei Tänzen benutzt und an einem Querstabe mit den Zähnen festgehalten wurden, befinden sich im Berliner ethnologischen Museum. Kopf- und Barthaar sind durch Pflanzenstoffe nachgeahmt; auf den Schädel und den aufgeschmierten Kitt sind Schwarz, Weiß und Rot aufgetragen.[3]

Auch im Museum Godeffroy (jetzt in Leipzig) befinden sich derartige Masken, über deren Herstellung sich Schmeltz[4] folgendermaßen äußert: „Auf den Vorderteil eines menschlichen Schädels und den dazu gehörigen Unterkiefer ist aus thonartiger Masse ein Gesicht bossiert. welches auf schwarzem Grunde mit roten und weißen Streifen oder mit roten und blauen Streifen, durch welche der Außenrand des Gesichts, Augen, Stirn und Mund eingerahmt werden, bemalt ist; an dem Oberrande der Stirn ein Streifen Haare sich hinziehend, welcher bei sämtlichen Masken augenscheinlich aus wirklichem Haare, das teilweise gefärbt ist, besteht. Auf der Hinterseite ist in der Gegend des Unterkiefers ein runder Stab quer durchgeschoben, der dazu dient, die Maske beim Tanze im Munde zu halten.“ Die bei den Tänzen auf Neu-Mecklenburg gebrauchte Schädelmaske heißt lorr.[5]

In ganz ähnlicher Weise werden Schädel auf Mallicollo (Neu-Hebriden) präpariert, doch handelt es sich hier nicht um die Bereitung der Schädel zu Masken, sondern um solche, die in den Kultus

---

1 W. Powell, Unter den Kannibalen von Neu-Britannien. Deutsch. Leipzig, 1884. 68. 144.

2 Globus. XLI. 40.

3 Ausführliche Schilderung von R. Virchow in den Verhandlungen der Berliner Anthropol. Gesellschaft. 1880. 404. Nebst Tafel XVII.

4 Schmeltz und Krause, Die ethnogr. und anthropolog. Abteilung des Museum Godeffroy. Hamburg, 1881. 20. Tafel III, Fig. 3. 4.

5 Parkinson, Bismarckarchipel. Leipzig, 1887. 136.

eintreten. Solche „monumental heads" wurden von BOYD auf der Südküste von Mallicollo gesammelt; sie stammten aus einem Bure oder Tempel, in dem sie aufgestellt waren. Wenn dort ein berühmter Krieger oder Häuptling stirbt, so wird er begraben. Sobald aber das Fleisch verfault ist, holt man den Schädel aus der Erde, modelliert auf demselben mit Thon oder anderen Substanzen ein Gesicht, und stellt den so präparierten Schädel auf einen aus Bambus, Holz, Thon u. s. w. verfertigten Körper, den man mit den Waffen und Geräten des Verstorbenen ausstattet. Diese Bildnisse der Verstorbenen werden verehrt.[1] Die Präparierungsweise dieser Schädel ist dieselbe wie bei den Schädelmasken Neu-Britanniens, und dieses ist ein Grund mehr, um den Zusammenhang der Schädelmasken mit dem Schädelkultus anzunehmen, worauf übrigens zuerst SCHMELTZ[2] hingewiesen hat. Auch anderweitig werden solche Masken erwähnt.

Eine Art Schädelmaske ist von der Minahassa (Nord-Celebes) bekannt; sie befindet sich in der Sammlung des niederländischen Missionsvereins zu Rotterdam; sie besteht aus einem Stücke Holz, welches den Kopf andeuten soll, mit einem Teile des Schädels, dem Haupthaar und eingesetzten Zähnen eines Erschlagenen.[3]

In Afrika kennen wir Maskentänze schon aus sehr alter Zeit. Ibn Batuta, der 1352 in das mohammedanische Negerreich Melli im Sudan kam, sah dort, wie die Minnesänger vor dem Könige erschienen chacun étant dans le creux d'une figure formée avec des plumes, ressamblant à un chikchâk, ou espèce de moineau, et à laquelle on a appliqué une tête de bois pourvue d'un bec rouge, à l'imitation de la tête de cet oiseau. Ils se placent devant le souverain dans cet accoutrement ridicule, et lui débitent leurs poésies. Dieser Brauch, so versicherte man Ibn Batuta, sei sehr alt und stamme aus der Zeit vor der Einführung des Islam.[4]

Und derlei Tänze lassen sich heute noch bei den Negern nachweisen. Der Sowa (Häuptling) der Ganguela im zentralen Südafrika tanzt zur Zeit der hohen Feste maskiert vor seinem Volke. Sein Kopf steckt in einem großen schwarz und weiß gemalten Kürbis, sein Körper in einem Rahmenwerk aus Weidengeflecht, das mit

[1] W. H. FLOWER, On a collection of monumental heads from Mallicollo. Journ. Anthropol. Instit. XI. 75 f. (1882). Taf. VI, Fig. 1 bis 4.

[2] A. a. O. 434.

[3] A. B. MEYER im Ausland 1882. 325.

[4] Voyage d'Ibn Batoutah par C. DEFRÉMERY et B. R. SANGUINETTI. Paris, 1858. IV. 413.

schwarz und weiß angepinseltem Zeuge bedeckt ist. Ein Rock aus Pferdehaaren und die Schwänze von Tieren vervollständigen den grotesken Anzug. So spielt er die Rolle eines wütenden Tieres und springt unter dem Beifall seiner Leute wie toll umher.[1] Bei den Kischitänzen der Marutse (inneres Südafrika) treten maskierte Tänzer auf, maskiert, weil sie der Unschicklichkeit des Tanzes sich bewußt sind.[2] Weiter sind zu erwähnen die Mukischi oder gewerbsmäßigen Tänzer der Baschilange am Lulua (südlicher Kongozufluß), die nach P. Pogge nichts mit dem Fetischwesen zu thun haben, sondern die dazu da sind, das Volk zu amüsieren und die für ihre Leistungen bezahlt werden. Der Mukisch trägt Masken — welcher Art wird nicht gesagt — und aus Baumfasern gefertigte Gewänder. Es giebt Meister und Lehrlinge in dieser Genossenschaft. In Kioko werden die Masken Mutue ua mukischi, Kopf des Mukisch, genannt.[3] Ludwig Wolf fand bei den Bakuba am Lulua (südliches Zentralafrika) eine „Fetischmaske aus Holz geschnitzt, die bei festlichen Gelegenheiten vom Vortänzer getragen wird", eine Fratze mit Tierhörnern und langem Bart aus Fasern.[4] In Sierra Leone werden bei der Mannbarkeitserklärung der Mädchen die Bundumasken getragen, welche häßliche Teufelsfratzen darstellen.[5] Hölzerne und bemalte Masken, Menschengesichter nachbildend, aus Dahomeh sind nicht selten in den ethnographischen Museen.

Die außerordentliche Übereinstimmung des Nordens der alten und der neuen Welt, welche in Fauna und Flora und sehr zahlreichen ethnographischen Übereinstimmungen sich dokumentiert, zeigt sich auch in den Masken und Tiertänzen, die bei sibirischen Völkerschaften viel ähnliches mit den Tänzen und Mummereien der Eskimostämme und Indianer aufweisen.

Es beginnen solche Übereinstimmungen schon bei den Ostjaken, die bei dem der Erlegung eines Bären nachfolgenden Gelage den Bärentanz (oschni-jak oder longel dal) aufführen. Der Ostjak, von dem O. Finsch diesen Tanz aufführen sah, hatte eine aus Birkenrinde gefertigte Maske (Tondi-wäsch) vor dem Gesichte. Er bemühte sich, verschiedene Bewegungen und Stellungen des Bären nachzuahmen,

[1] Serpa Pinto's Wanderung quer durch Afrika. Leipzig, 1881. I. 219.

[2] Holub, Sieben Jahre in Südafrika. Wien, 1881. II. 197. Mit Abbildung der Maske.

[3] Mitteil. der afrikan. Ges. in Deutschland. IV. 255.

[4] Wissmann, Wolf, François u. Müller, Im Innern Afrikas. Leipzig, 1888. 255.

[5] Griffith im Journ. Anthropol. Instit. XVI. 309.

schwenkte sonderbar mit den Armen und sprang mit der Plumpheit eines Bären umher, alles zur Freude der versammelten Eingeborenen. Neben dem Bären dienen auch Elen, Kranich und andere Tiere als Tanzvorbilder, deren Bewegungen man nachzuahmen trachtet.[1] Nach Ahlquist haben auch die Wogulen dramatische Darstellungen bei denen die Schauspieler maskiert auftreten.[2]

Daß die alten Kamtschadalen Tiertänze hatten, ersehen wir aus Steller.[3] ohne daß dieser jedoch speziell der Masken Erwähnung thut. Daß aber Maskierungen einst dort stattfanden, ergiebt sich aus der nachfolgenden Thatsache.

Die in Kamtschatka lebenden russischen Kosaken haben nämlich von jenem jetzt ausgestorbenen Volke die Tiertänze angenommen und uns aufbewahrt, wie denn noch A. Erman die als Bären oder Krähen maskierten Kosaken sah, welche jene Tiere „mit größter Treue nachahmten". Er glaubt, daß die tiefe Bewunderung, welche der Instinkt der Tiere jedem Menschen abringt, der noch nicht durch verwickelte gesellige Verhältnisse zerstreut wird, die Idee zu solchen Tänzen und Maskierungen abgiebt, daß sie daher mit der Tierverehrung gleichen Ursprunges sei.[4]

Ganz Nordwestamerika ist klassischer Boden für Masken. Sie beginnen bei den Eskimostämmen am Beringsmeer und finden sich bei den Indianern an den ganzen Küsten bis südlich nach Kalifornien, allerdings verschieden nach Bedeutung und technischer Ausführung. Bei den Aleuten haben wir die Maske im Tanze und als Leichenbeigabe schon kennen gelernt. Es folgen nun, geographisch genommen die Eskimos.

Während die Jnuit- (oder Eskimo-)Stämme sich über den weiten Raum vom östlichen Grönland, durch das ganze arktische Amerika bis zur Beringstraße und selbst bis an die Ostspitze Asiens verbreiten und ihre Sprache ein und dieselbe, nur dialektisch geschiedene ist, haben sie doch in Sitten und Gebräuchen mancherlei Abweichendes, dessen Verschiedenartigkeit auf lokalen Ursachen beruht; so haben einzelne Stämme Bogen und Pfeile, andere besitzen sie nicht mehr, desgleichen ist der Kajak nicht allgemein, auch der Bau von Schneehütten ist nicht bei allen zu finden. So verhält es sich auch mit den Masken; diese sind nur auf die westlichen Eskimo in Alaska

[1] O. Finsch, Reise nach Westsibirien. Berlin. 1879. 614 nebst Abbildung.

[2] Gerland in Wagner's geogr. Jahrbuch. XI. 478.

[3] Beschreibung von Kamtschatka. Frankfurt, 1774. 340.

[4] A. Erman, Reise um die Erde. Historischer Bericht. III. 189.

beschränkt, alle östlich davon wohnenden kennen sie nicht. Da nun die Tänze, Zeremonien und Pantomimen der Eskimos, bei denen die Masken Verwendung finden, viel Ähnlichkeit mit jenen der weiter südlich wohnenden Tlinkitindianer haben, so darf wohl der Schluß gerechtfertigt sein, daß diese westlichen Eskimos von Süden her, von den Tlinkit etc. die Masken angenommen haben. Als die nördlichste Grenze der Eskimomasken kann Kap Barrow, schon am Eismeer, angesehen werden; auch auf der Diomedesinsel in der Beringstraße sind sie gefunden worden.[1] Die Eskimos an den Küsten Alaskas, an der Mündung des Yukonstromes und am Kuskoquim gebrauchen ungemein phantastisch gestaltete, wenn auch technisch nicht sehr vollkommene Masken teils zu Tänzen, teils zu ihren Schamanenproduktionen. Jacobsen hat zahlreiche Exemplare dem Berliner ethnographischen Museum übergeben.[2] Die Masken führen Namen und haben bei den Schamanen besondere Funktionen. So z. B. die Schamanenmaske Aman guak, welche dabei dient, wenn die Fische, besonders die Lachse, und die Seehunde in die Flüsse zum Fang herbeigezaubert werden sollen. Die Darstellungen an der Maske sollen die Verdienste des Schamanen vor Augen führen. Die Maske besteht aus einem grau und weiß bemalten Gesichte, an dessen Seiten zwei Hunde, über dem Gesichte zwei Schamanenstäbe, zwischen diesen ein Seehund. Unter dem Gesichte rechts und links zwei viereckige Löcher, unterhalb dieser eine rote Hohlkugel mit verschiedenen Löchern, welche die Flußmündungen darstellen, in welche die Lachse, die ebenfalls symbolisch dargestellt sind, durch die Macht der Schamanen getrieben werden. Die Maske trägt einen Bart aus Elenhaar und wird beim letzten Tanze im Frühjahr getragen.

Andere Masken vom Kuskoquim zeigen Tierköpfe, so rot bemalte Tanzmasken in Form eines Fuchskopfes, andere wieder stellen Dämonen vor mit großem zahnbesetztem Maule.

Es folgen alsdann, südlich vorschreitend, die Masken der Tlinkiten, die schön aus Holz geschnitzt und mit Farben bemalt sind, einen Vogelkopf, Tier oder mythisches Wesen darstellend. Diese Masken sollen früher im Kriege getragen worden sein, jetzt aber nur bei festlichen Gelegenheiten dienen.[3] Auch bei den Haidas auf

---

[1] Dall in Third annual report of the bureau of Ethnology. 122.

[2] Amerikas Nordwestküste. Neueste Ergebnisse ethnologischer Reisen. Neue Folge. Berlin, 1884. Tafel I bis V.

[3] Bancroft, Native Races of the Pacific States. I. 101.

den Königin Charlotte Inseln sind die Masken bekannt und auch hier stellen sie Tiere vor. CATLIN fand den „König der Bussarde", „des Teufels Bruder", den „Donnermann", den „Nachtbären", den „Geist des Karibu" (Rentier) alle in Masken dargestellt. Die Gesichtsmasken waren aus Holz geschnitzt und im Inneren mit einem quergespannten Riemen versehen, der, wenn die Maske auf dem Gesichte lag, in den Mund genommen und mit den Zähnen festgehalten wurde. Die Masken sind bemalt.[1]

Im Stil, in der Farbengebung, die stets einen harmonischen Eindruck macht, im Schmuck und der Technik sind die Masken, welche die Haida auf den Königin Charlotte-Inseln benutzen, fast ganz gleich jenen, die von den verschiedenen Ahtstämmen auf der Vancouver-Insel im Gebrauche sind. Es ergiebt sich dieses durch einen Blick auf die farbigen, vorzüglich ausgeführten Tafeln des Prachtwerkes, in dem Kapitän JACOBSENS Sammlungen von jenen Inseln publiziert sind.[2] Wegen aller Einzelheiten die Masken betreffend, müssen wir hier auf dieses Werk verweisen.

Die Tänze bei den Indianern Vancouvers sind verschieden; es sind jene an der Westküste anderer Art, als die an der Nord- und Ostküste ausgeführten, auch muß man einen Unterschied zwischen Sommer- und Wintertänzen machen. An der Ostküste tanzen weniger Personen, an der Westküste beteiligen sich stets 20 bis 30 Leute an den Tänzen, deren es 53 Arten geben soll; auch giebt es hier förmliche Arrangeure für die Tanzfeste. „Der Tanz- und Zeremonienmeister, schreibt JACOBSEN,[3] wies jedem einzelnen Tänzer seinen Platz an und gab für die einzelnen Tänze mit seiner Rassel das Zeichen für den Takt. Sämtliche Tänzer waren auf das Festlichste geschmückt, die Männer im Gesichte rot und schwarz, die Weiber fast alle rot bemalt. Es wurden am Abend meiner diesmaligen Anwesenheit nur wenige Tänze mit Masken ausgeführt, unter den letzteren aber wurde uns das sehenswerte Schauspiel zu teil, daß man den großen Adler oder Feuervogel Hotloxom, der den Donner Tootosch repräsentiert, vorführte. Der Kopf, der Schwanz

[1] G. CATLIN, Last rambles amongst the Indians. London, 1868. Abbildung einer Maske von den Königin Charlotte-Inseln in JACOBSEN's Reise an der Nordwestküste Amerikas. 36.

[2] Amerikas Nordwestküste. Neueste Ergebnisse ethnologischer Reisen. Aus den Sammlungen der königlichen Museen zu Berlin. Herausgegeben von der Direktion der ethnologischen Abteilung. Berlin. 1883.

[3] Kapitän JACOBSEN's Reise an der Nordwestküste Amerikas. 108.

und die beiden Flügel dieses Vogels bestanden aus Holz, der Körper, in welchem ein Indianer steckte, war mit Zeug bedeckt und das Ganze gewährte bei der matten Beleuchtung, die im Hause herrschte, einen täuschenden Anblick. Mit Vorführungen dieser Art wird immer das Gebiet der kulturellen Zeremonien berührt." Die weiter folgenden Tänze gingen schon in das Gebiet der Pantomimen über, wie die Darstellung eines Wolfes mit gut geschnitztem Wolfskopfe, der die Anwesenden verfolgte.

Völlig dramatisch gestalteten sich die Vorstellungen, denen Jacobsen in Quatsino, Nordvancouver, beiwohnte.[1] Ein Vorhang öffnete sich und eine große Gruppe von mit Masken bekleideten Indianern zeigte sich, die allerlei Tiere, Götter und Dämonen darstellte, welche mit einander Tänze aufführten. Hier sah man einen Bären mit einem Ungeheuer tanzen, welches das mächtige Mundstück seines kolossalen Kopfes fortwährend auf- und zuklappte, dort hielten sich ein Wolf und ein Adler umfaßt und drehten sich im Kreise. Es dauerte indessen nur einige Minuten dann wurde der Vorhang wieder geschlossen und ein unsichtbares Musikkorps, das einen wahren Höllenspektakel mit hölzernen Pfeifen und Flöten gemacht hatte, stellt für den Augenblick seine Thätigkeit ein. Alsdann öffnet sich der Vorhang wieder und die ganze Tanzgesellschaft tanzte wie vorher nach den Tönen der unsichtbaren Flötisten.[2]

Jacobsen geht nicht näher auf die Bedeutung dieser Tänze ein. Nach Paul Kane werden sie bei wichtigen Ereignissen ausgeführt, so z. B. beim Fischen, beim Sammeln der Kamamuscheln, wenn sie Krieg machen, wenn sie den großen Geist günstig stimmen oder ihm für einen gehabten Erfolg sich dankbar erweisen wollen, so daß sich hier ein religiöses Moment einmischt.[3]

Einiges Licht auf die Maskentänze der nordwestamerikanischen Indianer fällt durch die von Swan gegebenen Mitteilungen, welcher die Makah am Eingange der Juan de Fuca-Straße genau studierte. Danach giebt es drei Arten von mystischen Maskentänzen, welche als Dukwalli, Tsiark und Dohtlub unterschieden werden. Sie sind teils geheim, teils öffentlich, sollen aber mit religiösem Kultus nichts gemein haben. Es handelt sich vielmehr um Darstellung von Transformationen, denn alles Lebende, Tiere und Bäume, besaß nach

[1] Jacobsen a. a. O. 122.

[2] Gute Schilderung verschiedener Maskentänze der Makah bei Swan, The Indians of Cape Flattery. 71 ff.

[3] Kane, Wanderings of an artist among the Indians. London, 1859. 217.

Makahglauben zuvor menschliche Gestalt, wurde aber zur Strafe verwandelt und zwar durch die Brüder der Sonne und des Mondes, welche zu diesem Zwecke auf der Erde erschienen. Solche Verwandlungen werden nun in den Maskentänzen vorgestellt. Die Makah geben an, daß sie zu den Maskeraden von Geistern inspiriert werden; Gesänge und Tänze werden ihnen von Geistern offenbart; heimlich werden diese den Genossen mitgeteilt; man übt sie ein und plötzlich findet die Vorstellung statt. Letztere bürgert sich nun ein und wird von Geschlecht auf Geschlecht fortgeerbt. So giebt es ältere und neuere Maskeraden, die zumeist mit den Transformationsmythen im Zusammenhange stehen.[1]

Was die Masken anbetrifft, so können sie als Kunstwerke gelten, die einen durchaus eigenartigen Stil, eigenartige Ornamentierung und Bemalung zeigen, ebenso wie die zu den Aufführungen gehörigen Tanzrasseln. Die Masken sind aus Holz geschnitzt; sie stellen die verschiedensten Tiere, Vögel, Ungeheuer, Fratzen, Menschengesichter und Phantasieköpfe dar. Einzelne Teile der Masken, wie die Augen oder Unterkiefer, sind beweglich gemacht und können durch Schnüre verstellt werden. Auch Doppelmasken, eine in die andere geschoben, sind vorhanden. Eine aus Jacobsens Sammlung[2] stellt ein Seeungeheuer vor; hebt man (mit Schnüren) die aus vier Segmenten bestehende obere Schale ab, die nun sternförmig zerlegt nach allen Seiten absteht, so wird ein Menschenantlitz sichtbar. Wieder eine Maske derselben Sammlung stellt einen Rehkopf dar, der sich öffnen läßt und nun im Inneren ein Maskengesicht zeigt. Diese verschiedenen Teile der Masken sind alle genau und vortrefflich schließend gearbeitet, so daß man nicht vermutet, daß die Maske aus verschiedenen Teilen besteht. Durch Fäden, deren Enden der Tänzer in der Hand hält, kann er die Atrappen plötzlich öffnen, so daß die zweite unter der ersten befindliche Maske zur Erscheinung gelangt. Eine besondere Auszeichnung haben die kannibalischen Gewohnheiten ergebenen Hametzen auf der Vancouverinsel an ihren Tanzmasken. Als Zeichen, daß sie an gewissen Kannibalenfesten teilgenommen haben, dürfen sie an ihren Masken kleine aus Holz geschnitzte

[1] James Swan, The Indians of Cape Flattery. Washington, 1869. 64 ff. (Smithsonian contributions to knowledge. 220.) The Makahs believe in a transmigration of souls; that every living thing, even trees, and all sorts of birds and fishes as well as animals, were formerly Indians, who for their bad conduct were transformed into the shapes in which they now appear.

[2] Jacobsen a. a. O. 121 und 129.

Menschenschädel befestigen.[1] Die Masken sind von verschiedener Größe; WHYMPER erwähnt sie von 60 cm Höhe und noch größer. Bei einzelnen Häuptlingen fand er ganze Sammlungen solcher Prachtstücke.[2] Alle Masken und Tanzgebräuche, welche vom Washington Territorium an entlang der Nordwestküste Amerikas und auf den vorliegenden Inseln (Vancouver, Königin Charlotte-Inseln bis zum Prinz William-Sund im Norden unter 60° nördl. Br.) vorkommen, zeigen übrigens außerordentlich viel Übereinstimmendes. Wie SWAN bezeugt kommt es häufig vor, daß Masken bei dem einen Volke fabriziert und an ein anderes verhandelt werden, welches dann nur noch die letzte Hand an die Ausschmückung der Maske legt.[3] So kann eine von den Tlinkitindianern benutzte Maske vielleicht von den Haida stammen. Weiße Masken trugen die nordkalifornischen Indianer bei ihren Tänzen.[4]

Es scheint als ob sehr viele die zahlreichen Masken- und Tiertänze der nordamerikanischen Indianer einen religiösen Hintergrund haben. Die Indianer schreiben den Tieren Vernunft und die Fähigkeit zu, die menschliche Rede zu verstehen. Ihren Überlieferungen nach sind sie selbst mit den Tieren nahe verwandt oder glauben von Bären, Wölfen, Hirschen, Schildkröten abzustammen, worauf ihre Namen hindeuten. Die Sioux tanzen den Bärentanz in der Maske eines Bären, um die Gunst des Bärengeistes zu gewinnen und zu bewirken, daß dieser die Tiere dem Jäger entgegenführe.

Den tiefsten Einblick in die maskierten Tiertänze der Indianer gewährt uns der vortreffliche Prinz WIED, dessen Aufenthalt unter den Mandanen am Missouri ihm Gelegenheit gab, genau jene Tänze zu studieren. Wie unter den meisten nordamerikanischen Indianerstämmen bestehen auch unter den Mandanen besondere Gesellschaften oder Bündnisse und unter diesen sind es die Berock-Ochatä, die Bisonstiere, welche beim Tanze die obere Kopfhaut und die langen Nackenhaare des Büffels mit dessen Hörnern auf dem Kopfe tragen; zwei Auserwählte unter ihnen aber, die Tapfersten unter allen, tragen einen völlig nachgebildeten Bisonkopf mit den Hörnern, welchen sie über ihren Kopf setzen, durch dessen künstliche, mit

[1] JACOBSEN a. a. O. 50 und Abbildung 56.

[2] WHYMPER, Alaska. Deutsche Ausgabe. 58 nebst Abbildung.

[3] SWAN, The Indians of Cape Flattery. 69. Masks made by the Clyoquot and Nittinat Indians are sold to the Makahs, who paint them to suit their own fancies.

[4] WILKES, United States Exploring Expedition. V. 192.

einem eisernen oder blechernen Ringe umlegte Augen sie hindurchblicken.[1]

Noch mehr fanden die Masken Verwendung bei dem Okippe genannten Medizinfeste der Mandanen, das religiösen Hintergrund hat und auf einen Befehl des ersten Menschen, Mumank-Machane, zurückgeführt wird; auch hier treten Büffelmasken, Schwäne, Klapperschlangen auf. Ein Mann stellt den Ochkih-Häddä, Teufel, vor, der am Körper schwarz gemalt ist; auf den Kopf setzt man ihm eine Mütze mit einem Hahnenkamme; vor das Gesicht erhält er eine Maske mit hölzernen weißen Ringen um die Augenöffnung, dann macht man ihm große Zähne von Baumwollendocht. Dieses Ungetüm durchstreift nun das Dorf. Während der Teufel umherspukt, tanzen die übrigen Masken beständig, indem sie die natürlichen Geberden der dargestellten Tiere nachahmen. Es kommen noch hinzu Maskendarstellungen des weißköpfigen Adlers, Biber, Raubvögel, Bären, Antilopen, Wölfe. „Kommen alle die genannten Tiere zusammen, so schlagen sie sich untereinander und machen tausenderlei Geberden. Ein jedes Tier benimmt sich nach seiner natürlich eigentümlichen Art, die Biber z. B. teilen lautklatschende Schwanzschläge aus, die Bisonten rollen und wälzen sich im Sande, die Bären schlagen mit ihren Tatzen." Während dieser Tänze werden an den jungen Büßenden in der Medizinhütte die grausamsten Martern ausgeübt und erst am vierten Tage findet der Schlußtanz des Okippe statt, wobei diejenigen, welche Büffel darstellen, scheinbar mit Pfeilen erlegt werden.[2]

Nach Catlin, der diesen Tanz der Mandanen auch beobachtete, soll durch denselben die Fruchtbarkeit der Büffel befördert werden, was auch dadurch angedeutet wurde, daß das Bespringen der dargestellten Büffelkühe vermittelst eines künstlichen Phallus von kolossalen Dimensionen nachgeahmt wurde.[3]

Bei den östlichen Indianern sind Masken gewiß selten und Ausnahmen gewesen, so daß nur ein Beispiel mir bekannt wurde. Die Irokesen glaubten an übernatürliche Wesen, welche sie „Falschgesichter" nannten; es war das ein alter Aberglauben, der sich bis

[1] Prinz zu Wied, Reise in das Innere von Nordamerika. Koblenz, 1841. II. 142 und Tafel XVIII.

[2] Prinz zu Wied a. a. O. II. 172 bis 181.

[3] Catlin, O-Kee-Pa. A religious ceremony and other customs of the Mandans. London, 1867 auf einem Folium reservatum zu Seite 22 besonders gedruckt für scientific men. Liebrecht, Zur Volkskunde. 395.

in die neueste Zeit erhalten hat und den 1851 MORGAN beschrieben hat. Auf diesen Aberglauben hin bestand im Staate New-York und bis Kanada hinein, ein Geheimbund, „die Falschgesichterbande". Aufgenommen wurden jene in den Bund, denen das Ga-go-sa oder Falschgesicht im Traume erschienen war. Es war dies ein böser Geist ohne Körper und Glieder, nur aus einem Gesicht bestehend. Bei allen Gelegenheiten, wo die Bande auftrat, trug dieselbe Masken, verschieden in Form und Farbe, aber alle häßlich. Der Beweggrund zu diesem Bunde war die Versöhnung des Ga-go-sa, dem die Seuchen zugeschrieben wurden. Im Verfolg entwickelte sich hieraus eine Art Kontrolle über die Krankheiten und die Vorstellung, daß der Bund solche heilen könne, wie denn noch 1849 der Bund maskiert durch den Ort Tonawanda zog, um die dort herrschende Cholera zu verjagen. Dabei wurden Tänze aufgeführt.[1]

Verfolgen wir die amerikanischen Masken- und Tiertänze weiter nach Süden, so stoßen wir zunächst auf die Puebloindianer Neumexikos, bei deren alljährlich regelmäßig wiederkehrenden Festen die Maskentänze zu wahren Orgien ausarten. Die Männer tragen hohe turmförmige, mit Federn geschmückte Mützen und jeder hat sein Gesicht durch eine Art Visier aus abgeschälten Weidenstäben bedeckt. TEN BROEK schreibt: „Solche abscheuliche Masken sah ich nie. Nasen sechs Zoll lang, Mäuler von Ohr zu Ohr reichend, Glotzaugen, halb so groß wie ein Hühnerei und an Stielen halb aus der Höhle heraushängend." Jeder Pueblo hat sein besonderes Tanzkostüm. Die Männer verkleiden sich zuweilen als Elentiere mit Hörnern auf dem Kopfe, kriechen auf allen Vieren und ahmen die Bewegungen des Tieres nach; andere maskieren sich als Truthühner.[2] Anderer Art sind die Masken, die verwendet werden bei dem Cachina genannten Tanze der Puebloindianer von Zuñi. Dieser Tanz wird nur selten getanzt und ist deshalb auch nicht häufig von Fremden beobachtet worden. It is only performed in time of great drought und auf Befehl des geistigen Oberhauptes des Volkes. Die Einzelheiten der echt indianischen Tanzweise mit ihrem langsamen Takte, dem Getöse der Rasseln und Trommeln können hier übergangen werden; doch ewähnt möge werden, daß die Masken wiederum mit den Tieren in Verbindung zu stehen scheinen, indem gerade die maskierten Tänzer hinten mit Fuchsschwänzen geschmückt sind,

[1] MORGAN bei DALL, Third annual report of the bureau of Ethnology. 144.

[2] BANCROFT, Native races. I. 551.

welche bis auf den Boden herabhängen. Die Masken bestehen aus Haut; sie sind meergrün bemalt und mit einem Bart aus Roßhaar versehen. The words of the song could not be obtained.[1]

Die Azteken hatten etwas wie bühnenmäßige Darstellungen mit Geberdenspielen, wobei die Gesichter der Schauspieler mit Larven bedeckt und die Gestalten von Vögeln und anderen Tieren häufig nachgeahmt wurden.[2] CLAVIGERO berichtet: I Plebei si travestiano in varie figure d'animali con abiti fatti di carta, e di penne, o di pelli, um sich von den Adeligen zu unterscheiden, wenn sie an den Tänzen teilnahmen.[3] Und so in Nicaragua.

OVIEDO, der einige Tänze der Nicaraguaner sah, beschreibt einen solchen, den er zu Tekoatega nach der Kakaoernte beobachtete. Gegen sechzig Leute, lauter Männer, darunter eine Anzahl als Frauen verkleidet, nahmen daran teil. Sie waren mit verschiedenen Farben und Mustern bemalt und trugen auf dem Kopfe schöne Federbüschel, einige aber hatten Masken auf, die wie Vogelköpfe gestaltet waren. So tanzten sie paarweise um einen Pfahl, auf dem eine lustig bemalte Figur des Cacaguat, des Kakaogottes, stand. Von diesem Pfahle hingen zwei Seile herab, an welchen zwei sieben- bis achtjährige Knaben befestigt waren, deren einer Bogen und Pfeile, deren anderer einen Federfächer und Spiegel in den Händen hielt, und die an den Seilen im Kreise um den Pfahl herumgeschwungen wurden.[4]

Nicht unbeeinflußt durch die Karnevalsfestlichkeiten der Portugiesen sind die Indianer am oberen Amazonas geblieben, so daß hier sich in das ursprüngliche, altheimische Maskenwesen bereits europäische Elemente einmischen. Es treffen hier zwei ähnliche Sitten zusammen, die leicht mit einander verschmelzen. Namentlich am Johannistage verkleiden sich in Ega am Amazonenstrome Männer und Knaben, indem sie groteske Tiergestalten darstellen, oder auch Riesen und andere Fabelgestalten. Da sieht man den Waldgott Caypor, der bei allen Tupistämmen bekannt ist, ein ungestaltetes Monstrum, mit langem rotem Haar auf dem Rücken. Er lebt auf unterirdischen, reich mit Pacas und Hirschen versehenen Jagdgründen. Andere Indianer maskieren sich als Ochsen, Hirsche, Magoaystörche, Jaguare. Die Masken bestehen aus einem leichten Gitterwerk, das

[1] The Cachina, a dance at the pueblo of Zuñi by F. KLETT. Report of the U. S. Geograph. Surveys west of the 100th Meridian. Vol. VII. 332 ff.

[2] PRESCOTT, Eroberung von Mexiko. Leipzig, 1845. I. 87.

[3] CLAVIGERO, Storia ant. del Messico. II. 179.

[4] OVIEDO, Hist. Gen. IV. 93. 111. BANCROFT, Native races. II. 713.

mit altem, buntbemaltem Stoffe überzogen täuschend die betreffenden Tiere darstellt.[1] So mischen sich auch bei den Indianern Guatemalas altheidnische Masken mit Jaguar- und Pumadarstellungen unter die kirchlichen Tänze und Feste der Christen.[2]

Weiter aufwärts am Amazonas wohnen die Ticunas, bei denen die Maskentänze halb religiöser Art zu sein scheinen. Sie kennen ein höheres Wesen, den Jurupari oder Dämon, der bei all ihren Zeremonien erscheint, dessen Attribute aber Bates schwer zu bestimmen vermochte. Es scheint ein böses Teufelchen zu sein, das die kleinen Unglücksfälle des täglichen Lebens verursacht, über das die Ticunas aber strenges Schweigen beobachten. Bei allen ihren Zeremonien und Mummereien herrscht große Übereinstimmung, gleichviel ob es sich um eine Hochzeit, um das Fest der Früchte oder um das Ausraufen der Haare bei ihren Kindern handelt. Man schmückt sich mit den bunten Federn der Tukans und Papageien, und legt Masken an. Dazu gehört zunächst ein langes bis unter das Knie reichendes Gewand, aus dem weißlichen Baste eines Baumes. Dieses Gewand reicht auch über den Kopf, zwei Löcher darin stellen die Augen vor, ein paar runde, seitlich angebrachte Stücken desselben Stoffes die Ohren. Die übrigen Gesichtsteile werden grell mit gelben, roten und schwarzen Strichen aufgemalt. Zuweilen auch trägt man an solchen Festtagen groteske Masken, welche Affen und andere Tiere vorstellen, indem man Stoff oder Felle über Flechtwerk ausspannt. Die häßlichste und größte Maske stellt den Jurupari dar. Tanzen, Singen, Trommeln, Rauchen, Schnupfen und Caysumatrinken dauert dann mehrere Tage lang an. „Ich konnte nicht ergründen, daß in diesen Maskentänzen ein tieferer symbolischer Sinn lag, oder daß sie darin irgend ein Ereignis aus der Geschichte des Stammes darstellten. Einiges scheint entfernt auf eine Versöhnung des Jurupari hinzudeuten, doch derjenige, welcher dessen Maske trägt, war mit den übrigen betrunken, und wurde nicht besonders ausgezeichnet.“[3]

Noch unberührt von europäischen Einflüssen haben Spix und Martius[4] die Tänze der Juri am Amazonenstrome gesehen. „Es waren nackte Indianer, die statt der eigenen scheußlich monströse Köpfe trugen. Die Masken waren von Mehlkörben gemacht, über

[1] Bates, The Naturalist on the river Amazonas. London. 1864. 320.

[2] Stoll, Guatemala. 377.

[3] Bates a. a. O. 450.

[4] Reise in Brasilien. III. 1227.

die ein Stück Turiri (tuchähnlicher Baumbast) gezogen war. Rachen und Zähne waren an diesen Gesichtern nicht gespart und die Grundfarbe war weiß. Ein anderer war gänzlich in einen Sack von Turiri eingehüllt, der auf das Abenteuerlichste bemalt war. Er trug eine Maske, die den Tapirkopf vorstellte, kroch auf allen Vieren, ahmte mit dem Rüssel die Geberden der Anta nach, wenn sie weidet." Exemplare solcher Masken befinden sich im Münchener ethnographischen Museum.

Beim Dorfe Peruaté am oberen Amazonenstrome sah PÖPPIG die Maskentänze der Pebasindianer, „dessen Bedeutung keine heitere sein konnte", denn mit drohenden Pantomimen wurden die Speere nach einem Winkel der Hütte geworfen, dem Verbergungsorte eines fingierten Feindes. „Alle Anwesenden waren bemalt, die Männer unter fürchterlichen Larven versteckt, zum Teil mit Masken behängt, die ganz den eingetrockneten Feindesköpfen glichen, die ein berühmter Reisender auch bei brasilischen Völkern fand. Der eigentliche Greuel dieser Szene bestand darin, daß nicht nur die Männer, sondern selbst die Knaben im höchsten Grade betrunken waren, und daß die Weiber abgesondert einen anderen Tanz aufführten, in welchem sie eine Gewaltsamkeit der niedrigsten Triebe des Tieres und eine Zügellosigkeit an den Tag legten, wie man sie sonst kaum an dem Neger zu beobachten gewohnt ist."[1] Die wilden Bakairi an den Quellströmen des Schingu (Brasilien) haben „Taubenmasken", welche sie bei Tänzen gebrauchen; es sind dies „viereckige, rot und weiß bemalte Holzstücke mit plastischer Nase und zwei Augenlöchern; sie werden vor das Gesicht gehalten und stellen Tauben vor, deren Stimme der Künstler besser nachzuahmen weiß, als den Kopf."[2]

Nicht bloß auf das Gebiet des Amazonenstromes sind die Maskentänze südamerikanischer Indianer beschränkt. Auch in Guiana sind sie bekannt, wo die Makuschi zu gewissen großen, allvierteljährlich stattfindenden, Paiwa genannten Festlichkeiten maskiert erscheinen. Männer, Weiber, Kinder hüllen sich in die noch unentwickelten, hellgelben, künstlich entfalteten Wedel der Maripapalme dermaßen ein, daß vom Körper nicht das Geringste mehr zu sehen ist. Voran dem Zuge ziehen Musiker mit Trommeln und Flöten, eine gräßliche

[1] E. PÖPPIG, Reise in Chile, Peru und auf dem Amazonenstrome. II. 420.

[2] K. v. D. STEINEN, Durch Zentral-Brasilien. Leipzig, 1886. 176 und zweite ethnologische Tafel Fig. 1.

Musik machend; der lange Zug umtanzt jedes Haus des Dorfes und wird von den Bewohnern mit Paiwari traktiert. Ein allgemeines Zechgelage schließt das Maskenfest.[1]

Bei den andinischen Indianern, wo der Katholizismus herrscht, ist jetzt nicht mehr zu erkennen, wieviel bei den Maskenfesten ursprünglich, wieviel durch christliche Faschingsgebräuche eingeführt ist. In La Paz, Bolivia, sah DAVID FORBES ein großes Indianerfest, bei dem Männer und Weiber zum Klange von Trommeln, Trompeten und Panpfeifen tanzten, wobei sie in grotesken Kostümen erschienen, mit Condor- und Straußfedern geschmückt, oder mit Masken, welche Tierköpfe darstellten, andere wieder in Ochsenhäute vermummt, mit Hörnern auf dem Kopfe.[2]

---

[1] APPUN im Ausland 1872. 634.

[2] D. FORBES, On the Aymara Indians. Journ. Ethnol. Soc. 1870. II. 233.

Beschneidung.[1]

Die Beschneidung des männlichen Gliedes — und nur von dieser soll hier die Rede sein — gehört zu denjenigen Gebräuchen, welche über die ganze Erde verbreitet und keineswegs das besondere Eigentum eines besonderen Volkes sind. Sie will daher auch nicht aus beschränkt nationalem Gesichtspunkte, sondern aus allgemein ethnischem betrachtet sein und lokale Auffassungen haben sich den generellen hier unterzuordnen, womit natürlich nicht ausgesprochen ist, daß bei verschiedenen Völkern in bezug auf untergeschobene oder faktische Bedeutung in den dabei vorkommenden Gebräuchen Verschiedenheiten herrschen. Ich beginne mit den Juden, bei denen die Sache am bekanntesten ist.

Juden. Nach dem Alten Testamente[2] wurde die Beschneidung (hebräisch mîlah) eingesetzt als Zeichen des Bundes zwischen Jave und Abram: „Alles was männlich ist unter euch, soll beschnitten werden. Ihr sollt aber die Vorhaut (hebräisch 'orlah) an eurem Fleisch beschneiden. Dasselbe soll ein Zeichen sein des Bundes zwischen mir und euch," gebietet Jave. Der Bund sollte sich auch auf die Nachkommen erstrecken; wenn aber ein Knabe nicht beschnitten wurde, so war er dadurch des Bundes verlustig, ausgestoßen aus dem Volke. Demzufolge beschnitt sich der neunundneunzigjährige Abraham, seinen dreizehnjährigen Sohn Ismael und alles, was Mannesnamen in seinem Hause hatte.[3] Zum Gesetze er-

[1] Erschien zuerst im Archiv für Anthropologie. XIII. Die von mir gesammelten und beleuchteten Thatsachen, welche zum ersten Male den Gebrauch in seiner Universalität übersehen ließen, wurden von einem späteren Schriftsteller, ohne Quellenangabe, fast vollständig benutzt. Dieses kann mich nicht abhalten die Arbeit, stark vermehrt und verbessert, hier wieder zum Abdruck zu bringen.

[2] 1 Mos. 17, 10 bis 14. [3] 1 Mos. 17, 23 bis 27.

hoben wurde die Beschneidung dann von Mose[1] und Fremdlinge, zumal wenn sie am Passahfeste teilnehmen wollten, hatten sich gleichfalls dem Brauche zu unterwerfen.[2] Sklaven, einheimische oder fremde erkaufte, wurden beschnitten.[3] Als die Juden nach dem Auszuge aus Ägypten in der Wüste umherwanderten, unterblieb die Beschneidung und erst als sie das gelobte Land erreichten, beschnitt sie Josua, „denn sie hatten Vorhaut und waren auf dem Wege nicht beschnitten.“[4]

Von nun an war die Zirkumzision der Stolz und das Bundeszeichen der Hebräer, ihre Unterscheidung von anderen, unbeschnittenen Völkern, die notwendige Bedingung ihrer Nationalität. Was nicht beschnitten war, gehörte nicht zu den Juden. Verachtend blickten die Juden auf diejenigen herab, welche nicht beschnitten waren und namentlich wird den Philistern gewöhnlich die Bezeichnung der „unbeschnittenen“ im verächtlichen Sinne erteilt.[5] Überall in der Schrift wird die Beschneidung als speziell jüdisch angesehen und im Neuen Testament noch tritt die Beschneidung, *ἡ περιτομή*, und ihr Gegensatz, *ἡ ἀκροβυστία*, geradezu als synonym für die Juden und Heiden auf.

Die Feinde der Juden suchten daher die Beschneidung zu verbieten, doch hielten die Juden fest an dem alten Gebrauche. Unter Antiochus wurden die Weiber, welche ihre Kinder beschnitten, getötet.[6] Aber die Juden ertrugen lieber den Tod, als daß sie von ihren alten Gesetzen ließen.

„Und am achten Tage soll man das Fleisch seiner Vorhaut beschneiden,“ lautet das Gesetz Moses,[7] und diese Regel wurde streng befolgt, ja sogar am Sabbath wurde sie ausgeführt, wenn dieser der achte Tag war, auch Weiber konnten in besonderen Fällen die Operation vornehmen, denn Zipora beschnitt ihren Sohn.[8] Zipora benützte dazu einen Stein und auch Josua machte sich auf des Herrn Befehl steinerne Messer, als er die Kinder Israel beim Eintritt in Kanaan beschnitt.[9] Diese Benutzung eines Steines bei der Zirkumzision, die auch anderweitig vorkommt, deutet auf ein sehr hohes Alter des Gebrauches, auf ein Zurückgreifen desselben in die Steinzeit.[10]

[1] 3 Mos. 12, 3. [2] 2 Mos. 12, 48. [3] 1 Mos. 17, 12 bis 13.
[4] Josua 5, 2 bis 8. [5] Richter 14, 3. 15, 18. 1 Sam. 14, 6. 17, 26.
[6] 1 Macc. 1, 63. [7] 3 Mos. 12, 3.
[8] Joh. 7, 22 bis 23. 2 Mos. 4, 25. [9] Jos. 5, 2 bis 3.
[10] Die Orientalisten haben darüber gestritten, ob die Messer, mit denen Josua bei

Gegenwärtig wird die Operation folgendermaßen ausgeführt. Der Mohel (Beschneider) zieht die Vorhaut nach vorn und schließt dieselbe in eine Zange ein; der hervorstehende Teil wird alsdann mit einem Messer abgetragen; dieser Teil der Beschneidung heißt mîlah. Es folgt nun der zweite Akt: das Einreißen des übriggebliebenen Vorhautrestes mit den Daumennägeln des Mohel bis zur corona glandis, dieser Akt heißt priah; nachdem so die Eichel ganz bloß gelegt ist, saugt der Mohel das Blut aus der Wunde aus und wendet dann noch blutstillende Mittel an, dieser Teil heißt mezizah.[1]

Auch die jüdische Sekte der Samaritaner, die nur noch in geringer Anzahl zu Nablus in Palästina existiert, führt regelmäßig am achten Tage nach der Geburt, selbst wenn dieser ein Sabbath ist, die Beschneidung aus. Der Priester verrichtet dabei einige Gebete und erteilt dem Knaben seinen Namen.[2]

Als die Juden in die Zerstreuung gingen, wurden sie ob der Beschneidung angefeindet und bei Verfolgungen, wo ihre Abkunft durch die Zirkumzision konstatiert werden konnte, wanden sie wiederholt, um Täuschung in dieser Beziehung hervorzubringen, künstliche Vorhäute an. Zur Zeit des Antiochus Epiphanes erbauten einige Juden, die sich gern mit den Heiden vermischen wollten, ein Gymnasium. Damit sie nun aber bei den Spielen, bei denen sie nackt erscheinen mußten, nicht als Juden erkannt wurden, machten sie sich, wie abweichend von Luther die richtige Übersetzung lautet, eine Vorhaut.[3] Die Juden suchten nämlich durch Ziehen mittels

Gilgal die Kinder Israels beschnitt, „steinerne" oder „scharf" gewesen seien; man wollte nicht zugeben, daß damals die Juden sich noch der Steinwerkzeuge bedient hätten. Gerade aber Steingeräte erhielten sich überall zu Kultuszwecken am längsten, so bei den alten Ägyptern und Römern. In der Vulgata läßt die Stelle Josua 5, 2 keinen Doppelsinn zu: Fac tibi cultros lapideos. Noch 1716 kam zu Rendel in der Wetterau jüdische Beschneidung mit einem Schiefersteine vor. (Schudt, Jüd. Denkwürdigkeiten. 6. Buch, 26. Kap., Nachtrag. S. 227.) Auch zu Hiob Ludolf's Zeiten kam bei den Abessiniern Beschneidung mit einem Steine vor. Alnajah gens Aethiopum cultris lapideis circumcisionem peragit. (Ludolfi Hist. aethiop. Frankfurt a. M., 1681. III. 1. 21.) Es ist in anderen Dingen beim Kultus ebenso: Die indischen Brahmanen erzeugen noch jetzt das heilige Feuer zum täglichen Opfer nach altbarbarischer Weise durch Reiben von zwei verschiedenen harten Holzstückchen (Tylor, Anthropology. 16) und wenn mexikanische Indianer sich jetzt zur Ader lassen, so benutzen sie dazu nicht etwa ein eisernes Messer, sondern, wie ihre Vorfahren vor Ankunft der Spanier, ein Stück scharfen Obsidians (Brasseur de Bourbourg, Mexique. III. 640).

[1] Mehr bei J. P. Trusen, Darstellung der biblischen Krankheiten. Posen, 1843. 40.

[2] H. Petermann, Reisen im Orient. I. 277. Vergl. auch Z. D. M. G. XX. 529.

[3] 1 Macc. 1, 16.

eines Instrumentes (Epispaster) oder eines blutigen Verfahrens, das von CELSUS mitgeteilt wird[1] und in einer Lostrennung des inneren Blattes von der Eichelkrone bestand, die verkürzte Haut zu verlängern, welchem Umgehen des religiösen Gesetzes nebst den Talmudisten auch der Pseudomessias Barkochba durch die Anordnung eines im Akte der Beschneidung außer dem Transversalschnitte auch zu führenden longitudinalen Einhalt that. Daher jenes Einreißen des Vorhautrestes mit dem Daumennagel (priah).

Spott und Hohn über die Sitte findet man genug bei den römischen Schriftstellern, so bei JUVENAL,[2] der die Römer, welche jüdische Bräuche annahmen, höhnt:

> Wenn den Kindern zum Los ein Vater, der Sabbathe feiert,
> Bald dann werden sie nur verehren die Himmel und Wolken,
> Meiden des Schweines Genuß, als gält es vom Menschen zu essen,
> Weil auch der Vater es mied; bald legen sie ab auch die Vorhaut.

Das Christentum verhielt sich feindlich gegenüber der Zirkumzision und bereits Paulus erkannte, daß Beschneidung und Speisegesetze die Absonderung der Völker von einander bewirken und drang auf Aufhebung des unter den Judenchristen fortbestehenden Gebrauches.

Über die Stellung, welche heute die deutschen Juden zur Beschneidung einnehmen, werden wir durch ein Gutachten belehrt, welches im Jahre 1844 der berühmte jüdische Gelehrte Dr. L. ZUNZ abgab.[3] Derselbe bemerkt darin: „Es ist die Beschneidung, wie der Sabbath, eine Institution, keine bloße Zeremonie; nicht das Beschneiden, welches man Zeremonie nennen mag, sondern das vom achten Tage an Beschnittensein ist der Kern des Gebotes. Alle anderen Zeremonialhandlungen kehren im Leben vielfach wieder und eine einzelne Übertretung, eine Unterlassung entscheidet nicht; sie ertragen ein Mehr oder Minder, ein Nachholen, und lassen eine die Mangelhaftigkeit der Handlung ergänzende Energie der Gesinnung zu. Alles das ist unstatthaft bei der Beschneidung, die von dem Augenblicke an, wo sie widergesetzlich unterbleibt eine fortwährende Übertretung bildet. Als Zeichen der Einheit und ewigen Dauer Israels — ein sichtbarer Akt der Übertragung und Vererbung des göttlichen Gesetzes — entscheidet die Unterlassung derselben für

---

[1] Medicina lib. cap. 25, § 1. RIGLER, Die Türkei und deren Bewohner. I. 237.
[2] Satyr. XIV.
[3] Gesammelte Schriften. Berlin, 1875. II. 199.

das kommende Geschlecht: der aus Prinzip unbeschnittene Sohn wird schwerlich aus Prinzip im Judentum bleiben. Ein mit der Verleugnung des Talmud und des Messias, d. i. mit dem Aufgeben von Vergangenheit und Zukunft verbundene Abschaffung der Beschneidung schneidet das Leben des Judentums mitten entzwei; ein Selbstmord ist keine Reform."

So bleibt die durch die Beschneidung bewirkte Absonderung fortbestehen und das durch dieselbe gestärkte jüdische Nationalgefühl erhalten.[1]

Mohammedaner. Die Beschneidung ist streng genommen kein Dogma des Islam, sondern nur ein traditioneller Gebrauch (Sonnat). Trotzdem wird sie immer geübt, ja das Volk, welches überall gern an Formen hängt, hält sie für den wichtigsten Akt bei der Bekehrung zum Islam. Mohammed schweigt im Koran über die Beschneidung, woraus hervorgeht, daß er sie als stehenden, vorhandenen Gebrauch annahm und daß sie älter als der Koran ist. Sie war bei den Arabern sicher ein selbständiger, uralter Gebrauch, wie bei Ägyptern, Juden und so vielen anderen Völkern und vererbte sich, ohne durch die Religion geboten zu sein, von Geschlecht auf Geschlecht. Ismael, der Sohn Abrahams und nach der Bibel der Vorfahr der heutigen Araber, wurde in seinem dreizehnten Jahre beschnitten[2] und JOSEPHUS berichtet, daß dieses das Jahr sei, in welchem zu seiner Zeit die Araber die Beschneidung ausführten. Mit dem Islam aber trugen die erobernden Araber die Beschneidung bis nach Innerasien und Innerafrika und brachten dieselbe Völkern, welche sie vorher wohl kaum gekannt hatten, so den Eraniern und mongolischen Stämmen, welche den Propheten bekennen, während sie anderseits (Indonesien) mit altheimischem Brauche zusammentraf.

[1] Vernachlässigung der Beschneidung kommt übrigens vor und selbst bei den Rabbinern der Reformpartei treten zuweilen laxe Grundsätze in dieser Beziehung auf. Der jüdische Reformverein in Frankfurt am Main erklärte die Beschneidung als Nebensache und schlug ihre Abschaffung vor. Unter den von ihm angeführten fünf Gründen ist der letzte am meisten zu berücksichtigen, daß der Eintritt der Töchter in das Judentum durch nichts bezeichnet wird, übrigens die Geburt den Israeliten macht und der von jüdischen Eltern abstammende zum mosaischen Glauben gehört, selbst wenn er kein einziges Zeremonialgebot beachtet, so lange er nicht die Grundlehren von einem einzigen Gott und der Offenbarung leugnet (Die Beschneidung von Dr. BERGSON. Berlin, 1844). Selbst Dr. G. RIESSER bezeichnete die Beschneidung als eine leere, aber unschuldige Zeremonie, die dem Gewissen vieler entbehrlich scheint. Dagegen ZUNZ und mit ihm die Mehrheit der Juden wie oben. Beschneiden heißt im Judendeutsch „jüdischen".

[2] 1 Mos. 17, 25.

In Persien findet die Beschneidung (sunet) im dritten oder vierten Lebensjahre statt; sie ist nicht an einen bestimmten Tag gebunden, sondern es genügt, dass sie bis zum dreizehnten Jahre vollzogen sei. Die Operation wird durch das Einzwängen des Präputiums in ein gespaltenes Rohr und Abtragen desselben mittels eines Rasiermessers vom Barbier (dalak) vollzogen. Sie unterscheidet sich von der der Juden, daß der zweite Akt, nämlich das Einreißen des inneren Blattes, bei den Persern wegbleibt. Die Blutstillung wurde mittels styptischer Pulver bewirkt; die Anwendung von Wasser ist streng verpönt. Die Zeremonie ist von einigen Festlichkeiten begleitet.[1]

Bei den Türken ist die Bedeutung der Beschneidung, wie bei den Mohammedanern überhaupt, eine diätetische und findet dieselbe zwischen dem achten und dreizehnten Jahre statt. Bei wohlhabenden Familien wird ein großes Fest gefeiert und beschneidet man dabei zugleich 6 bis 12 Knaben aus ärmeren Häusern. Schön geputzt und mit Amuletten behängt werden die Knaben im feierlichen Zuge (düün) zur Moschee gebracht und dann zum Hause zurück, wo der Beschneider (sunetschi) die Operation an dem stehenden Knaben ausführt, der von einem sitzenden Gehilfen gehalten wird. Die in eine Pinzette eingeklemmte Vorhaut wird alsdann mit einem Rasiermesser abgetragen und vergraben, da die Türken keine ihrer Abfälle, Haare, Nägel u. s. w. verstreuen dürfen (Furcht vor Sympathiezauber). Die Blutung wird mit dem Talasch gestillt, d. h. mit den durch Schaben aus gegerbten Schaffellen erzeugten Abfällen, die durch ihren Gerbstoffgehalt blutstillend wirken.[2]

Über die Beschneidung bei den Mohammedanern im indischen Archipel finden wir ausführliche Mitteilungen zusammengestellt von G. A. Wilken.[3] Wie bei den meisten Mohammedanern beruht sie wohl auch hier auf dem Sonnat, der Überlieferung, und wird als echt mohammedanischer Brauch angesehen, wiewohl ohne Zweifel dieselbe schon vor der Einführung des Mohammedanismus bestand, wie dieses u. a. dadurch bewiesen wird, daß bei der Ausführung noch hier und da Gebräuche und Anschauungen bestehen, die als

[1] J. E. Polak, Persien. I. 198. Nach Gmelin (Reise durch Rußland etc. St. Petersburg, 1774. III. 164) findet die Beschneidung in Persien zwischen dem 7. Tage und zehnten Jahre statt.

[2] Ausführliche Schilderung bei Dr. L. Rigler, Die Türkei und deren Bewohner. Wien, 1852. I. 243. 355.

[3] De Besnijdenis bij de volken van den indischen Archipel. Abdruck aus den Bijdragen tot de taal-, land- en volkenkunde van nederlandsch-Indie. 'S Gravenhage, 1885.

heidnische Überbleibsel aufzufassen sind. Schlechtweg als sunnat wird sie bei den Malayen Mittelsumatras bezeichnet; daneben sagt man auch dafür malapèkan dari malu, von der Schande befreien, was übrigens, wie WILKEN richtig betont, mit dem altjüdischen „heute habe ich die Schande Ägyptens von euch gewendet", wie der Herr nach der Engrosbeschneidung zu Gilgal sprach,[1] nichts zu thun hat. Die Operation findet bei den Knaben vom zehnten bis achtzehnten Jahre statt und wird durch einen Dukun, einheimischen Arzt, der gewöhnlich auch eine geistliche Function ausübt, besorgt. Das hervorgezogene Präputium wird in eine Bambuszange geklemmt und abgeschnitten, wobei der Patient dreimal das arabische Glaubensbekenntnis zu sprechen hat. Dabei allerlei Festlichkeiten.

Während nun auf Sumatra keine Zirkumzision vorkommt, ist auf Java neben dieser auch die Inzision im Schwange. Erstere wird auch auf Java, sowohl in der vornehmen als niederen Sprache als Sunnat bezeichnet; die Inzision aber heißt tetak. Doch wird in manchen Gegenden tetak für beides gebraucht. Auch im Sundanesischen sind diese Wörter üblich. In einigen Gegenden herrscht die Inzision vor, in anderen die Zirkumzision; ausgeführt werden sie im 12. bis 15. Jahr, entweder durch einen Geistlichen oder durch einen Bong genannten Laien. Der Bong führt zuerst ein mit Kattun umwickeltes Bambusstäbchen in das Präputium ein (wohl um zu sehen, ob keinerlei Verwachsung vorliegt), zieht letzteres dann hervor, klemmt es zwischen eine Bambusklammer und schneidet es mit einem kleinen Messer ab. Bei der Incision wird ein etwa zehn Zoll langes krummes Hölzchen eingeführt, welches als Unterlage des der Länge nach zu durchschneidenden Präputiums dient. Das Blut und, im Falle der Zirkumzision, die Vorhaut werden begraben. Auch bei den mohammedanischen Makassaren und Buginesen auf Südcelebes gilt der Ausdruck sunna für die die dort herrschende Zirkumzision; sie findet etwa im zwölften Jahre mit allerlei Festlichkeiten statt. In Gorontálo im nördlichen Celebes gilt die heimische Bezeichnung moluna statt der arabischen sonnat; Ausübung im Alter von 12 bis 20 Jahren. Bei den Vornehmen mehr Zirkumzision, bei den niederen Ständen Inzision.

In Arabien wird die Beschneidung keineswegs überall gleichmäßig ausgeführt und es findet sich hier eine sehr interessante Ausnahme. Ein zwischen Abuarisch und Hedschas (17° 40′ bis 18° 30′

[1] Josua 5, 9.

nördl. Br.) lebender Araberstamm zeichnet sich durch besonderen Dialekt aus und wird von den übrigen Arabern als Ungläubige angesehen. NIEBUHR erzählt von ihm: „Sie beschneiden nicht nur die Vorhaut, sondern machen auch einen Schnitt in der Haut oben auf dem männlichen Gliede der Länge nach und lösen einen Teil der Haut am Unterleibe gänzlich ab. Wir waren am 23. Dezember 1762 ein paar Stunden in dieser Gegend am Lande und nahmen einige von diesen Arabern an Bord. Weil auch ihnen die Beschneidung der Araber auf unserem Schiffe, welche aus Oman waren, unbekannt war, so hatte von beiden Seiten einer gezeigt, wie er beschnitten war. Sie sollen sich eine besondere Ehre daraus machen, eine große Pein standhaft ertragen zu können. Sie hatten erzählt, daß sie demjenigen, welcher beschnitten werden soll, eine Lanze in die Hand gaben, welche er auf seinen Fuß setzen und während der ganzen Operation, ohne die geringste ängstliche Miene zu machen, und ohne daß die Lanze zittert, mit unverrückten Augen immer nach der obersten Spitze sehen muß, wofern er nicht als ein feigherziger Mensch verachtet werden will. Diese Beschneidung soll nicht nur sehr schmerzhaft, sondern bei erwachsenen Personen bisweilen tödtlich sein.“[1] Die Südwestaraber beschneiden Knaben und Mädchen (letztere nicht bei allen ihren Stämmen) am 7., 14., 21. oder an einem anderen mehrfach siebenten Tage, oft erst nach mehreren Monaten.[2] Mit den mohammedanischen Arabern hat sich die Beschneidung über Nordafrika ausgebreitet.

Die Araber Ägyptens üben die Beschneidung auch nicht zur gleichen Zeit aus, denn bei den Städtern findet sie im fünften bis sechsten, bei den Bauern selbst im zwölften oder erst im vierzehnten Jahre statt, wobei große Festlichkeiten veranstaltet werden.[3] In Marokko ist die Beschneidung auch allgemein, indessen gilt sie „als nicht unbedingt erforderlich für den Islam“, wie denn verschiedene mohammedanische Berberstämme dieselbe nicht üben.[4]

Da, wo STRABO[5] die am arabischen Meerbusen wohnenden Troglodyten erwähnt, von denen „einige beschnitten waren wie die Ägypter“, sitzen heute die mohammedanischen Somal, bei denen die Beschneidung der Knaben und Mädchen im achten bis zehnten

---

1 NIEBUHR, Beschreibung von Arabien. 269.
2 HILDEBRANDT in Zeitschrift für Ethnologie. X. 397.
3 LANE, Modern Egyptians. Lond., 1846. I. 86.
4 ROHLFS, Erster Aufenthalt in Marokko. 70.
5 Kap. 776.

Jahre ausgeführt wird. Die Heilung der Beschneidungswunde wird durch Aufstreuen von pulverisierter Hyraxlosung beschleunigt.[1] Oft machen die südlichen Somal Einfälle ins Gebiet der heidnischen Wapokomo am Tana in Ostafrika, um männliche Sklaven fortzuführen, die durch Beschneidung gleich zu Moslim gestempelt werden.[2] Über die Wapokomo vergleiche noch weiter unten.

Afrika. Unabhängig von den Mohammedanern besteht die Bescheidung in Afrika als eine urtümliche, alte Sitte, welcher ein großer Teil der Negervölker, sowohl der Sudanneger als der Bantu, huldigt. Dicht nebeneinander wohnende Völker von derselben Abstammung und nahe verwandter Sprache unterscheiden sich oft dadurch, daß bei den einen die Beschneidung (Circumcisio oder Incisio) herrscht, während die anderen sie verwerfen. Völker, die weder von den Mohammedanern noch von den Juden etwas wissen, die heute erst entdeckt wurden, wie z. B. die Monbuttu, und die durch ungeheure Strecken Landes bewohnt von unbeschnittenen Stämmen getrennt sind, kennen und üben die Zirkumzision, die auch bereits von älteren Reisenden erwähnt wird. Gewöhnlich steht sie in Verbindung mit der Mannbarkeitserklärung, tritt also in einem ganz anderen Alter ein, als bei den Juden. Schon dieses, sowie daß der Brauch ein allgemeiner und unabhängiger ist, spricht gegen die von R. HARTMANN angenommene Wahrscheinlichkeit, daß die Beschneidung von den Nigritiern durch die Vermittelung der alten Ägypter auf Juden und Mohammedaner übertragen worden sei.[3] Daß die Beschneidung in Afrika bei der Mannbarkeitserklärung manchen anderen politisch-religiösen Akten gleichsteht, dürfte kaum zu bezweifeln sein. Substituierend tritt für sie, wo sie fehlt, eine andere Handlung, Körperverletzung, Tätowierung oder Deformation der Zähne ein. Die Herero haben z. B. die Beschneidung nicht; aber ihre mannbar werdenden Burschen empfangen dafür im 12. bis 16. Jahre das Nationalzeichen: die beiden oberen Schneidezähne werden in Gestalt einer umgekehrt römischen Fünf Λ ausgefeilt, drei bis vier untere ausgestoßen.[4] Und so vielfach bei anderen Völkern Afrikas. Die Sitte ist übrigens schwankend, wie z. B. die Abschaffung bei den Zulu lehrt und es dürfen aus dem Fehlen derselben nicht gleich

[1] HILDEBRANDT in Zeitschrift f. Ethnol. VII. 4.

[2] FISCHER in Mitt. Hamburg. Geogr. Ges. 1878 bis 1879. 8.

[3] R. HARTMANN, Die Völker Afrikas. 178.

[4] JOSAPHAT HAHN in Zeitschrift für Erdkunde. IV. 301. (1869.) Vergleiche den Schädel in FRITSCH, Eingeborene Südafrikas. Taf. 32.

weitgehende Schlüsse gezogen werden. Mit Recht sagt daher Fritsch:[1] „Es erscheint bei einem Gebrauche, welchen die Natur häufig selbst als geboten anzeigt, unzulässig zu folgern, daß derselbe von auswärts gelernt sein müßte. Die Natur muß in diesem Punkte als eine durchaus genügende Lehrmeisterin betrachtet werden.“

Westafrika. Bei den Mandingo wird die Beschneidung zwischen dem 12. und 14. Jahre vorgenommen und zwar von den Dorfältesten, die in diesem Geschäfte erfahren sind und Mädchen wie Knaben beschneiden. Das Fest der Beschneidung ist in Bambuk das Feierlichste und Höchste, es wird zwei Monate vorher angekündigt und Knaben wie Mädchen müssen sich durch Eingezogenheit und Enthaltsamkeit auf dasselbe vorbereiten. Am Tage des Festes erscheint das ganze Dorf mit Blumen und Blättern geschmückt, doch dürfen dem Akte selbst, der auf einer dazu errichteten Erhöhung vorgenommen wird, nur bereits beschnittene Männer beiwohnen. Paarweise mit Blumen geschmückt werden die jungen Leute herbeigeführt und auf der Bühne von den Ältesten beschnitten. „Die Zeremonie,“ sagt Lajaille, „ist mit vielen sonderbaren Formalitäten verknüpft, die hier nicht beschrieben werden können, ohne die Dezenz zu verletzen.“ Die Neubeschnittenen erlangen alle Rechte der Erwachsenen und die Freiheit zum geschlechtlichen Umgange.[2]

Die Balantas zwischen Casamance und Rio Grande üben nach Bertrand-Bocandé in einem ziemlich vorgerückten Alter die Beschneidung. Je ferai remarquer, sagt er, que tous les peuples de la Guinée quoique de religions differentes, pratiquent la circoncison à la manière des Mahométans.[3] Indessen giebt es hier doch mehr Ausnahmen als Bissagoten und Felups, die Bertrand-Bocandé namentlich anführt.

Von Sierra Leone erwähnt Winterbottom die Beschneidung.[4] Einiges Nähere giebt Griffith an, woraus hervorgeht, daß dieselbe bei Mädchen und Knaben zur Zeit der Pubertät erfolgt; während es sich bei ersteren um die Exzision der Klitoris handelt und dabei die Bundugebräuche stattfinden, tritt bei den Burschen die Porrohinstitution in Kraft, welche in diesem Falle religiöser Natur sein soll. Niemand darf zum Porrohbunde zugelassen werden, der nicht beschnitten ist; die Beschneidung findet unter Ausschluß der Weiber

[1] Fritsch, Eingeborene Südafrikas. 140.
[2] G. Lajaille, Reise nach Senegal. Weimar. 1802. 104.
[3] Bull. soc. géogr. de Paris. III. ser. XI. 350. (1849.)
[4] Nachrichten von der Sierra Leona-Küste. Weimar. 1805. 145.

im Walde statt und der Beschnittene erhält einen Porrohnamen. Es giebt auch einen politischen Porrohbund.[1]

Für Accra an der Goldküste haben wir CRUIKSHANKS Zeugnis,[2] wo die Knaben im Alter von 12 oder 13 Jahren beschnitten werden. They can give no other account of the origin of this practise, than that it has always the costum of their ancestors.

In Dahomé heißt die Beschneidung Adagbwiba; während in anderen Gegenden der Goldküste sie sporadisch vorkommt, wird sie hier allgemein ausgeübt. Früher war die Zeit, wenn die Knaben sich derselben unterwerfen wollten, diesen selbst überlassen und die Weiber mochten nichts mit ihnen zu schaffen haben, wenn jene noch unbeschnitten waren. Gegenwärtig wird in Wydah und an der Küste die Beschneidung im Alter von 12 bis 16 Jahren ausgeführt; weiter im Innern wird es sogar bis zum 20. Jahre verschoben. Da nicht der Fetischmann, sondern ein Laie sie ausführt, ist sie hier offenbar nicht religiöser Natur. Der Patient sitzt über einer kleinen in den Boden gegrabenen Höhlung. Der Operierende zieht das Präputium hervor, welches — wie gewöhnlich bei Afrikanern — lang und fleischig ist und entfernt daraus durch Manipulation das Blut. Ein Stückchen Bast oder Stroh, mit Speichel angeklebt, giebt den Kreis an, wie weit abgeschnitten werden soll. Ein Schnitt oben, einer unten, ausgeführt mit einem scharfen Rasiermesser, vollendet die Operation. Heißer Sand auf die Wunde gestreut, dient zum Blutstillen. Man wäscht die Wunde jeden dritten Tag mit warmem Wasser und giebt Ingwersuppe zu trinken; jede Speise, Schweinefleisch ausgenommen, kann genossen werden.[3]

Woher der Gebrauch an der Goldküste stamme, sagt BURTON nicht. MONRAD, der danach fragte, erhielt, wie CRUIKSHANK, zur Antwort: man wisse es nicht. Er giebt an, daß in Accra die Knaben mit sieben oder acht Jahren beschnitten werden und hält die Sache für religiös; die benachbarten Fantis, sagt er, würden übrigens nicht beschnitten.[4]

In Masin (westlich der Nigermündung) ist die Beschneidung der Knaben üblich, desgleichen bei den Dualla am Kamerunflusse.[5] B. SCHWARZ fand sie auch bei den Bakwiri im Kamerungebirge, wo

---

[1] Journal of the Anthropol. Instit. XVI. 309.

[2] 18 year's on the Gold coast. Lond., 1853. II. 213.

[3] RICH. BURTON in Mem. read before the Anthropol. Society. I. 318.

[4] MONRAD, Küste von Guinea. Aus dem Dänischen. Weimar, 1824. 56.

[5] H. ZOLLER, Deutsche Besitzungen an der westafrikanischen Küste. II. 80.

sie bei den Knaben zwischen dem 12. und 14. Lebensjahre vorgenommen wird, die dann an einem abgesonderten Platze essen müssen. Also wohl Ininitiation. Wenn SCHWARZ hierbei an semitische Einflüsse denkt, so verdient das natürlich keinerlei Beachtung.[1]

An der Westküste unter dem Äquator tritt nun eine Lücke ein, denn die hier am Gabon wohnenden Mpongwe „entstellen ihren Körper durchaus in keiner Weise."[2]

Während in Oberguinea und weiter landeinwärts die Beschneidung entschieden mit der Mannbarkeitserklärung zusammenhängt, ist dieses weiter südlich, an der Loangoküste nicht der Fall, denn bei den dortigen Negern wird dieselbe in verschiedenem Alter vorgenommen; sie ist dort keine öffentliche Zeremonie, nicht mit Prüfungen, Festlichkeiten etc. verknüpft. Anzunehmen ist dabei wohl, daß sie, nach Analogie der übrigen Neger, früher auch in Loango mit der Mannbarkeitserklärung zusammenhing und der Brauch, wie so vielfach, im Verlaufe der Zeit seinen Sinn verlor, während die Form blieb. Die Operation, die mit einem Messer ausgeführt wird, muß nur vor der Verheiratung ausgeführt sein, da die Weiber mit einem unbeschnittenen Manne nicht verkehren.[3] So ist es auch südlich vom Kongo in Loanda, nur mit abweichendem Operationsmodus, der nicht geschildert wird.[4] Östlich von Loanda erwähnt P. POGGE die Beschneidung bis zum Reiche des Muata Jamwo hin. Sie wird in diesem Landstriche an acht- bis zehnjährigen Knaben an einem heilig erklärten, fern vom Dorfe gelegenen Orte unter allerlei Zeremonien ausgeführt. Fleisch dürfen die Burschen dabei nicht essen.[5] Die südlicher wohnenden Kimbunda haben die Beschneidung nicht, wie aus LADISLAUS MAGYAR hervorgeht.[6] POGGE traf die Beschneidung ferner wiederholt im Gebiet der südlichen (linken) Zuflüsse des Kongo zwischen 6° und 7° s. Br. In Mufuka. wo Baschilange wohnen, sah er beschnittene Knaben, wie im Songogebiete, krinolinartige Röcke aus Palmenfasern bis zur Heilung tragen. Die Beschneidung ist mit Festlichkeiten und Tänzen verknüpft, bei denen gewerbsmäßige Tänzer (Mukischi) auftreten. Besondere Beschneider existieren nicht; wer

---

[1] Dr. B. SCHWARZ, Kamerun. Leipzig, 1886. 176.

[2] HÜBBE-SCHLEIDEN, Ethiopien. 197.

[3] FALKENSTEIN in Verhandl. Berl. Anthropol. Ges. 1877. 180. PECHUEL-LOESCHE, Zeitschrift f. Ethnolog. X. 18.

[4] FALKENSTEIN im Korrespondenzblatt der Afrikan. Ges. I. 213.

[5] POGGE, Im Reiche des Muata Jamwo. 39. 242.

[6] Reisen in Südafrika. I. 341.

die Operation versteht, übt sie aus. In Kioko, weiter westlich, ist das anders, dort wird die Beschneidung von einer bestimmten Person, dem N'ganga mukanda ausgeübt.[1] Bei den Songo heißt die Beschneidung aundanda; sie wird an zehnjährigen Knaben ausgeübt, die dann einsam drei Monate im Walde zubringen müssen.[2] Die Ambuellas am Cuango (portugies. Westafrika) beschneiden die Knaben im sechsten oder siebenten Jahre; man jagt sie nun bis zur völligen Heilung in den Wald. Unterdessen werden sie von denjenigen Knaben, an denen man im Vorjahre die Beschneidung ausübte, mit Nahrung versehen.[3]

Südafrika. Wir haben bereits erwähnt, daß die Ovaherero, die zu den Kaffern (Abantu) gehören, die Zirkumzisio nicht haben; auch bei einem zweiten großen Kaffernstamme, den Zulu, ist dieses jetzt nicht mehr der Fall und wie dieses gekommen, darüber belehrt uns G. Fritsch.[4] „In früheren Zeiten haben die Amazulu ebenfalls die Zirkumzisio geübt und erst Chaka, der Begründer ihres nationalen Lebens, soll sie verworfen haben, indem er sie weder an sich selbst vollziehen ließ, noch dieselbe unter seinem Volke aufrecht erhielt." Ist hier auch der Gebrauch abgeschafft, so findet er sich bei zwei benachbarten Kaffernstämmen, den Amakosa und Betschuana noch in voller Blüte.

Die Amakosaburschen ziehen sich zur Zeit der Pubertät unter der Obhut eines älteren Mannes in die Wildnis zurück, bemalen sich mit weißem Thon und bilden eine Abakweta genannte Gemeinschaft. Ihr Mentor vollzieht nun an seinen Schützlingen unter einigen Zeremonien die Zirkumzision, unterweist sie in Gebräuchen und läßt heilende Kräuter auf die wunde Stelle legen. Jeder Knabe hat seine abgeschnittene Vorhaut hinwegzutragen und im Stillen irgendwo zu begraben, damit mit derselben kein ihm schadender Sympathiezauber getrieben werde. Es folgen dann Aufzüge der Burschen in Phantasietrachten, geschlechtliche Ausschweifungen, alsdann Waschung im Flusse.[5]

„Alle Betschuanen- und Kaffernstämme südlich vom Sambesi", sagt Livingstone, „üben die Beschneidung (boguera) aus, aber die dabei beobachteten Gebräuche werden sehr geheim gehalten. Nur

[1] Pogge in Mitteilungen der afrikan. Ges. IV. 238. 256. 261.

[2] O. Schütt, Reisen im südwestlichen Becken des Kongo. Berlin, 1881. 106.

[3] Serpa Pinto, Wanderung quer durch Afrika. I. 312.

[4] Eingeborene Südafrikas. 140.

[5] Fritsch a. a. O. 109. 110.

der Eingeweihte darf dabei zugegen sein; aber doch war ich hier einmal Augenzeuge des zweiten Teiles der Beschneidungszeremonie, den man Setschu nennt." Die vierzehnjährigen nackten Knaben wurden dabei mit Ruten bis aufs Blut gepeitscht und die Frage an sie gestellt: „Wollt ihr den Häuptling wohl bewachen? Wollt ihr das Vieh wohl weiden?" Nach dieser Zeremonie und nachdem sie ein Rhinozeros erlegt haben, dürfen sie heiraten. Die Boguera wird nach LIVINGSTONE von allen Betschuanen und Kaffern beobachtet, doch nicht bei den Negern unterhalb 20° südl. Br. Sie ist mehr ein ziviler als religiöser Akt. „Wahrscheinlich war die Boguera nur eine Sanitätsmaßregel, und da sich zwischen den Arabern und den Betschuanen oder Kaffern nicht eine fortlaufende Kette von Stämmen findet, welche dieselbe ausüben, und sie doch auch keine religiöse Zeremonie ist, so kann sie kaum, wie man oft gethan hat, auf mohammedanische Quellen zurückgeführt werden."[1]

LIVINGSTONE's Bemerkung, daß bei den Negern unterhalb 20° südl. Br. die Beschneidung nicht mehr vorkomme, wird zunächst für die Barotse am mittleren Sambesi von HOLUB bestätigt. Hier finden bei der Mannbarkeitserklärung mit den Jünglingen dagegen verschiedene andere Zeremonien statt, wie z. B. das Ausbrechen der oberen mittleren Vorderzähne.[2]

Bei den zu den Betschuanen gehörigen Soto (Basuto) heißt die Einführung des jungen Volkes in die Reihe der Erwachsenen Pollo, d. i. Auszug, weil die Betreffenden hinaus ins Feld ziehen; das Pollo findet nicht jedes Jahr statt und auch nicht zu gleicher Zeit für beide Geschlechter. Die Beschneidung, Naka, wird an einem besonderen Orte vollzogen und wer dabei Angst oder Zeichen des Schmerzes zeigt, wird mit Ruten gezüchtigt. Nach vollzogener Beschneidung wird statt der Knabenbedeckung ein Schurz angelegt und die Beschnittenen bleiben drei Monate im Felde, bis sie ganz geheilt sind, sie dürfen eine bestimmte Zeit lang kein Wasser trinken und Weiber dürfen sich ihnen nicht nahen. Die Soto haben eine Sage über den Ursprung der Beschneidung. Es sei nämlich einmal einer gekommen, der sie zur Annahme derselben bewegen wollte; da habe man sich erst vergewissern wollen, ob man nicht vom Beschneiden sterbe. Es wurde also zuerst an einem Fremden die Sache probiert, und da es diesem nichts schadete, wurde die Beschneidung eingeführt.

---

[1] LIVINGSTONE, Missionsreisen und Forschungen. Leipzig, 1858. I. 180 bis 183.
[2] Mitteil. Wiener geogr. Ges. 1879. 152.

Aus diesem Grunde nehmen heute noch Jünglinge von anderen Stämmen am Pollo Teil. In den Nationalliedern der Soto heißen die Beschnittenen Noana-Koćna, d. i. Krokodilskind.[1]

Dr. JOEST berichtet, daß bei den zu den Betschuanen gehörigen Barolong die Jünglinge zur Zeit der Mannbarkeit mit einer Speerspitze beschnitten werden, früher geschah dieses mit einem Feuerstein. Die abgeschnittene Vorhaut wird begraben und die Burschen dürfen nun den Männerschurz aus Bläsbockfell tragen.[2]

Noch möge hier erwähnt werden das verschwindende Volk der Balempa, zwischen Sambesi und Limpopo, jedenfalls ein Kaffernstamm, von dem MAUCH erzählt, es zeichne sich durch auffallend jüdischen Typus aus; sie genießen nur Fleisch, das nach ihren Regeln geschlachtet ist, leben verachtet und abgesondert von der übrigen Bevölkerung und üben die Beschneidung.[3]

Koi-Koin. Ehe wir in unserer geographischen Aufzählung der Völker, welche in Afrika Beschneidung üben, weiter gehen und uns dem Osten zuwenden, ist noch ein Bericht über eine eigentümliche Verstümmelung des männlichen Geschlechtsteiles bei den Hottentotten hier zu erwähnen. Es handelt sich nämlich um eine halbe Kastration, wie solche aus dem Altertum hier und da berichtet wird und wie sie nach MAKRISI bei allen Bedscha (Nordafrika) ohne Ausnahme vorgekommen sein soll, indem diese den rechten Hoden ausschnitten,[4] wovon heute bei jenem Volke keine Spur vorhanden. Es erzählt nämlich der alte PETER KOLBEN:[5] „Eine von den Gewohnheiten, welche alle hottentottische Nationen genau beobachten und auf die feierlichste Weise vornehmen, ist diese, daß sie den Söhnen einen Testikulum wegschneiden, sobald sie das Alter von neun bis zehn Jahren erreichen."

Nachdem nun KOLBEN die Operation und die nachfolgenden Festlichkeiten geschildert, geht er dazu über, die Ursache des Gebrauches zu erläutern. „Vernünftige" Hottentotten versicherten ihn, diese Verschneidung sei seit urdenklichen Zeiten Gesetz bei ihnen und kein Mann dürfe eine Frau erkennen, bevor man ihm den linken Hoden ausgeschnitten. Ausnahmen kämen nicht vor, das Gesetz

[1] ENDEMANN in Zeitschrift für Ethnologie. VI. 37 bis 39.

[2] Ausland 1884. 463.

[3] MAUCH in PETERMANN's Ergänzungsheft Nr. 37. 47.

[4] Nach Bull. soc. d'Anthropol. V. 164. (1864.)

[5] Beschreibung des Vorgebirges der guten Hoffnung. Frankfurt und Leipzig, 1745. 147 ff.

sei heilig und werde im achten oder neunten Jahre regelmäßig ausgeführt. Mädchen, die heiraten wollten, ließen beim Bräutigam vor der Hochzeit nachsehen, ob dem Gesetze auch Genüge geschehen sei. Als Grund des Gesetzes gelte aber den Hottentotten die Meinung, „daß ein Mann ohne Verschneidung lauter Zwillinge zeuge". Möglicherweise sei auch das Ganze eine Abweichung von der Beschneidung, über die ich sonst bei Hottentotten und Buschmännern keine Nachricht finde.

So genau nun auch hier KOLBEN anscheinend als Augenzeuge schildert, so sehr ist die ganze Sache in Zweifel zu ziehen. Bereits SPARRMANN[1] nennt die Verschneidung der Hottentottenknaben „ungegründet" und FRITSCH, sowie andere neuere Reisende, konnte nichts in Erfahrung bringen, was zur Bestätigung dient. FRITSCH[2] bemerkt: „Man kann nur die Vermutung aufstellen, daß die Berichterstatter belogen wurden, indem die Eingeborenen ihnen aufbanden, sie schnitten den einen Hoden heraus, während sie in der That nur die Vorhaut entfernten." Mir scheint aber Beschneidung bei diesen Völkern gänzlich zu fehlen.

Ostafrika. Wenden wir uns nach dem Osten, in die Länder nördlich vom Sambesi, so ist, auch abgesehen von den dort ansässigen und aus Oman stammenden Arabern, die Beschneidung sehr verbreitet. Die Wanika an der Ostküste zwischen 3° und 5° südlicher Breite sind beschnitten. Vorhaut und Beschneidung nebeneinander fand KERSTEN bei den Wadschagga am Kilimandscharo.[3] KERSTEN giebt an, daß bei den Masai die Knaben bereits im dritten Lebensjahre beschnitten werden[4] und auch HILDEBRANDT sagt, daß die Masaiknaben im dritten Jahre „gereinigt" werden,[5] ein auffallend frühes Alter für ein afrikanisches Volk. THOMSON giebt für die Masai auch das 14. Jahr an, wenn die Burschen in den Stand der Krieger aufgenommen werden[6] und FISCHER sagt, daß bei den Masai im zwölften Jahre die Inzision, nicht Zirkumzision der jungen Leute stattfinde, die dann bis zur Heilung einen eigentümlichen, aus Bälgen kleiner Vögel hergestellten Kopfschmuck tragen.[7] Liegt nun hier

---

1 Reise nach dem Vorgebirge der guten Hoffnung. Berlin. 1784. 173.

2 Eingeborene Südafrikas. 333.

3 v. D. DECKEN's Reisen. I. 215. II. 42.

4 a. a. O. II. 25.

5 Zeitschrift für Ethnologie 1878. 398.

6 J. THOMSON, Durch Massai-Land. Deutsche Ausgabe. Leipzig, 1885. 378 u. 522.

7 Mitteil. der Hamburger geogr. Ges. 1882/83. 64.

auf einer Seite ein Irrtum vor oder findet zu verschiedenen Altersperioden die Beschneidung statt?

Die Pokomo am Tanafluß in Ostafrika sind den Suaheli verwandt und teilen sich in vier Stämme, von denen der erste die Beschneidung nicht ausübt, der zweite nur männliche Personen, der dritte und vierte aber beide Geschlechter beschneidet. Die Beschneidung der Knaben (auf diese nehmen wir allein Rücksicht) erfolgt nach vollendetem sechsten Lebensjahre und wird von einem Manne vollzogen, wobei große Schmausereien und Tänze stattfinden. Die Beschnittenen bleiben einen Monat lang in der Hütte der Mutter.[1] An der Ostküste, wo mohammedanische und heidnische Völker ineinander übergreifen, läßt eine Trennung beider in bezug auf die Zirkumzision sich nicht leicht durchführen und wir finden hier wieder beide Arten, die vollständige Abtragung der Vorhaut wie die bloße Einschlitzung derselben nebeneinander. Alle Knaben werden vor der Beschneidung als unrein angesehen; das Alter, in welchem die Zeremonie vorgenommen wird, ist verschieden. Die Suaheliknaben werden etwa im siebenten Jahre beschnitten, bis dahin bleiben sie unter der Obhut der Mutter, nun aber besuchen sie die Schule und treten ins Leben ein. Die Wasegua beschneiden die Knaben, wenn sie ein bis zwei Monate alt geworden sind. Während die anderen Ostafrikaner in der gewöhnlichen Weise die langgezogene Vorhaut der Knaben mit einem Messer abschneiden, wird von den Masai, Wadschagga und einer Anzahl Kikujufamilien die Vorhaut nur eingeschnitten und zwar durch einen Längsschnitt. Zur Seite des unverletzten Bändchens bleiben zwei heruntergeklappte Lappen stehen. Die Kikujufamilien, welche die Beschneidung in der eben angeführten Weise durchführen, sind in der Minderzahl und werden mit Ńgŏi bezeichnet, zum Unterschiede von den Dura, die auf gewöhnliche Art beschneiden. Zum Akte der Beschneidung vereinigen bei den Wakamba, Wanika und Wakikuju sich jedes dritte oder vierte Jahr alle reifen Kinder eines Distriktes. Die Knaben werden getrennt von den Mädchen von einem Zauberpriester, die Mädchen von einem alten Weibe beschnitten. Das von den Wakamba gebrauchte Operationsmesser wird von einem bestimmten Zauberdoktor aufbewahrt. Es ist etwa ein Dezimeter lang, dünn, von weichem Eisen und nur an einer Seite schneidig. Große Festlichkeiten beschließen den Akt. Ähnlich bei den Wakikuju. Hier werden die Jünglinge von 16 bis

[1] Denhardt in Zeitschrift d. Ges. f. Erdkunde zu Berlin. XIX. 145. (1884.)

17 Jahren, wenn sie bereits Bartflaum zeigen, am gleichen Tage beschnitten. Sie hocken in einer Reihe. Der Beschneider, der aber kein Zauberer ist, hat sich festlich geschmückt, ihm hilft ein hinter der Reihe stehender Mann, welcher das Glied des Jünglings festhält. Der Operateur beginnt beim ersten in der Reihe. Sein Messer ist etwa zwei Dezimeter lang mit lanzenförmiger, zweischneidiger Klinge. Er hält es beim Schnitte in eigentümlicher Weise, indem der Mittelfinger hinter dem Messerhefte, die anderen Finger vor demselben zu liegen kommen. Die abgeschnittene Vorhaut wird vor jedem in der Erde vergraben, wozu sich der Beschneider eines spitzen Stabes bedient. Das Blut läßt man zur Erde rieseln und bedeckt es später. Die Operierten bleiben noch auf der Erde hocken, werden in ein Ledertuch gehüllt, mit frischer Milch beschüttet und sind nun unter die Erwachsenen des Stammes aufgenommen.[1]

Nördlich von den genannten Völkern wohnen die heidnischen Galla, denen die Beschneidung unbekannt ist.[2]

Bezeichnung der Beschneidung in einigen afrikanischen Sprachen. Bei den Kabylen[3] beschneiden = cheten, dehar; Beschneidung = achtan, chetana, tahara. Im Haußa[4] beschneiden = katschia, Verb. und Subst. Im Wolof[5] beschneiden = harfal, dongal, tegal. Beschneidungsfest = ndonga. Ein junger Beschnittener = nduli. Der Beschneider = harfalkat, gamankat. Ein Wolofsprichwort: Il vaut mieux tromper son circonciseur que son coiffeur = or sa gamankat a gen or sa bleta. Im Nuba[6] beschneiden = mer. Beschneidung = merar. Beschnittener Jüngling = tod merkattibul. Beschneider = taherji. Im Odschi[7] beschneiden = tya-tyetia. Beschneidung = tyetia. Im Bunda[8] beschneiden = cussaia. Beschneidung = occussaia. Der Beschnittene = Quima quiassaia. In der Masaisprache[9] beschneiden = a-murai. Im Zulu[10] beschneiden = soka.

---

[1] J. M. HILDEBRANDT in Zeitschrift f. Ethnologie. X. 397 bis 399.

[2] W. MUNZINGER, Ostafrikanische Studien. 144.

[3] CREUZAT, Diction. Français-Kabyle. Alger, 1873.

[4] SCHÖN, Vocabulary of the Haussa-Language. London, 1843.

[5] Diction. Français-Wolof. Dakar. Impr. d. l. mission, 1855.

[6] REINISCH, Die Nuba-Sprache. Wien, 1879.

[7] RIIS, Elemente des Akwapim-Dialekts. Basel, 1853.

[8] Diccionario da lingua bunda ou Angolense por B. M. DE CANNECATTIM. Lisboa, 1804.

[9] Vocabulary of the Enguduk Iloigob as spoken by the Masai. By E. ERHARDT. Ludwigsburg, 1857.

[10] PERRIN's English-Zulu Dictionary. Pietermaritzburg, 1865.

Madagaskar. Für diese Insel liegen neuerdings sehr eingehende Berichte über die Zirkumzision von SIBREE vor.[1] Danach ist sie allgemein über Madagaskar verbreitet, hat indessen keinerlei religiöse Bedeutung, sondern steht etwa der Mannbarkeitserklärung durch Beschneidung wie bei den Afrikanern, gleich, denn niemand, der unbeschnitten ist, kann Soldat werden oder den Posten eines Beamten ausfüllen. Die Kinder, welche der Zeremonie unterworfen werden, rücken dadurch zu „Männern" vor. Das sich ausbreitende Christentum schränkt die Sache ein.

Die Hauptzüge sind bei der Beschneidung auf Madagaskar überall dieselben, doch zeigen sich in den Einzelheiten manche Abweichungen. Ein besonderes Alter — wie bei den Juden — ist bei den Malgaschen nicht erforderlich, dagegen findet alle paar Jahre zu einer bestimmten, vom Herrscher angegebenen Zeit, die Beschneidung der Knaben statt.

Besonders feierlich ist die Beschneidung der königlichen Kinder. Nachdem vom Herrscher der Tag für den Beginn der Zeremonie festgesetzt worden ist, haben die Väter und Mütter der zu Beschneidenden das Haar in besonderer Weise zu frisieren; der Herrscher selbst wohnt, auf einem heiligen Steine sitzend, im Mittelpunkte der Hauptstadt dem Akte bei. Alle die verschiedenen Zeremonien, die damit zusammenhängen, werden für Kinder aus dem Herrscherhause durch Leute aus der Stadt Alasora, woher die Dynastie stammt, besorgt, während für die übrigen Kinder sie von Leuten besorgt werden, welche Velondray aman-dreny sind, d. h. solche, deren Vater und Mutter noch leben. Eine rot und weiße Kuh wird geopfert, Gebete für das Wohl der Kinder werden dargebracht, Tanz, Spiel und Kanonensalven folgen.

Dann werden Vorbereitungen zum Herbeiholen des „heiligen" Wassers gemacht und die Eltern der zu Beschneidenden frisieren ihre Haare à la Salótra, d. h. in zahlreiche kleine, durch falsche Haare verlängerte Zöpfchen. Nun folgt der Tanz der Soratra, an dem der Herrscher teilnimmt und dann werden die Wasserkrüge für das heilige Wasser mit Kräutern geschmückt. Der Tag, an welchem das letztere geholt wird, ist der wichtigste von allen. Von Speerträgern begleitet bringen die Schöpfer das Wasser in den Krügen auf dem Kopfe heran. Mit dem Rufe: „Was ist das für Wasser!" werden sie empfangen und die Antwort lautet: „Heiliges

[1] The Great African Island. London, 1880. 217 bis 222.

Wasser, freudiges Wasser!“ Siebenmal wird das Wasser um das Haus herum getragen, in dem die Beschneidung vor sich geht; dann erst wird es hineingebracht. Die Mütter der Kinder flechten unterdessen kleine Körbe aus Sandrifyblättern, für jedes Kind eins, in welchen dieses die unreifen Bananen zu halten hat, die dann als Faditra oder Sühnopfer weggeworfen werden.

Kommt nun der Abend heran, so wird das Haus in einer besonderen Weise illuminiert. Im nordöstlichen, heiligen Winkel des Hauses wird ein Bananenstamm als Lampenständer aufgestellt. Die Lampe steht in einer irdenen Schüssel und ist aus genau vorgeschriebenen Materialien konstruiert. Nun folgen zwei oder drei Tage und Nächte lang Soratratänze und Salven werden abgefeuert. Während der Nacht findet eine anderweitige Vorbereitung, das Messen der Kinder statt. Dieses geschieht mit einem Volotara genannten Bambusstabe. Zuerst mißt man sie von der Erde bis zu den Hüften, dann bis zu den Schultern, zuletzt die ganze Höhe des Knaben. Darauf folgt der Segen, der folgendermaßen ausgeführt wird. Etwas von dem heiligen Wasser wird in eine flache Holzschüssel gegossen. Damit werden die Knaben bespritzt und dabei gesagt: „Der Knabe ist kein Kind mehr; er ist ein Mann, der den Strom zerteilt, der nicht im Netze gefangen wird. Der Bursche ist ein Bananenbaum im Norden der Stadt (d. h. er ist windgeschützt) mit ungebrochenen Blättern und jungen, nicht entfernten Schößlingen. Der Bursche ist kein Kind mehr! Er ist ein Sorohitra (Vogel) auf dem Felsen. Sein Vieh möge die Ebenen bedecken. Sein Geld möge ein großes Grab füllen! Seine Sklaven mögen sein Landhaus bevölkern!“

Am darauf folgenden Morgen, dem Tage der Beschneidung, wird wieder Wasser geholt; dieses heißt aber „starkes Wasser“. Für jedes Kind wird ein starker Mann ausgewählt, der das Wasser in derselben Weise wie das heilige Wasser holt. Mit dem Rufe „Kinder des Adlers“ werden die Wasserträger empfangen und diese antworten: „Sie legen die Eier auf den Felsen.“ Am Stadtthor angelangt begrüßt man sie mit Steinwürfen. Durch diese ihren Weg sich bahnend, gelangen sie zur Lapa, dem Häuptlingshause, wo die zu beschneidenden Knaben auf einer Trommel nördlich vom Herde und gegenüber dem Fenster sitzen. Ehe nun die Zirkumzision ausgeführt wird, sagt der Herrscher zu jedem Kinde seiner Familie: „Werde ein Mann, mein Bursche! Werde alt! Lebe lange! Erobere das Land, mein Bursche! Sei Herr des Königreichs!“ Sobald nun die Operation vorüber, werden die Knaben an einem Feuer im Südwinkel des Hauses erwärmt und dann nach Hause gebracht.

Die Kinder des übrigen Volkes werden auf eine Trommel gesetzt, die im Süden des Herdes und gegenüber der Thür steht. Sie werden mit dem Segen begrüßt: „Werde ein Mann! Werde ein tüchtiger Schütze! Sei gewandt mit dem Speer! Erreiche ein hohes Alter!"

Nachdem die Wunden der Kinder geheilt sind, besucht der König die sechs alten Städte und dankt diesen; man schlachtet Ochsen und in jeder Stadt herrscht Freude und Tanz.

Aus diesen ausführlichen Schilderungen der Zeremonien geht hervor, daß die Zirkumzision ein sehr wichtiger Akt auf Madagaskar ist und mit der Mannbarkeitserklärung zusammenhängt. Leider vermissen wir eine Erklärung der einzelnen Gebräuche bei Sibree, wie er auch das Alter, in dem die Beschneidung ausgeführt wird und die Art und Weise derselben nicht angiebt. Er fügt nur hinzu, daß das abgeschnittene Präputium bei den Howas in ein Bananenblatt gewickelt, einem Kalbe zu fressen gegeben wurde, während bei den Bewohnern der Westküste der Knabe das Präputium in Branntwein verschlucken mußte und bei den Bara der Vater dasselbe in den nächsten Fluß warf.

In früheren Zeiten, heißt es dann, mußte bei der Beschneidung eines Prinzen dieser von einem tüchtigen Speermann zum Orte der Zeremonie getragen werden. Auf diesen mußte nun ein anderer verborgener Speerträger einen Speer werfen; wurde das Kind oder derjenige, der es trug, verletzt, so verlor es seine Kaste und war nicht länger Prinz; blieb es unberührt, so war dieses ein Zeichen, daß es ein echter Prinz war. Der Mutter des Kindes aber wurden vor der Beschneidung verschiedene Speiseverbote auferlegt; brach sie dieselben, so verlor das Kind gleichfalls seine Kaste. Die Zauberer (Ombiasy) vollführten die Operation mit einem krummen Messer und einige wuschen die Wunde mit Milch.[1]

Seit bei den Howas das Christentum herrscht, sind, in den Zentralprovinzen wenigstens, die Gebräuche, welche die Beschneidung begleiteten, abgeschafft, letztere selbst ist aber meist beibehalten worden. Anders bei den noch heidnischen Stämmen, die bei den alten Sitten verharren.

[1] Soweit Sibree. Einen etwas abweichenden Bericht findet man bei Macé Descartes, Madagascar. Paris, 1846. 294 bis 296.

Grandidier[1] nennt die Beschneidung bei den Sakalaven la première cérémonie religieuse, welcher die Kinder unterworfen werden. Festlichkeiten finden erst statt, wenn man sicher ist, daß die sorglos ausgeführte Operation ohne Schaden verlief. Was die Operation selbst angeht, so umgeben die nächsten Verwandten das Kind und bedecken es mit ihren Lambas (Gewändern), der Vater hält den Knaben im Arme und der Operateur vollführt die Amputation mit einem schlechten Rasirmesser. Der abgeschnittene Teil wird aus einer Flinte in die Luft geschossen oder auf die Spitze einer Lanze gesteckt über das Dach des väterlichen Hauses geworfen. Fällt der Speer gerade stehend in die Erde, so ist dies ein gutes Zeichen und der Knabe wird mutig. Der Körper des Kronprinzen ist nach madagassischen Begriffen heilig und der Oheim desselben hat, nach Grandidier, das Präputium zu verschlucken. Dieser Gebrauch, fügt er hinzu, sei bei vielen Familien verbreitet. Etwas anders erzählt Fressange[2] die Sache: Nach ihm hat der Empananguin oder Henker die Operation auszuführen. Die abgeschnittenen Vorhäute legt er auf ein Brett und dann werden sie, nachdem die Wunden mit adstringierenden Pulvern bestreut, aus Flinten in die Luft geschossen. „In früherer Zeit mußte der Empananguin die Vorhäute verschlucken.“ Auch Hildebrandt berichtet, daß bei den Sakalaven die Vorhäute in Flinten geladen und zu den auf Stangen stehenden Schutzidolen emporgeschossen werden.[3]

Beschneiden heißt madagassisch mamora, der Beschnittene fifora, effnifora oder honefora, die Beschneidung famouran.[4]

Ägypter. Wo auf ägyptischen Monumenten ein Zeugungsglied dargestellt wird, und dieses geschieht sehr oft, da fehlt ihm stets die Vorhaut. Herodot erzählt II. 37. 104: „Die Colchier, Ägypter, Äthiopen allein haben von jeher ihr Glied beschnitten. Die Phönizier dagegen und die palästinischen Syrer gestehen selbst, dieses den Ägyptern abgelernt zu haben.“ Wie Ebers anführt, läßt Ambrosius in Ägyptern das 14. Lebensjahr zur Beschneidung bestimmt sein, was auch ungefähr das richtige sein dürfte. Auf einem höchst lehrreichen Bilde vom Tempel des Chunsu zu Karnak, an dem leider der obere Teil fehlt, und das wahrscheinlich der Zeit Ramses II. angehört, sieht man die Beschneidung an einem sechs- bis zehn-

---

[1] Bull. soc. de Géogr. VI. Sér. III. 397. 1872.

[2] Neueste Beiträge zur Kunde von Madagaskar. Weimar, 1812. 161.

[3] Zeitschrift der Ges. f. Erdkunde zu Berlin. XV. 115.

[4] Voyage de l'Astrolabe. Philologie. Paris, 1833.

jährigen Knaben ausgeführt. Das Gemälde stellt fünf Personen dar. Ganz rechts kniet der Chirurg, der den Penis des Knaben mit der linken Hand hält und mit einem scharfen vorn abgeschrägten Instrumente, das er in der rechten hat, die Beschneidung ausführt. (Ich mache hier auf die Haltung dieses Messers aufmerksam, das nicht, wie gewöhnlich, zwischen Daumen und Zeigefinger liegt, sondern bei dem der Mittelfinger über den Rücken des Instrumentes gelegt ist, was mit dem Halten des Messers bei den ostafrikanischen Wakikuju übereinstimmt, wie HILDEBRANDT dasselbe schildert.)[1] Wie bei den Wakikuju die Knaben nebeneinander in der Reihe beschnitten werden, so auch hier auf diesem ägyptischen Bilde, denn hinter dem unter der Operation befindlichen Knaben steht bereits ein zweiter bereit, und hinter den Knaben knien zwei Frauen, welche dieselben halten.) Noch lebendiger wird der Beweis der Beschneidung bei den alten Ägyptern durch die männlichen Mumien geführt, welche, wie schon SEEZEN und BLUMENBACH zeigten, fast alle beschnitten sind, und CZERMAK wies Beschneidung an der Mumie eines höchstens fünfzehnjährigen Knaben nach. Das Wort „abschneiden" im allgemeinen hieß im ägyptischen bahi und war abgeleitet von bah, Vorhaut. Auf Unbeschnittene schauten die Ägypter mit großem Abscheu.[2]

Die Frage, ob die Juden unter den Ägyptern die Beschneidung gesehen und dort möglicherweise gelernt haben können, ließ sich bisher nicht mit Sicherheit beantworten, da Bestätigung für die Ausübung der Zirkumzisio bei den Ägyptern erst auf Monumenten der 20. Dynastie gefunden wurde, und diese regierte nach dem Exodus. Nun entnahm EBERS der Mumie eines altägyptischen Feldhauptmanns, Amen-em-heb mit Namen, die zu Abdel-Kurnah beigesetzt war, den Phallus und übergab ihn H. WELCKER in Halle zur Untersuchung, welcher mit Bestimmtheit Beschneidung daran nachwies. Amen-em-heb lebte aber nach der von EBERS publizierten Grabschrift im 16. Jahrhundert vor Christus unter Thutmes III. und teilweise unter dessen Nachfolger Amenophis III., d. i. von 1614 bis 1555 vor Christus. Zu jener Zeit hatten aber die Juden Ägypten noch nicht verlassen, sie lernten also dort die Beschneidung kennen, falls sie dieselbe nicht schon früher und unabhängig von den Ägyptern geübt hatten,[3] was allerdings möglich ist, denn die Juden beschnitten am achten Tage, die Ägypter im 14. Lebensjahre.

[1] Oben S. 183. [2] EBERS, Ägypten u. d. Bücher Moses. I. 278 bis 284.
[3] Archiv für Anthropologie. X. 123 ff.

Die jüdische Auffassung als könnten die Ägypter von den Juden die Beschneidung gelernt und angenommen haben, ist aber noch aus anderen Gründen als aus dem angeführten, welcher die Priorität für die Ägypter darthut, völlig zu verwerfen. Zwischen beiden Völkern fand von allem Anfange an eine gründliche Trennung und ein scharfer Gegensatz statt. Hirten waren den Ägyptern ein Greuel, wie Joseph selbst sagte. Ägypter und Hebräer speisten gesondert, „denn die Ägypter dürfen nicht Brot essen mit den Hebräern.“[1] Von dem stolzen, auf hoher Stufe stehenden ägyptischen Volke, das in langer Kulturepoche seine Sitten und Gebräuche damals bereits fest ausgebildet hatte, wird sicher die Beschneidung nicht von dem verachteten und niedriger stehenden Hirtenvolke angenommen worden sein.

Echte Nachkommen der alten Ägypter sind die Kopten, und wenn wir bei ihnen, den Christen, Beschneidung finden, so läßt sich diese wohl als ein Erbteil ihrer Urväter auffassen. Wie mir Pastor Lüttke in Schkeuditz freundlichst mitteilt, findet bei diesem Volke die Zirkumzision im sechsten, siebenten oder achten Jahre statt, doch binden sie sich daran nicht und die Zeit wechselt vom zweiten bis zum zwanzigsten Jahre. Die Zeremonie gilt bei ihnen nicht als religiöse Handlung und hat mit der Taufe nichts zu thun, ist auch ganz verschieden von jener der Juden.

Abessinien. Geographisch anschließend haben wir hier die Abessinier zu erwähnen. In ihrem Christentume, sowie in Sitten und Gebräuchen, ist viel Jüdisches vorhanden, was historisch leicht erklärbar. Ihre Dynastien leiten sich von Salomo ab, ihre Speisegesetze stimmen in manchen Stücken mit den jüdischen, der jüdische Sabbath wird in ganz Abessinien streng gehalten und vom zehnten bis zum zwölften Jahrhundert herrschte eine jüdische Dynastie im Lande. Unter diesen Umständen erscheint es nicht unmöglich, daß die Beschneidung in Abessinien von den Juden eingeführt wurde, wiewohl sie dort ebensogut uralt afrikanischer Brauch sein kann. Keineswegs aber hat sie heute dort religiöse Bedeutung.[2] Nach Dr. Courbon[3] fände die Beschneidung am achten Tage bei den Knaben statt, was also auffallend mit dem jüdischen Brauche stimmt. Gleichzeitig wird den Mädchen die Klitoris abgetragen und zur

---

[1] 1 Mos. 46, 33 und 43, 32.

[2] W. Munzinger, Ostafrikanische Studien. 144.

[3] Observat. topogr. et médic. recueillis dans un voyage en Abyssinie. Paris, 1861. Bull. soc. d'Anthrop. III. 15. (1862.)

Operation wird ein scharfer Stein und eine kleine Zange benutzt. Jedenfalls ist die Angabe, daß die Beschneidung am achten Tage nach der Geburt stattfinden soll, auffallend. v. HEUGLIN bemerkt, daß die Taufe der Knaben am 40., die der Mädchen am 80. Tage nach der Geburt vollzogen werde und fügt hinzu: „Beide Geschlechter sind einer Art von Beschneidung unterworfen, die Mädchen der Exzision; doch scheint dieser Gebrauch nicht eben ein kirchlicher, sondern mehr bürgerliche Zeremonie zu sein.“[1] Dagegen sagt eine in kirchlichen Dingen besser unterrichtete Autorität: „Sie beschneiden die Kinder am achten Tage. Es wird dieses als ein unumgängliches Sakrament der Kirche betrachtet, weil sie dadurch die Beschneidung Jesu Christi nachzuahmen glauben.“[2] Die stammverwandten und benachbarten Bogos, ein Volk mit verfallenem Christentume und ehemals zur abessinischen Kirche gehörig, haben allgemein und ohne Ausnahme wie die Abessinier die Beschneidung für beide Geschlechter. Sie findet gewöhnlich in der Geburtswoche statt, nähert sich also jüdischem Brauche; doch wartet man für Knaben oft bis zum fünften Jahre[3]

Die der Religion nach jüdischem Falascha in Abessinien lassen ihre Kinder „von drei alten Frauen“ am achten Tage nach der Geburt ohne alle Zeremonie beschneiden, und zwar beide Geschlechter — wie die abessinischen Christen. Fällt der achte Tag auf einen Samstag, so geschieht die Beschneidung am neunten Tage, damit der Sabbath nicht gebrochen wird.[4] Das unterscheidet wesentlich von den eigentlichen Juden, die auch am Sabbath beschneiden.

Zentralafrika. Äußerst lückenhaft sind die vorliegenden Berichte über die Beschneidung bei den heidnischen Zentralafrikanern. Die Monbuttu sind beschnitten; Bongo und Mittu, die als Begleiter SCHWEINFURTHS zu jenen kamen, wurden bei den Monbuttumahlzeiten ausgeschlossen, da sie als nicht beschnitten für „Wilde“ galten. Auch die zwergartigen unter den Monbuttu lebenden Akka sind beschnitten.[5] Während die eigentlichen Niam-Niam Beschneidung nicht haben, fand MARNO bei den östlichen Ausläufern derselben, den Makraka, dieselbe, meint aber, sie sei von den Mohammedanern eingeführt, was wohl anzunehmen ist.[6]

---

[1] Reise nach Abessinien. 259.

[2] DIMOTHÉOS, Deux ans de séjour en Abyssinie. Jerusalem, 1871. II. 49.

[3] W. MUNZINGER, Sitte und Recht der Bogos. 38. 39.

[4] M. FLAD, Kurze Schilderung der abessinischen Juden. Kornthal, 1869. 31.

[5] SCHWEINFURTH, Im Herzen von Afrika. II. 99. 153.

[6] MARNO, Reise in der ägyptischen Äquatorial-Provinz. 129.

In Uganda, nördlich vom Viktoriasee, verabscheut man die Beschneidung,[1] während sie in Manjema, westlich vom Tanganjikasee, wieder allgemein ist und nur in besonders „günstigen" Jahreszeiten unter Festlichkeiten im Walde vorgenommen wird.[2]

Indonesien. Über die Beschneidung der heidnischen Völker im indischen Archipel, welche sicher bereits vor der Einführung des Islam diesen Gebrauch hatten — wofür allein schon die Analogie des Vorkommens bei den rassenverwandten Polynesiern spricht — brauchen wir uns vorzugsweise an die Arbeiten von WILKEN und RIEDEL zu halten, um einen ziemlich vollständigen Überblick zu empfangen.

Auf Amboina und den benachbarten Aliasser wurde bei den etwa zwölfjährigen Knaben eine Inzision im Walde durch irgend einen Freund, keinen Priester, ausgeführt. Er steckt ein Bambushölzchen in das Präputium, sagt zu den Knaben: „Da oben im Baum sitzt ein Kuskus" (Beuteltier) und schlägt nun, während der Knabe hinaufschaut, mit einem Stück Holz auf das Messer, welches er auf die Vorhaut gesetzt hatte. Jedenfalls handelt es sich um eine Inzision des oberen Teiles der Vorhaut. Diese heidnische Sitte blieb noch lange als die Ambonesen schon zum Christentum bekehrt waren.[3] Dagegen findet nach RIEDEL bei den Knaben im 15. bis 16. Jahre heimlicherweise eine wirkliche Zirkumzision statt: het uitgetrokken präputium wordt ineens afgesneden (usee hutu in der einheimischen Sprache).[4]

Bei den Batta auf Sumatra besteht die Beschneidung allgemein, ist aber nicht durch bestimmte Satzungen geregelt. Der Knabe spaltet sich zur Zeit der Pubertät sein Präputium entweder selbst oder läßt dies durch andere verrichten. Gewöhnlich wird das Präputium mit einem Messer von hinten nach vorn gespalten oder es wird mit ein paar Hölzchen abgeklemmt.[5] Ein solches Klemminstrument war 1883 auf der Amsterdamer Kolonialausstellung zu sehen.[6]

Die heidnischen Stämme auf Timor, Sawu, Roti und Sumba,

---

[1] WILSON u. FELKIN, Uganda. Stuttgart, 1883. I. 106.

[2] LIVINGSTONE's Letzte Reise. Deutsche Ausgabe. II. 34.

[3] WILKEN, Besnijdenis by de volken van den indischen Archipel. 's Gravenhage, 1885. Nach VALENTIJN.

[4] RIEDEL, Sluik- en kroeshaarige rassen. 77.

[5] HAGEN in Zeitschrift für Ethnologie. 1884. 223.

[6] Catalogus der afdeeling Nederland. kolonieen. Tweede groep. Leiden, 1883. 81.

wohl auch jene auf Flores, nehmen die Inzision der Knaben zwischen dem 14. und 15. Jahre vor. Auf Sawu heißt sie bakka.[1] Die Beschneidung bei den Mohammedanern auf Celebes wurde schon erwähnt; doch auch die Heiden spalten dort die Vorhaut und bei den jetzt christlichen Alfuren der Minahassa (Nordcelebes) war die Inzision ehemals verbreitet.[2] Dagegen ist die Verstümmelung des Gliedes bei den Dajaks im südöstlichen Borneo eine Abklemmung der Vorhaut, welche von den 12 bis 14jährigen Burschen durch ein gespaltenes Rotanghölzchen selbst bewirkt wird. Der abgeklemmte Teil fällt nach zehn Tagen ab, während welcher der Knabe, wegen der großen Schmerzen, die er erleidet, liegen bleibt. Solches geschieht meist heimlich.[3]

Nach von Rosenberg findet auf Nias bei Sumatra eine richtige Zirkumzision durch den Vater der fünf- bis achtjährigen Knaben statt,[4] während Dr. Durdik angiebt, daß dort bei den 15jährigen Burschen eine Inzision vorgenommen wird. Vielleicht besteht beides nebeneinander.[5]

Kurz vor Eintritt der Pupertät werden auf der Molukkeninsel Buru die Kinder beiderlei Geschlechts beschnitten, wobei gleichzeitig die Zähne bis zum Zahnfleisch abgefeilt werden. Die Beschneidung (devoi) wird nicht durch besondere Personen ausgeübt. Man badet den Knaben und setzt ihn auf einen teilweise unter Wasser stehenden Stein. Der Beschneider zieht die Vorhaut (otin koli oder wakan okon) hervor, steckt ein Hölzchen darunter und spaltet sie mit einem scharfen Messer bis zur Glans hin. Gebrannte Sagopalmblattrippen dienen als blutstillendes Mittel. Der Patient hat dann bis zur Heilung, die in etwa fünf Tagen erfolgt, in einer abgesonderten Hütte zu verbringen.[6]

Auch auf Ceram wird die Beschneidung (juiae) nicht nach mohammedanischer Art, sondern auf indonesische Weise als Inzision allgemein ausgeführt. Nicht die Eltern veranlassen dieselbe, sondern das Mädchen, mit welchem der Bursche bereits Verkehr hat, ut augeant voluptatem in coïtu, wie Riedel sagt. Die Ausführung erfolgt, wenn sich die Schamhaare zu zeigen beginnen durch den Tukaano genannten alten Mann in ähnlicher Weise, wie bei Buru an-

[1] Wilken a. a. O. 11. [2] Wilken, a. a. O. 12. [3] Wilken, a. a. O. 13.
[4] v. Rosenberg, Malayischer Archipel. 168.
[5] Wilken, a. a. O. 14.
[6] Riedel, Sluik- en kroeshaarige rassen. 6.

gegeben.[1] Ebenso wird auf Ceramlaut die Inzision ausgeführt. Dort wird die Operation aber im Geheimen und nur in einigen Dörfern vollführt.[2]

Auf den nach Neu-Guinea zu gelegenen Aaru-Inseln fällt das Beschneiden (dagabel dedjildi) gleichfalls mit dem Zahnfeilen zusammen. Es ist hier aber ein Abklemmen der Vorhaut zwischen zwei scharfen Bambusstückchen bis zur Usur. Es geschieht dieses ohne Wissen der Eltern zwischen dem neunten und zwölften Lebensjahre durch einen alten Mann, der mit dem Burschen sich zu diesem Zwecke in den Wald begiebt. Das operierte Glied wird in Blätter eingewickelt und ist nach zehn Tagen genesen. Angeblicher Zweck: ad augendam voluptatem mulieris in coïtu.[3]

Die Form des Abklemmens der Vorhaut bis zur Usur scheint eine für Indonesien eigentümliche zu sein. Sonst herrscht die Inzision vor und diese wird in derselben Weise wie in der Südsee ausgeführt, durch Einschieben eines Hölzchens unter das Präputium und nachfolgendes Spalten desselben von oben her. Der ethnographische Zusammenhang dieses Verfahrens bei den Malayo-Polynesiern liegt klar zu Tage.

Philippinen. Daß auf den jetzt vorherrschend christlichen Philippinen die Beschneidung einst weiter verbreitet war als heute, dürfen wir wohl annehmen. Jetzt sind nur noch Reste davon erhalten. Bei den Bagobos im südlichen Mindanao wird sie nur an den Söhnen der Häuptlinge ausgeübt, der Zweck aber geheim gehalten.[4] In entfernten Provinzen Luzons soll die Beschneidung von den Tagalen noch heimlich ausgeübt werden; der Schnitt wird von oben nach unten geführt; das ist wohl Inzision.[5] Daß bei den jetzt katholischen Bisayas (auf den Philippineninseln Samar und Leyte) einst Beschneidung bestanden haben muß, lehrt uns das Wörterbuch.[6] Beschneiden heißt in ihrer Sprache pag toli, die Beschneidung toli und tinolian „der Teil, der abgeschnitten oder von dem die Vorhaut abgerissen wurde".

Australier. Nach Eyre wird am Golf von Carpentaria die

[1] Riedel, 139, wo auch ein auffälliger Gebrauch bezüglich der Heilung der Wunde nachgelesen werden kann.

[2] Riedel, 208. [3] Riedel, 251.

[4] Schadenberg in Zeitschrift für Ethnologie. 1885. 30.

[5] Blumentritt, Ethnographie der Philippinen. Gotha, 1882. 14.

[6] Diccionario de la lengua Bisaya. Compuesta par Alonso de Mentrida. s. l. 1841. 306.

Beschneidung ausgeübt; am Swan-River, King George's Sund und 300 Miles weit entfernt von letzterem Platze existiert ein solcher Gebrauch nicht. Um die große australische Bucht herum und durch die ganze Port-Lincoln-Halbinsel wird er nicht nur ausgeübt, sondern eine noch viel außergewöhnlichere Form, die Einschneidung des Penis von unten bis zur Urethra hinzugefügt. An der Ostseite des Spencer- und St. Vincent-Golfes und in der Gegend um Adelaide ist die einfache Beschneidung beibehalten. Wendet man sich ein wenig weiter östlich nach den Ufern des Murray und in dessen Umgebung, so findet man diesen Brauch nicht. Eyre meint, daß er auch im Osten und Südosten des Kontinentes, also in Viktoria und Neusüdwales fehle.[1] Indessen irrt er hier, denn A. Oldfield berichtet vom Stamme der Angaardies, am Murchison River, daß die 14- bis 16jährigen Knaben durch Beschneidung zu Männern gemacht werden. Die Beschneidung wird dort mit einem scharfen Feuerstein ausgeführt und der Bursche darf alsdann noch zwei bis drei Jahre lang sich nicht um die Weiber kümmern, ja er darf sie nicht einmal anschauen und nur an Männergeschäften teilnehmen. Oldfield, der genaue Kenner der Australier, stellt diese Beschneidung in eine Linie mit anderen Zeremonien bei der Pubertätserklärung: mit der Entfernung eines Augenzahnes in den östlichen Kolonien, mit der Einschneidung von Linien auf den Rücken im Nordosten u. s. w.[2] Sturt beobachtete die Beschneidung am Lake Blanche (140° östl. und 31° südl.), ferner am Mount Hopeless und Lake Torrens[3] und unser unglücklicher Landsmann Ludwig Leichhardt beschreibt sie im Norden vom Macarthur River am Carpentaria Golf.[4]

Bei den australischen Schwarzen am Finke-Creek (unter 25° südl. Br.) findet die Beschneidung der Knaben im Alter von acht bis zwölf Jahren an einem einsamen Orte unter Ausschluß der Frauen statt. Vermittels eines Feuersteins wird hierbei die Vorhaut abgeschnitten. Nach Heilung der Wunde dürfen die Beschnittenen ins Lager zurückkehren und werden dann in die Zahl der Männer aufgenommen.[5]

Zur Borazeit, d. i. wenn die Jünglinge eingeweiht werden, findet bei dem Stamme der Kalkadun im Süden des Karpenteriagolfes

[1] Eyre. Journ. of expedit. of discovery. I. 212.

[2] Transact. Ethnolog. Soc. New Series. III. 252. (1865.)

Sturt. I. 209. 274. 341.

[4] Journ. of an overland expedition. 413.

Missionar Kempe in Mitteil. des Vereins für Erdkunde zu Halle. 1883. 53.

(Nordaustralien) eine Verstümmelung des Penis statt. Die jungen Burschen werden von einer Anzahl Männer festgehalten und nun wird ihnen die Urethra mit einem Feuerstein der Länge nach aufgeschlitzt und der Kanal herausgenommen. Zuweilen ist der Schnitt nur kurz, zuweilen aber erstreckt er sich vom Scrotum bis zur Glans. Ein ähnlicher Gebrauch geht durch den ganzen Kontinent und kann bis zur großen australischen Bucht verfolgt werden.[1]

Was diesen außergewöhnlichen Gebrauch des Aufschlitzens des Penis von unten bis zur Harnröhre betrifft, so wird derselbe von dem deutschen Missionar Schürmann bestätigt. Nach ihm haben die 14- bis 15jährigen Knaben im Port Lincolndistrikt drei verschiedene Stufen von Einweihungszeremonien durchzumachen, von welchen die zweite, Pardnapas genannt, die Beschneidung begreift. Das Haar, welches der Knabe im ersten Stadium, dem Warrara, noch lang tragen durfte, wird nun in einem Knoten oben auf dem Kopfe zusammengeflochten und mit einem Netze aus gesponnenem Opossumhaar überzogen; der Penis wird mit einer Quaste aus dem gleichen Material versehen. Diese „heiligen" Unterscheidungszeichen werden einige Monate lang getragen; dann entfernt man das Haarnetz und läßt die Haare lang herabhängen. Während dieser Zeit wird ohne besondere Zeremonie die schmerzvolle Operation vollzogen, deren Spezialitäten Schürmann nicht mit ansehen konnte. Die Schwarzen selbst vermögen keinen anderen Grund dafür anzugeben, als daß ihre Vorfahren es so gemacht hätten. Den Weibern und Kindern erzählen sie, daß Midhalla, ein Fabelwesen, die Ursache der grausamen Verstümmelung sei.[2]

Nach den Mitteilungen von Dr. Richard Schomburgk kommen am Peake River in Südaustralien Aufschlitzen der Urethra und Beschneiden der Vorhaut zugleich vor. Die zu beschneidenden Knaben werden an einem Platze, der Wenta nurina = Vorhaut heißt, zusammengetrieben, ohne daß ihre Verwandten dabei sein dürfen. Sie sind dort unter der Obhut alter Männer, die sie alsdann auf den Rücken werfen und ihnen die Beine auseinanderhalten, während der Hervorragendste unter ihnen mit einem Feuersteinmesser die Vorhaut mit zwei Schnitten abträgt. Er wirft dann Erde auf die Wunde und brennt sie mit einem glühenden Stocke. Während der

[1] E. Palmer, Journ. Anthropol. Instit. XIII. 295.

[2] Ch. Wilhelmi, Manners and customs of the Australian Natives. Melbourne, 1862. 24.

ganzen Zeremonie singen die Männer; die Burschen dürfen sich nun bloß nachts dem Lager nähern, müssen ihre Ankunft jedoch durch das Schwingen eines an einen Strick gebundenen Holzes angeben, das einen pfeifenden Ton von sich giebt. Erst wenn sie ganz genesen sind, dürfen sie sich frei mit den Weibern mischen. Zwölf Monate nach der Beschneidung tritt das Aufschlitzen der Urethra ein; es geschieht dieses mit einem scharfen Feuersteine und einem Stück Rinde, das in die Wunde eingeführt wird, um deren Zusammenheilen zu verhindern. Jetzt dürfen sie heiraten.[1]

Es fragt sich nun zu welchem Zwecke wird das barbarische Aufschlitzen des Penis vorgenommen? Letzterer stellt nach der vollbrachten Operation keine Röhre mehr dar, sondern nur eine Rinne und eine Befruchtung des Weibes kann damit nicht mehr erfolgen: dieses ist aber auch der Zweck, denn in einer unfruchtbaren, oft von Hungersnot heimgesuchten Gegend ist eine starke Bevölkerung nicht erwünscht. The practice was perhaps introduced by some aboriginal Salomon to prevent the too rapid propagation and thereby starvation of the race.[2]

Den ausgestorbenen Tasmaniern war die Beschneidung unbekannt.[3]

Melanesier. Im Innern der Halbinsel Malakka wohnen noch Reste der kraushaarigen Papua-Race, die Semang und Sakai, welche neuerdings von dem russischen Naturforscher Miklucho-Maclay genau untersucht wurden.[4] Dieser in anthropologischen Dingen sehr erfahrene Autor berichtet indessen kein Wort über eine Beschneidung der Sakai, weshalb ich eine ältere Mitteilung über dieselbe bei diesem Volke nur mit Vorsicht hier aufführe. Logan sagt nämlich,[5] daß die Sakai die Vorhaut aufschlitzen. Es ist dieses die Form der Beschneidung, welche überhaupt in der Südsee vorkommt, doch keineswegs auf allen Inseln, sondern ganze Gruppen und Gebiete ausschließend. Zunächst fehlt sie in einem Teile der großen Insel Neu-Guinea. Allen Papuas, die A. B. Meyer dort sah, war die Beschneidung unbekannt;[6] nichts davon wird in den holländischen Schriften über Neu-Guinea erwähnt. Sicher ist jedoch, daß die Beschneidung an der Ostspitze von Neu-Guinea vorhanden ist, wo

[1] Verhandl. Berl. Anthropol. Ges. 1879. 235.
[2] Brough Smyth, Aborigines of Victoria. II. 312.
[3] Bonwick, Daily life of the Tasmanians. 121. 199.
[4] Journ. of the Straits Branch of the R. As. Soc. Decembr. 1878. 205 ff.
[5] Journ. Indian Archipelago. I. 252.
[6] A. B. Meyer, Anthropol. Mitteil. über die Papuas. Wien, 1874. 11.

Dr. COMRIE sie beobachtete. Sie ist dort allgemein geübt und zwar wird ein gerader Schnitt durch den Rücken der Vorhaut geführt. There being no ablation of supernumerary skin or mucous membrane; the cicatrices left were very unsightly and did not speak at all highly for the surgical skill of the operator.[1] An der Nordostküste von Neu-Guinea wird Beschneidung an 12- bis 13jährigen Knaben im Walde mit einem scharfen Kieselbruchstück ausgeübt.[2] Wir wissen jetzt, daß im Osten Neu-Guineas vielfach polynesische Beimischung besteht. Hängt mit dieser die Beschneidung zusammen, die sonst auf der Insel zu fehlen scheint?

Auch auf der Insel Rook, zwischen Neu-Britannien und Neu-Guinea ist die Beschneidung beobachtet worden und zwar vom Missionar REINA. Sie ist, sagt er, keine Zirkumzisio, sondern ein bloßer Einschnitt in die obere Seite der Vorhaut. Der Beschnittene muß sich auf einige Tage in das Barem (öffentliche Versammlungshaus) zurückziehen. Am Tage der Beschneidung, und wenn er das Barem verläßt, findet ein großes Fest statt und der Knabe hat nun das Recht, das Barem zu betreten. Sein Vater muß den Freunden ein Schwein und Taro zum Besten geben. Armer Leute Kinder werden daher nicht beschnitten und „Unbeschnittener" ist ein Schimpfwort wie bei uns „Lump". Es existiere, sagt REINA, noch ein obscöner Grund für die Beschneidung, der leider nicht angegeben ist.[3] Allgemein sei die Beschneidung auf Neu-Britannien (Neu-Pommern), sagt POWELL; sie wird dort mit Obsidianmessern ausgeführt.[4]

Sehen wir uns weiter in Melanesien um, so finden wir, daß auf der Neu-Hebrideninsel Tanna die Beschneidung, welche nur in der Aufschlitzung der Vorhaut besteht, bei den Knaben im siebenten bis zehnten Jahre vorgenommen wird; auf Aneityum geschah dieses früher schon mit dem fünften Jahre. Schon zwei Monate vor dem zur Beschneidung festgesetzten Tage, werden die betreffenden Knaben in eine leicht bedeckte Umzäunung gesperrt, vor welcher Tag und Nacht ein Eingeborener Wache hält. Kein Weib darf in dieser Zeit bei Todesstrafe die Kinder sehen. Täglich zweimal führt der Wächter die Knaben an den Strand zum Baden, giebt vorher jedoch durch eine Muscheltrompete ein Zeichen, daß alle Unberufenen sich ent-

---

[1] Journ. Anthropol. Institut. VI. 109.

[2] Nach MICKLUCHO-MACLAY bei WILKEN, Besnjidenis. 8.

[3] Zeitschrift für allgemeine Erdkunde. Neue Folge. IV. 357. (1858.)

[4] WILFR. POWELL, Wanderings in a wild country. Lond., 1883. 217. Deutsche Ausgabe. 190.

fernen. Bei der Beschneidung wird geschmaußt und gezecht.[1] Für Mallicolo, das auch zu den Neu-Hebriden gehört, haben wir das Zeugnis von ROBERJOT; nach ihm findet Beschneidung erst einige Zeit nach der Mannbarkeit statt. Sie wird von Greisen mit einem scharfen Bambussplitter ausgeführt.[2]

Im allgemeinen findet auf den Fidschiinseln die Beschneidung der Knaben vom siebenten bis zum zwölften Jahre mit einem Bambussplitter statt. Es sind gewöhnlich 10 bis 20 auf einmal, die dann abgesondert im Gemeindehaus bis zu ihrer Heilung bleiben und von den Frauen mit Gemüsenahrung versehen werden. Kula werden die Neubeschnittenen öffentlich genannt; der eigentliche Name für Beschneidung, tefé, ist tabu für die Weiber. Die Beschneidung findet nach dem Tode eines Häuptlings statt, worauf Spiele und religiöse Feste folgen. Die unbeschnittenen Burschen werden als unrein betrachtet und dürfen den Häuptlingen keine Nahrung bringen.[3]

Bei den im Zentrum von Viti Levu wohnenden Stämmen, welche die sogenannten Nangabündnisse schließen und eigentümliche Zeremonien bei der Mannbarwerdung der jungen Leute in den Nanga genannten Steineinfriedigungen ausführen, hat die Beschneidung ganz entschieden den Charakter einer Opferhandlung, wie dieses aus den eingehenden Mitteilungen von LORIMER FINSON sich ergiebt. Erkrankt ein zum Bunde gehöriger Mann gefährlich, so wird eine Beschneidung als Sühnemittel angeordnet. Ein noch unbeschnittener, zu dem Kranken in einem Verwandtschaftsverhältnis stehender Knabe wird in das Vale tambu geführt, das Gotteshaus, und dort als soro oder Suhnopfer dargebracht, gleichzeitig mit verschiedenen wertvollen Gaben. Diese nimmt der Priester gnädig entgegen, indem er zugleich einen Tag für die Ausführung der Operation bestimmt und alle Pflanzungen, sowie Haustiere mit einem strengen Tabu belegt, so daß nur das unumgänglich nötige zum Leben genommen werden darf. An dem bestimmten Tage wird nun der dargebrachte Knabe beschnitten, ihm schließen sich andere Knaben an. Die in ein gespaltenes Rohr eingeklemmten Vorhäute werden nach dem Nanga gebracht und dem Hauptpriester dargereicht, welcher sie in der Hand haltend den Ahnengöttern weiht, indem er dabei für das

[1] M. ECKARDT, Der Archipel der Neu-Hebriden. Verhandlungen des Vereins für naturwissenschaftliche Unterhaltung in Hamburg. Bd. IV. Jan. 1879. 21.

[2] Bull. d. l. soc. de géogr. 1883. 177.

[3] WILLIAMS, Fiji and the Fijians. I. 166.

Genesen des Kranken betet. Unter Aufhebung des Tabu folgt ein Fest mit großen Ausschweifungen.[1]

Polynesier. Auf den Tongainseln heißt die Beschneidung Téfe; sie wird dort nach Mariner folgendermaßen ausgeübt. Ein kleines Stückchen Holz von passender Form wird mit Gnatu umwickelt und in das Präputium eingeführt, alsdann wird auf dem Rücken desselben ein Längseinschnitt von einem halben Zoll entweder mit einem Bambussplitter oder einer Muschelschale gemacht, am liebsten mit der letzteren. Dieser Einschnitt wird durch die äußeren Hautpartien und den Anfang der inneren gemacht und der Überrest der letzteren mit den Fingern aufgerissen. Das Ende des Penis wird dann in ein Blatt des Gnataibaumes eingewickelt und mit einer Bandage versehen. Der Knabe darf drei Tage lang nicht baden, und das Blatt wird ein- oder zweimal täglich erneuert.[2]

Ganz ähnlich wurde die Operation auf den Samoainseln ausgeführt, wo statt der Bambussplitter dann die von europäischen Händlern eingeführten Rasirmesser benutzt wurden. „Als Grund der Beschneidung giebt man dort Reinlichkeit an und es ist dies einer der ältesten Bräuche auf den Inseln. In jedem Orte ist ein Mann, welcher die Operation gegen Bezahlung ausführt; doch ist es nicht selten, daß sich zehn oder fünfzehn Burschen in den Wald begeben und sich dort gegenseitig beschneiden. Die Knaben sind gewöhnlich acht oder zehn Jahre alt, wenn sie beschnitten werden.“[3] Die Samoaner schimpfen die Europäer „Unbeschnittene“.[4]

Auf Tahiti und den Gesellschaftsinseln wurde die Beschneidung derart ausgeführt, daß man ein glattes Bambusrohr unter die Vorhaut schob und diese Haut mit einem scharfen Bambus so durchschnitt, daß sie die Eichel nicht wieder bedecken konnte. „Diese Operation verrichtet zwar der Priester; jedoch scheint dabei nur Reinlichkeit die Absicht zu sein und kein Religionsbegriff zu Grunde zu liegen; daher ist auch weder Tag noch Alter bestimmt.“[5] Die Beschneidung wird von den Markesas und von der Osterinsel erwähnt, war aber auf Neu-Seeland unbekannt. Daraus läßt sich wohl schließen, daß dieser Gebrauch nicht zu den allerältesten der Polynesier gehört.

[1] Journ. Anthropol. Institute. XIV. 27. (1884.)
[2] Mariner. Account of the Tonga Islands [2]. Lond., 1818. II. 252.
[3] W. T. Pritchard in Mem. read before the Anthropological Society. vol. I. 326.
[4] Turner, 19 years in Polynesia. 352.
[5] J. R. Forster, Bemerkungen auf seiner Reise um die Welt. 242. 482.

Für das Vorkommen irgend einer Form der Beschneidung in Mikronesien finde ich keine Belege.

Bemerkenswert erscheint, daß auf vielen westlichen Inseln, gleichviel ob sie von Melanesiern oder Polynesiern bewohnt sind, ein und dasselbe Wort, tefe, für Beschneidung vorkommt. Auf den Fidschiinseln[1] beschneiden = teve, ciliva, kosodola. Beschneidung = vecteve, veicili, kula, yavoa. Auf den Tongainseln[2] beschneiden = tefe. Auf Samoa[3] beschneiden = tafao, tefe. Andere Bezeichnungen gelten im Osten. Auf den Markesas beschneiden = oit poipoi und auf den Sandwichinseln beschneiden = oki poepoe.[4]

Amerika. Wenn irgend etwas das selbständige Entstehen der Beschneidung bei verschiedenen Völkern unabhängig voneinander zu beweisen im stande ist, so ist es das Vorkommen derselben in beiden Hälften Amerikas. Indessen fließen die Nachrichten darüber nur spärlich, sind aber immer noch genügend, um einen allgemeinen Überblick zu erhalten.

Loucheux et Peaux de Lièvre circoncisaient leurs enfants mâles quelques jours après leur naissance à l'aide d'un morceau de silex. Ils guerissaient la blessure de la circoncision au moyen d'un mélange de graisse et de pyrite compacte pulverisée. On tirait aussi un peu de sang de l'enfant que l'on avait circoncis en lui piquant avec une alène la paume des mains et la plante des pieds. Das soll geschehen sein, um das Kind zu einem guten Bogenschützen und Fußgänger zu machen.[5] Noch führt unsere Quelle an, daß die Flancs de Chien die Beschneidung nicht mehr üben, was zusammengehalten werden mag mit der Nachricht Alexander Mackenzie's von den Hundsrippen: „Ob unter ihnen Beschneidung gewöhnlich sei, kann ich nicht sagen; der Anschein dazu war aber bei allen, die ich sah."[6] Hiermit ist mein Wissen vom Vorkommen der Beschneidung bei Rothäuten erschöpft.

Als eine eigentümliche Thatsache verdient hier hervorgehoben zu werden, daß von diesen nördlichen Indianern die Beschneidung auf die Eskimos des amerikanischen Festlandes übergegangen ist.

---

[1] A Fijian and English Dictionary by David Hazlewood. 3 ed. London. s. a.

[2] Mariner a. a. O.

[3] Diction. Samoa-français-anglais par L. Violette. Paris, 1880.

[4] Mosblech, Vocabulaire Océanien-Français. Paris, 1843.

[5] Petitot, Dictionnaire de la langue Dènè-Dindjié. Paris, 1876. XXXVI.

[6] Al. Mackenzie's Reisen von Montreal nach dem Eismeere etc. Hamburg, 1802. 186.

Die Eskimo gehören sonst zu den unbeschnittenen Völkern und werden von den Indianern als niedriger stehend mit Verachtung behandelt. Ein Tschiglit-Eskimo am Mackenzie bat den Missionar Pétitot ihn zu beschneiden; die Tinné-Indianer, sagte er, verachteten ihn, weil er unbeschnitten sei. Es ist also dieses ein Verhältnis, wie wir es auch anderweitig zwischen beschnittenen und unbeschnittenen Völkern finden: Der Beschnittene betrachtet sich als höher stehend. Depuis lors, fügt Pétitot hinzu, j'appris que la majorité des Esquimaux Tchiglit avaient adopté la circoncision à l'exemple des Dindjié (Tinné).[1]

Wir wenden uns nun zu den mittelamerikanischen Naturvölkern. Nach Fray Geronimo de Mendieta[2] wurde mit den Kindern der Totonaken am 28. oder 29. Tage durch den Priester eine eigentümliche Zeremonie vorgenommen. Den Knaben wurde mit einem Steinmesser etwas vom Penis abgeschnitten und verbrannt, den Mädchen wurde mit dem Finger das Hymen durchstoßen, welche Operation im sechsten Jahre wiederholt wurde. Mendieta nennt den ersteren Vorgang einfach Beschneidung. Es muß aber zur Erklärung dieser Operation auf den Zusammenhang mit der Zerreißung des Hymens bei den Mädchen hingewiesen werden, wie dieses schon Strebel hervorhob. Berücksichtigt man den in Mexiko sehr alten Gebrauch der Blutopfer, von Quetzalcoatl herrührend, und daß diese durch Einritzen oder Durchbohren aller möglichen Teile des Körpers vollzogen wurden, so scheinen auch jene Operationen an den Geschlechtsteilen damit in Zusammenhang zu stehen. Um sich individuell hervorzuthun, verfuhr man bei Blutopfern mit steigendem Raffinement, auch das Kind mußte schon seinen Tribut bringen und man wählte dazu die Geschlechtsteile als die wichtigsten des Körpers.

Der Bericht Acostas über die Mexikaner lautet: Los Mexicanos tenian tambien sus bautismos com essa ceremonia, y es, que a los recien nacidos les scarificavan las orejas y el miembro viril, que en alguna manera remedavan la circoncision de los Indios. Esta ceremonia se hazia principalmente con hijos de los Reyes y Sennores.[3]

Auch die Indianer am Goatzacoalco führten eine Art von Beschneidung aus,[4] und bei den Mayas in Yukatan wurden die Kinder

---

[1] Pétitot, Les grands Esquimaux. Paris. 1887. 293.

[2] ed. Icazbalceta. II. 19. H. Strebel, Alt-Mexiko. 13.

[3] Hist. natur. y mor. de las Indias. V. c. 26.

[4] Bancroft, Native races of the Pacific States. I. 666.

allgemein in den ersten Tagen nach der Geburt beschnitten,[1] während nach PETRUS MARTYR die Beschneidung nicht allgemein war[2] und COGOLLUDO und LANDA annehmen, daß es sich nur um ein Aufschlitzen der Vorhaut gehandelt habe.[3]

Von den Chontales-Indianern im östlichen Zentralamerika berichtet der Lizentiat PALACIO die Beschneidung in der Zeit nach der Entdeckung. Er sah den Kaziken von Gotera, von der Zeit her, da er noch Heide war, „sein Glied frei mit gespaltener Vorhaut tragen, nach einer heidnischen Sitte, welche in alter Zeit von den Tapfersten beobachtet zu werden pflegte." So hatten auch Indianer aus der Gegend von Cesori im Walde Götzendienst getrieben, „indem einer von ihnen seine Vorhaut aufgeschlitzt hatte und bei ein paar Knaben, die über zwölf Jahre alt waren, wurde von ihnen die Beschneidung nach jüdischem Gebrauche ausgeführt; das dabei fließende Blut opferte man einem Götzenbilde, Namens Icelaca, aus einem runden Steine bestehend, mit zwei Gesichtern versehen."[4]

Deutlich geht aus diesem Berichte des PALACIO hervor, daß die Beschneidung bei jenen Indianern nicht allgemeine Sitte war, daß es sich um eine Inzision handelte und daß sie zu dem Zwecke unternommen wurde, um Opferblut für die Götzenbilder zu erhalten, wobei dem Blute aus dem zeugenden Gliede der Vorzug gegeben wurde.

Wie SQUIER bemerkt, bestand bei den alten Indianern Nicaraguas auch ein im übrigen Amerika weit verbreiteter Brauch. It consisted in sprinkling blood, drawn from the organs of generation upon maize, which was afterwards distributed and eaten with great solemnity. This scenical rite may be traced through the rituals of all semi-civilized nations of America.[5]

Auch dieser Brauch verbreitet einiges Licht über die vage und unsichere Natur der Art und des Zweckes der mexikanischen und mittelamerikanischen Beschneidung. Blutlassen, in Substituierung der Menschenopfer, war ein Teil des Kultus, und neben dem Beschneiden der Geschlechtsteile, um Blut daraus zu gewinnen, kommt das Beschneiden der Ohren vor. Wegen dieses Zusammenhanges des Blutlassens mit der Opferidee galt auch bei den Azteken das

[1] BRASSEUR DE BOURBOURG, Hist. des nations civilisées de Mexique. II. 51.

[2] WAITZ, Anthropol. IV. 307. [3] BANCROFT a. a. O. II. 679.

[4] San Salvador und Honduras im Jahre 1576. Aus dem Spanischen von A. VON FRANTZIUS. Berlin, 1873. 52.

[5] Transact. Americ. Ethnol. Soc. III. 145. New York, 1853.

Aderlassen ausdrücklich als ein Opfer für den Gott, an dessen Fest es geschah. Man machte sich einen Einschnitt auf der Brust und am Leibe und besprengte mit dem eigenen Blute den Altar.[1] Solche Blutopfer haben sich im Nagualismus bis in die neueste Zeit bei der Einweihung der Kinder für ihren Schutzgeist in Mexiko erhalten. Unter Nagualismo versteht man den neben dem offiziellen Christentume in Mexiko im Geheimen fortwuchernden Götzendienst, der von Priesterärzten kultiviert wird oder wurde. Das Kind wurde von ihnen kurz nach der Geburt dem Nagual oder Schutzgeist geweiht, wobei ihm der Priester eine Ader hinter dem Ohre oder unter der Zunge öffnete und mit Hilfe einer Obsidianlanzette oder mit dem Daumennagel, den er zu diesem Zwecke sehr lang wachsen ließ, einige Tropfen Blut auszog, und diese opferte er dem unsichtbaren Geiste als ein Zeichen der Unterwürfigkeit und des Vertrages mit dem Nagual. Erst wenn der Nagualistenpriester fort war, benachrichtigte man den Geistlichen von der Geburt des Kindes; die christliche Taufe wurde als eine Zeremonie ohne Wirkung, der man sich jedoch nicht entziehen konnte, betrachtet.[2]

Was über die Beschneidung der südamerikanischen Indianer sich beibringen läßt, ist im ganzen sehr wenig und bedarf näherer Nachforschung. Als v. Spix zu Tabatinga am oberen Amazonenstrome sich befand, lernte er die Tekunas kennen, von denen er kurz angiebt, daß diese Nation in ihren Wäldern bei beiden Geschlechtern die Zirkumzision ausübt.[3] Etwas mehr weiß von ihnen de Souza zu sagen: Aos machos fazem una pequena e imperceptivel incisão no prepucio, e ás femeas cortandolhes parte da crescencia dos vasinhos. Nos gentios sabe se ser ester a practica na circumcisão e imposição do nome; nos crioulos ha um segredo inviolavel, talvez por receiarem que se seiba que elles ainda observam a lei hebraica, e sejam reprehendidos. Alem disto ha entre elles usos e costumes em silencio sagrado.[4]

Die Salivas, Guamos und Otomacos nahmen am achten Tage nach der Geburt bei beiden Geschlechtern die Beschneidung vor. „Andere Wilde“ an den Zuflüssen des Apure führten die Operation an Kindern von zehn bis zwölf Jahren aus, wobei diesen zahlreiche

---

[1] Müller, Amerikanische Urreligionen. 479.

[2] Nach Brasseur de Bourbourg. Ausland 1854. 306.

[3] v. Spix und v. Martius, Reisen in Brasilien. III. 1188.

[4] C. A. Fernades de Souza in Revista trimensal ser. III. 1848. 497. Nach Martius, Zur Ethnogr. Amerikas. 446.

Verwundungen am ganzen Körper mit großem Blutverluste bis zum Sterben beigebracht wurden (GUMILLA I. 119); sie wird auch nach N. GIRVAL an beiden Geschlechtern von allen Indianern am Ucayale ausgeübt.[1]

Überblick. Überblicken wir nun das hier beigebrachte Material, so zeigt sich zunächst, daß die Beschneidung in ihren verschiedenen Formen eine außerordentlich weite Verbreitung hat. Außer den zerstreuten Juden üben die Mohammedaner überall die Zirkumzision; dadurch hat sie Verbreitung über ganz Nordafrika, einen Teil der Balkanhalbinsel, Kleinasien, Iran und Turan, über einen Teil Indiens und die malayische Inselwelt erhalten falls sie nicht bei den heidnischen Völkern auf den bereits früher vorhandenen und dann vom Islam beibehaltenen Gebrauche stieß. Auch vom heidnischen Afrika beherrscht sie einen großen Teil, wiewohl hier infolge noch mangelhafter Erforschung ein vollständiger Überblick sich nicht geben läßt. Die Westküste nebst Hinterländern gehört ihr — geringe Unterbrechungen ausgenommen — vom Senegal bis Benguella. Die Kaffernvölker mit Ausnahme der Zulu beschneiden, ebenso fast alle Ostafrikaner, die Galla jedoch ausgenommen. Sie scheint bei den Koi-koin zu fehlen. Sie herrscht auf Madagaskar, bei den christlichen Abessiniern, Bogos und Kopten. Im Herzen des schwarzen Erdteils ist sie von den Monbuttu, Akka u. a. geübt. Fast alle Eingeborenen des australischen Kontinents, die Südwestecke und Gegenden von Queensland ausgenommen, haben die Beschneidung; sie kommt vor in Melanesien, die Papuas von Neu-Guinea haben sie teilweise. Unter den Polynesiern fehlt sie u. a. den Maori. Vereinzelt ist sie bei nord-, mittel- und südamerikanischen Stämmen anzutreffen. Nach einer flüchtigen Schätzung sind es 200 Millionen Menschen, der siebente Teil aller, die sie ausüben.

Die Art, in welcher das männliche Glied verunstaltet wird, ist verschieden. Am häufigsten ist die einfache Circumcisio, welche sich mit der Entfernung der Vorhaut entweder teilweise oder bis zur Corona glandis begnügt. Als Fortsetzung davon erscheint das Aufschneiden der Haut auf dem Rücken des Gliedes, verbunden mit Abtrennung von Bauchhaut, wie es bei einem Araberstamme vorkommt. Abklemmung der Vorhaut findet sich in Indonesien. Eine

[1] v. ZACH, Monatl. Korr. III. 1801. 463. Nach v. MARTIUS, a. a. O. 582. Kurze Aufführung einiger Stämme Süd- und Mittelamerikas, welche die Beschneidung üben, ohne alle näheren Angaben bei BASTIAN, Kulturvölker des alten Amerika. II. 702.

einfache, weit verbreitete Form ist das Aufschlitzen der Vorhaut über der Eichel; diese Art der Beschneidung findet sich bei einigen Ostafrikanern in Indonesien und in der Südsee. Am weitesten gehen einzelne südaustralische Stämme, bei denen ein Einschnitt in das Glied von unten bis zur Harnröhre stattfindet.

Die Instrumente, welche bei der Operation angewendet werden, sind jetzt fast überall eiserne Messer verschiedener Art. Für den alten Gebrauch der Beschneidung spricht aber die Verwendung von Steinmessern ehemals bei den Juden, den Australiern, nordamerikanischen Indianern, bei den Abessiniern (nach Courbon), die Benutzung von Muschelschalen und Bambussplittern in Polynesien. Auffallend, doch erklärt, erscheint das Einreißen des Vorhautrestes mit dem Daumennagel (priah) bei den Juden und den dem Nagualismus huldigenden Mexikanern; Einreißen des Präputiums mit den Fingern erwähnt auch Mariner von den Tongainseln.

Sehr verschieden ist das Alter der Knaben, in welchem die Beschneidung vorgenommen wird. Wie sie überhaupt in ihren Formen und ihrer Bedeutung bei den Juden am festesten steht und durch Jahrtausende sich gleich geblieben ist, steht bei diesen auch der achte Tag nach der Geburt unweigerlich fest. An demselben Tage, doch auch später, beschneiden die Abessinier und Falascha; die Südwestaraber am 7., 14., 21. oder mehrfach siebenten Tage, sonstige Araber wechselnd zwischen 5 und 14 Jahren, die ostafrikanischen Masai im dritten Jahre (?), die christlichen Kopten im sechsten bis achten Jahre, sonst meist zur Zeit der Pubertät und letzteres ist wichtig für die Erklärung.

Daß die Beschneidung religiöser Natur sei, erscheint nur ausnahmweise. Bei den Juden ist sie dieses allerdings im eminenten Maße, doch wird das gleiche, wiewohl nicht genügend belegt, von den Sakalaven, Accras, Australiern erwähnt und schließt man aus der Vornahme der Operation durch Priester, wie auf Tahiti, auf religiösen Charakter des Brauches. Letzteres allein genügt jedoch nicht, um die religiöse Seite darzuthun, da bei Naturvölkern gewöhnlich der Priester und der Arzt in einer Person vereinigt sind und die Operation in das Bereich des letzteren fällt. Am gewöhnlichsten ist sie eine sozialpolitische und auf den Akt der Zeugung vorbereitende Handlung, vorgenommen zur Zeit der Pubertät.

Konform oder substituierend geht die Beschneidung mit anderen Gebräuchen, welche bei der Mannbarkeitserklärung verschiedener Naturvölker stattfinden. So finden wir um diese Zeit das Verstümmein (sog. Feilen) der Zähne, Tättowierung, Durchbohren der Lippen u. a., welche alle von Schmerzen begleitet sind und von dem jungen Manne standhafte Erduldung verlangen, der nun, wenn er seine Kraft und Tapferkeit bewährte, erst unter die Männer des Volkes aufgenommen und zum Geschlechtsgenuß zugelassen wird. Es darf daher die Anschauung, daß die Zirkumzision eine Schmerz- und Mannhaftigkeitsprobe sei, nicht ganz von der Hand gewiesen werden.

Abgesehen von den körperlichen Folgen, tritt deutlich da, wo beschnittene und unbeschnittene Völker neben einander wohnen, auf Seiten der Beschnittenen eine Überhebung und ein Stolz ein, welcher die Völker sondern und in nachteiliger Weise auf die sozialen Verhältnisse wirken muß. Die Beschneidung ist ein Mittel und eine Ursache der Sonderung der Völker. Juden, Altägypter, Monbuttu u. a. sehen mit Verachtung auf ihre unbeschnittenen Nachbarn herab. Unbeschnittener ist bei den Südaustraliern und Melanesiern ein Schimpfwort und bei mehreren Völkern lehnen die Weiber geschlechtlichen Verkehr mit Unbeschnittenen ab.

Zweck. Fragt man nach dem Zwecke des auffallenden und doch so weit verbreiteten Gebrauches, so findet man zunächst, daß derselbe nirgends, die Juden ausgenommen, mehr klar im Bewußtsein der beschnittenen Völker vorhanden ist. Auf die Frage, woher der Brauch stamme und zu welchem Zwecke derselbe diene, geben einstimmig viele Völker die Antwort: „man wisse es nicht mehr", oder sie thäten so, weil ihre Väter es so gemacht. Hier und da weiß die Tradition wohl auch von einem mythischen Wesen zu berichten, durch welches die Beschneidung eingeführt wurde. In den meisten Fällen erscheint sie als selbständige, unabhängige Institution; Propaganda für dieselbe im größeren Maßstabe und sie weithin verbreitend, machte nur der Islam, trotzdem sie bei diesem nicht religiöses Dogma ist. Selbstverständlich kann da, wo die Zirkumzision als religiöser Brauch betrachtet wird, wie bei den Juden, diese Anschauung erst Platz gegriffen haben und die religiöse Bedeutung ihr erst geworden sein, nachdem sie bereits vorhanden und ihre etwaige Heilsamkeit erprobt worden war. Der Ethnograph hat nicht die geringste Ursache, zu Gunsten der Juden hier eine Ausnahme zu machen, wenn er auch willig anerkennt, daß die Beschneidung gerade infolge ihrer späteren Erklärung zum religiösen Gebrauche bei den Juden die festesten und bestimmtesten Formen angenommen hat; aber auch bei den Juden war die Beschneidung in der vorexilischen

Zeit nur ein Stammeszeichen, das erst während des Exils sich zu einem Symbole gestaltete.

Wie bei vielen Gebräuchen, wo die Form geblieben und der Sinn verloren gegangen ist, hat man auch über den Zweck und die Bedeutung der Beschneidung die verschiedenartigsten Mutmaßungen aufgestellt. RICHARD BURTON, von der Zirkumzision in Dahomé sprechend, giebt sogar an: removal of the prepuce blunts the sensitivness of the glans penis and protracts the act of Venus.[1] Wir lassen das dahingestellt und erwähnen, daß die Beschneidung bei den Afrikanern wohl als ein Analogon der Stammeszeichenerteilung (Einritzen der Hautnarben, Feilen oder Ausbrechen der Zähne) betrachtet wurde, da sie unter ähnlichen Zeremonien zur Zeit der Pubertät vorgenommen wird. Allein die verborgene Stelle, an der man sie ausführt, vermag unmöglich die Anschauung, als sei sie ein Stammeszeichen am Körper, zu unterstützen, insofern als dies Zeichen doch kenntlich für andere sein muß und anderweitig gewöhnlich im Gesichte getragen wird.

Die Ansicht, daß das Abschneiden der Vorhaut ein Opfer für die Götter sei, ja sogar ein Surrogat für die denselben dargebrachten Menschenopfer, ist wiederholt ausgesprochen worden und erscheint wenigstens für Amerika begründet. Das Blut, von irgend einem Körperteile entnommen, wurde in Yukatan und Nicaragua von den Oberpriestern auf die Götterbilder gestrichen, geradeso wie das Blut der Menschenopfer, mit dem man in Peru Tempelthüren und Statuen bestrich. In Yukatan und Nicaragua und bis an den Orinoko beschnitt man so teils die Zunge, teils die Schamteile, bei den Totonaken Ohren und Schamteile, man sprengte in Nicaragua das Blut aus den Zeugungsteilen auf Mais, der dann verteilt und unter großen Feierlichkeiten gegessen wurde. Bei den Azteken wurde bloß ein Einschnitt auf der Brust der seit einem Jahre geborenen Knaben sowohl als Mädchen am Hauptfeste des Huitzlipochtli gemacht, wodurch dieselben diesem Gotte geweiht wurden.[2] Als Sühnopfer erscheint Beschneidung auf den Fidschiinseln.

Für die hier bezeichneten Völker scheint es mir ganz sicher, daß die Opferidee das maßgebende und die Ursache der Einführung der Beschneidung ist. Wäre in Amerika der noch später zu erwähnende und bei den meisten Völkern vorhandene Hauptzweck, nämlich

[1] Mem. read before the Anthropol. Soc. I. 318.

[2] Oben Seite 201. 203 und MÜLLER, Amerik. Urreligionen. 479.

die Vorbereitung auf die Zeugung, maßgebend gewesen, so wäre die Beschneidung auch viel weiter verbreitet in jenem Erdteile. Sie ist aber in der That nur sehr sporadisch vorhanden und wo sie vorkommt mit Blutopfern und religiösen Handlungen verknüpft. Wie in Amerika sehen wir auch auf den Fidschiinseln teilweise die Beschneidung als Sühnopfer aufgefaßt und nach Valentijn war dieselbe auch bei den heidnischen Amboinesen eine gottesdienstliche Handlung, die aber mit dem „seid fruchtbar und mehret euch" zusammenhängt, also auf eine Vorbereitung zur Zeugung hinausläuft, wie dieses Wilken [1] auseinandersetzt. Im allgemeinen muß ich aber dabei bleiben, daß nicht ein Zweck Ursache der Beschneidung ist, sondern daß ganz gewiß auch die Opferidee bei einer Anzahl Völkern dieselbe herbeiführte, wenn auch für bei weitem die meisten ein anderer Gesichtspunkt für deren Einführung vorhanden war, ein Gesichtspunkt freilich, dessen Kenntnis bei ihnen ganz verschwunden ist und erst wieder aufgefunden werden mußte.

Für eine Weihe oder ein Opfer des zeugenden Gliedes an die Gottheit scheinen auch Gebräuche der Südsee zu sprechen. Viele Stämme zeigen sich äußerst schamhaft in bezug auf die Eichel und tragen dieselbe in ganz besonderer Weise verhüllt. Moseley, der die Challenger-Expedition begleitet, erzählt uns von den Eingeborenen der Admiralitätsinseln,[2] daß sie die Eichel in den Spalt einer Schnecke (Ovulum ovum) stecken, deren innere Windungen herausgeschlagen sind. Der Spalt selbst aber wird nicht erweitert und die Eichel wird von demselben zusammengekniffen oder steckt ganz in der Schnecke. Nur wenn ein Schamgürtel aus Rindenzeug angelegt wird, entfernt der Eingeborene die Muschel, welche oft mit Linien graviert ist. In eigentümlicher Weise binden auch die Neu-Kaledonier den Penis aufwärts, und an der Humboldt-Bai (Neu-Guinea) trägt man kleine Kürbisse über der Eichel. Bei Miklucho-Maclay findet sich eine Bestätigung[3] der Angaben Moseley's, und er fügt hinzu, die Öffnung der Schnecke sei so klein, daß kaum sein kleiner Finger hineinpaßte; freilich ist auch das Glied der Insulaner ungewöhnlich klein. Ähnliche, auf Schamhaftigkeit[4] gegründete Verhüllungen

[1] Besnijdenis. 25. [2] Journ. Anthropol. Instit. VI. 397.

[3] Verhandl. Berl. Anthropol. Ges. 1878. 113.

[4] Dieser Ansicht ist Moseley jedoch nicht. Er hat einen sehr prosaischen Grund angegeben. Erection of the penis must be an impossibility or cause severe pain, when either gourd or shell are worn. A display of every impulse in a community where women were not absolutely common property, would lead to unlimited fighting and

finden wir auch bei Völkern anderer Erdteile. Die Bororos Cabaçaes, welche zu den brasilianischen Tupi gehören, tragen statt der sonst bei den Indianern häufigen tacanhoba, einem cylinderförmig zusammengewickelten Palmenblatte, einen hölzernen Ring. Mentulam inserunt in annulum ligneum unde apellantur Porrudos, mentulati. Andere Bororos dagegen sind nach Natterer auch mit der Tute aus einem Palmenblatte, die sie inoba nennen, ausgerüstet. Bei den Botokuden heißt die Palmenblatttute giucanu.[1] In Afrika gehört als Analogon das kleine Büchschen hierher, welches die Amakosa (und andere Kaffern) zur Bedeckung der glans penis tragen. „Dieses Büchschen, dessen Öffnung etwas verengt ist, wird entweder aus kleinen runden Kürbisfrüchten gemacht, deren holzige Schale zierlich eingeschnitten und gezeichnet ist, oder es wird von Leder gefertigt und ist dann gewöhnlich von länglicher Gestalt, eventuell wird auch irgend ein anderes Material dazu verwandt. Meist ist das Kleidungsstück am oberen Ende mit kleinen Schnüren von Glasperlen geschmückt und am unteren pflegt eine Art Troddel von gleicher Beschaffenheit herabzuhängen. In seiner Behausung legt der Kaffer auch dieses Büchschen öfter ab, er zeigt aber einem Fremden gegenüber alsdann ein gewisses Schamgefühl; so verbarg ein älterer Mann des genannten Stammes, den ich krankheitshalber untersuchte, seine Blöße dadurch, daß er die Genitalien zwischen die Oberschenkel klemmte."[2]

Nachdem wir so die Schamhaftigkeit vieler Naturvölker in bezug auf die Eichel kennen gelernt haben, müssen wir die bemerkenswerte Ansicht Gerlands über den Ursprung und die Bedeutung der Beschneidung hier aufführen.[3] Die Südseeinsulaner banden die Vorhaut über der Eichel zu, in Neuseeland mit einem Bande vom Gürtel aus. Man kennt die Frechheit der Markesanerinnen: gegen einen Matrosen aber, dessen Eichel sie entblößt gesehen hatten, waren sie ganz unerbittlich. Es fällt nun auf, daß bei dieser peinlichen Schamhaftigkeit in bezug auf die Eichel die Vorhaut über derselben aufgeschlitzt wurde, ja, daß man auf Tonga die entblößte Eichel tätowierte. Sind dieses Widersprüche? Gerland meint: „Die Scheu vor

hence some means for restraining the outward show of these impulses would be adopted. A. a. O. 398.

[1] v. Martius, Zur Ethnographie Amerikas. 211. 321.

[2] Fritsch, Eingeborene Südafrikas. 58. Vergl. Verhandl. Berl. Anthropol. Ges. 1885. 573.

[3] Waitz, Anthropologie. VI. 28. 40.

dem Anblick der Eichel scheint auch gar nicht aus Sittsamkeit, sondern aus Religiosität hervorgegangen, dieser Körperteil streng tabu und daher allen Blicken ein Frevel gewesen zu sein." Weil sie aber tabu und besonders heilig, versah man sie durch Tätowierung mit dem Zeichen des Gottes; sie war das lebenspendende diesem geweihte Glied. „Man schlitzte die Vorhaut auf, um den den Göttern besonders heiligen, lebenspendenden Teil nicht zu verhüllen; man band ihn wieder zu, um den Teil, der wegen seiner Heiligkeit streng tabu, d. h. den Göttern angehörig war, den Blicken der Menschen zu entziehen, damit kein Bruch des Tabu entstehe." Und die jüdische Beschneidung ist, nach GERLAND, im wesentlichen nicht anders aufzufassen. Sie wird von Gott geboten und zugleich wird dem Abram der Name Abraham, „Vater der Menge", gegeben und ihm eine zahllose Nachkommenschaft versprochen. Er seinerseits soll dafür die Beschneidung einführen. Der Zusammenhang ist nun dieser: für die versprochene Nachkommenschaft wird Gott das lebenspendende Glied geweiht.

Ich muß aber gestehen, daß diese ganze Beweisführung mir als eine ungemein künstliche und gesuchte, wenn auch sehr geistreiche erscheint. Die religiöse Bedeutung, die der Beschneidung beigelegt wird, ist doch sicher erst später, nachdem dieselbe schon vorhanden und erprobt war, hinzugekommen, um den als gut befundenen Gebrauch fester zu bewurzeln.

Eine gänzlich verfehlte Erklärung des Zweckes der Beschneidung hat nach meiner Ansicht v. AUTENRIETH aufgestellt.[1] Er leitet sehr künstlich den ersten Ursprung derselben nämlich von der barbarischen Sitte roher Krieger her, die unbeschnittenen Geschlechtsteile erschlagener Feinde als untrügliche Siegeszeichen aufzuweisen, um sich gegen den Verdacht zu schützen, daß solche Trophäen von Leichen der eigenen, auf dem Schlachtfeld gebliebenen Volksgenossen erborgt seien. Als Beweis führt AUTENRIETH das Vorkommen solchen Brauches bei Abessiniern, Gallas u. s. w. an. Aber das Ausschneiden ganzer Geschlechtsteile als Siegestrophäen und das Abschneiden des Präputiums sind doch himmelweit verschiedene Dinge, ganz abgesehen von der großen Beschränktheit jenes barbarischen Brauches und der großen Verbreitung der Beschneidung.[2]

[1] Abhandlung über den Ursprung der Beschneidung bei wilden und halbwilden Völkern. Tübingen, 1829.

[2] Ich begreife nicht wie PLOSS angeben konnte (Geschichtliches und Ethnologisches über Knabenbeschneidung. Archiv für Geschichte d. Medizin u. medizin. Geographie. VIII. Bd. 3. Heft), daß v. AUTENRIETH als Ursache der Beschneidung „Absicht einer

Es erübrigt, die Anführung noch eines Grundes, den man für die Entstehung der Beschneidung angiebt: nämlich gesundheitliche Rücksichten, Beförderung der Reinlichkeit, wie dieses z. B. die Samoaner auch ausdrücklich als Grund der Beschneidung angeben.[1] Das ist wohl denkbar und es mag in der That dieser hygienische Grund vorhanden sein, zumal bei tropischen Völkern. Zu beachten bleibt aber immerhin, daß andere tropische Völker, welche die Beschneidung nicht kennen, in bezug auf Zeugungsfähigkeit und Gesundheit der Genitalien nicht hinter den beschnittenen Völkern zurückstehen, und daß dieser Brauch — individuelle Ausnahmen abgerechnet — daher überflüssig erscheint. Wenn neuerdings der jüdische Stabsarzt Dr. Rosenzweig ein Staatsgesetz fordert, nach dem auch die christliche Bevölkerung aus Sanitätsrücksichten der Beschneidung unterworfen werden soll,[2] so mag dieses der jüdischen Auffassung der Sache schmeicheln, wird aber von uns Deutschen sicher nie ernsthaft in Betracht gezogen werden. Vor ihm hat dieses bereits Dr. Claparède gethan[3] und ohne auf frühere Arbeiten Rücksicht zu nehmen, jüngst wieder Luigi Silvagni.[4] Auch er nimmt an, daß lediglich hygienische Zwecke die Beschneidung herbeiführten. Nach ihm soll sie von den Ägyptern ausgehen, die sie den Juden mitteilten; die Mohammedaner verbreiteten sie weiter durch Afrika und Asien. Es ist nicht nötig näher hierauf einzugehen.

Nach dem vorstehend entwickelten ist also zu verwerfen, daß die Beschneidung einen ursprünglich religiösen Charakter gehabt habe, wenn ihr auch bei den Juden später ein solcher verliehen wurde; es ist auch die Weihe des zeugenden Gliedes an die Gottheit ein viel zu beschränkter Gesichtspunkt, um diesen als allgemeinen Zweck gelten zu lassen; gesundheitliche Rücksichten führten gleichfalls den Brauch nicht herbei, ebensowenig die Sucht nach Erbeutung der Geschlechtsteile erschlagener Feinde.

Sicher ist aber die Beschneidung bei einigen Völkern ein Opfer für die Götter, gedacht in Verbindung mit Blutspenden und Menschenopfern. Aber auch dieser Zweck ist nur ein beschränkter, zumeist bei amerikanischen Völkern vorkommender. Für die große Mehrzahl ist die von Ploss entwickelte Theorie als die richtige und maßgebende

Beförderung der sexuellen Funktionen" hingestellt habe. Davon steht nicht ein Wort in Autenrieth's Schrift.

[1] Oben S. 199. [2] Zur Beschneidungsfrage. Schweidnitz, 1878.

[3] La circoncision et son importance dans la famille et dans l'état. Paris, 1861.

[4] Archivio per l'antropologia vol. XV. 1886.

anzuerkennen, welche als Zweck der Beschneidung die Vorbereitung auf die sexuellen Funktionen angiebt,[1] wiewohl derselbe nirgends mehr im Bewußtsein der betreffenden Völker sich nachweisen läßt. Die Auseinandersetzung von Ploss ist die folgende: „Zweck und Absicht der Operationen ist die Natur zu korrigieren, ihr bei ihren angeblichen ‚Verirrungen' zu Hilfe zu kommen und an den Sexualorganen einen Zustand herbeizuführen, welchen man für einen bei erwachsenen Menschen normalen hält, und der von der Natur an kleinen Kindern nur äußerst selten von selbst, in der Pubertätszeit sehr oft auch nicht spontan hergestellt, vielmehr zum Nachteil der sexuellen Funktionen gar nicht selten in das Mannesalter hinübergebracht wird. Man will die Phimose beseitigen, denn man hält den mit einer solchen behafteten Menschen für minder zeugungsfähig. — — Den Völkern, welche die Beschneidung üben, mußte die Bedeckung der Eichel durch die Vorhaut als ein nicht normales Verhältnis erscheinen, dem man korrigierend schon frühzeitig ganz allgemein entgegentreten muß. Somit fasse ich in ihrer ursprünglichen Tendenz die Beschneidung auf als den operativen Vorbereitungsakt auf die Sexualfunktion des Mannes; denn man betrachtete den noch immerhin geringen Zustand der Phimose am jungen Menschen als etwas Hinderliches für den Coitus. Daher kommt es, daß die meisten Urvölker erst in demjenigen Lebensalter die Vorhaut ein- oder wegschneiden, in welchem die Reife zum Geschlechtsgenuß, die Pubertät, erreicht ist; man will den Jüngling mit einem Male reif und normal in sexueller Hinsicht machen; er wird damit in die Reihe der heiratsfähigen Männer aufgenommen. Allein diese auf die sexuelle Reife vorbereitende Operation wird ja auch, z. B. bei den Juden und Mohammedanern, schon im ganz jugendlichen Alter geübt; hier glaubt man schon am Neugeborenen dem Zustande der natürlichen Unfertigkeit entgegentreten zu müssen. Schon dem Kinde will man eine möglichst zahlreiche Nachkommenschaft garantieren und sich nicht auf den Zufall verlassen, ob die an ihm bemerkte Phimose dereinst sich von selbst beseitigen wird oder konstant bleibt."

[1] Zuerst 1884 in der zweiten Auflage seines Werkes: Das Kind in Brauch und Sitte der Völker. Die erste 1878 erschienene Auflage bringt nur dürftige und unerklärte Nachrichten über die Knabenbeschneidung. Ferner derselbe 1885 im Archiv für die Geschichte der Medizin und medizinischen Geographie. VIII. Heft 3.

Völkergeruch.[1]

Der Völkergeruch, dessen Dasein sich nicht mehr leugnen läßt, gehört zu den Rassenmerkmalen; die verschiedenen Rassen riechen verschieden, doch ist es natürlich sehr schwierig diese Gerüche zu definieren oder gar in eine Skala zu bringen, wie etwa Broca die Hautfarben in eine Skala gebracht hat. Immerhin muß aber diese Sache beachtet werden, denn der eigentümliche, seinen ganz besonderen Charakter zeigende Hautgeruch der Völker verliert sich unter keinen Umständen und die größte Reinlichkeit, das sorgfältigste Waschen vermag ihn nicht zu entfernen. Karl Vogt hat Recht. wenn er vom Völkergeruch sagt: „Er gehört eben zur Art, wie der Bisamgeruch zum Mosçhustier und beruht auf der Ausdünstung der Schweißdrüsen.“[2]

Die eine Rasse duftet stärker als die andere — das aber scheint sicher zu sein, daß bei allen verschiedenen Rassen ein besonderer Geruch besteht; wir können jetzt die Beläge über Völker aller Erdteile zusammenstellen und beginnen in geographischer Ordnung vorschreitend mit den Negern, die als besonders stark riechend bezeichnet werden. Es fehlt hierbei jedoch nicht an Widersprüchen, die der Leser im nachstehenden leicht herausfinden wird.

Afrika. Der besonders starke Geruch der Neger, welcher bei verschiedenen Stämmen der Rasse wahrgenommen wird. soll nach einigen Beobachtern, auf dem Vorhandensein sehr zahlreicher und sehr großer Schweißdrüsen beruhen, die im übrigen so angeordnet sind, wie bei anderen Rassen. Pruner Bey, der bei seinem ägyptischen Aufenthalt die Neger studierte, sagt: „Der durchdringende

[1] Zuerst kurz im Korrespondenzblatt der deutschen Anthropologischen Gesellschaft. Mai 1876.

[2] Vorlesungen über den Menschen. Gießen, 1863. I. 157.

Geruch, welchen der Neger ausströmt, hat etwas ammoniakalisches und ranziges; man könnte sagen bockartiges. Er hängt nicht zusammen mit der wässerigen Perspiration, denn er wird durch dieselbe nicht vermehrt. Es ist vielleicht ein flüchtiges Öl, das von den Fettdrüsen ausgeströmt wird. Reinlichkeit vermindert diesen Geruch, ohne daß er dadurch ganz verdrängt werden könnte. Wir wissen nicht ob dieser Rassencharakter durch einförmige Nahrung verändert wird, wie es der Fall bei den Fischern und Opossumjägern Australiens ist.“ [1]

WALKER, der lange in Westafrika lebte, erklärt ausdrücklich, daß der Geruch der Neger ganz unabhängig von der Reinlichkeit, auch einigen ihm bekannten Schwarzen, selbst unangenehm gewesen sei. Bei einigen Stämmen sei der Geruch stärker als bei anderen. [2]

Nach FRITSCH ist der Geruch der Amakosa (Kaffernstamm) unabhängig von etwa dem Körper anhaftenden Unreinigkeiten, denn Waschen nimmt den Geruch nicht fort, vielmehr erscheint er dadurch viel stärker, sobald heftige Muskelthätigkeit ausgeführt wird. [3]

Ich will nun die Zeugnisse anführen, welche von der ganz ungewöhnlichen Stärke des Negergeruchs sprechen, dabei aber das bekannte Sklavenschiff, das auf dem Ozean am Gestank kenntlich ist, fortlassen. Die Neger wissen es auch selbst, daß sie riechen, denn ein westindisches Negerlied behauptet

The Lord, he loves the nigger well,
He knows his nigger by the smell.

In den stärksten Ausdrücken schildert Konsul THOMAS HUTCHINSON den spezifischen Geruch, welchen die auf dem Markte von Alt-Kalabar versammelte Menge ausströmte. „No vile compound of drugs or chemicals — the vilest that could be fabricated by human ingenuity — would rival the perspiratory stench from the assembled multitude. It is not only tangible to the olfactory nerves, but you feel conscious of its permeating the whole surface of your body. Even after going from the sphere of its generation it hovers about you and sticks to your clothes and galls you to such an extent, that with stick and umbrella in your hands, you try to beat it off, feeling as if it were an invisible fiend endeavouring to become assimilated with your very lifeblood.“ [4]

[1] Mémoires de la soc. d'Anthropol. de Paris. I. 325.
[2] Journal of the Anthropol. Soc. VI. p. LXIII. (1868.)
[3] G. FRITSCH, Eingeborene Südafrikas. 14.
[4] Impressions of western Africa. London, 1858. 123.

Kaum minder kräftig charakterisiert Dr. HÜBBE-SCHLEIDEN den Negergeruch mit spezieller Berücksichtigung der Fan im äquatorialen Westafrika, die außerordentlich unreinlich sind. „Der penetrante Geruch, den man schon in ziemlicher Entfernung von einem Famfam-Dorfe wahrnimmt, steigert sich oft schon in der stagnierenden Luft des Urwaldes bis zum Erstickungsgefühle, wenn man sich dem Dorfe nähert; der Neuling betritt in der Regel hustend ein solches Dorf. Jedesmal nachdem ich einige Wochen unter den Famfam gereist war und in ihren Hütten hatte übernachten müssen, bedurften meine Kleider tagelangen Auslüftens in Wind und Sonne, um sie wieder in zivilisierter Umgebung brauchbar zu machen.“[1] Ich will nicht unterlassen hier zu bemerken, daß WALKER, der lange am Gabon lebte, erklärt, daß die Fan, wiewohl sie sich nicht waschen, nicht gerade stark, jedenfalls schwächer als andere Neger röchen.[2]

Auf dem Marsche von der Westküste nach Kimbundu erhielt Leutnant LUX „Eindrücke auf die Geruchsnerven, welche nie der Erinnerung entschwinden. Kommt man gerade unter die Träger, so wähnt man sich mitten unter eine Schafherde mit ihren charakteristischen Wohlgerüchen versetzt; kommt man zu den Weibern, so macht der penetrante ekelhafte Knoblauchsgeruch, wie er den Schlangen eigentümlich ist, ein längeres Verweilen unter ihnen bald unmöglich.“[3]

Der Neger nimmt seinen Rassengeruch auch mit in fremde Länder und die Generationen amerikanischer Neger haben ihn treu bewahrt. Die Ausdünstung der Buschneger Surinams „ist eine so eigentümlich stinkende, daß jede andere wohlthuende Empfindung dadurch paralysiert wird.“[4] APPUN bezeugt, daß der Negergeruch den Indianern in Guiana gerade so widerwärtig ist, wie den Europäern und indianische Frauen und Kinder hielten sich deswegen bei der Annäherung eines Negers die Nasen zu und spuckten aus.[5]

Dr. FALKENSTEIN, der Anthropolog der deutschen Loangoexpedition, hat der Secretion der westafrikanischen Neger seine besondere Aufmerksamkeit zugewandt. Die Beteiligung der Talgdrüsen bei der Ausdünstung ist stärker als bei uns und dem starken Prozentsatz an Fetten „fällt das schlechte Renommé, in welchem der Negergeruch

[1] HÜBBE-SCHLEIDEN, Ethiopien. Studien über Westafrika. Hamburg. 1879. 199.
[2] Journ. Anthropol. Soc. VI. pag. LXIII. (1868.)
[3] A. E. LUX, Von Loanda nach Kimbundu. Wien. 1880. 82.
[4] A. KAPPLER, Holländisch-Guiana. Stuttgart. 1881. 106.
[5] Ausland 1872. 827.

allgemein steht, allein zur Last.“ Es sind die ranzigen Säuren, welche den Negergeruch hervorbringen und die „zweifellos dem Neger eigentümlich sind und mit anderen nicht verwechselt werden können“, und „unbedingt muß auch zugegeben werden, daß der Geruch des Negers ein so spezifischer ist, daß er, wenn greifbar oder definierbar, mit größerem Recht als Rassenmerkmal aufgeführt werden könnte, denn irgend ein anderes.“ Einschränkend bemerkt dann FALKENSTEIN, daß dieser Geruch nur bei Vernachlässigung hervortrat, „der gesunde Neger, der immer außerordentlich reinlich ist, riecht aber durchaus nicht, und wenn es der Fall ist, so wird er, wie ähnliche Individuen bei uns, für eine unleidliche Ausnahme gehalten.“ [1]

Auch Dr. MAX BUCHNER meint absprechend, daß die Geschichten vom Negergestank oft übertrieben seien, giebt aber zu, daß der Neger anders als der Europäer rieche und daß sich die beiden Rassen ohne Zuhilfenahme der übrigen Sinnesorgane mittels der Nase unterscheiden lassen, falls man dieselbe nur nahe genug an die Haut bringe. [2]

Zu denjenigen Schriftstellern, welche den Geruch der (westafrikanischen) Neger als geringer darstellen, wie man gewöhnlich annimmt, gehört auch HUGO ZÖLLER, dessen Geruchsnerven in einer Chinesenstadt oder auf deutschen Jahrmärkten weit peinlicher als in irgend einem Negerdorf berührt werden. [3]

Es wird wohl richtig sein, daß die verschiedenen Negerstämme verschieden stark riechen; dieses wußte schon BUFFON, der erzählt: „Man zieht die Angolaneger denen der Kapverden wegen der Körperstärke vor; aber sie riechen so übel, wenn sie erhitzt sind, daß die Luft an den Orten, wo sie verkehrten, eine Viertelstunde lang infiziert ist. Diejenigen von den Kapverden haben lange keinen so schlechten Geruch, als die von Angola.“ [4] Nicht sehr stark soll der spezifische Geruch der reinlichen Wolofs und Senegambier sein; aber die vielen Salben und Parfums, die sie anwenden, werden fälschlich für „Wolofgeruch“ gehalten. [5] Was die Neger am Kongo betrifft, so rühmt von ihnen H. JOHNSTON their freedom from that offensive smell, which is supposed, wrongly, to characterise most Africans. [6]

[1] Die Loango-Expedition. II. Abth. Leipzig, 1879. 36.

[2] Ausland 1884. 147. [3] H. ZÖLLER, Kamerun. Stuttgart. 1885. II. 85.

[4] Citiert von PERIER in den Mém. soc. d'Anthropol. II. 285.

[5] Dr. DE ROCHEBRUNE, La femme ouolove. Revue d'Anthrop. 1881. 272.

[6] Proceed. Roy. Geogr. Soc. 1883. 706.

Die Masai in Ostafrika werden nicht zu den eigentlichen Negern gerechnet, ihnen ist die Ausdünstung der Küstenbewohner verhaßt und widerlich, was sie dadurch kundthun, daß sie bei der Annäherung an solche sich wohlriechende Kräuter vor die Nase halten.[1] Auch die Galla Ostafrikas gehören nicht zu den Negern; sie besitzen auch keinen Negergeruch.[2]

Es ergiebt sich, daß der Negergeruch bei einzelnen Völkern Afrikas stärker, bei anderen schwächer ist; dadurch werden auch die scheinbaren Widersprüche, welche zwischen gleich vortrefflichen Beobachtern bestehen, ausgeglichen. Es darf hier nicht generalisiert werden, sondern es muß je nach den verschiedenen Negerstämmen spezialisiert werden.

Asien. Ich will nun die Belege für den Völkergeruch der Asiaten zusammenstellen. Pater Bourien sagt von den Mantras im Innern der malayischen Halbinsel like the negroes they emit a very strong odour.[3] Den Alfuren auf Ceram ist ein gewisser Geruch eigentümlich nach Joest.[4] Die Zigeuner haben eine eigentümliche, widerliche, in geschlossenem Raume besonders auffallend wahrnehmbare Atmosphäre, deren Geruch sich ebensowenig beschreiben läßt, als der wesentlich davon verschiedene, nicht minder spezifische, jedem Kriminalisten und Polizeibeamten bekannte Geruch der Armut.[5]

Was die Chinesen betrifft, so liegen darüber verschiedene sehr schlagende Beweise vor, welche deren eigentümlichen Geruch darthun. Ein so feiner Beobachter wie Adolf Erman erzählt: „Bei der Rückkehr nach Kiachta besuchte ich daselbst das Haus des Kaufmanns Kotelnikow. Diesmal und in mehreren anderen Fällen bemerkte ich schon beim Eintritt in das russische Haus, durch einen eigentümlichen Geruch, daß Chinesen in dem Besuchszimmer waren! Personen, welche in gewisse Gegenden der Erde plötzlich genug versetzt wurden, um deren spezifischen Charakter ohne vermittelnde Übergänge aufzufassen, haben von einem Landesgeruch oder Nationalgeruch gesprochen und ich verstehe ihre Meinung genugsam, seitdem ich mehrere Beispiele zu derselben erlebte. Zuerst beim Eintritt in Rußland und dann hier an der chinesischen Grenze, woselbst ein Blinder bemerken würde, daß er die sibirischen und russischen

[1] Fischer in Verhandl. d. Ges. f. Erdkunde zu Berlin. 1884. 97.
[2] v. d. Decken's Reisen in Ostafrika. II. 374.
[3] Transact. Ethnol. Soc. N. S. III. 72. (1865.)
[4] Verhandl. Berliner Anthropol. Ges. 1882. 65.
[5] R. Liebich, Die Zigeuner. Leipzig, 1863. 22.

Umgebungen verlassen hat. Zu dem Geruche in Maimatschen trugen freilich die Rauchkerzen vor den mongolischen Kapellen und der Dampf von chinesischem Pulver einiges bei; aber weit wesentlicher die Chinesen selbst, von denen jeder um sich eine Atmosphäre verbreitet, die an den strengen Geruch des Lauches erinnert. Ich glaube kaum, daß dieses auf so direkte Weise, wie die Russen es behaupten, von gegessenen Zwiebeln herrührt; man würde dann diese Eigentümlichkeit nicht, so wie es hier an der Grenze geschieht, bei allen Individuen, zu jeder Zeit und an allen Gegenständen, welche mit ihnen in Berührung gewesen sind, wahrnehmen. Man überzeugt sich vielmehr durch diese und manche verwandte Erfahrungen, daß die Ausdünstungen des menschlichen Körpers bei den einzelnen Nationen eine konstant unterscheidende und vererbliche Beschaffenheit annehmen; noch außer denjenigen individuellen Merkmalen, die jeder Hund an den Ausdünstungen seines Herrn aufzufassen weiß, und deren Untersuchung in ein noch zu bebauendes Feld der Chemie gehört."[1]

Um die Thatsache über jeden Zweifel zu erheben, stelle ich daneben was der Lazarist Huc sagt,[2] der sicher von Erman nichts wußte. „Ein starker Moschusgeruch, welcher China und den Chinesen eigentümlich ist, duftete von allen Seiten auf uns ein. Wer viel in fremden Ländern gereist ist, bemerkt leicht, daß alle Völker einen eigentümlichen Geruch haben. Man unterscheidet vermittels der Geruchsnerven sehr leicht die Ausdünstung der Neger, der Malayen, der Chinesen, Mongolen, Tibetaner, Hindu und Araber. Auch das Land, der Boden, welchen diese verschiedenen Völker bewohnen, verbreitet analoge Ausdünstungen, die einem namentlich frühmorgens auffallen, wenn man die Gassen der Städte oder das Feld durchwandert. Man spürt sie namentlich in der ersten Zeit, wenn man noch nicht lange im Lande ist, auf die Dauer gewöhnt man sich daran und bemerkt sie späterhin gar nicht mehr. Die Chinesen ihrerseits finden, daß die Europäer eine eigentümliche Ausdünstung haben, die aber, wie sie sagen, nicht so stark ist wie bei anderen Völkern, mit denen sie in Berührung kommen. Als wir heimlich durch China wanderten, hat uns kein Mensch erkannt, wohl aber witterten uns die Hunde, bellten hinter uns her und wußten wohl, daß wir Ausländer waren. Unser Äußeres war völlig chinesisch,

[1] A. Erman, Reise um die Erde. Histor. Bericht. II. 145.

[2] Empire chinois. 2 éd. Paris, 1854. I. 24.

aber der Geruch sagte den Tieren, daß wir nicht zum großen Volke der Mitte gehörten." Der Sohn des himmlischen Reiches nimmt seinen spezifischen Geruch mit in die Fremde und so erkannte denn WILLEMOES-SUHM daran die Chinesenhütten zu Dobbo auf den Arruinseln zwischen Malayen- und Papuabehausungen.[1]

Daß übrigens HUC, der vielfach angefeindete, mit den Hunden sich keine Übertreibung zu Schulden kommen ließ, zeigt ARCHIBALD COLQUHOUN, den die chinesischen Hunde überall schon von weitem am Geruch als Europäer erkannten, ein Geruch, der ihn überall verriet.[2]

Amerika. Der spezifische Geruch der amerikanischen Völker ist sicher festgestellt. „Wir haben gefunden," sagt D'ORBIGNY, „daß in Amerika die Eingeborenen im allgemeinen einen von den Europäern verschiedenen und ein wenig mehr hervortretenden Geruch haben, der sich aber schwer beschreiben läßt; er ist verschieden von dem der Neger und weniger stark."[3]

Von den Cariben der Antillen heißt es: Ils ont une odeur forte et desagréable;[4] das ist eine Bemerkung, die schon BLUMENBACH anführt. Der widerliche Geruch der Araukaner ist in Chile unter dem Namen soreno bekannt.[5] Bei den Coroados am Rio Xipotó in Brasilien fanden SPIX und MARTIUS den Geruch (catinca) nicht so wild wie bei den Negern, aber doch skabiös-urinös[6] und CREVAUX bemerkt, daß die südamerikanischen Indianer nach frischem Leder riechen und von Negern und Weißen durch den Geruch unterschieden sind.[7] Er schreibt dieses der tanninhaltigen roten Farbe (ruku) zu, mit der sie sich einschmieren. Die kalifornischen Indianer emit an odor peculiar to themselves.[8]

Daß der Weiße seine spezifische Ausdünstung hat, unterliegt nach Äußerungen, welche Angehörige anderer Rassen darüber machten, kaum einem Zweifel. In Mexiko wird sogar behauptet, daß Mischlinge aus europäischem und amerikanischem Blute teilweise den

---

1 Challengerbriefe. Leipzig. 1877. 125.
2 A. COLQUHOUN, Quer durch Chryse. Leipzig. 1884. II. 36.
3 ALCIDE D'ORBIGNY, l'homme américain. Paris, 1839. I. 87.
4 THIBAULT DE CHAUVALON. Voyage à la Martinique. 44.
5 WAITZ. Anthropologie. I. 118.
6 Reisen in Brasilien. I. 376.
7 Mém. soc. d'Anthropologie. 2me série. II. 251. (1875.)
8 ST. POWERS in Contributions to North American Ethnology. vol. III. 403. Washington, 1877.

Geruch beibehielten, welcher der Hautausdünstung der beiden Urgeschlechter eigen ist Doch vermochte MÜHLENPFORDT bei Mestizen wie Trigenios nichts hiervon zu bemerken. Vielleicht gehört aber zur Unterscheidung dieses Geruches das feine Organ der Indianer Perus, welche die verschiedenen Rassen bei Nacht durch den Geruch unterscheiden können und den Geruch der Europäer Pezuna, den der Indianer Posco, und den der Neger Grajo nennen. Bei den Mulatten und Terceronen ist der Geruch allerdings bemerkbar.[1]

Bei den Indianern Guatemalas, sagt Dr. STOLL, sei eine spezifische Hautausdünstung bemerklich, jedoch sei sie weniger stark als diejenige der Neger.[2]

Australien. Man kann nicht daran zweifeln, daß die australischen Eingeborenen einen besonderen Geruch besitzen, selbst wenn sie in ihren Gewohnheiten reinlich sind. Einige haben einen höchst widrigen Geruch, der von ihrem Mangel an Reinlichkeit und dem Schlafen in den Kleidern herrührt. Doch ist er verschieden von dem Geruche unsauberer Europäer und stärker. Dr. STRUTT berichtet, daß einige Eingeborene, wenn sie gut gewaschen sind, keinen besonderen Geruch haben; andere dagegen bei heißem Wetter einen sehr bemerklichen Geruch wahrnehmen lassen.

Der verstorbene Dr. LUDWIG BECKER bemerkte bei ihnen einen besonderen Geruch, der nicht mit dem Mangel an Reinlichkeit zusammenhing, jenem der Neger glich, nur nicht so stark war. Es erschien ihm, „als ob Phosphor während des Atmens frei würde“. Es ist höchst wahrscheinlich dieser Geruch, durch den Pferde die Nähe der Eingeborenen wittern und so oft die Mitglieder von Entdeckungsexpeditionen vor Überraschungen bewahrten. LEICHHARDT, GREGORY u. a. schildern genau die Art, in welcher die Pferde sich dabei benehmen. Rindvieh sowohl als Hunde zeigen sich, ebenso wie die Pferde, unruhig, wenn zum ersten Male ein Schwarzer sich ihnen nähert, schon dann, wenn derselbe nur durch den Geruch wahrgenommen werden kann.[3]

MIKLUCHO-MACLAY erklärt, daß die Australier einen penetranten Geruch besäßen, findet aber kein passendes Wort, denselben zu charakterisieren.[4]

---

[1] E. MÜHLENPFORDT, Schilderung der Republik Mejico. Hannover. 1844. I. 201.
[2] O. STOLL, Guatemala. Leipzig, 1886. 299.
[3] BROUGH SMYTH, The Aborigines of Victoria. Melbourne u. London. 1878. I. 7.
[4] Verhandl. Berl. Anthropol. Ges. 1881. 147. 148.

Nicht frei von einem besonderen Geruch waren die ausgestorbenen Tasmanier; sie rochen unangenehm.[1]

Alle Mikronesier, schreibt O. Finsch, haben einen eigentümlichen unangenehmen Geruch. Dieser Geruch, der teilweise von der Hautausdünstung, also Schweiß, teils von dem ranzigen Öl herrührt; mit welchem sie den Körper und namentlich das Kopfhaar einreiben, wird bei den Ponapesen durch den Gebrauch von Curcuma widerlich verstärkt und verbreitet sich nicht nur in den Wohnungen der Eingeborenen, sondern haftet bei Berührung, z. B. Sitzen auf Matten, noch längere Zeit an den Kleidern.[2]

Le Canaque (von Neu-Kaledonien) distingue parfaitement, à l'odeur, l'excrément du blanc ou le sien, la sueur du premier de la sienne. Celle-ci, selon les individus, lance des exhalaisons insupportables et qui rendent le séjour des cases indigènes très pénible pour l'Européen non acclimaté. Cette odeur se rapproche sensiblement de celle de la rousette.[3]

Wohl zu unterscheiden von dem Völkergeruch ist jener individuelle Geruch, der auf der Nahrung beruht und der leicht, wenn ganze Völker von gewissen Speisen leben, als ein ihnen eigentümlicher betrachtet werden kann. Isländer, die von Fischen leben, zeigen einen Fischgeruch.

Dr. Hasskarl in Cleve schrieb mir, daß es auf Java dem Gesinde verboten ist die unreifen Samen der Parkia speciosa (Petenbohnen) zu essen, da sie infolge dieses Genusses knoblauchartig duften.

Von den Kamtschadalen erzählt der alte Steller:[4] „Die Haut über den ganzen Leib ist subtil, weich, mit kleinen häufigen Schweißlöchern, ohne Haare, sie sind auch zur Ausdünstung nicht disponiert, und dahero ohne allen üblen Schweißgeruch, außer daß sie wie die Bagaren und Mewen nach Fischen riechen, wenn man sie auf der Haut reibet und beriechet" — gewiß eine Folge der vorherrschenden Fischnahrung dieses Volkes. Anderseits erwähnt Kittlitz von demselben Volke, daß es wegen des starken Genusses von Knoblauch auf weithin im Freien an diesem Geruch kenntlich sei.[5]

Lauchduftig sind auch Italiener und Provençalen. Die Juden, seit sie im Wüstensande sich des ägyptischen Knoblauchs wehmütig

---

1 Bonwick. Daily life of the Tasmanians. 123.
2 Zeitschrift für Ethnologie. XII. 305. (1880.)
3 Moncelon im Bull. soc. d'Anthropol. 1885. 347.
4 G. W. Steller's Beschreibung von Kamtschatka. Frankfurt u. Leipzig, 1774. 299.
5 F. H. v. Kittlitz, Denkwürdigkeiten einer Reise. Gotha, 1858. II. 202.

erinnerten, blieben alle Zeit unerschütterliche Freunde desselben, sowohl vor als nach der Zerstörung Jerusalems, wie einst daheim in Palästina, so in der Diaspora unter der Herrschaft des Talmuds und der Rabbinen. Es ist nicht unwahrscheinlich, daß die Sage von dem „foetor judaicus“, wegen dessen die Juden von allen Nationen alter und neuer Zeit verhöhnt und zurückgestoßen wurden, von dem unter ihnen allgemein verbreiteten Genusse dieses streng riechenden Gewürzes zu allererst herrührte. Ein komischer Zug, den Ammianus Marcellinus aus dem Leben des Markus Aurelius erzählt, beweist, daß schon damals die Juden in dem erwähnten bösen Rufe standen: Als dieser Kaiser, der Sieger über die Markomannen und Quaden, auf einer Reise nach Ägypten durch Palästina kam, da wurde ihm Gestank und Lärm der Juden (foetentium Judaeorum et tumultantium, wie heute an der Börse) so lästig, daß er schmerzlich ausgerufen haben soll: O Markomannen, o Quaden und Sarmaten! habe ich doch noch schlimmere Leute, als ihr, gefunden.

— —

Nasengruß.[1]

Wer die ganze Reihe nationaler Begrüßungsarten aufführen wollte, könnte damit leicht ein Buch füllen. Der wissenschaftliche Gewinn aus einem solchen wäre aber ein geringer. Man würde nur auf eine ungeheure Mannigfaltigkeit stoßen, mehr oder minder unerklärbar scheinende Sonderbarkeiten finden und sich über die Zeitverschwendung oder die fein ausgebildete Etikette der Grußformen wundern. Nirgends z. B. sind dieselben förmlicher als in Afrika, worüber Gerhard Rohlfs ein ganzes Kapitel geschrieben. Die Tibbus brauchen zu ihrem Kauern und Fragen und Antworten fast eine Stunde, soll der Gruß in aller Form vor sich gehen; kaum minder umständlich sind die Herero. Bei den Fan setzt der Heimkehrende sich zum Gruß seinen Freunden der Reihe nach in den Schoß und wird dabei von allen von hinten umarmt, während auf den Andaman-Inseln zwei Freunde ihr Wiedersehen feiern, indem sich der eine Brust an Brust dem andern auf den Schoß setzt, worauf beide sich umarmen und hi, hi weinen (Jagor). Weinen als Begrüßung kommt noch mehrfach vor, Anblasen, Küssen, Bestreichen mit Speichel, Hutabnehmen, Händedruck u. s. w. spielen ihre Rolle.

Während nun die erwähnten Arten der Begrüßung sporadisch sich verteilen und ein tieferes ethnographisches Interesse ihnen kaum innewohnt, ist der Nasengruß an eine mehr bestimmte Sphäre gebunden und kann als eine charakteristische Sitte einzelner Rassen und Völkerfamilien aufgefaßt werden. Man hat denselben auch als Nasenkuß, Nasenreiben bezeichnet, nicht immer jedoch das Wesentliche ergriffen, worauf es hierbei ankommt. Nicht das Reiben, die mechanische Berührung ist dabei die Hauptsache, sondern der

[1] Zuerst Globus. XXXV. 151.

Geruchssinn. Wie die Völker ihren spezifischen Geruch haben, so hat auch jedes Individuum seine Ausdünstung und diese ist es, die der Freund vom Freunde durch den Nasengruß einzieht, gleichsam um einen Teil des befreundeten oder geliebten Wesens in sich aufzunehmen. Man muß sich dabei erinnern, daß der Geruchssinn bei vielen Naturvölkern viel feiner ausgebildet ist, als bei uns, wie dieses z. B. von den Indiern der Philippinen uns JAGOR bestätigt. Sie sind im stande, durch Beriechen der Taschentücher zu erkennen, welcher Person sie angehören. Verliebte tauschen dort beim Abschiede Stücken getragener Wäsche aus und schlürfen während der Trennung daran den Geruch des geliebten Wesens ein.[1]

Der Nasengruß, der nun auf dieser Einschlürfung beruht, hat seine ganz bestimmten Verbreitungsbezirke. Er beginnt einmal in Lappland und geht von hier durch den Norden der alten und neuen Welt bis Grönland. Er begegnet uns alsdann wieder in Hinterindien, um von da sich östlich bis zur Osterinsel fortzusetzen.

Schon der alte SCHEFFER beobachtet in Lappland den Nasengruß[2] und daß derselbe noch heute in voller Anwendung, darüber belehrt uns FRIJS, einer der ausgezeichnetsten Kenner der Lappen. „Die lappische Begrüßung," sagt er, „besteht in einer halben Umarmung, wobei man die rechte Hand auf des andern linke Schulter legt, Wange an Wange und Nasenspitze an Nasenspitze reibt mit dem Wunsche därvan, därvan (wohl, wohl!)."[3] Uns östlicher wendend, treffen wir auf die Samojeden, von denen CASTRÉN den Nasengruß bestätigt.[4] Ich zweifle nicht, daß dieser Gebrauch bei den verwandten Völkern des nördlichen Sibiriens sich nachweisen läßt, wiewohl ich jetzt keine Beweise dafür beizubringen vermag, denn an der Beringstraße stellt derselbe sich sofort wieder ein.

Bei den Aïnos auf Sachalin ist ein sehr kompliziertes Grußverfahren vorhanden, doch scheint mir darin noch ein Anklang an den Nasengruß enthalten, da Freunde, die sich nach einer Reise wiedersehen, gegenseitig ihre Köpfe auf die Schulter des andern legen.[5] Unzweifelhaft findet sich der Nasengruß bei fast allen Eskimostämmen. „Die Begrüßung der Eingeborenen (am Kotzebuesund) bestand im Zusammenbringen der Nasen und dem Streicheln des Gesichtes mit ihren Handflächen," sagt BEECHEY.[6] KOTZEBUE wurde auf der St. Lorenz-

[1] JAGOR, Philippinen. 132. [2] SCHEFFERI Lappland 1675. 317.
[3] Globus. XXII. 52. [4] Reise im Norden. 258.
[5] HOLLAND im Journ. Anthropol. Instit. III. 237.
[6] Reise nach dem Stillen Ozean. Weimar, 1832. I. 396.

insel im Beringsmeer durch starkes Nasenreiben begrüßt[1] und so bei allen Eskimos im Norden Amerikas hin bis Grönland, wo die alte Sitte beim Liebkosen der Kinder noch allgemein angewandt wird und auch bei den Erwachsenen noch nicht völlig außer Gebrauch ist.[2] Es erscheint daher auffallend, wenn BACK hervorhebt, daß bei den Eskimos am Großen Fischfluß das Nasenreiben nicht im Gebrauch sei, wie bei den nördlichen Stämmen.[3]

Die Eskimo am Mackenzie dagegen begrüßen sich en appliquant leur nez contre celui de la personne qu'ils veulent honorer de ce témoignage d'amitié ou d'amour. C'est animal. Les Dènè septentrionaux (nördlichen Tinné-Indianer) et les Dindjié le connaissent également.[4]

Die zweite Zone des Nasengrußes beginnt mit Hinterindien, wo LEWIN von den Bergvölkern Tschittagongs erzählt: „Ihre Art zu küssen ist sonderbar: statt Lippe an Lippe zu pressen, legen sie Mund und Nase auf die Wange und ziehen den Atem stark ein. In ihrer Sprache heißt es nicht: ‚gieb mir einen Kuß, sondern rieche mich.'[5] Genau so, wie hier der Nachdruck auf dem Einziehen des Geruches liegt, ist dies auch bei den weiter östlich wohnenden Birmanen der Fall, von denen MACKENZIE dieselbe Prozedur beschreibt und hinzufügt: Instead of saying „give me a kiss", they say „give me a smell".[6] Diese Art vom Riechkuß heißt birmanisch namtschui oder Geruch (nam) einsaugen (tschut).[7]

Vom malayischen Archipel bemerkt CRAWFURD, daß dort für unsern Kuß „bei allen Stämmen" das Riechen eintrete: überall seien die Wörter „riechen" und „grüßen" gleichbedeutend; Kopf und Nacken sind die gewöhnlichen Objekte der Umarmung, wobei ein Schnüffeln hörbar wird.[8] Die Alfuren von Ceram streichen und reiben sich dabei mit dem ganzen Oberkörper aneinander, „was stark an die Katzen erinnert"; sie krümmen sogar den Rücken, um ihr wohliges Gefühl zu äußern.[9] Von Mangkassar auf Celebes haben

1 NORDENSKIÖLD, Umseglung Asiens auf der Vega. II. 246.
2 RINK, Danish Greenland. London. 1877. 223.
3 G. BACK, Reise durch Nordamerika. Deutsch. Leipzig, 1836. 317.
4 E. PÉTITOT, Les grands Esquimaux. Paris. 1887. 58.
5 JAGOR, Philippinen. 132.
6 MACKENZIE, Burmah and the Burmese. 86.
7 BASTIAN, Reisen in Birma. Leipzig, 1866. 167.
8 CRAWFURD, Hist. Indian Archipelago. I. 100.
9 SCHULZE, in Verhandl. Berl. Anthropol. Ges. 1877. 118.

wir das Zeugnis von WALLACE, dessen Leute bei der Abfahrt mit ihren Verwandten ein allgemeines Nasenreiben veranstalteten, der „malaysche Kuß" fügt WALLACE hinzu.[1]

Die Eingeborenen Timorlauts behandeln ihre Kinder sehr liebreich, die Väter schleppen sie Abends umher smelling them and fondling them with every sign of affection.[2] Und auf den Aru-Inseln küssen sich Freunde durch Nasenreiben.[3] Von der Insel Buru meldet RIEDEL: Vriendinnen wrijven elkander den neus und von Amboina sagt er: Bij ontmoeting kussen de vrouwen elkander door middel van neuswrijvingen.[4] Es scheint danach hier der Nasengruß auf das weibliche Geschlecht beschränkt zu sein.

Auch von den Papuas auf Neuguinea ist das Nasenreiben als Gruß bekannt und von den Missionaren CHALMERS und GILL[5] beobachtet worden. Es fehlt der Nasengruß auch nicht bei den Melanesiern. Der Abschiedsgruß der Fidschiinsulaner, sagt WILLIAMS,[6] ist eigentümlich, ein Riechen, das mit einem starken Schnüffeln begleitet ist. Gleichstehende thuen sich dieses gegenseitig im Gesichte. Ein Häuptling niederen Grades grüßt so einen Höherstehenden an der Hand. Niedrigstehende beriechen die Füße eines Häuptlings.

Wie sich nun an die malayischen Völker des Festlandes und des Archipels die Polynesier der Südsee ethnisch angliedern, so finden wir sie auch mit ihnen durch die Sitte des Nasengrußes verknüpft. DARWIN beschreibt das „Nasendrücken" von Neu-Seeland. „Die Weiber kauerten nieder und hielten ihr Gesicht aufwärts; meine Begleiter standen über ihnen, legten die Rücken ihrer Nasen in einem rechten Winkel über die ihrigen und fingen das Drücken an. Das dauerte etwas länger als ein herzlicher Händedruck bei uns. Während des Vorgangs ließen sie ein behagliches Grunzen hören."[7] Heutzutage wird auf Neu-Seeland der Nasengruß fast nur noch von alten Weibern und Männern geübt; die jüngere Generation hat sich schon das europäische Küssen angewöhnt, und die modernen Maorimänner schütteln sich einfach die Hände nach englischem Vorbilde. Es ist übrigens nicht ein einfaches Drücken gewesen, wie DARWIN angiebt.

[1] Der malayische Archipel. II. 152.

[2] FORBES in Journ. Anthropol. Instit. XIII. 20.

RIEDEL in Verhandl. der Berliner Ges. f. Erdkunde 1885. 162.

[4] RIEDEL, Sluik- en kroeshaarige rassen. 19. 44.

Work and adventure in New Guinea. London. 1885. 151.

[6] Fiji and the Fijians. London. 1858. I. 152.

[7] DARWIN, Naturwissenschaftliche Reisen, deutsch von DIEFFENBACH. II. 198.

Wie aus dem Worte hongi, welches sowohl „riechen“ als auch den Nasengruß und das von den Weißen importierte Küssen bedeutet, hervorgeht, lag auch hier der Sinn des Nasengrußes darin, daß man den Geruch des geliebten Wesens einatmen wollte.[1] Es kann nicht befremden, daß wir auf den Chatham-Inseln, deren Bewohner auch Maori sind, den Nasengruß nach neuseeländischer Art finden;[2] von den Markesas- und Penrhyn-Inseln wird er bestätigt durch LAMONT[3] und GEORG FORSTER;[4] die Missionare sahen ihn noch neuerdings auf der Ellice-Gruppe,[5] er ist beobachtet auf den Marianen[6] und Kingsmill-Inseln,[7] von den Samoanern wissen wir, daß sie nicht nur die Nasen aneinanderschnüffeln, sondern sich auch die Hände beriechen.[8] Nach BEECHEY werden auf den Gambierinseln bei der Prozedur die Lippen zwischen die Zähne eingezogen, die Nasenlöcher ausgedehnt, die Lungen voll Luft gepumpt und nach dieser Vorbereitung die Nasen genügend aneinander gerieben.[9] Im Jahre 1829 schrieb ein Missionar von den Sandwichinseln: „Der landesübliche Gruß, welcher in der Berührung von Nase mit Nase besteht — — ist fast gar nicht mehr in Gebrauch und durch den amerikanischen Gruß ersetzt.“[10]

Da der malayisch-polynesische Ursprung des größten Teils der Madagassen feststeht, so hat das Vorkommen des Nasengrußes bei ihnen nichts Auffallendes. Es heißt dort manoraka von orana, Nase.[11]

Außerhalb der beiden bestimmten Zonen wird der Nasengruß noch erwähnt von den Schwarzfußindianern Nordamerikas und den Australiern in Queensland,[12] indessen stehen diese Fälle so vereinzelt da, daß sie näherer Bestätigung bedürftig erscheinen.

[1] BUCHNER, Reise durch den Stillen Ozean. 167.
[2] VANCOUVER's Reisen nach der Südsee. Berlin, 1799. I. 65.
[3] Wild Life among the Pacific Islanders. 18. 296.
[4] Sämtliche Schriften. II. 30.
[5] PETERMANN's Mitteil. 1871. 203.
[6] WAITZ, Anthropologie. V. 2. Abteilung. 127.
[7] WILKES, Voy. round the World. New York, 1851. 558.
[8] G. TURNER, Nineteen years in Polynesia. 346.
[9] G. KLEMM, Allgemeine Kulturgeschichte. IV. 309.
[10] Annales de la propagation de la foi. IV. 288 (1830—31) nach MÉLUSINE. III. 525. (1887).
[11] SIBREE, The great African Island. 209.
[12] WAITZ, Anthropologie. III. 136. VI. 749.

Der Fuß als Greiforgan.[1]

Cuvier war der erste, der eine Definition der Hand für nötig erachtete, um die Bimanen und Quadrumanen zu unterscheiden, die er als zwei getrennte Ordnungen aufstellte. Ce qui constitue la main, sagt er, c'est la faculté d'opposer le pouce aux autres doigts pour saisir les plus petites choses. Isidore Geoffroy Saint-Hilaire erhob gegen diese Definition Widerspruch; er zeigte an einer Anzahl Beispielen, daß der Fuß des Menschen, wenn er nicht durch Schuhwerk eingezwängt und gleichsam erstickt wird, auch als ein Greiforgan dienen kann. Er erinnerte an die chinesischen Ruderer, die Harzsammler der französischen Landes, an die armlosen Maler u. s. w. und schloß daraus, daß Cuvier's Definition nicht dazu dienen könne, um Hand und Fuß zu unterscheiden. Es ist gewiß richtig, daß bei fortgesetzter Übung jeder Mensch die Fähigkeit erwerben kann, mit dem Fuße zu greifen und selbst les plus petites choses aufzuheben — wir werden das im folgenden bei den Naturvölkern vollauf kennen lernen, — was aber der Mensch nicht erwerben kann, das ist die Gegenüberstellung der großen Zehe, die von Cuvier gleichfalls als Charakteristikum aufgeführt wird. Daumen und große Zehe sind ganz verschieden in ihren Funktionen. Wenn Häckel[2] hervorhebt, es gäbe wilde Völkerstämme, welche die große Zehe den vier übrigen am Fuße ebenso gegenüberstellen könnten, wie an der Hand, so ist das absolut falsch;[3] richtig dagegen ist, was Broca behauptet:[4] il n'existe aucune preuve que jamais, dans aucune race, dans aucune

[1] Globus. XXXIX. 118. (1881.)

[2] Natürliche Schöpfungsgeschichte [2]. 568.

[3] Wie schon G. Gerland in seinen vortrefflichen Anthropologischen Beiträgen 185 zeigte.

[4] L'ordre des primates. Bull. soc. d'Anthropologie. 1869. 283.

condition d'éducation, l'homme ait pu rendre son gros orteil opposable. C'est en écartant et rapprochant transversalement le gros orteil, ou en le portant dans l'extension et dans la flexion, et non en le retournant de manière à l'appliquer sur la plante ou sur la pulpe des autres orteils, que l'homme transforme son pied en un instrument de préhension.

Wie weit aber die Benutzbarkeit der Füße als Greiforgan geht, kann man bei sogenannten „Fußkünstlern" und bei den Naturvölkern beobachten. Der großen Zehe wohnt entschieden eine Art Greifkraft inne, wenn sie auch nie den übrigen Zehen gegenüberstellbar ist, wie der Daumen den Fingern. Letztere vermag sie bis zu einem gewissen Grade zu ersetzen, wie denn überhaupt der Fuß an die Stelle der Hände treten kann. Wie groß aber immer der Unterschied bleibt, das hat LUCAE in seiner Abhandlung über den Fuß eines japanischen Seiltänzers[1] gezeigt; er betont, daß es große Anstrengungen macht, den Fuß als Greiforgan zu verwenden. „Damit die zwei ersten Zehen ein Holzstückchen von 1½ cm Durchmesser festhalten können, entsteht eine krampfhafte Spannung über den ganzen Fuß." Dagegen konnte der armlos geborene Ledgewood, welcher nur einen Fuß besaß, mit diesem sehr leicht allerlei Greifkunststücke ausführen. Er schrieb, zeichnete und rasierte sich mit diesem Fuß, fädelte eine Nadel ein, feuerte eine Pistole ab — alles mit den beiden ersten Zehen, mit denen er auch sehr kleine Dinge ergriff; aber son gros orteil n'était pas devenu plus opposable qu'il ne l'est sur le pied d'un homme ordinaire.[2] Der armlos geborene französische Maler DUCORNET, ein keineswegs gewöhnlicher Künstler, malte, indem er mit dem linken Fuß die Palette, mit dem rechten den Pinsel hielt. Ein Gipsabguß seiner Füße ist im Besitze der Pariser anthropologischen Gesellschaft.[3] Über den Fuß des armlosen Fußkünstlers Unthan handelte VIRCHOW.[4]

Weitere Beispiele für die Verwendung der Füße als Greiforgane darf man nicht bei den Schuhe tragenden Kulturmenschen suchen, deren Füße dadurch verunstaltet, deren Zehen zusammengepreßt sind, während bei barfuß gehenden Individuen oder Völkern die Zehen in ihrer natürlichen Lage verbleiben und mehr oder minder von einander abstehen. Namentlich ist der Zwischenraum zwischen der

[1] Archiv f. Anthropologie. IV. 313 und Tafel 4.

[2] BROCA a. a. O. 284.

[3] Bullet. soc. d'Anthropol. 2 sér. VIII. 570.

[4] Verhandlungen der Berliner Anthropol. Ges. 1884. 539.

großen Zehe und der zweiten oft ziemlich beträchtlich, eine Erscheinung, die besonders bei den Annamiten hervorgehoben wird. Umrißzeichnungen der Füße von Naturvölkern zeigen dieses Verhältnis recht deutlich, so diejenigen, welche ASCHERSON in Ägypten machte.[1]

Auch der französische Reisende Dr. CREVAUX fand an den Quellen des Oyapoc in Französisch-Guiana die Oyampy-Indianer ausgezeichnet durch einen regelmäßigen Abstand der großen Zehe von den übrigen Zehen. Le pouce fortement écarté regarde toujours en dedans, tandis que le troisième, le quatrième et le cinquième sont tournés en dehors.[2]

Wir begegnen der Verwendung der Füße als Greiforgane sofort, wenn wir uns nach dem Orient wenden, wo das Barfußgehen beginnt. SEIFF[3] schreibt: „Bewundernswert ist bei allen Handwerkern Beiruts die Geschicklichkeit, mit welcher sie sich der Fußzehen zum Halten des Arbeitsstückes oder Werkzeuges bedienen, und dasselbe berichtet PORTER von den Holzschnitzern in Damaskus, die ein Brett mit den Fußzehen festklemmen, während sie Meißel und Schlägel in der Hand führen.[4] Diese Manier der Holzschnitzer geht noch weiter nach Osten, wie dieses sich aus Photographien der Holzbildhauer aus Simla im nördlichen Pandschab ersehen läßt.

JAGOR traf in Singapur bei einem Feste Klings, Malaien und Chinesen auf dem Boden umhersitzend und jeder hatte die behaglichste Stellung eingenommen, die aber zum Teil derart war, daß sie bei uns kaum ein Turner auf die Dauer ausgehalten hätte. Diese Leute, die von Jugend auf nie einen Tisch oder Stuhl benutzen, weder enge Kleider noch Schuhe tragen, wissen aus ihren unteren Gliedmaßen viel mehr Nutzen zu ziehen als wir. Die Beine müssen häufig als Arme aushelfen, wobei die Füße die Stelle der Hände vertreten; so heben sie Sachen vom Boden auf, ohne sich zu bücken, halten das eine Ende eines Gegenstandes mit den Füßen fest, während sie das andere Ende mit den Händen bearbeiten.[5] Derselbe in Einzelbeobachtungen äußerst sorgfältige Reisende sah, wie Andamanesen an zwei drei Zoll starken Rundhölzern, die statt einer Treppe zu einem Schuppen führten, hinaufkletterten, indem sie dieselben

[1] Zeitschrift für Ethnologie. VI. Tafel 9.
[2] Tour du Monde. vol. XL. 76.
[3] Reisen in der asiatischen Türkei. Leipzig, 1875. 139.
[4] PORTER, Five years in Damascus. I. 47.
[5] F. JAGOR, Singapore—Malakka—Java. Berlin, 1866. 16.

zwischen großer und zweiter Zehe und zugleich mit einer Hand, wie mit Zangen, packten.[1] Wenn nun der beste Kenner der Andamanesen, MAN, behauptet, bei ihnen sei the great toe in a considerable degree opposable,[2] so dürfen wir dabei nicht an eine Gegenüberstellung nach Art des Daumens denken, sondern müssen eine undeutliche Ausdrucksweise annehmen.

Man muß bemerken, sagt MARSDEN, daß die Sumatraner im Gebrauche ihrer Füße vorzüglich geschickt sind, indem sie selbige wie die Hände gebrauchen, und eine Sache, welche nicht sehr schwer ist, zwischen der großen und zweiten Zehe oder auch wohl mit dem ganzen Fuße fassen und von der Erde aufheben. Selbst beim Ballspiel brauchen sie die Zehen.[3] Von den Zehen der Javanesen sagt A. H. KIEHL, daß sie alle voneinander abstehen, da diese Leute keine Schuhe tragen. Die Muskeln der Zehen sind im allgemeinen so wohl entwickelt, daß die Javanesen sich nicht zu bücken brauchen, um einen Gegenstand aufzuheben; sie besorgen das einfach mit den Füßen.[4]

Alle Molukkenbewohner maken veel gebruik van de teenen om iets op te nemen.[5]

Die Zehen der Negritos auf Luzon, sagt Dr. A. SCHADENBERG, dienen ihnen zum Greifen und Festhalten von Sachen und unterstützen sie beim Klettern.[6]

Eine besondere Erwähnung verdienen hier die Füße der Annamiten. TOPINARD erzählt uns nämlich, daß bei diesem Volke der Zwischenraum zwischen der großen und der ersten Zehe ein ganz ungewöhnlich großer sei, und er beruft sich dabei auf den Gipsabguß eines in Paris befindlichen annamitischen Fußes. Hier soll der Zwischenraum nicht weniger als ungefähr drei Centimeter betragen![7] Das ist doch höchst auffallend, und ich habe daher nach anderweitiger Bestätigung gesucht. Wie wir durch den britischen Konsul TREMELET in Saigon wissen, werden die Annamiten schon in uralten chinesischen Schriften Giao-chi oder diejenigen mit gekreuzten Zehen

---

[1] Verhandl. Berlin. Anthropol. Ges. 1877. (59.)

[2] Journ. Anthropol. Instit. XIII. 89. 90.

[3] MARSDEN, Sumatra. Leipzig, 1785. 304.

[4] Journ. Anthropol. Instit. VI. 347.

[5] RIEDEL, Sluik- en kroeshaarige rassen. 39.

[6] Zeitschrift für Ethnologie. XII. 143.

[7] Revue d'Anthropologie 1878. 720. Vous serez frappés de l'écart d'environ trois centimètres qui existe sur ce pied entre le pouce et le second doigt.

(crossed toes) genannt. Die große Zehe derselben, bemerkt Tremelet, steht in einem Winkel zu den übrigen Zehen, nicht parallel zu denselben; sie sei gleich einem Daumen an der Hand, sei ganz unabhängig in ihrer Beweglichkeit an den übrigen Zehen und charakteristisch für die Annamiten.[1] Dagegen meint ein französischer Arzt, Dr. Morice, daß von den Autoren der Abstand der großen Zehe von den übrigen bei den Annamiten übertrieben worden sei. Der Fuß derselben hat, wie der Fuß aller Rassen, welche für gewöhnlich kein Schuhwerk tragen, die Form eines stumpfen Dreiecks, dessen Basis eine durch die Extremität der Zehen gezogene Linie bildet. Diese quetschen sich nicht zusammen, sondern entwickeln sich frei. Die große Zehe ist nur ein wenig entfernt von den übrigen (seulement un peu ecarté). Es ist zu bemerken, daß sie den Annamiten dazu dient, winzige Gegenstände zu ergreifen und den Steigbügel zu halten. „Ich habe oft gesehen, wie der Steuermann sein Steuer mit dem Fuße regierte, um sich unterdessen mit den Händen eine Zigarre zu wickeln."[2]

Bedürften wir nach diesen noch eines Zeugnisses, um den Fuß der Annamiten in die gewöhnliche Kategorie zu verweisen, so ist es dasjenige Crevaux', das allerdings die große Entfernung der großen Zehe von den übrigen zugiebt, aber ausdrücklich betont, daß eine Opposition nicht vorhanden sei.[3]

In der Südsee spielt der Diebstahl mit den Füßen eine Rolle. Die Eingeborenen wußten sich geschickt mit den Füßen kleine auf Deck der europäischen Schiffe liegende Gegenstände anzueignen und selbst einer dem andern zuzureichen. Diese Fähigkeit ist heute noch nicht verloren gegangen.

Als M. Buchner sein schwerbeladenes Boot über die Sandbänke der Angaloabai bei der Fidschiinsel Kandavu schob, leistete einer seiner Burschen ein Kunststück, welches die große Gewandtheit kennzeichnet, die den Füßen dieser Melanesier innewohnt. Er blieb nämlich plötzlich stehen, tastete mit dem Fuße auf dem Grunde herum, hob ihn auf und brachte einen Sohlfisch zum Vorschein, den er mit den Zehen gefangen hatte.[4]

Bei den Samoanern sind nach Graffe die Zehen lang, den Fingern an Biegsamkeit sich nähernd, und Gegenstände, die am

[1] Journ. Anthropol. Instit. IX. 461.
[2] Bull. soc. d'Anthropol. 2 sér. X. 145. (1875.)
[3] Mém. soc. d'Anthropol. 2 série. II. 321.
[4] M. Buchner, Reise durch den Stillen Ozean. Berlin, 1878. 307.

Boden liegen, mit den Zehen zu ergreifen, ist allen eine geläufige Kunst. Jedenfalls, meint Gräffe, hat die beständige Übung die Kokospalmen zu erklettern, großen Einfluß auf die Gelenkigkeit des ganzen Fußes. Zu bemerken ist noch, daß die neben dem Hallux liegende Zehe die längste ist und denselben stets überragt.[1]

Die Neu-Kaledonier, erzählt der französische Schiffsarzt V. de Rochas, haben Füße, welche nicht wie die unserigen durch Schuhwerk entstellt und gehemmt sind. Sie sind groß mit voneinander entfernt stehenden Zehen und besitzen in allen ihren Gliedern eine ganz erstaunliche Beweglichkeit. Sie sind nicht nur eine ausgezeichnete Basis, sondern auch gleichzeitig künstliche Organe für die Prähension. Dadurch sind diese Wilden geschickt mit einer ungewöhnlichen Behendigkeit die Bäume zu erklettern und zwar in einer Weise, welche von der unserigen ganz verschieden ist. Sie ergreifen den Baumstamm mit beiden Händen und klammern sich unten mit den Zehen in die Unebenheiten der Rinde ein. Nun beginnen sie sich in die Höhe zu schieben, wobei jedoch der Körper stets bogenförmig vom Baumstamme absteht und die Zehen geradeso wie die Finger gebraucht werden. Dabei benutzen sie Füße und Hände abwechselnd, wie die Vierfüßer gehen, so daß rechte Hand und linker Fuß gleichzeitig in Thätigkeit sind, worauf die linke Hand und der rechte Fuß folgen. Weder die Brust noch die Schenkel berühren dabei den Baum, was bei der Rauheit der Rinden für den nackten Körper ohnehin nicht gut paßt.[2]

Übertreibung ist es jedenfalls, wenn C. v. Popp behauptet, daß bei den Markesas-Insulanern „die große Zehe beinahe senkrecht von den übrigen Zehen abstehe."[3]

Als der niederländische Dampfer „Etna" 1858 die Humboldtbai im nördlichen Neu-Guinea besuchte, stahlen die dortigen Papuas mit den Zehen eiserne und kupferne Geräte von Bord des Schiffes.[4]

Von den Füßen der Eingeborenen im östlichen Neu-Guinea sprechend bemerkt Dr. Comrie,[5] sie seien sehr flach und die große Zehe, welche sehr lang ist, stehe in einem Winkel vom Fuße ab. Sie gleicht mehr einem Daumen und kann ähnlich wie ein solcher bewegt werden. Die Greifkraft, welche solchergestalt dem Fuße

[1] Journ. Mus. Godeffroy. Heft XIV. 228.
[2] Bull. soc. d'Anthropol. I. 395.
[3] Mitteilungen der Geographischen Gesellschaft in Wien. 1876. 369.
[4] Finsch, Neu-Guinea. Bremen, 1865. 134.
[5] Journ. Anthropol. Instit. VI. 104. 112.

eigen ist, benutzten die Eingeborenen, indem sie versuchten mit kleinen für sie höchst wertvollen Gegenständen, wie Nägel oder Eisenstuckchen, die auf Deck lagen, davonzueilen. Auch beim Halten der sehr langen Bögen gebrauchen sie den rechten Fuß. Das aus dem westlichen Neu-Guinea stammende Papuamädchen, welches der anthropologischen Gesellschaft in Berlin[1] vorgestellt wurde, hatte einen so beweglichen Fuß, daß sie, obgleich sie seit längerer Zeit Schuhwerk trug, doch noch fähig war, den Fuß als Hand zu gebrauchen und damit und namentlich mit der großen Zehe zu greifen und zu präsentieren. Brauchte man für die Papuas in der in Rede stehenden Beziehung noch eines Beweises, so wäre der Ausspruch A. B. Meyer's anzuführen, der von den westlichen Papuas berichtet, daß nicht nur die große Zehe im Gegensatze zu den anderen, sondern die ganze Fußsohle gewissermaßen als Klammerorgan, mit welchem etwas festgehalten werden kann, verwendet wird.[2]

Die Salomoinsulaner haben stark dem Boden angepaßte Füße mit so dicker Epidermis, daß sie unverletzt über Stacheln und spitzen Korallenfels wegschreiten. Oft benutzen sie den Fuß wie wir die Hand, so um den spitzen Stock zu halten, mit dem sie die Kokosnüsse spalten.[3]

Die Australier benutzen ihre Zehen, um ihre Speere fortzuschleppen, wenn sie dieselben verborgen halten wollen. Auch erklettern sie mit Hilfe der Zehen Bäume; diese Glieder sind weit beweglicher bei ihnen als bei den Europäern. Die Weiber benutzen die große Zehe des rechten Fußes wenn sie Binsen für das Verfertigen von Körben drehen. Sie verstehen es vortrefflich mit den Zehen selbst die kleinsten Dinge zu stehlen, wenn sie mit jemandem im Gespräche sind. Jessop sah wie ein Schwarzer einen Sixpence mit der großen und ersten Zehe faßte und aufhob, wie wir mit Daumen und Zeigefinger.[4]

Es ist damit in Amerika nicht anders, wenn mir auch augenblicklich nur wenige Beläge zu Gebote stehen, denn überall, wo das Schuhwerk fehlt und nicht hemmend wirkt, zeigt sich die Fähigkeit den Fuß als Greiforgan zu benutzen. Nach Waldeck[5] hoben die Indianer Yukatans Geldstücke mit den Füßen auf oder schleuderten

[1] Verhandlungen 1876. (63.)

[2] A. B. Meyer, Anthropol. Mitt. über die Papuas. Wien, 1874. 13.

[3] Verguet in Revue d'Ethnographie. IV. 194.

[4] Brough Smyth, The Aborigines of Victoria. Melbourne and London, 1878. I. 8.

[5] Voyage dans la province de Yucatan. 1838. I. 65.

selbst Steine mit denselben, und die wilden Muras am Amazonenstrom fassen, um sicher zu zielen, das untere Ende des Bogens auf dem Boden mit den Zehen.[1] Die Füße der brasilianischen Cayapós sind platt und breit mit auswärts abstehenden Zehen, ein Umstand, an dem man überhaupt die Fußstapfen der Indianer unterscheiden kann.[2]

Wenden wir uns nach Afrika. Die Ausbildung der Fußzehen bei den Somal erregt nach v. d. Decken Staunen; jede derselben stellt ein selbständig bewegliches Glied dar und dient in vielen Fällen zum Ersatz der Finger. Gilt es z. B. einen am Boden liegenden Gegenstand, und wäre er noch so klein, aufzuheben, so fällt es dem Somali nicht ein sich zu bücken: er ergreifti hn mit der großen und der zweiten Zehe und bringt ihn mit rascher Bewegung zu den Händen empor. Und dies führt er so natürlich aus, daß man sofort sieht, jeder andere Weg zum Ziele würde ihm lästig sein.[3]

Von den schwarzen Negermatrosen auf dem Roten Meer berichtet Klunzinger, daß sie mit ein paar Zügen in den Mastbaum klettern, indem sie ein Tau mit den Händen fassen und die Füße gegen ein anderes benachbartes anstemmen, ja wie die Affen das letztere mit der großen Zehe umfassen. „Diese Vierhändigkeit zeichnet neben anderen Eigentümlichkeiten die schwarze pithekoide (!) Menschenrasse aus.“[4]

Nach Simonot ist bei den Schwarzen am Senegal die große Zehe viel weiter von den übrigen Zehen getrennt, als es bei uns der Fall; dieses hängt bei ihnen teilweise von der Art ab, wie die Sandalen dort befestigt werden, nämlich mittels eines Riemens, der zwischen der großen und der zweiten Zehe durchzogen wird. Allein erklärt dieses jedoch den Abstand nicht, denn auch diejenigen Schwarzen, welche den Riemen und Sandalen nicht tragen, haben eine Lücke zwischen der großen und den übrigen Zehen.[5]

Sir Thomas Herbert, welche 1626 das Kapland besuchte, berichtet von den Hottentotten: „An den Füßen tragen sie mit Riemen festgebundene Sandalen, welche die Hottentotten, die bei uns waren, in der Hand hielten, damit die Füße besser stehlen konnten, denn sie stahlen geschickt mit den Zehen während sie uns ansahen.“[6]

[1] v. Martius, Zur Ethnographie Amerikas. 409. [2] Daselbst 266.
[3] v. d. Decken's Reisen in Ostafrika. II. 297.
[4] Klunzinger, Bilder aus Oberägypten. 289.
[5] Bullet. soc. d'Anthropol. I. 500. (1860.)
[6] Merensky, Beiträge zur Kenntnis Südafrikas. Berlin, 1875. 80.

Wir sehen also dieselbe Fähigkeit, die Füße als Greiforgan zu benutzen, über die Erde überall da verbreitet, wo der Fuß unbeengt durch Schuhwerk in seinem natürlichen Zustande verbleibt. Es ist das im Altertum nicht anders gewesen, denn in den Gräbern von Theben erblicken wir einen altägyptischen Gerber dargestellt, der einen Streifen Leder unten mit den Zehen, oben mit der Hand festhält.[1]

In letzter Linie ist es eine klimatische Ursache, welche die Völker der gemäßigten und kalten Zone eines Greiforganes beraubt, das bei den barfuß gehenden Völkern in warmen Landstrichen allgemein benutzt wird.

Aus meiner Zusammenstellung ergiebt sich, daß der Abstand der großen Zehe von den übrigen Zehen und das Vermögen den Fuß als Greiforgan zu benutzen durchaus nicht als ein Rassenmerkmal zu verwerten ist; diese beiden Eigenschaften finden sich bei allen Völkern, welche ihre Füße unter normalen Verhältnissen ohne Schuhwerk entwickeln. Die Eigenschaft den Fuß als Greiforgan zu benutzen ist bei uns nur verloren, da wir den Fuß in Schuhwerk einzwängen.

Weit mehr würden der Gang der Völker und die Stellung der Füße zu einem Rassenmerkmale sich erheben lassen; doch ist es auch hier sehr schwer — ähnlich wie bei dem Völkergeruch — die Sache zu definieren. Anhangsweise will ich aber hier einige Andeutungen mitteilen.

Die Kukujenne in Guiana haben ihre Füße so wenig auswärts gestellt, daß man dieselben fast für parallel halten kann; diese Stellung eignet sich namentlich gut dazu um die Baumstämme zu überschreiten, die als Brücken über Bäche gelegt sind. Keinenfalls aber ist diese Fußstellung durch Übung erworben, da bereits die Kinder an der Mutterbrust solche abweichende Füße haben. Crevaux, der die Thatsache mitteilt, suchte auch nach der Ursache und glaubt dieselbe im Becken zu finden. Die Frauen der Weißen, sagt er, gehen mehr als die Männer mit nach innen gesetzten Füßen, weil ihr Becken breiter ist. Daher mag wohl auch auf ein weiteres Becken bei den amerikanischen Indianern aus ihrer Fußstellung geschlossen werden.[2] Wohl zu beachten bleibt aber stets ob nicht eine künstliche Entstellung der Füße auf den Gang einwirken. Eine solche findet statt bei den Odschibwäs am Obern See, die ihren Kindern

---

[1] Wilkinson, Ancient Egyptians. III. 159. Fig. 360.

[2] Mem. soc. d'Anthropol. 2 série. II. 255. (1875.)

in der Wiege die Füße parallel zusammenbinden. Sie dürfen nicht auswärts stehen, da sie sonst zum Laufen weniger geschickt sind. Diese Indianer kommen, wie die Kanadier behaupten, bei jedem Schritt einen Zoll weiter vorwärts wie auswärtsschreitende Weiße.[1]

Über den Gang kalifornischer Indianer verbreitet sich ST. POWERS; er nennt ihren Gang und besonders den der Gallinomeros pigeon-toed. Niemals wankt ein Indianer, so alt er auch werden mag.[2] Als weiteren Beitrag will ich endlich anführen, was STELLER über das Gehen der Kamtschadalen sagt: „Auf den Fußsteigen der Itelmenen ist dergestalt beschwerlich zu gehen, daß man kaum einige Werst avanciert, so hat man sich schon um die Knöchel wund gestoßen; ihre Wege sind nicht über 8 Zoll breit, dabei dergestalt tief und ausgetreten, daß man darinnen als in einem engen Kanal geht. Und dieses aus zwei Ursachen, einmal so halten sie es für eine große Sünde sowohl im Sommer als Winter einen anderen Weg zu gehen, als welchen ihre Voreltern gegangen, sollten sie auch einen hundertmal näheren oder besseren wissen. Zweitens so setzen sie die Füße so widerlich im Gehen, daß allezeit beide Fußstapfen im Gehen in einer Linie zu stehen kommen, welches ich als etwas Besonderes an dieser Nation regardieret."[3]

[1] J. G. KOHL, Kitschi-Gami. I. 15.
[2] Contributions to North American Ethnology. Wash., 1877. III. 176.
[3] STELLER, Kamtschatka. 368.

—

Albinos.

Beim Albinismus unterscheidet man verschiedene Grade. Nach J. Geoffroy-Saint-Hilaire[1] giebt es einen vollkommenen, einen unvollkommenen und einen teilweisen Albinismus. Der erstere ist als Typus der Abnormität anzusehen und wird durch einen vollständigen Mangel des schwarzen (braunen) Farbstoffes im Körper des betreffenden Tieres oder Menschen charakterisiert; mit dem zweiten Namen bezeichnet er nur eine weniger starke Pigmentierung der Haut und Haare, welche durch eine geringere Schwärze oder geringere Menge der Pigmentmoleküle bedingt sein kann. Diese niederen Grade des Albinismus sind bereits von Mansfeld[2] unter dem Titel der unvollkommenen Leukopathie zusammengestellt worden und auch er hat schon betont, daß diese unvollkommenen Albinos oft bis an die Grenzen normal gefärbter Menschen heranreichen, so daß die Unterscheidung beider oft schwierig wird. Dabei legt er weniger Gewicht auf die Farbe der Haare, als auf andere Eigenschaften, so die Empfindlichkeit der Augen gegen das Sonnenlicht, welche auf die geringere Menge Farbstoff in der Chorioidea und Iris zurückzuführen sei. Dem von W. Manz untersuchten Auge eines weiblichen Albinos fehlte nur das Pigment der Chorioidea um als normal gelten zu können.[3] Schon die frühesten Beobachter haben die besondere Zartheit und Dünnheit der Albinohaut hervorgehoben und daran anknüpfend deren leichte Verletzbarkeit und geringe Widerstandskraft

[1] Hist. gén. des anomalies. I. 309.

[2] Über das Wesen der Leukopathie oder den Albinoismus. Braunschweig, 1822.

[3] W. Manz, Über albinotische Menschenaugen in Graefe's Archiv für Ophthalmologie. XXIV. 139 ff. (Berlin, 1878.) Dieser vortrefflichen Arbeit habe ich für den einleitenden Teil meiner Zusammenstellung manches zu verdanken. Vergl. auch Broca, sur un oeil d'albinos. Bull. société d'Anthropol. 1864. 143.

gegen äußere Einflüsse, mechanischer und thermischer Art betont. Dadurch wird dem Albinismus ein pathologisches Merkmal aufgedrückt und das anfangs bewunderte Naturspiel erhält den Charakter der Kränklichkeit, es liegt auf diesen Menschen (und Tieren) eine allgemeine Krankheitsdisposition, angeboren, wenn auch nicht immer (oder selten) erblich. Bereits Blumenbach[1] bezeichnete die rosige Farbe der Augen geradezu als ein Symptom einer eigentümlichen Hautkrankheit, wobei er das gleichzeitige Vorkommen der Anomalie am Auge und an Haut und Haaren hervorhebt. Den Grund dieser Coincidenz findet Blumenbach in der Übereinstimmung der Struktur der Pigment tragenden Gewebe. Auch Mansfeld faßt den Albinismus als einen krankhaften Zustand auf und desgleichen Geoffroy-Saint-Hilaire, welcher aber dieses nicht für alle Fälle gelten läßt. Er unterscheidet daher einen Albinismus als ein Resultat einer Krankheit und einen solchen als angeborene Anomalie, als sogenannte Hemmungsbildung.

Der Albinismus bei Tieren und Menschen, so lautet die bisher erlangte Kenntnis, ist in der Regel, wenn nicht selbst eine Krankheit, so doch ein Symptom einer konstitutionellen Kränklichkeit. Was aber das Wesen und die Entstehung desselben betrifft, so hat man ihn unter die „Hemmungsbildungen" eingefügt; der Albinismus zeigt ein Stehenbleiben auf einer frühen Entwicklungsstufe, ein Unvollendetsein des Organismus. Soviel ist sicher, die Albinos sind pathologische Produkte und wie sehr sie sich auch in manchen Beziehungen den blonden Normalmenschen nähern, dürfen sie diesen doch nicht gleichgeachtet, gewissermaßen für die Blondesten der Blonden gehalten werden.[2]

Ergiebt sich bereits aus dem vorstehenden, daß verschiedene Grade im Albinismus existieren, so ist dieses auch der Fall in bezug auf die den Albinos nachgesagte und meist auch vorhandene krankhafte Veranlagung. Auch hier sind Abstufungen vorhanden, welche von solchen Individuen, die, abgesehen vom Pigmentmangel, kaum einen Unterschied von normalen zeigen, bis zu schwachen, kranken und selbst in ihren geistigen Eigenschaften defekten Menschen führen. Entgegen den Beobachtungen über europäische Albinos nimmt dagegen J. Jones nach den von ihm untersuchten Negeralbinos an, der Albino sei most generally strong and healthy and executes

---

[1] De oculis Leucaethiopum et iridis motus. Göttingen, 1786.

[2] Manz a. a. O. 163.

all the functions of life in a vigorous and perfect manner.[1] Es scheint danach, daß der Albinismus unter der schwarzen Rasse einen anderen Charakter hat, als jener unter den Europäern, wo er entschieden pathologischer Natur ist.

Erblicher Albinismus hat nichts auffallendes, da er ja bei Tieren vorkommt (Kaninchen, weiße Mäuse), aber bei den Menschen ist er gewiß äußerst selten, wenn überhaupt beobachtet. Ich habe wenigstens dafür kein Beispiel gefunden, wohl aber in zahlreichen Fällen die Angaben, daß die Albinos weniger fruchtbar als die normalen Individuen sind. Und unter solchen Umständen wagte man es die Arier, ja die Blonden überhaupt als aus Albinos hervorgegangen zu betrachten.[2]

Volksanschauungen über Albinos. Daß die Albinos kranke Ausnahmegeschöpfe sind, wird übrigens fast überall bei den Naturvölkern anerkannt und durch die besondere Stellung, die ihnen meistens zugewiesen ist, sowie den Aberglauben, der sich an dieselben knüpft, bestätigt. Beim „Könige" von Loango wurden Albinos neben Zwergen als Wundergeschöpfe am Hofe gehalten.[3] Es bestätigt dieses für die neuere Zeit Wilson, mit dem Hinzufügen, daß die Albinos als Schutzgeister des Königs angesehen wurden; man findet sie in fast jedem Dorfe Niederguineas und überall werden sie als heilig und unverletzlich gehalten, als Personen, die man niemals schlägt.[4] Umgekehrt aber erscheinen dem Volke in Senegambien die Albinos als böse Geister und Zauberer, die man am liebsten erschlägt.[5] In Uganda am Viktoriasee dagegen sind die Albinos wieder Kuriosität, die von den Großen und dem Könige am Hofe gehalten werden.[6] Bei Quinsembo in Kongo sah Bastian einen Albino, dort Dondo genannt, der eine Ausnahmestellung einnahm, da man ihn als Fetisch betrachtete, der über die Europäer Einfluß gewährte.

[1] Observations and researches on the Albinism in the Negro Race. Philadelphia. 1869. 25.

[2] Th. Poesche, Die Arier. Jena. 1878. „Die Blonden sind Albinos oder genauer gesprochen, Halbalbinos." Sie sind jenem Autor blauäugige Halbalbinos mit Flachshaar, im Gegensatz zu den Ganzalbinos mit roten Augen und schneeweißem Haar. (p. 17.) Die aktivste und tüchtigste aller Rassen erhielt so zu Urvätern ein pathologisches Produkt, schwächliche, schlechtsehende Menschen, die genug mit ihrer individuellen Erhaltung zu thun haben und keine Rasse bilden können!

[3] Dapper, Africa. Amsterdam. 1670. 527.

[4] J. L. Wilson, Western Africa. London. 1856. 312.

[5] Doelter, Über die Kapverden nach dem Rio Grande. 182.

[6] Wilson und Felkin, Uganda. Stuttgart. 1883. I. 68.

„Überall haben sie das Recht sich zuzueignen, was ihnen beliebt, und der Eigentümer, weit entfernt Einspruch zu erheben, fühlt sich dadurch geehrt.“[1] Der König von Aschanti hielt sich im Beginn des Jahrhunderts beinahe hundert Albinos an seinem Hofe.[2] Als Unglücksbringer gelten dagegen Albinos in Unyoro und am Gabon werden sie aus demselben Grunde häufig schon bei der Geburt getötet.[3]

An der Mündung des Kalabarflusses in Westafrika liegt Parrot Island, wo die Einwohner von Duketown einen brutalen abergläubig-religiösen Brauch vollführen. Wenn nämlich wenig europäische Handelsschiffe vorhanden sind oder ganz fehlen, so opfern sie auf dieser Insel ein Albinokind dem Gotte des weißen Mannes, weil die Insel in dem Meere liegt, über welches die Europäer zu ihnen kommen.[4]

So die Anschauung der Afrikaner von den Albinos. In Amerika liegt die Sache genau so. Montezuma hielt in seinen Lustgärten ganze Menagerien, in denen er auch Mißgestalten, Zwerge, Bucklige besaß und auch Albinos, wie aus den Berichten von Cortez hervorgeht.[5] Für monströse Wesen erklärt der Darien-Indianer die Blafards oder Albinos und in Guatemala sagt man, sie seien hijos del Sol, Sonnensöhne.[6]

Um auf den Boden Asiens überzugehen, erwähnen wir zuerst, daß die häufigen Albinos auf Niás bei Sumatra Onom Bela, d. h. Teufelskinder, genannt werden, weil nach dem Volksglauben sie vom Teufel mit Erdenweibern gezeugt sind. Sie sind dort ein Spielball für alt und jung und müssen, um eine Frau zu bekommen, mehr als andere dafür bezahlen; eine Albina wird dagegen nie zur Frau begehrt.[7] Nach dem auf Amboina herrschenden Volksglauben entstehen Albinos, wenn ein Weib im Walde schläft und dort von einer Sternschnuppe geschwängert wird; auf Ceramlaut ist der Morgenstern Vater des Albinos.[8]

---

1 Bastian, Besuch in San Salvador. 34.

2 Bowdich, Mission nach Ashantee. Weimar, 1829. 391.

3 Emin Bey (Schnitzer) in Petermann's Mitteilungen 1879. 220. Dr. Vincent in Bull. soc. d'Anthropol. 1872. 516.

4 Th. Hutchinson, Impressions of Western Africa. London, 1858. 112.

5 Drei Berichte von F. Cortez an Karl V. Berlin, 1834. 116.

6 Prichard, Naturgeschichte des Menschengeschlechtes. I. 267 und Stoll, Guatemala. Leipzig, 1886. 299.

7 v. Rosenberg, Malayischer Archipel. Leipzig, 1878. 145. 155.

8 Riedel, Sluik- en kroeshaarige rassen. S' Gravenhage, 1886. 75. 176.

Verbreitung des Albinismus. Hierüber will ich versuchen im nachstehenden eine Übersicht zu geben, welche von unserem Erdteile absieht und sich auf die außereuropäischen Völker beschränkt. Die Formen des Albinismus — vollständiger und unvollständiger — sind hier allerdings nicht geschieden, lassen sich aber in manchen Fällen erkennen. Das Material mußte zumeist Reisewerken entnommen werden, deren Verfasser nicht immer genügend anthropologisch oder medizinisch geschult waren, um die Punkte hervorzuheben, auf die es ankommt. Es liegen also hier sehr verbesserungsbedürftige Anfänge vor. In Australien scheinen die Albinos ganz zu fehlen. I am not acquainted with a single case of albinism amongst the natives of Australia sagt B. Smyth.[1]

Südsee. Williams, der dreizehn Jahre auf den Fidschiinseln zubrachte, traf dort im ganzen mit fünf Albinos zusammen. Bei drei Erwachsenen war die Haut heller als bei einem Engländer, welcher der Sonne ausgesetzt war, dabei hornig anzufühlen; übrigens hatte dieselbe Risse und große, sommersprossenartige Flecken. Die Farbe zeigte einen leichten Stich in's rötliche, das Haar war flachsfarben. Bei zweien war die Iris blau, die des dritten zeigte eine „sandige" Färbung; sie hielten die Augen halb geschlossen, weil sie das Licht nicht ertragen konnten. Auch Albinozwillinge sah Williams.[2]

Ein kleiner Albino auf der Fidschiinsel Kandavu, den Dr. Buchner sah, hatte rosenfarbige Haut, blonde Haare, bläuliche Augen mit entzündeten Lidern und skrophulös gedunsene Lippen. Seine Kameraden nannten ihn Papalang lailai = kleiner Europäer.[3]

„Auf den Neu-Hebriden sind mehrfach Albinos, männliche und weibliche. meistens mit krankhaften roten Augen" gefunden worden.[4]

Bei den Melanesiern des Bismarck-Archipels wies v. Schleinitz Albinos mit fleischfarbener Haut, gelbrötlichem Haar und hellen Augen nach.[5] Es sind wohl dieselben Albino von Neu-Irland, die Strauch als von ziemlich heller schmutzig-weißer Hautfarbe und bläulicher Iris schildert. Die Farbe des Haares schien hellrötlich zu sein, doch läßt sich darüber nichts Bestimmtes angeben, da dasselbe durch Färben verändert sein kann.[6] Von der Blanchebai (Neu-

[1] Brough Smyth, Aborigines of Victoria. Melbourne, 1878. I. 7.

[2] Th. Williams, Fiji and the Fijians. I. 106.

[3] M. Buchner, Reise durch den Stillen Ozean. Breslau, 1878. 306.

[4] M. Eckardt, Der Archipel der Neu-Hebriden. Hamburg, 1877. 14.

[5] Zeitschrift der Ges. f. Erdkunde zu Berlin. 1877. 249.

[6] Zeitschrift fur Ethnologie. 1877. 93.

Britannien) beschreibt POWELL ein Albinoweib. These persons are not uncommon in the South Seas. Die Kinder der Albinos, fügt er hinzu, seien gewöhnlich keine Albinos, sondern zeigten die dunkle Farbe der übrigen Bewohner.[1] Daran schließen wir, was der französische Schiffsarzt V. DE ROCHAS über die Albinos von Neu-Kaledonien bemerkt. Er sah dort fünf Fälle, von denen einer eine Frau betraf. Diese Leute waren nicht gänzlich farblos; ihre Haare erschienen flachsfarben und feiner als diejenigen normaler Individuen. Die Iris war schön blau. Die Haut ist von weißer Färbung und mit Flecken wie Sommersprossen bedeckt. Oft, doch nicht immer, zeigen diese Individuen eine Art Ichthyosis. Diese Albinos können vortrefflich sehen und ertragen das Sonnenlicht sehr gut; sie stehen in bezug auf Intelligenz hinter ihren Landsleuten nicht zurück und die von ihnen erzeugten Kinder sind normal schwarz.[2] Danach handelt es sich hier wohl um einen niederen Grad von Albinismus und ähnlich ist wohl der folgende Fall zu beurteilen, den A. B. MEYER im Arfak-Gebirge (N.-W. Neu-Guinea) sah. Er betraf ein sechszehnjähriges gut gewachsenes und ausgebildetes Mädchen. Die Haut war rosa weiß, wie die einer Europäerin, aber mit vielen hellgelben Pigmentflecken (Sommersprossen) behaftet. Die Haare rötlich blond, die Iris blau und starker Nystagmus vorhanden. Sie beugte nach Art der Albinos den Kopf stets herunter und beschattete die Augen. Es machte auf MEYER einen durchaus eigentümlichen und nicht angenehmen Eindruck, ein junges ausgewachsenes Mädchen mit der Farbe der Europäerin ganz nackt, nur die Schamteile eben bedeckt, umherlaufen zu sehen. Die vollbusige Schöne war in der Blüte ihrer Jugend und stark umworben von Freiern, hatte aber bis dahin alle Anerbietungen ausgeschlagen; man schien den starken Kontrast ihrer Hautfärbung mit der eigenen zu lieben und sie mit keinerlei Abneigung zu betrachten.[3] MEYER fügt hinzu, daß der Vater des Mädchens ein echter Arfak-Papua war, der noch einen Albino-Sohn hatte. „Es dürften diese Fälle von Albinismus in dem Heiraten innerhalb der Familie oder des engeren Stammes ihren Grund haben, jedenfalls sind sie selten, denn nirgendwo auf Neu-Guinea sah ich welche." So MEYER.

OTTO FINSCH beschreibt verschiedene „weiße Papuas" von der

[1] W. POWELL, Wanderings in a wild country. London. 1883. 116.

[2] Bull. soc. d'Anthropol. I. 402. (1860.); II. 49. (1861.)

[3] A. B. MEYER, Anthropol. Mitteil. über die Papuas von Neu-Guinea. Wien, 1874. (Separatabdruck aus Mitteil. Anthropol. Ges.) 15.

Südostküste Neu-Guineas, deren Hautfärbung so hell wie diejenige der Europäer war, die aber mit kleinen dunkelbraunen Flecken wie bespritzt erschienen. Die Augen gelbbraun, aber ohne eine Spur von Blödigkeit im Sonnenlichte zeigend, das Haar fein, lockig, ganz hellblond wie sogenannte Flachsköpfe, ebenso Bart und Wimpern. An solchen Personen haftet in Südost-Neu-Guinea keinerlei Aberglauben, Abscheu oder Verachtung.[1] Aus derselben Gegend stammen folgende Beobachtungen.

Unter den Papuas der Ostspitze Neu-Guineas sah STONE Albinos „mit Hautfarbe so weiß wie Europäer."[2]

Unter den gleichfalls dort lebenden Motu fand W. J. TURNER zwei Albinos, einen Mann und einen Knaben. Es waren typische Exemplare mit hellem Haar, blöden Augen und schwärenbedeckter Haut. Sie waren wie die übrigen Eingeborenen nackt und zeigten einen seltsamen Gegensatz zu ihren kupferbraunen Genossen.[3]

Auf Tahiti wies zuerst COOK Albinos nach. Er schreibt darüber: „Während unserem Aufenthalte in dieser Insel sahen wir ohngefähr fünf oder sechs Personen, deren Haut totenfarbig und so weiß war, als bei Pferden die Nase eines Schimmels ist; ihre Haare, der Bart, die Augenbrauen und Augenlider, alles war weiß; die Augen selbst aber rot und schwach, so daß diese Leute alle sehr kurzsichtig sind. Ihre Haut war schuppig und mit einer Art weißer Milchhaare bedeckt. Wir fanden aber, daß niemals zwo von diesen Personen zu einer und eben derselben Familie gehörten, und schlossen daraus, daß sie nicht eine eigene besondere Art von Menschen, sondern nur unglückliche einzelne Personen waren, deren äußerlicher Unterschied von anderen die Würkung einer Krankheit sein muß."[4]

Eine Maorifrau, hell wie eine Europäerin mit hellem Haare und blöden Augen sah FINSCH in Waikato (Neu-Seeland).[5]

Asien. Unter den malayischen Völkern fehlen die Albinos keineswegs. A. B. MEYER traf öfter solche unter den Alfuren der Minahassa in Nordcelebes.[6]

Albinos mit rotem Haare, weißer Körperfarbe und roten Augen

[1] Zeitschrift für Ethnologie. 1883. 205.

[2] Journ. Roy. Geogr. Soc. 1876. 45.

[3] Journ. Anthropol. Instit. VII. 474.

[4] J. J. HAWKESWORTH, Geschichte der neuesten Reisen um die Welt. Deutsch. Berlin, 1775. III. 485.

[5] Zeitschrift für Ethnologie. 1883. 205.

[6] Anthropol. Mitteil. über die Papuas. Wien, 1874. 16.

sind häufig auf der Insel Nias bei Sumatra.[1] Die von FORBES beobachteten Timoresen mit roten Haaren, blauen Augen und bald straffen, bald krausen Haaren scheinen zu den Albinos gestellt werden zu müssen, wiewohl er von heller oder weißer Haut nichts sagt.[2] Die Albinos unter den Dajaks auf Borneo, welche BOCK sah, hatten rötliche, rauhe Haut, die sich abschuppte, hellbraune Haare und graue Augen. Sie sollen nicht selten sein.[3] Von der Insel Bali schreibt VAN ECK: Een paar malen hebben wij een zoogenamden kakkerlak of witten neger (Eingeborenen) ontmoet. Jets akeligers kan man zich niet voorstellen.[4] Auf den Inseln zwischen Celebes und Neu-Guinea kommen überall einzelne Albinos vor, so auf Amboina, selten auf Ceram, auf Ceramlaut, Watubela, wo sie guwar nahuti heißen, auf den Kei-Inseln, dort kadut genannt, selten auf Aaru; auf Timorlaut befand sich 1882 nur ein Albino; auf dem Babararchipel sind sie auch selten.[5]

Unter den Malayen der Philippinen kommen gleichfalls vollständige Albinos vor; sie werden von den Tagalen anacarao, d. i. Kinder der Sonne, genannt. Die Hautfarbe ist weiß, das Haar wie bei europäischen Albinos.[6]

Der französische Missionar HUGON sah unter den Bahnars, einem „wilden" Stamme im Innern Cochinchinas, einen Albino. Dieser hatte weiße Haare und weißlich-rosige Haut. Die Iris hat der Pater nicht geprüft. Der Mann schämte sich seiner Anomalie, zeigte sich wenig, wurde aber nicht schlecht behandelt und auch nicht abergläubig betrachtet.[7]

KARL BOCK fand unter den Laoten im nördlichen Siam zwei Albinos, Schwestern, mit rötlicher Haut, weißem, hanfartigen Haar

---

[1] V. ROSENBERG. Der Malayische Archipel. Leipzig. 1878. 145.

[2] Malayischer Archipel. Jena. 1886. II. 171.

[3] C. BOCK, Unter den Kannibalen auf Borneo. Jena, 1882. 207.

[4] Tijdschr. v. Nederl. Indie. Neue Serie. 9. Jahrgang. 2. Teil. 90. (1880.) Es wird dabei auf eine Beschreibung malayischer Albinos in den Verhandlingen von het bataviaasch genootschap 1825 verwiesen.

[5] RIEDEL, Sluik- en kroeshaarige rassen. 4. 98. 176. 208. 219. 250. 278. 335.

[6] Nach einer brieflichen Mitteilung des Herrn Dr. TRINIDAD H. PARDO DE TAVERA aus Manila an Prof. F. BLUMENTRITT, welchem letzteren ich die gütige Vermittelung verdanke. Auch BASTIAN (Völker d. östl. Asien. V. 274) erwähnt die Albinos als hijos del Sol von den Philippinen. Also eine Anschauung wie in Guatemala (nach STOLL) oder vielleicht überhaupt im Bereiche der spanischen Sprache. Teilweise, sagt BASTIAN, sollen sie, nach dem Volksglauben von Orang-utan-Vätern und Menschenmüttern stammen.

[7] Revue d'Anthropologie. 1878. 632.

und roten Augen, die bei Tage fortwährend blinzelten, weil sie starkes Licht nur mit Mühe ertragen konnten.[1] Albinos unter den tangutischen Bergbewohner am Kuku-nor erwähnt Kreitner. Er sah in Sining-fu zwei Knaben im Alter von 8 und 14 Jahren mit hellblondem, beinahe weißem Haare und blauen Augen. Die lichte Gesichtsfarbe stach von derjenigen der Chinesen sehr ab.[2]

Die Hindu-Albinos hat Dubois folgendermaßen beschrieben: „Es ist nichts seltenes unter den Hindus eine Klasse von Menschen zu finden, die mit einer viel weißeren Haut geboren worden sind, als die der Europäer. Doch kann man leicht bemerken, daß dieses keine natürliche Farbe ist, weil ihr Haar ebenso weiß ist, als ihre Haut; und in der Regel ist ihr ganzes Aussehen unnatürlich. Sie haben die Eigentümlichkeit, daß sie das helle Tageslicht nicht ertragen können. So lange die Sonne scheint, können sie keinen Gegenstand mit Festigkeit ansehen und während dieser ganzen Zeit halten sie ihre Augenlider geschlossen, so daß dadurch offenbar alles Sehen gehindert wird. Dagegen haben sie die Fähigkeit fast jeden Gegenstand im Dunkeln zu sehen. Von den Europäern in Indien werden diese Individuen Tschakrelas genannt. Von den Hindus werden sie mit Abscheu betrachtet und ihre Körper wie die von Personen, welche an Hautkrankheiten leiden, auf einen Düngerhaufen geworfen oder wilden Tieren zur Beute gelassen.“[3]

Amerika. Über die Albinos oder Blafards von Darien schreibt Wafer: „Diese Personen sind weiß und kommen unter beiden Geschlechtern vor, doch sind ihrer nur wenige im Vergleiche mit den kupferfarbigen, etwa nur eine auf 200 oder 300. Sie unterscheiden sich von den übrigen Individuen vorzüglich in der Farbe, wiewohl nicht hierin allein. Ihre Haut ist nicht von einem solchen Weiß, wie die bei sehr weißen Europäern, die einen rötlichen Teint oder eine sanguinische Komplexion haben; auch gleicht sie nicht derjenigen der Blasseren unter uns, sondern ist vielmehr milchweiss, heller als die Farbe irgend eines Europäers und der eines weißen Pferdes sehr ähnlich.

„Eine fernere Merkwürdigkeit an ihnen ist, daß ein zarter, kurzer milchweißer Flaum ihren ganzen Körper mehr oder weniger bedeckt. Doch steht dieser Flaum nicht so dicht, vorzüglich an den Wangen

[1] K. Bock, Im Reiche des weißen Elefanten. Leipzig. 1885. 235.
[2] Kreitner. Im fernen Osten. Wien, 1881. 739.
[3] Prichard. Naturgeschichte des Menschengeschlechts. I. 269.

und der Stirn, daß nicht die Haut deutlich darunter vorsähe. Ihre Augenbrauen sind gleichfalls milchweiß, ihr Kopfhaar ist ebenso gefärbt und durchaus sehr zart, gegen sechs oder acht Zoll lang und leicht gelockt.

„Sie sind nicht so dick, als die übrigen Indianer und ihre Augenlider schließen und öffnen sich in einem Oblongum, dessen Ecken nach abwärts stehen, so daß sie einen Bogen oder Halbmond bilden, mit den Spitzen nach unten. Deswegen, weil sie in einer Nacht mit Mondschein sehr deutlich sehen, pflegten wir sie Mondäugige zu nennen. Denn sie sehen beim Sonnenschein nicht gut, indem sie am hellsten Tage halbblind sind. Ihre Augen sind schwach und laufen voll Wasser, wenn die Sonne auf sie scheint, so daß sie beim Tage vermeiden auszugehen, außer wenn es ein wolkiger dunkler Tag ist. Überdies sind sie mit den anderen verglichen schwächlich und nicht sehr geschickt zum Jagen und anderen anstrengenden Beschäftigungen, auch haben sie keine sehr große Freude an dergleichen. Aber wiewohl sie am Tage so unbeholfen und träge sind, sind sie doch, wenn Mondscheinnächte kommen, voller Leben und Thätigkeit, rennen in den Wäldern herum und springen umher wie wilde Böcke; sie laufen beim Mondlicht, selbst im Dunkel und Schatten der Wälder, ebenso schnell als die anderen Indianer bei Tag; denn sie sind ebenso behend als diese, jedoch nicht ebenso stark und frisch. Die kupferfarbigen Indianer scheinen sie nicht ebenso hoch zu stellen als die von ihrer eigenen Komplexion, indem sie dieselben für monströse Wesen ansehen. Sie bilden keine besondere Rasse für sich. sondern es wird dann und wann einer von kupferfarbigen Eltern geboren; ich sah welche von dieser Gattung, die jünger als ein Jahr waren.“ [1]

Neuerdings wird das Vorkommen von Albinos unter den Indianern des Isthmus von Darien wiederholt erwähnt. Dr. VIGUIER traf unter den Payaindianern eine bejahrte Frau mit roten Augen, weißer Haut und roten Haaren [2] und auch Dr. CULLEN fand dort solche. Auf Pedron-Island bei Kap San Blas sah er drei Kinder von denselben Eltern stammend und unter jenen zwei Albinos. Sie hatten sehr weiße Haut, weißes Haar und weiße Augenwimpern, litten an mangelhafter Sehkraft und hatten kein Pigment in den

[1] WAFER's Account of the Isthmus of Darien 1699, citiert in PRICHARD, Naturgeschichte des Menschengeschlechts. I. 267.

[2] Mém. soc. d'Anthropol. 2 série. I. 412.

Augen. Einen Augenblick der Sonne ausgesetzt rötete sich ihre Haut und wurde so schmerzhaft, daß sie genötigt waren in ihre Hütte zurückzulaufen.[1] Dr. O. Stoll beobachtete in Guatemala zweimal Albinismus, bei einem Quicheindianer und bei einem Cakchiquel.[2]

Daß unter den brasilianischen Indianern Albinos vorkommen, erwähnt v. Martius.[3] Unter den Coroados am Rio Xipoto in Brasilien seien sie äußerst selten, bemerken von Spix und von Martius.[4] Am Tapajos wurde ein indianischer Albinoknabe gesehen,[5] und Porte bemerkte Albinos zu Manaos (Barra de Rio Negro) und Ega am Amazonenstrom. Die Haut derselben war weiß, stark gesprenkelt, die Haare weiß und schlicht, die Augen bei zweien rötlich und hellblau beim dritten.[6] Wenn der Prinz zu Wied schreibt: „Unter den Botokuden fand ich beinahe weiße Individuen,"[7] so ist dabei vielleicht an Albinos zu denken.

Was Mexiko betrifft, so schildert Cortez sehr deutlich die am Hofe Montezumas gehaltenen Albinos „Männer, Weiber, Kinder, sämtlich weiß geboren und weiß von Angesicht, Leib, Haupthaar, Augenbrauen und Wimpern."[8] In Neu-Mexiko traf Emory zahlreiche Albinos, which may have given rise to the report of a race of white Indians.[9]

Es ist mir kein Beispiel von Albinismus unter den eigentlichen Rothäuten, den Indianern der Vereinigten Staaten und British-Nordamerikas bekannt geworden und die einzige Notiz nach dieser Richtung ist eine Bemerkung von Gatschet, daß Albinos dort zu den großen Seltenheiten gehören.[10]

Afrika. Unter den Negern sind die Albinos überall, aber sehr ungleich vertreten. Am häufigsten scheinen sie an der Westküste vorzukommen und hier ist wieder Guinea ihr Konzentrationspunkt, speziell das Nigerdelta, wo vielleicht diese Abnormität das Maximum ihres Vorkommens besitzt.

[1] Transact. Ethnol. Soc. New Series. IV. 266.
[2] Stoll, Guatemala. Leipzig, 1886. 299.
[3] Zur Ethnographie Amerikas. Leipzig, 1867. I. 633.
[4] Reise in Brasilien. I. 376.
[5] Brown and Lidstone, 15.000 miles on the Amazon. London, 1878. 262.
[6] Revue d'Anthropologie. 1872. 161. [7] Nordamerika. I. 235.
[8] Drei Berichte an Karl V. Berlin, 1834. 116.
[9] Transact. Americ. Ethnolog. Soc. vol. II. p. XCIII. New York, 1848.
[10] Ausland. 1882. 890.

Auf Fernando Po sah GUSSFELDT einen Albinoknaben, „der doppelt abstoßend erschien, weil er völlig unbekleidet war und unter ganz hübschen schwarzen Wäscherinnen umherspielte. Der gelblich-weiße, schmutzige Teint, das fast ebenso erscheinende Wollhaar, die gekniffenen, krankhaften Augen ließen dieses von schwarzen Eltern abstammende Wesen wie einen Aussätzigen erscheinen.“[1]

Im Nigerdelta sind die Albinos entschieden häufiger als in den angrenzenden Landschaften, ja, sie machen „einen nicht unbedeutenden Bruchteil der Gesamtbevölkerung“ aus, sind auch heller als in den Nachbargegenden, namentlich in Bonny sind viele.[2] In Kamerun sind sie nicht selten.[3] Nicht so häufig, aber in fast jedem Dorfe sind sie an der Sklavenküste vertreten, mit gelber Hautfarbe und rotem Haare.[4] Im Innern des deutschen Togolandes fiel HENRICI die große Anzahl der rothaarigen Neger auf — aber die hellere Hautfarbe und die rötlich grauen Augen deuteten auf Albinismus. Der Häuptling von Etji war ein Albino mit rötlich-blondem Vollbart, schwachen Augen und blauer Iris.[5]

Der König von Aschanti hielt sich im Beginne unseres Jahrhunderts „beinahe 100 Neger von verschiedenen Farben, durch alle Schattirungen von dunkel- und blaßrot bis zu weiß. Sie wurden von Staatswegen gehalten, waren aber fast immer ekelhafte, kranke ausgemergelte Geschöpfe. Wenn sie gingen, so schlotterte ihre Haut gewöhnlich und ihre Augen blinzelten im Lichte, als könnten sie es nicht ertragen.“[6]

DOELTER sah am Rio Grande (Nordwestafrika) zwei Albinos von gleichem Körperbau wie die übrigen Schwarzen, aber mit graugelber Hautfärbung, strohgelbem, ganz wolligem Haar und rötlicher Iris. Der eine war ein Balanta, bei denen die Albinos nicht selten sein sollen.[7] Dem französischen Reisenden MOLLIEN wurde zu Puku bei Timbo in der Nähe der Senegalquellen ein Albinomädchen vorgeführt, welches er folgendermaßen schildert: Sie hatte weder Augenbrauen noch Augenwimpern und schien daher von den Sonnenstrahlen besonders viel zu leiden; ihre Hautfarbe war kreideweiß, ihr Haar sowie ihre Physiognomie dagegen negerartig; sie hatte

[1] Die Loango-Expedition. I. 27. Vergl. O. BAUMANN, Fernando Póo. 80.
[2] ZÖLLER, Kamerun. I. 89. II. 82. [3] Daselbst. I. 79. 132.
[4] ZÖLLER, Togoland. Stuttgart, 1885. 139.
[5] HENRICI, Deutsches Togogebiet. Leipzig, 1888. 82. 98.
[6] BOWDICH, Mission nach Ashantee. Weimar. 1829. 391.
[7] DOELTER, Über die Kapverden nach dem Rio Grande. 182.

einen sehr langsamen Gang; überhaupt verkündigte ihr ganzes Äußere ein schwaches, leidendes Wesen, daher ich nicht wenig erstaunt war zu hören, daß die Neger dergleichen Mädchen heiraten und daß diese keineswegs unfruchtbar zu sein pflegen. Man versicherte mich, daß wenn sie mit Männern ihrer Farbe in eine eheliche Verbindung träten, die darin erzeugten Kinder ebenfalls weiß wären. Der Anblick des unglücklichen Geschöpfes, welches man mir vorstellte, erregte bei mir ein Gefühl des Mitleids, welches die Zuschauer für Abscheu hielten. „Wenn Du," sagte einer dieser Neger, „für Wesen Deiner Art Abscheu empfindest, so darfst Du Dich auch nicht wundern, wenn Deine Farbe uns mißfällt."[1]

Wenden wir uns wieder nach Süden, so schildert WILSON die Albinos der Loangoküste von Farbe fast rein weiß, mit rahmfarbigem Haar, grauen, stets bewegten Augen, die am Tage schlecht sehen und zarter, bläschenbesetzter Haut. Man hält sie dort für unfähig zur Fortpflanzung.[2]

Nach DAPPER waren die in Loango beim „Könige" neben den Zwergen gehaltenen Albinos „so weiß im Angesichte und über ihren Leib, daß man von ferne nichts anderes sollte urteilen können, als daß diese weißen Mohren Niederländer wären, denn sie haben nicht allein blaue Augen, sondern auch rotes oder gelbes Haar. Wenn man aber nahe dabei kommt, so offenbart sich gleichwohl der Unterschied eigentlich genug. Denn ihre Farbe ist nicht so lebendig und mit einer lebhaften Röte vermischet, sondern schloßweiß, gleichwie die Haut eines Aussätzigen oder Leiche. Zudem stehen ihnen die Augen im Kopfe als Leuten, die itzt sterben wollten oder schielen. Auch sind sie sehr schwach und blöde von Gesichte und drehen die Augen, eben als wenn sie schieleten. Doch des Nachts sehen sie sehr scharf, insonderheit bei hellem Mondenschein. Man sagt, daß sie von einem schwarzen Vater und einer schwarzen Mutter gezeuget worden."[3]

Eine Anzahl interessanter Fälle von Albinismus beobachtete an der äquatorialen Westküste Afrikas der französische Marinearzt Dr. LOUIS VINCENT. Der vollständige Albinismus, sagt er, sei ziemlich häufig an der Westküste. „Die vier Fälle, über welche ich berichte, sind Kinder derselben Familie und es ist nur den Ratschlägen

[1] G. MOLLIEN, Reise in das Innere von Afrika. Weimar. 1820. 279.
[2] J. J. WILSON, Western Africa. London. 1856. 312.
[3] DAPPER, Africa. Amsterdam. 1670. 527.

sowie der sorgfältigen Aufsicht der Missionäre zu verdanken, daß sie dem traurigen Loose, welches ihrer wartete, entschlüpfen konnten. Vater und Mutter gehören zum Stamme der Bengas, welche meist Fischer sind, die am Kap Esteiras leben, welches den südlichen Vorsprung der Bai von Corisco bildet, nicht fern von der Klara-Spitze, welche im Norden das Ästuarium des Gabon begrenzt.

„Eine genaue Untersuchung der Eltern zeigte mir bei ihnen keine Spur von Albinismus. Ihre Haut ist völlig und gleichmäßig schwarz, entsprechend den Nummern 41 und 42 der Farbenskala der Société d'Anthropologie. Der Vater, Etienne Mabouga, ist 35 bis 38 Jahre alt, die Mutter 30 bis 32. Der Gesichtswinkel des Mannes ist 76 Grad; seine Physiognomie intelligent; seine wolligen Haare sind sehr schwarz; seine Backen mit einem schwarzen Barte umrahmt. Die Mutter ist gut gewachsen, ihr Becken normal. Sie hat zehn Kinder gehabt, die alle in normaler Zeit und in folgender Ordnung geboren sind:

1.	Schwangerschaft:	ein lebender Albinoknabe.
2.	„	schwarze Zwillingsmädchen; tot.
3.	„	lebendes Albinomädchen.
4.	„	totes schwarzes Mädchen.
5.	„	lebendes schwarzes Mädchen.
6.	„	lebendes Albinomädchen.
7.	„	lebendes schwarzes Mädchen.
8.	„	totes schwarzes Mädchen.
9.	„	lebender Albinoknabe.

„Die Abwechselung ist hier auffallend; betrachtet man die Tabelle, so findet man, daß jeder Albino von dem andern durch zwei schwarze Mädchen getrennt ist und daß das erste und letzte Kind Albinos sind. Ich habe die sechs lebenden Kinder untersucht, von denen zwei normal schwarz und ohne besondere Abzeichen und vier vollständige Albinos sind.

„Paul Mabouga, das älteste dieser Kinder, ist 1856 geboren und steht jetzt (1872) in seinem sechszehnten Jahre. Er ist in der katholischen Mission erzogen, kann lesen und schreiben, spricht leidlich französisch und steht in bezug auf Intelligenz keineswegs den übrigen Gabonesen nach. Sein Gesichtswinkel ist 76 Grad, wie der seines Vaters. Sein Schädel ist ausgesprochen dolichokephal; seine Kiefern zeigen starken Prognathismus; seine Lippen sind dick und groß, die Nase dick und abgeplattet. Die kurzen Haare sind wollig und von schwefelgelber Farbe. Augenbrauen und Wimpern sind wenig entwickelt und zeigen dieselbe Farbe. Die Haut bei allen diesen Albinos ist rosenfarbig; aber statt glatt und gleichmäßig wie bei den Europäern zu sein, ist sie runzlig und voller kleiner Sprünge am ganzen Körper, ja sie zeigt sogar Schuppen wie bei Psoriasis oder Ichthyosis. Ihre Augen enthalten nur wenig oder keinen Farbstoff, denn die Membranen der Iris haben eine blaurosige (bleu rosée) Farbe und die Pupillen sind rubinrot. Das in dieser äquatorialen Gegend so blendende Sonnenlicht stört sie ungemein und ist die Ursache, daß sie am Tage schlecht gehen und nur mit gesenktem Kopfe. Oft sieht man sie den Unterarm oder die Hand über die Augen halten, welche stark thränen."

„Ich habe oft Fälle von partiellem Albinismus bei Gabonesen, Pahuins, Bulus und den Krumen beobachtet; allein alle diese Leute zeigten nur größere oder kleinere Partien des Körpers entfärbt, und niemals die ganze Hautoberfläche. Diese Albinos müssen daher der Kategorie der scheckigen Neger zugewiesen werden."[1]

Soviel von der Westküste. Leutnant Wissmann hebt hervor, daß er bei seiner Durchquerung Afrikas im Westen, namentlich in Angola, viele Albinos angetroffen habe, dagegen nur wenige in Zentralafrika und gar keine in Ostafrika.[2] Der deutsche Reisende P. Reichard erzählt uns aber, daß er zu Gando (Ostafrika) ein zehnjähriges Mädchen von rosa Hautfarbe getroffen habe. Die gekräuselten Kopfhaare, die Augenbrauen und Wimpern waren gelblichweiß, die Augen hellbraun und normal.[3]

Fritsch erwähnt in seinem Werke über die Eingeborenen Südafrikas keine Albinos; sie scheinen dort selten zu sein. In der Litteratur ist mir nur ein Fall aufgestoßen; es betrifft ein 16jähriges von Burchell beschriebenes Kaffernmädchen, welches von normalen Eltern stammte. Die Farbe ihrer Haut war wie die der hellsten Europäerin oder vielmehr, sagt er, sie war mehr blaßrot und weißer. Ihr Haar hatte dieselbe wollige Natur, wie das ihrer Landsmänninnen, aber es war von besonders blasser Farbe und näherte sich sehr dem Hellblonden. Ihre Züge jedoch waren die einer reinen Kafferin.[4]

In Zentralafrika, an den großen Nilseen, treten die Albinos wieder häufiger auf. Sie sind in Unyoro nicht selten. „Doch ist

[1] Bulletins de la société d'Anthropologie. 1872. 516.
[2] Verhandlungen der Berliner Anthropol. Ges. 1883. 458.
[3] Mitteilungen der afrikanischen Ges. in Deutschland. III. 168. (1882.)
[4] Prichard, Naturgeschichte des Menschengeschlechts. I. 278.

von ihrem Zusammenhange mit Heiraten unter Blutsverwandten keinerlei Rede; Brüder heiraten in Unyoro ihre Schwestern ohne Albinos zu zeugen."[1] Sehr häufig sind Albinos auch in dem benachbarten Uganda, wenigstens häufiger, als WILSON sie sonst wo beobachtete. Ihr Haar ist strohfarben, ihre rauhe, derbe Haut rötlichweiß und ihre Augen sind sehr empfindlich gegen das Licht. Die Annahme, daß sie aus Geschwisterehen entstünden, wird von allen im Lande verworfen. Man sagt, daß oft ein Elternpaar normale Kinder haben kann, dann einen Albino und dann wieder ein normales Kind; ferner behaupten die Waganda, daß aus Ehen der Albinos untereinander ganz normale Kinder entsprossen seien.[2]

Was den Norden Afrikas betrifft, so haben wir dafür die (falsch gedeuteten) Angaben über partiellen Albinismus von ROHLFS[3] und die Mitteilung von ASCHERSON über das häufige Vorkommen des unvollkommenen Albinismus in den Oasen der libyschen Wüste.[4]

Nicht selten sind Angaben über Albinos unter der Negerbevölkerung Brasiliens. Man nennt sie dort Assas.[5]

Unter der Negerbevölkerung der Vereinigten Staaten sind Albinos sehr häufig nachgewiesen worden und die von J. JONES[6] beschriebenen Fälle beschränkten sich stets auf gesunde Individuen, die nur durch Pigmentmangel von den normal gefärbten Negern abweichen. Ein Negerehepaar, Lewis und Margaret Aikins, beide normal, besaß zwei Albinokinder, deren eines JONES[7] folgendermaßen beschreibt: Alfred Aikins, 18 Monate alt, besaß vollständig weiße Haut, die mit derjenigen eines gleichalterigen weißen Kindes rivalisierte. Die hellbläuliche Iris zeigte purpurne Reflexe; Pupillen rot. Die Augen ertrugen helles Licht nicht und befanden sich in fortwährender zitternder Bewegung; bei starkem Lichte zog sich das Gesicht schmerzlich zusammen. Gesichtszüge völlig negerhaft. Haar kraus, völlig weiß und sonst ganz dem echten Negerhaar gleichend. Muskeln und geistige Fähigkeiten gut entwickelt.

So unvollkommen vorstehende Zusammenstellung auch ist, lassen sich aus derselben doch einige Ergebnisse ableiten. Die von ver-

---

[1] EMIN BEY (Dr. SCHNITZER) in PETERMANN's Mitteilungen. 1879. 220.

[2] WILSON u. FELKIN. Uganda und der ägyptische Sudan. Stuttgart. 1883. I. 68.

[3] Quer durch Afrika. I. 154.

[4] Verhandlungen Berliner Anthropol. Ges. 1876. 155.

[5] PORTE in Revue d'Anthropologie. 1872. 160. — J. J. v. TSCHUDI, Reisen durch Südamerika. III. 93.

[6] Observations on the Albinism of the Negro Race. Philadelphia, 1869. [7] a. a. O. 5.

schiedenen Seiten ausgesprochene Ansicht, daß Albinismus eine Folge consanguiner Ehen seien, scheint danach keinen Grund zu haben; Emin Bey (Dr. Schnitzer) widerspricht derselben mit Rücksicht auf Zentralafrika und Raseri, welcher die italienischen Albinos untersuchte, ist derselben Meinung. Erblichkeit des Albinismus würde mit den Beispielen aus dem Tierreich vor Augen an und für sich nichts auffallendes haben; er ist aber bei den Menschen nicht nach-

Fig. 7. Margaret Aikins und ihr Albinosohn Alfred. (Nach einer Photographie.)

gewiesen und es muß berücksichtigt werden, daß bei den Albinotieren bewußte Züchtung vorliegt. Nur Mollien giebt an — und zwar nach Hörensagen — daß die in Senegambien untereinander heiratenden Albinos wieder Albinokinder zeugten. Dagegen bestätigen aber eine ganze Reihe von unabhängigen und zuverlässigen Beobachtern das Gegenteil, daß nämlich von Albinoeltern normale Kinder gezeugt wurden: Powell für Neu-Britannien, de Rochas für Neu-Kaledonien, Wilson für Zentralafrika.

Was nun die Häufigkeit und universelle Verbreitung des Albinismus anbetrifft, so müssen wir uns da mit sehr relativen Angaben begnügen und die Darstellung auf einer Karte ist noch eine gewagte Sache, giebt aber doch ungefähre Anhaltepunkte.[1]

Zunächst ist das Fehlen des Albinismus unter der eingeborenen Bevölkerung des Festlandes Australien hervorzuheben, was auffallend im Hinblick auf die relative Häufigkeit desselben in dem benachbarten Melanesien erscheint. Frei oder fast frei davon ist auch die Indianerbevölkerung im Gebiet der heutigen Vereinigten Staaten und das britische Nordamerika. Für den Norden Asiens habe ich kein einziges Beispiel gefunden; die Reisenden würden unter der ausgezeichnet schwarzhaarigen und schwarzäugigen Hyperboreerbevölkerung etwaiges Vorkommen schwerlich übersehen haben; weder Middendorff, noch Radde, noch Erman, noch Schrenck, noch Nordenskiöld etc. erwähnen Albinos. Für Zentralasien, Hinter- und Vorderindien sind die Beispiele beigebracht; der ganze malayische Archipel kennt die Albinos, es schließt sich daran das melanesische Gebiet mit relativ häufigem Vorkommen und das schwächer vertretene Polynesien. In Amerika ist im zentralen Teil der Albinismus wohl vertreten, nach Norden reicht er durch Mexiko bis Neu-Mexiko (stets bloß die eingeborene Bevölkerung berücksichtigend); unter den südamerikanischen Indianern ist er verbreitet.

Afrika scheint der Brennpunkt zu sein, wiewohl auch hier innerhalb der Negerbevölkerung verschiedenster Rasse die Verbreitung eine sehr ungleiche ist. Am Guineabusen liegt wohl das Maximum

[1] Über die Häufigkeit des Vorkommens des Albinismus in Italien liegen einige statistische Anhaltepunke vor. Im Jahre 1872 wurden Fragebogen von der italienischen anthropologischen Gesellschaft an 8300 Gemeinden Italiens versandt, auf welchen die achte Frage lautete: Giebt es in Ihrer Gemeinde Albinos, in welchem Alter, von welchem Geschlecht und in welchem Zustand? Nur 540 Gemeinden mit 3,217,536 Einwohnern antworteten und unter dieser Zahl wurden 71 männliche und 40 weibliche Albinos konstatiert. Wo in Italien die dunkelste Bevölkerung saß, waren die Albinos am häufigsten. In bezug auf die Verkürzung des Lebensalters scheint in Italien der Albinismus keinen Einfluß zu üben. Raseri im Archivio per l'antropologia 1880 und Revue d'Anthropologie 1881. 156. — In Deutschland umfaßte die Gesamterhebung der Schulkinder in bezug auf die Farbe der Haut, der Haare und der Augen im Ganzen 6,758,827 Personen. Unter diesen sind nur 23 vollständige Albinokinder mit roten Augen und weißen Haaren verzeichnet, was wohl nicht den ganzen Bestand der entsprechenden Altersklassen erschöpft. Außerdem wurden 395 weißhaarige Kinder gezählt. Unvollständige Albinokinder mit roten Augen und blondem, rotem oder braunem Haare kamen nur 9 vor. Virchow im Archiv für Anthropologie. XVI. 333. 348.

überhaupt und hier ist das Nigerdelta am stärksten mit Albinos gesegnet; von da reicht die Zone starker Verbreitung einerseits bis nach Senegambien, andererseits bis zum Gabon und darüber hinaus. Je weiter nach Osten desto seltener ist der Albinismus und auch die Kaffernvölker im Süden weisen nur wenig davon auf. Dagegen ist an den großen Nilseen, in Uganda und Unyoro wieder ein Gebiet stärkerer Verbreitung.

Partieller Albinismus. Während der unvollständige Albinismus, der geringere Grad, Übergänge zu den in Haut-, Haar- und Augenfarbe normalen Blonden zeigt, hebt sich der teilweise oder partielle Albinismus scharf ab und es haben die Schecken unter den Menschen stets gerechtes Aufsehen erregt. Tritt auch diese Anomalie häufig genug als angeboren auf, so sind doch gerade in dieser Gruppe sehr viele, während des Lebens erworbene Fälle vertreten, welche bei den verschiedenen Autoren verschiedene Namen, wie Vitiligo, Alphus u. a. führen und die auf einer lokalen Erkrankung der Haut beruhen. Auch für das Auge hat die angeborene Form Bedeutung, als — wie bei Tieren beobachtet — die Farbe der Iris meistens mit der der umgebenden Hautfarbe correspondirt. So hält es Geoffroy-Saint-Hilaire für ausgemacht, daß bei partiellem Albinismus die Augen rot seien, wenn deren Umgebung albinotisch sei; daß dagegen, wenn letzteres nicht der Fall, auch die Iris ihre normale Farbe habe. Gewöhnlich aber erscheint bei partiellem Albinismus das Auge normal.

Die Fälle von erworbenem Albinismus sind namentlich bei Negern, wo sie am auffälligsten erscheinen, nicht selten. Einige ältere Fälle führt Prichard in seiner Naturgeschichte des Menschen an; 1847 wurde in Kairo bei einer vierzigjährigen Negerin das allmähliche Weißwerden der gesamten Haut binnen zwei Jahren beobachtet.[1]

Lemisa Bert, eine mit partiellem Albinismus behaftete Negerin in Nashville ist von J. Jones beschrieben worden.[2] Schon ihr Vater hatte weiße Hände und Lippen, auch eine ihrer Schwestern war ge-

[1] Das Ausland. 1847. 596.

[2] Observations and researches on Albinism in the Negro Race. Philadelphia, 1869. 9.

scheckt. Die Handflächen waren weiß, desgleichen Flecken an Hals und Armen. Der Prozeß begann mit kleinen Flecken, die im Verlaufe von 19 Jahren fortwährend größer wurden. Keinerlei krankhafte Erscheinungen an den pigmentlosen Stellen.

Eine weiß gewordene etwa 50 Jahre alte Negerin auf Haïti hat Dr. Smester beschrieben. Sie zeigte eine Farbe, wie die in den tropischen Kolonien geborenen Europäerinnen. abgesehen von einigen

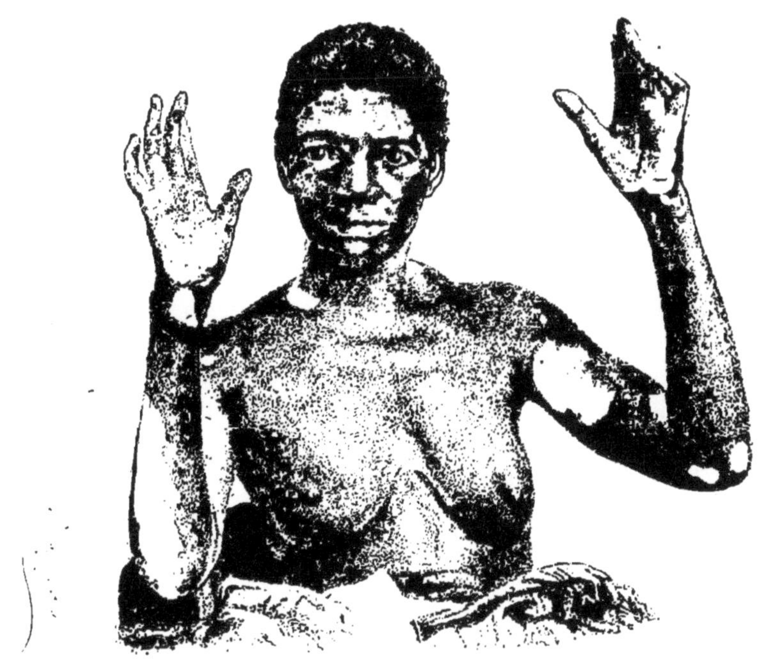

Fig. 8. Lemisa Bert. (Nach einer Photographie.)

kleinen schwarzen Flecken im Gesichte. Das Haar begann zu ergrauen; die Retina war gleichfalls in der Entfärbung begriffen und die Augen schlossen sich, wenn die Negerin in das Sonnenlicht trat. Kopfhaut und Stirn waren mattweiß; die rechte Ohrmuschel nur am Rande schwarz; vom linken Ohre die ganze mittlere Partie schwarz; Rücken und Spitze der Nase schwarz; an der Oberlippe ein schwarzer Fleck von Bohnengröße; in der Kinnfalte ein schwarzer Strich; die Umgebung des rechten Auges schwarz; das linke obere Augenlid schwarz, das unterer weiß. Auf den rosigen Wangen einige winzige schwarze Tüpfelchen. Der Hals weiß. Der Rumpf weiß, nur die Brustwarzen schwarz auf rosarotem Hofe. Auf dem Rücken der Hände schwarze Flecken; die Schenkel weiß, auf den Knieen schwarze Flecken, ebenso auf den Füßen, deren Sohle aber ganz weiß. Der Rücken und Hintere sind weiß. Alle schwarzen Fleckchen zusammen genommen, würden kaum eine Hand bedecken. Alle Haare des Körpers, die Brauen und Wimpern sind weiß; das Kopfhaar stark im Ergrauen begriffen.

Die Entfärbung dieser völlig gesunden und intelligenten Negerin ließ sich Schritt für Schritt verfolgen. Sie begann auf dem Rücken der Hände und Füße, die Glieder, das Gesicht folgten und zuletzt erstreckte sie sich über den Rumpf. Der ganze Prozeß hatte 12 bis 15 Jahre gedauert.[1]

Als Seitenstück mag hier der von Dr. Hutchinson beschriebene 45jährige Negersklave aus Kentucky angeführt werden. Er war von ganz schwarzen Eltern geboren und bis zu seinem zwölften Jahre völlig schwarz gewesen. Da begann ein zollgroßes Stückchen seiner Stirnhaut, gerade am Ansatze der Haare, allmählich weiß zu werden und ebenso die benachbarten Haare. Dann erschien ein weißer Fleck am linken Auge und von diesem aus verbreitete sich zunehmend die weiße Farbe über das Gesicht, den Leib, die Glieder und bedeckte schließlich den ganzen Körper. Der vollständige Wechsel von Schwarz in Weiß nahm zehn Jahre in Anspruch. Wäre nicht das krause Haar vorhanden gewesen, man hätte keinen Neger zu sehen geglaubt, da die Farbe des Individuums völlig der eines Europäers glich. Als der Mann jedoch 22 Jahre alt war, begannen sich auf seinem Gesichte und den Händen dunkelkupferfarbige oder braune Flecken einzustellen; sie blieben jedoch nur auf die Stellen des Körpers beschränkt, die dem Lichte ausgesetzt waren. Als die schwarze Farbe dieses Negers völlig verschwunden war, verlor derselbe auch völlig den Geruchsinn.[2]

Burton schildert aus Accra an der Guineaküste einen gefleckten Neger. The ground-colour of his superficies was an unwholesome pink white, and the rest was a series of deep black splotches. Wenige Jahre vorher war er noch ganz schwarz gewesen, war dann weiß geworden and when we saw him he was again recovering his

---

[1] Une négresse blanche. Revue d'Anthropologie. 1879. 675.

[2] Nach dem American Journal of Medical Science 1852 in Transact. Ethnolog. Soc. New Series. I. 61. (1861.)

rete mucosum; danach scheint dieses Exemplar also wieder schwarz geworden zu sein.[1]

Es sind dieses also zwei Fälle, bei welchen Rückbildung des erworbenen Albinismus vorliegt.

Bei den Wolof (Senegambien) kommen Schecken vor mit unregelmäßig zerstreuten, oft sehr großen weißen Flecken, die in der Beschaffenheit sich von der übrigen Haut nicht unterscheiden, glatt sind, wo letztere glatt und runzelig, wo letztere runzelig ist. Es ist der richtige partielle Albinismus und von Hautkrankheiten, welche weiße Flecken bilden, streng geschieden.[2]

Dahin müssen denn auch die von Gerhard Rohlfs unrichtig gedeuteten scheckigen Menschen Nordafrikas gestellt werden. Zwischen Tripolis und Ghadames herrscht der Aberglaube, daß, wenn eine kleine Bu Bris genannte Gekkoart ein schwangeres Weib anblickt, dieses mit gefleckten Kindern niederkommt. Hierdurch wird wenigstens das Vorhandensein gefleckter Menschen in jenen Gegenden Nordafrikas dargethan, denn der Glaube würde nicht aufgekommen sein, wären dort nicht in der That scheckige Menschen vorhanden. Rohlfs berichtet denn auch gelegentlich seines Aufenthaltes in Fesan: „Aus der Vermischung schwarzer und weißer Rassen entstehen auch hin und wieder Individuen, deren Haut an einzelnen Partien des Körpers weiß, an anderen mehr oder weniger dunkel gefärbt ist. Auf der ganzen Grenzlinie zwischen der schwarzen und weißen Bevölkerung kommen dergleichen Individuen vor, zwar nicht gerade häufig, aber auch nicht so selten, daß ihre Erscheinung dort zu Lande etwas auffälliges hätte. Der Scheich der Sauya von Tamagrut, Bu Bekr, z. B. hatte eine solche scheckige Haut. Bei ihm bildete die weiße Farbe den Grund, in welchen größere und kleinere schwarze Flecken wie Inseln eingesprengt waren; umgekehrt sah ich aber auch Menschen mit schwarzer Haut und darauf hervortretende weiße Flecken.“[3]

In Uganda und am oberen weißen Nil, eine Gegend, die wir schon als reich an Albinos kennen lernten, kommen viele Leute vor, deren Hände große weißliche Flecken zeigen, von Pigmentschwund herrührend, die Haut an den betreffenden Stellen bietet keinerlei palpable Veränderung dar.[4]

---

[1] Wanderings in West Africa by a F. R. G. S. London, 1863. II. 156.

[2] De Rochebrune in Revue d'Anthropologie. 1881. 275.

[3] Rohlfs, Quer durch Afrika. I. 56. 154.

[4] Emin Bey in Petermann's Mitteilungen. 1878. 370.

Nicht in das Gebiet des partiellen Albinismus gehören die in Mittel- und Südamerika häufig vorkommenden scheckigen Menschen.[1]

---

[1] In Guatemala heißt die betreffende Krankheit Tiña. Darüber handelt ausführlicher STOLL. Guatemala. Leipzig, 1886. 144. In Mexiko heißen die sehr häufigen Schecken Pintos. Es giebt ganze Regimenter dieser Indianer im Staate Guerrero (TYLOR, Anahuac. London, 1861. 309). In den nördlichen Staaten von Südamerika nennt man die Krankheit Caraté (ANDRÉ im Tour du Monde. XXV. 143 mit Abbildung). Es gehören hierhin die Puru-Purus in Brasilien am gleichnamigen Flusse, portugiesisch Foveiros, die Schäbigen, genannt (v. MARTIUS, Zur Ethnographie Amerikas. 418) und die Cainumas am Japure (SPIX u. MARTIUS, Reisen. III. 1175).

Rote Haare.[1]

Die schwarze Farbe der Haare muß als diejenige gelten, welche am allgemeinsten verbreitet ist und, an kein Klima gebunden, bei den polaren Eskimos sich so gut findet, wie bei den Völkern der Tropen und der gemäßigten Zone. Durch dunkelbraun, hellbraun, rotbraun, rot, die Nüancen des Gelb und Blond, geht sie in Flachsfarbe und weißlich über, so daß eine Skala unmerklicher Übergänge vorhanden ist. Massenhaft ist blonde Haarfarbe mit ihren verschiedenen Abschattierungen nur über wenige Rassen und Stämme verbreitet, wozu die Germanen, die Slaven und Kelten, sowie der finnische Zweig der Mongolen zu rechnen sind. Sporadisch aber kommen rot und blond ziemlich bei allen Völkern vor, und hierfür eine Anzahl Beläge beizubringen ist der Zweck der nachfolgenden Zeilen.

Die Haarfarbe allein ist jedoch, wie schon Pruner-Bey bemerkt,[2] nicht genügend, um eine Rasse zu charakterisieren, denn wir sehen, daß die schwarze Farbe sich bei allen Rassen vorfindet und daß wiederum alle Abstufungen vom hellsten Blond bis zum tiefsten Schwarz sich innerhalb eines und desselben Volkes aufweisen lassen. Der letzten Beobachtung gegenüber ist wiederholt, z. B. von Boudin, die Ansicht ausgesprochen worden, daß Klima und Umgebung (le milieu) im Laufe der Zeit verändernd auf die Haarfarbe zu wirken vermögen und man hat, von geographisch beschränkten Gesichtspunkten ausgehend, die nach Norden zu wohnenden blonden Germanen und Finnen als Beispiel einer mit dem kälteren Klima zunehmenden Abblassung der Haare aufstellen wollen. eine Ansicht,

---

[1] Zeitschrift für Ethnologie. X. 335. (1878.)

[2] De la chevelure, Mém. soc. d'Anthropol. II. 6.

die durch einen Blick auf die schwarzhaarigen Eskimos hinfällig wird. Auch beobachtet man ja bei einzelnen Individuen im Prozesse des Nachdunkelns der Haare gerade das Gegenteil, während Fälle im umgekehrten Sinne äußerst selten sind. Ferner ist nicht zu übersehen, daß die Farbe der einzelnen Haare, von der Zwiebel bis zur Spitze, oft wechselt und Bart und Haupthaar, wie Körperhaare oft verschiedene Färbung zeigen.[1]

Färben des Haares. Bei der Anführung der roten und blonden Haare, die als Ausnahme überall vorkommen, ist wohl darauf zu achten, ob dieselben nicht etwa künstlich hervorgebracht worden sind, denn gerade bei manchen schwarzhaarigen Völkern kommt diese Sitte, die zu Irrtümern Anlaß geben kann, häufig vor. Laugenseife wurde von den dunkelhaarigen Deutschen und Römern angewandt, um das Haar rot zu färben. Bei den Deutschen, weil die dunklen Haare, als Farbe der gefangenen und zu Sklaven gemachten Fremden, ein Zeichen der Unfreiheit schienen. Als Vorbereitung zur Schlacht färbten sich die Alemannen das Haar, und als Zeichen eines Rachegelübdes die Bataver.[2] Noch jetzt z. B. färben sich griechische Frauen, wie im Altertum, ihre Haare rot.[3] SUETON berichtet uns,[4] daß Caligula Galliern die Haare rot färben ließ, damit sie in seinem Triumphzuge rothaarige Germanen vorstellten. Bei den Papuas von Doreh werden den Kindern die Haare meist gelb und braun gefärbt.[5] In Afrika ist ein solches Färben sehr häufig. W. VON HARNIER[6] bildet uns Nuer mit feuerroten Haaren ab. „Durch einen drei bis vier Zoll dick auf das Haar aufgetragenen Teig von gedörrtem Kuhmist und Wasser bringen sie nach Verlauf längerer Zeit bei ihren von Natur kurzen wolligen schwarzen Haaren eine rote Farbe, größere Länge und seidenartige Weichheit hervor und gilt diese rote, nach hinten zurückgestrichene Perrücke für einen Schmuck des Mannes."

Afrika. Echt rothaarige Nigritier sind allerdings selten. WALKER

---

[1] Als eigentümliche Erscheinung mag hier erwähnt werden, daß es Völker giebt, bei denen die Haare nicht ausfallen oder im Alter weiß werden. Dahin gehören z. B. die Aymara Perus. I cannot remember ever having seen a pure Indian woman or man, however old, with white or grey hair. Forbes, on the Aymara Indians; Journ. Ethnol. Soc. New Ser. II. 206.

[2] WACKERNAGEL, Kleinere Schriften. I. 62.

[3] GOSSE im Bull. soc. d'Anthropol. II. 409. [4] Caligula 47.

[5] A. B. MEYER, Anthropol. Mitteil. über die Papuas. 19.

[6] Reise am oberen Nil.

sah am Gabon reinblütige Schwarze mit sehr dunkler Haut, deren Haar, Augenbrauen und Wimpern hellrot waren[1] und die mit den häufigen Negeralbinos keine Verwechslung zuließen. Bei den Beni Amer findet man hier und da auch rote und blonde, ganz weiche Haare.[2] Nach d'Abbadie[3] sind unter den Abessiniern rote Haare, die stets einen düsteren Ton zeigen, sehr selten. Blonde Nüancen werden unter den Nigritiern allerdings häufiger angeführt. Nach Schweinfurth sind wenigstens fünf Prozent der Monbuttu blondhaarig. „Dieses Blond hat indessen nichts mit dem unsrigen gemein, es erscheint von unreiner und wie mit grau gemischter Färbung, dem Hanf vergleichbar."[4] Daß es auch blonde Ägypterinnen gegeben habe ist gewiß. Manetho beim Syncellus nennt die Königin Nitocris ξανϑὴ τὴν χροιάν, d. i. blond, und unter den Porträts bei Rosellini findet sich eine blonde Königstochter Namens Ranofre.[5] Blonde Libyer an den Gestaden der großen Syrte werden schon zu der Zeit des Periplus des Scylax erwähnt, und noch heute sind blondhaarige Leute am ganzen Nordrande Afrikas angesessen, von den libyschen Oasen bis nach Marokko hin. P. Ascherson sah sie in der kleinen Oase verhältnismäßig häufig.[6] Sie gehören zusammen mit den blond- oder rothaarigen, rotbärtigen, blauäugigen und hellfarbigen Kabylen Algeriens, über welche Shaw, Bruce, Bory de St. Vincent, Guyon, Daumas, Hodgson, de Castellane, Cordier, Périer, Aucapitaine, Gillebert d'Hercourt, Faidherbe, Duhousset, Seriziat, Ch. Martins, Duveyrier, Ferand u. A. geschrieben haben.[7] Die früher aufgetauchte Ansicht, daß diese Leute Abkömmlinge von Vandalen seien, hat jetzt wohl keine Verteidiger mehr. Sprache und Schädelbildung derselben sind völlig berberisch, ebenso der Gesichtsschnitt. Daß allerdings, wo eine Rassenmischung vorliegt, Rückschläge in bezug auf die Haarfarbe vorkommen, ist eine bekannte Thatsache, und es darf, sobald blond- oder rothaarige Individuen unter einer übrigens schwarzhaarigen Bevölkerung vorkommen, die Frage nach einer Mischung niemals außer Acht gelassen werden, so schwierig auch in den meisten Fällen die Nachforschung sein

---

1 Journ. Anthropol. Soc. VI. p. LXII. 1868.
2 Munzinger, Ostafrikanische Studien. 336.
3 Bull. soc. d'Anthropol. 2 sér. III. 35.
4 Im Herzen von Afrika. II. 107.
5 Ebers, Ägyptische Königstochter. 4. Aufl. I. 230. Anm. 130.
6 Zeitschrift für Ethnologie. 1876. 348.
7 Faidherbe et Topinard, Instruct. sur l'Anthropol. de l'Algerie. 43.

mag. Bei den Nachkommen von Nigritiern und blondhaarigen Europäern scheint aber der Haarwuchs in Farbe und Beschaffenheit sich fast durchweg nach der schwarzen Rasse zu richten, denn selbst bei oft sehr weißen Quarterons deutet der Haarwuchs noch auf Negerblut, wenn der Gesichtsschnitt auch noch so europäisch ist. Als Ausnahme konstatiert BROCA[1] die blonden, schlichten, 50 cm langen Haare einer Mulattin von Martinique.

Amerika. Aus Amerika liegen gleichfalls Beispiele von roten Haaren bei der unvermischten Bevölkerung vor, wenn auch blonde häufiger sind. Rotes Haar bei einem Indianerweib von Canelos in Ecuador erwähnt BOLLAERT.[2] CREVAUX fand unter den Rukujenne-Indianern in Guiana zwei rothaarige Individuen.[3] Die Angabe, daß bei den Mandanen in Nordamerika rothaarige vorkommen, ist ungenau. Es handelt sich hier nur um graue Haare.[4]

Wenn, nach MARTIN DE MOUSSY, in Paraguay blauäugige und blondhaarige Leute vorkommen, so ist die Abstammung derselben von den 1535 unter Karl V. dorthin versetzten deutschen Soldaten nicht unmöglich, während echte Peruaner mit blauen Augen und blonden Haaren allerdings vorkommen.[5] Erwähnt zu werden verdient auch, daß in den Stammessagen verschiedener amerikanischer Völker weiße blondhaarige Männer auftreten. So war Camaxtli, ein Heros der Tschitschimeken-Tolteken weiß und blondhaarig; seine Reliquien wurden zu Tlascala aufbewahrt, von wo sie zur Zeit der Conquista von Tecpanecatl-Teuctli gerettet wurden. Dieser, später zum Christentum übergetreten, übergab sie seinem Beichtvater Diego de Olarte. „Als dieser, so berichtet MUÑOZ CAMARGO, der Geschichtsschreiber Tlascalas, die Reliquien untersuchte, fand er darunter ein Päckchen mit blonden Haaren, welche die Wahrheit der Tradition bestätigten, daß Camaxtli ein weißer, blondhaariger Mann gewesen

---

[1] Bull. soc. d'Anthropol. 2 sér. XI. 98.

[2] Journ. Anthropol. Soc. VII. p. CLV.

[3] Mém. d. l. soc. d'Anthropol. 2 série. II. 252.

[4] CATLIN sagt ausdrücklich, daß rothaarige Mandanen nicht vorkommen. Prinz WIED berichtet, daß unter diesen, wie unter den Schwarzfüßen, die Haare schwarz und grau gemischt seien. Bei einzelnen Familien fand letzterer das Haar büschelweise bräunlich, schwarz, silbergrau und weißgrau, selbst bei zwanzigjährigen Leuten. EDWARD NEILL sah bei den Mandanen several children, whose hair was perfectly gray and bore a strong resemblance to aged persons. CATLIN, Indianer Nordamerikas. Brüssel, 1851. 69. Prinz ZU WIED, Reise in das Innere von Nordamerika. II. 106. American Antiquarian. VI. 383. (1884.)

[5] Bull. soc. d'Anthropol. III. 431.

sei." KITTLITZ[1] erwähnt das häufige Vorkommen blonder Haare im Süden Chiles, wobei er an klimatische Einflüsse denkt, läßt uns aber im Ungewissen, ob hier Resultate einer Blutmischung vorliegen.

Südsee. Mit besonderer Vorsicht sind jene Berichte zu betrachten, welche uns vom Vorkommen roter und blonder Haare in der Südsee berichten, da gerade hier, bei Melanesiern wie Polynesiern, das Färben der Haare außerordentlich häufig ist. WILLIAM T. PRITCHARD, der eine genaue Kenntnis der Südseeinsulaner besitzt, sagt hierüber: „Auf einigen Inseln werden dazu verschiedene Arten von Thon benutzt; auf anderen wendet man Extrakte von Rinden oder Baumwurzeln an; auf wieder anderen, und zwar mehr bei den hellen als den dunkelhäutigen Insulanern, wird die Haarfarbe durch Anwendung von Korallenkalk geändert. Heute hat ein Mann schwarzes Haar; morgen sieht man ihn mit Korallenkalk beschmiert schneeweiß, der fünf oder sechs Tage hintereinander immer frisch aufgetragen wird. Am Ende der Woche, nachdem er sich sorgfältig im Meere oder Bache gewaschen und sich tüchtig mit Öl gesalbt hat, ist das schwarze Haar kastanienbraun geworden. In der That können die Eingeborenen, namentlich die helleren Polynesier, alle Farbenschattierungen vom Schwarz bis zum hellen Braun nach Belieben hervorbringen und diese Schattierungen dauern mit dem Haare aus. Das neue Haar, welches nach dem Färbeprozeß wächst, ist schwarz, und deshalb kann man oft Leute mit sechs Zoll langem schwarzen Haar sehen, an welches sechs Zoll langes braunes ansetzt."[2] Unzweifelhaft kommen aber bei den Kanakas der hawaiischen Inseln hellgelbe und rote Haare vor, was schon daraus hervorgeht, daß für solche Leute ein besonderes Wort in der Sprache, „Ehu", vorhanden ist; auch auf den Samoainseln sind rötliche Haare beobachtet worden.[3] QUIROS und FIGUEROA, welche beide einen Bericht über Mendanas Reise lieferten, stimmen darin überein, daß manche Marquesas-Indianer rote Haare hatten.[4] Das Haar der Maori ist schwarz, auch wohl braun oder rötlich.[5] BUCHNER sah auf Neuseeland ein Mädchen mit dunkelbraunen Haaren, die einen Stich ins rötliche hatten. „Solche Abweichungen in der Farbe des Hauptschmucks sind übrigens nicht gar selten und bei zwei anderen Mädchen bemerkte ich sogar hellere

[1] Denkwürdigkeiten einer Reise. I. 128.
[2] Anthropol. Review. IV. 167. (1866.)
[3] Journ. Anthropolog. Instit. II. 99. 103.
[4] PRICHARD, Naturgeschichte des Menschengeschlechts. IV. 148.
[5] MEINICKE, Inseln des Stillen Ozeans. I. 315.

und dunklere Partien nebeneinander auf demselben Kopfe."[1] Nach von Schleinitz haben die Melanesier des Bismarck-Archipels zuweilen rote Haare.[2] d'Albertis sah an der Südküste Neu-Guineas einen jungen Eingeborenen mit roten Haaren.[3] Beim Kirapuno-Stamme an der Ostspitze Neu-Guineas wurde Stone durch die helle Goldfarbe der Kinderhaare in Erstaunen gesetzt. Mit zunehmendem Alter geht die Farbe in braun über und bei ganz Alten ist das Haar schwarz mit rötlichem Stiche. Stone fügt ausdrücklich hinzu, daß vom Färben der Haare hier keine Rede sei.[4]

Asien. Selbst unter den Chinesen fehlt das rote Haar nicht. Lamprey[5] erwähnt einen sehr hellen, entschieden rothaarigen Chinesen von 16 Jahren in der Gegend von Shanghai, sowie einen rothaarigen Rebellen aus dem Innern. Fremde Blutmischung weist er in diesen Fällen von der Hand. Auf chinesischen Gemälden kommen berühmte Helden mit rotem Haare vor, und fuchsige Schnurrbärte sind nicht selten.

Dr. Hagen traf auf Sumatra ein Battaweib mit dichtem dunkelrotem Haare, was von dem lichtbraunen Körper stark abstach. eine Erscheinung, der er in der Folge noch öfter begegnete.[6]

Bei den semitischen Völkern, unter welchen die dunkle Komplexion vorherrscht, läßt sich in allen Zweigen ein nicht unbeträchtlicher Anteil blonder und rothaariger Individuen nachweisen. Normal ist die schwarze Farbe der Haare und dem semitischen Schönheitsideal entsprechend, wie denn der Bräutigam im Hohenliede[7] mit krausen Locken, „schwarz wie ein Rabe" geschildert wird, das Mädchen[8] „schwarz aber lieblich". Rothaarige Beduinen sind in Hadhramaut nicht selten[9] und bei den Juden tritt die Erwähnung der Rothaarigen in den ältesten Quellen auf. Esau „war rötlich",[10] ebenso David,[11] wo Luther admoni, rothaarig, mit „bräunlich" übersetzt. Judas Ischarioth wird als typisch rothaarige Figur angesehen, obwohl das Neue Testament hiervon keine Erwähnung thut. Von den Juden in Aden sagt Pickering:[12] Some of the boys had a coarse expression

[1] M. Buchner, Reise durch den Stillen Ozean. Breslau, 1878. 135.
[2] Zeitschrift Berl. Ges. für Erdkunde. XII. 249.
[3] Petermann's Mitteilungen. 1879. 275.
[4] Journ. Roy. Geogr. Soc. XLVI. 44.
[5] Ethnology of the Chinese. Transact. Ethnol. Soc. New Ser. VI. 107.
[6] Petermann's Mitteilungen. 1883. 45.
[7] V. 11. [8] Das. I. 5. [9] v. Wrede, Hadhramaut. 114.
[10] Gen. XXV. 25. [11] 1 Sam. XVI. 12. XVII. 42. [12] Races of Man. 244.

of countenance with flaxen hair, reminding me of faces seen occasionally in northern climates. Dr. BEDDOE[1] hat 665 Juden im Orient und Europa auf die Farbe der Augen und Haare untersucht und darunter 14 rothaarige und 19 hellblonde gefunden, dabei Individuen in Brusa, Konstantinopel, an den Dardanellen, in Smyrna und Portugal. In Algerien haben ROZET, BORY DE ST. VINCENT und BROCA das häufige Vorkommen blonder Haare unter den Juden bestätigt; WILDE machte die gleiche Beobachtung in Tunis.[2] Blaue Augen und blondes, oftmals rötliches Haar erwähnt FRANZ MAURER bei den spanisch redenden Juden Bosniens.[3] Die Juden in Kurdistan haben nach PRUNER en majorité des cheveux blonds et des yeux clairs; auf den Denkmälern Ägyptens sah derselbe Gewährsmann die Kanaaniten mit rotem Bart und Haupthaar abgebildet.[4] Bilder in den Grüften Beni-Hassans zeigen rothaarige Fechter, die dem semitischen Stamme anzugehören scheinen. Merkwürdigerweise giebt es unter den Israeliten im heutigen Ägypten besonders viele mit hochblondem Haar, das unter den Arabern und Fellachen zu den größten Seltenheiten gehört und in der Pharaonenzeit den Abscheu der Menge erweckte, denn Rot war die Farbe des Seth (Typhon) und Rothaarige — zunächst gewiß die verhaßten Eindringlinge semitischen Stammes — galten für typhonisch.[5]

Finnische Völker. Am häufigsten dürften wohl die roten Haare bei den Völkern finnischen Stammes und zwar sowohl bei der ugrischen Familie desselben, wie bei den Finnen im engeren Sinne vorkommen. Unter ihnen ist überhaupt die blonde Komplexion die vorherrschende, und dieses ein wesentliches Merkmal ihrer Unterscheidung von den übrigen Stämmen der mongolischen Rasse, zu der sie gerechnet werden. VIRCHOW[6] fand die eigentlichen Finnen blonder als unsere eigenen Landsleute und sagt, es sei schwer in Finnland einen schwarzen oder braunen Menschen zu entdecken.

Bei den von GRUBE untersuchten 100 Esten, also den nächsten Verwandten der eigentlichen Finnen, war die Farbe des Kopfhaares bei 31 blond, bei 22 hellbraun, bei 44 dunkelbraun, bei 1 rötlich, bei 1 grau, bei 1 schwarz. Im Gegensatze zu der gewöhnlichen Annahme, daß alle Esten blond sind, erscheint dieses auffällig, „aber

---

[1] Transact. Ethnol. Soc. New Series. I. 231. [2] Das. I. 227.
[3] Ausland. 1869. 1163.
[4] Bull. soc. d'Anthropol. II. 419.
[5] G. EBERS. Ägypten in Bild und Wort. II. 190.
[6] Anthropol. Korrespondenzblatt. 1876. 93.

man weiß, wie leicht man sich bei Abschätzungen ohne Zahlenangaben täuscht."[1]

Bei den Lappen ist nach v. D. HORCK[2] die Farbe des Kopfhaares sehr verschieden, wechselt aber vom Goldgelb und Hellblond bis zum Schwarzbraun in allen Farbenschattierungen. PALLAS, der am meisten von allen Reisenden auf die Farbe der Haare bei den finnischen Völkern geachtet hat, sagt von den Ostjaken[3] sie hätten „gemeiniglich rötliche oder in's Helle fallende Haare." O. FINSCH, der sie neuerdings am Obi studierte, fand in den physischen Verhältnissen dieses Volkes außerordentliche Verschiedenheit. „In einer Jurte sah ich eine Brünette mit jüdischem Typus und eine Blondine, die einen fast germanischen Gesichtsschnitt hatte. Beide waren Schwestern und zwar von denselben Eltern. Auch rothaarige, im übrigen typische Ostjaken sahen wir."[4] Bei den Wogulen, wo die schwarze Farbe der Haare die normale ist, fand PALLAS wenige mit rötlichem Bart und lichten Haaren;[5] AHLQUIST dagegen sagt: die Haarfarbe der Wogulen ist dunkelbraun, aber bei recht vielen findet man auch helles Haar.[6] Das Haar der Tscheremissen ist „blond oder gar rötlich, sonderlich der Bart."[7] Das Maximum ihres Vorkommens scheinen die roten Haare bei den Wotjaken zu haben. „Kein Volk ist so reich an feuerroten Haaren als dieses. Doch sieht man auch dunkelbraune oder wohl schwärzliche, mehrenteils aber lichte Haare und wenigstens einen rötlichen Bart bei allen."[8] Unter den sibirischen Völkern müssen auch rote Haare vorkommen, wie denn dafür im Koibalischen das Wort bozerak, im Sojotischen silje, und im Burjätischen zerde vorhanden ist.[9]

Indogermanen. Im Kreise der indogermanischen Völker herrscht, nimmt man sie alle zusammen, immer noch die schwarze Haarfarbe vor; es schlägt aber bei den meisten Stämmen derselben, wenn auch die schwarze Farbe der Haare die Regel ist, die blonde noch durch. So bei den Siahposch in Kafiristan, deren Gesichtszüge als europäisch geschildert werden, kommen blaue Augen und hell-

[1] GRUBE, Anthropologische Untersuchungen an Esten. Dorpat, 1878. 27.

[2] Verhandlungen Berliner Anthropol. Ges. 1876. 54.

[3] Auszug aus PALLAS Reisen. Frankfurt und Leipzig, 1777. III. 2.

[4] Bremer Verein für Nordpolarforschung. 1876. 642.

[5] Auszug. II. 69. [6] Globus. VIII. 116.

[7] PALLAS, Auszug. III. 268. [8] Auszug. III. 259.

[9] A. CASTRÉN's Koibalische Sprachlehre und desselben Burjätische Sprachlehre. St. Petersburg, 1857. s. v.

braune Haare vor.[1] Vom Siahposch Deenbar, welchen BURNES in Kabul kennen lernte, sagt dieser: he is a remarkably handsome young man, tall, with regular grecian features, blue eyes and fair complexion.[2] Über die von ihm untersuchten Siahposch sagt DE UJFALVY: Les yeux gris et bleus sont fréquentes chez eux: les blonds n'existent qu'à l'état de rare exception, les roux sont azzez nombreux.[3] Die Galtschas in Kohistan (oberes Serafschanthal), gleichfalls iranischen Stammes, haben nach demselben Beobachter schwarze Haare, aber quelquefois roux et souvent blonds.[4] Unter den Dardus sind, gleichfalls nach UJFALVY,[5] zahlreiche rothaarige Individuen. Nach HOUTUM-SCHINDLER sind rote Haare unter den Persern selten; doch kommen immerhin unter der schwarzhaarigen und schwarzäugigen Bevölkerung blau- und grauäugige Individuen mit blondem und rotem Haare vor.[6] Brünetter Teint und schwarze Farbe der Haare walten bei den Chewsuren (grusinischer Abkunft) im Kaukasus vor; es fehlen unter ihnen aber rothaarige und grauäugige nicht.[7] Bei den Osseten gar trifft man nie schwarze Augen und schwarzes Haar, sondern blaue Augen und blondes, häufig rotes Haar.[8] Eine tscherkessische Schönheit muß glänzend rotes Haar haben.[9]

Kelten und Germanen erscheinen in den ältesten Quellen, was Körperbeschaffenheit betrifft, kaum unterschieden. Was zu den Kelten, zu den Germanen zu rechnen sei von vielen Völkern, die die Alten erwähnen, hat ja bis in die neueste Zeit zu mannigfachen Kontroversen Anlaß gegeben. Goldgelbes und rötliches Haar wird beiden, den Kelten wie den Germanen, zugeschrieben. Gallorum promissae et rutilatae comae.[10] Von den Germanen: rutilae comae[11] und Jovinus Alamannorum videbat lavantes alios, quosdam comas rutilantes ex more.[12] Rufus crinis et coactus in nodum apud Germanos.[13] Mehr Beläge über die rote und blonde Haarfarbe beider indogermanischen Stämme bei ZEUSS.[14]

Unter den heute zu den Kelten gerechneten Völkern, also den

[1] Nach RAVERTY. Globus. VIII. 343. [2] BURNES, Cabool. 208.

[3] Bull. soc. d'Anthropol. 1883. 627. Aus dem westlichen Himalaja. Leipzig. 1884. 180.

[4] Bull. soc. d'Anthropol. 1878. 114. [5] Aus dem westl. Himalaja. 183.

[6] Verhandlungen Berliner Anthropol. Ges. 1879. 306.

[7] RADDE, Die Chewsuren. Kassel, 1878. 75.

[8] v. HAXTHAUSEN, Transkaukasia. II. 33.

[9] REINEGGS, Allgemeine Beschreibung des Kaukasus. I. 261.

[10] Liv. 38. 17. [11] TAC. Germ. 4. [12] Ammian. 27. 2.

[13] SENECA de ira c. 26. [14] Die Deutschen und die Nachbarstämme. 51.

Gaelen, Walisern, Iren, Bretonen, sowie unter den romanisierten Kelten Frankreichs herrscht allerdings die dunkle Komplexion vor, und die rote wie blonde Beimischung ist noch nicht statistisch faßbar. Wo — wenn auch mangelhafte — Untersuchungen angestellt wurden, zeigt sich auf keltischem Boden eine Zunahme der blonden Komplexion dort, wo Germanen sich unter den Kelten ansiedelten und mit diesen mischten. Dr. Beddoe hat in Gemeinschaft mit Barnard Davis die Bevölkerung verschiedener Orte Irlands auf die Farbe der Haare und Augen untersucht, wobei in acht Orten zusammen 3034 Individuen zur Aufnahme gelangten, außerdem ein Teil der Gentry. So lückenhaft dieses Material auch immerhin ist, ergiebt dasselbe doch einige Anhaltspunkte.[1] Die roten Haare betreffend erkennt man, daß sie ziemlich gleichmäßig, zwischen 4 und 6,3 pCt. schwankend, verteilt sind; auch läßt die übrige Untersuchung, so lückenhaft sie wegen der geringen Anzahl der Gezählten ist, doch erkennen, wie unter den Teutonen die blonde Haarfarbe, unter den Kelten die dunkle vorherrscht. Gewiß zeigt sich aber auch hier, daß die roten Haare kein Rassenkriterium abgeben.

Die statistischen Erhebungen über die Farbe der Augen, der Haare und der Haut, die jetzt für das Deutsche Reich, das westliche Österreich, die Schweiz und Belgien durchgeführt sind, lassen uns ziemlich genau auch den Anteil erkennen, welcher auf die rothaarigen entfällt; sie sind im allgemeinen selten, so daß wohl anzunehmen ist, daß nur die brandroten als besonders ausgezeichnet in der Statistik aufgeführt sind, während die rötlich-blonden Übergangsformen den blonden zugefügt wurden.

In Österreich (abgesehen von den Ländern der ungarischen Krone) ist aber gerade die Aufnahme der rothaarigen Schulkinder eine mangelhafte gewesen, indem diese mit „anderen Spielarten“ zusammengeworfen wurden. Es ergiebt sich hier ein offenbar zu niedriger Prozentsatz von 0,19.[2]

Unter den 405,609 in der Schweiz gezählten Schulkindern befanden sich 11356 rothaarige oder 2,7 Prozent und zwar verteilten diese sich zu 1,8 Prozent auf den blonden und nur zu 0,9 Prozent auf den brünetten Typus.[3] In Belgien, wo 608,698 Kinder gezählt

[1] Bull. soc. d'Anthropol. II. 565. (1861.)

[2] Schimmer, Erhebungen über die Farbe der Augen, der Haare und der Haut bei den Schulkindern Österreichs. Wien, 1884. XX.

[3] Kollmann, Statist. Erhebungen über die Farbe der Augen etc. in den Schulen der Schweiz. 25 und Tabelle IV.

wurden, fand man 18.957 oder 3,1 Prozent rothaarige,[1] ein Satz, der sich demjenigen der Schweiz nähert.

Im Deutschen Reiche, wo 6,758,827 Kinder auf die Farbe der Augen, Haare und Haut untersucht wurden, fanden sich 17,499 rothaarige, d. h. brandrote, oder 0,25 Prozent. VIRCHOW, welcher die Zahlen für die einzelnen deutschen Länder mitteilt, sagt dazu: „Es liegt auf der Hand, daß diese Zahlen zum Teil ganz unzutreffend sind. Daß in Bayern nur 190 rothaarige gewesen sein sollten, während sich in Württemberg 1619 und in Sachsen 1123 fanden, ist undenkbar. — — Man darf daher mit Sicherheit annehmen, daß die angeführte Gesamtzahl der Rothaarigen zu klein ist.“ Im ganzen scheint sich herauszustellen, daß die Zahl der Rothaarigen im Süden größer als im Norden ist. Kombiniert man die roten Haare mit der Farbe der Haare und der Augen, so zeigt sich, daß sie vorwiegend bei dem blonden Typus vorkommen, allerdings mit einigen auffälligen Abweichungen. VIRCHOW glaubt annehmen zu können, daß es sich um eine doppelte Art der Rothaarigkeit handele, von denen die eine als eine Steigerung des Pigments bei den Blonden, die andere als eine Verminderung desselben bei den Braunen anzusehen ist.[2]

Einige finnische Völker abgerechnet, bei denen die roten Haare das Maximum ihres Vorkommens erreichen, sind also dieselben nirgend so stark verbreitet, daß sie als ein Kriterium der Rasse dienen könnten. Sporadisch sind sie fast überall vorhanden, wenn auch bei Finnen und Germanen in beachtenswerter Menge.

Volksglauben. Die Rothaarigen bleiben eine Ausnahme und es wird daher psychologisch leicht erklärbar, daß in den Trägern dieser roten Haare das Volk überall etwas Besonderes sah und gewöhnlich mit dem Vorkommen derselben üble Eigenschaften verknüpft. Das Sprichwort „Erlenholz und rotes Haar sind auf gutem Boden rar“ geht durch fast alle germanischen Dialekte. Der Franzose sagt: Homme roux et chien lainu plutost mort que cognu, während der Italiener sich äußert: Uomo rosso e cane lanuto più tosto morto che conosciuto.[3] Bei den Südslaven findet sich das Sprichwort: „Vor einem bärtigen Weibe und einem Manne mit fuchsrotem Barte fliehe spurlos dahin“[4] und im schottischen Hoch-

[1] S. VANDERKINDERE, Nouvelles recherches sur l'ethnologie de la Belgique. 28.

[2] Archiv für Anthropologie. XVI. 298. 335.

[3] REINSBERG-DÜRINGSFELD, Sprichwörter unter Rot.

[4] KRAUSS, Sitte und Brauch der Südslaven. 572.

lande sprechen die Gaelen: Schechan an fher ruadh agus a chreag. d. i. komme nicht zwischen den rothaarigen Mann und den Felsen (die Klippe). Im Aargau sagt man: Rote Lütli, Tüfelshütli; Rotbart, Teufelsart und rote Lüt chömmet vo Gott ewegg, d. h. zum Teufel. Seitdem die Knaben im Dorfe Stein den heiligen Fridolin verspottet, kommen dort die Knaben rothaarig zur Welt.[1] Infolge eines Priesterfluches wird in einer lothringischen Familie seit mehreren Generationen immer das eine Kind rothaarig geboren.[2]

Die Annahme, daß einem Roten nicht zu trauen ist, findet WACKERNAGEL[3] zuerst um das Jahr 1000 in dem lateinischen Gedichte Ruodlieb ausgesprochen. Von einem Dutzend hintereinander gegebener Lebensregeln lautet da gleich die erste: Non tibi sit rufus unquam specialis amicus. Und geflissentlich rote Farbe und untreuen Sinn zusammenstellend hat um dieselbe Zeit Dietmar von Merseburg die Worte: Bolizlavus, Boemiorum provisor, cognomento Rufus et impietatis auctor immensae. Kaiser Otto II. hieß „der Rote", Otto von Freisingen nennt ihn sanguinarius und Konrad von Würzburg dichtet von ihm: er hete roetelehtez hàr und was mit alle ein übel man, sìn herze in argem muote bran.[4] Am Ende des zwölften Jahrhunderts werden die Zeugnisse häufiger. Da sagt Wilhelm von Tyrus vom Könige Fulco von Jerusalem: Erat autem idem Fulco vir rufus, fidelis, mansuetus et contra leges illius coloris affabilis, benignus et misericors; dem ähnlich sodann WIRNT (im Wigalois) über den Grafen Hoyer von Mansfeld: Im was der bart und daz hàr beidiu rôt, viurvar. von denselben hoere ich sagen, daz si valschiu herze tragen. Beim Grafen Hoyer sei das aber nicht der Fall. Den Verräter Sifki schildert die Didriks Saga rot an Haupthaar und Bart; ebenso zeigen die bereits um das Jahr 1300 gefertigten Wandgemälde von Ramersdorf den Verräter Judas, und das ist seitdem üblich geblieben. Mehr Beispiele bei WACKERNAGEL a. a. O., welcher den Anlaß zu dieser Anschauung im roten Reineke Fuchs der Tiersage sucht.

Allein diese Anschauung geht weit über den Kreis und die Zeit der Tiersage hinaus. Loki galt ob seiner roten Haare für falsch und verräterisch, und die Südaraber werden keineswegs ihre schlechte Meinung von den Rothaarigen dem Reineke Fuchs entnommen

[1] ROCHHOLZ, Deutscher Glaube und Brauch. II. 224.
[2] STÖBER, Elsassische Sagen. 294.
[3] Kleinere Schriften. I. 172.
[4] ROCHHOLZ. Deutscher Glaube und Brauch. II. 223.

haben. Als Gott den Propheten Çali sandte, erzählen die Beduinen Hadhramauts, um den in Laster versunkenen Stamm Thamud zu bekehren, leugneten sie die Göttlichkeit seiner Sendung und verlangten von ihm ein Zeichen. Da führte sie der Prophet an einen Felsen, öffnete diesen und ließ ein Kamel mit seinem Jungen hervorgehen. Zugleich warnte er sie, dem Tiere etwas zu Leide zu thun, da dieses dem ganzen Stamme zum Verderben gereichen würde. Trotz dem Wunder schenkten sie dem Propheten keinen Glauben und einer unter ihnen, Qodar el Ahmar (der Rote) tötete durch einen Pfeilschuß die Kamelkuh. Das junge Kamel verschwand in dem Felsen. Gott aber vernichtete den Stamm. Noch jetzt sagen die Araber „rot wie Qodar", oder auch „Unheil bringend, wie Qodar der Rote" und sehen einen jeden, der rotes Haar trägt, wie einen Menschen an, der böses gegen sie im Schilde führt.[1]

[1] v. Wrede, Hadhramaut. 114.

Verzeichnis der Tafeln.

Tafel I. Australische Zeichnungen auf Rinde vom Lake Tyrrell.
„ II. Fig. 1. Australische Zeichnung vom obern Murray.
„ 2. Lappländer Zeichnung.
„ 3 und 4. Neukaledonische Zeichnungen auf Bambus.
„ 5. Zeichnung der Tschuktschen.
„ 6. Zeichnung der Eskimo.
„ 7. Zeichnung der Salomo-Insulaner.
„ III. Buschmannsmalerei von Hermon.
„ IV. Eigentumszeichen. Fig. 1 tscherkessische, 2—5 arabische, 6 lappische. 7 samojedische, 8 eskimoische, 9 lappische, 10 tscheremissische.
„ V. Eigentumszeichen. Fig. 11. Tamga der Wotjaken.
„ VI. Eigentumszeichen. Fig. 12 aus Zentralafrika, 13 von den Ainos.
„ VII. Eigentumszeichen. Fig. 14 der Bergkalmücken, 15 der Kirgisen.
„ VIII und IX. Altmexikanische Mosaikmaske in Gestalt eines Vogelkopfes. Nach einer Aquarelle von JUNGHEINRICH in Gotha.

Verzeichnis der Abbildungen im Texte.

	Seite
Fig. 1. Altperuanische Leichenmaske . .	124
„ 2—5. Japanische Schauspielmasken	142
„ 6. Dajakmaske	144
„ 7. Margaret Aikins und ihr Albinosohn .	254
„ 8. Lemisa Bert (Partieller Albinismus) .	257